Reval
Estland
Stockholm
Livland
SCHWEDEN
Riga
Kurland
Dünaburg
Düna
OSTSEE
Memel
Kopenhagen
Malmö
Tilsit
Kaunas
Wilna
Königs-
berg
Minsk
N
S
Danzig
RUSSLAND
Bialystok
Stettin
Thorn
Pinsk
Pripjet
Bug
Brest-Litowsk
Weichsel
Warschau
Berlin
PREUSSEN
Lodz
Kiew
Dnjepr
Glogau
Wolhynien
Leipzig
Breslau
Brody
SACHSEN
Oder
Lemberg
Tarnopol
Krakau
Podolien
Prag
Galizien
Dnjestr
Böhmen
Olmütz
Czernowitz
Buko-
wina
Donau
ÖSTERREICH-UNGARN
BAYERN
Wien
Pressburg
Jassy
München
Österreich
Salzburg
Buda
Pest
Debrecen
Sieben-
bürgen
Ungarn
1847 zu
Moldau
Klagenfurt
Drau
Temesvár
Save
Agram
Triest
Bukarest
1866
Slawonien
Rumänien
tributpflicht. Fsm.
Venedig
Fiume
Belgrad
Donau
Warna
Bologna
Bosnien
Serbien
tributpflicht. Fsm.
Bulgarien
REP. SAN MARINO
seit 1862 unter ital. Schutz
Sarajevo
Nisch
Sofia
1860
MONTENEGRO
Adrianopel
ADRIA
OSMANISCHES REICH
Cattaro
ITALIEN
Rom
Tirana
Makedonien
PATRIMON.
PETRI
1860
Albanien
Saloniki
Benevent

Klaus-Jürgen Bremm

70/71

6. August 1870, nach der Schlacht bei Wörth:
Französische Soldaten präsentieren ihre Regimentsfahne.

Klaus-Jürgen Bremm

70/71

Preußens Triumph über Frankreich und die Folgen

wbg THEISS

Abbildungsnachweis:

akg-images: S. 2, 18/19, 21, 78, 111, 123, 126, 129, 135, 162, 233, 236, 256, 267, 269; bpk Berlin: S. 22/23, 83, 109, 184; wbg-Archiv: S. 29, 176, 260, 279; Musen Frederic Marès: S. 68.

Karten: Peter Palm, Berlin: S. 101, 116, 173, 189, 199, 212, 245, Vorsatz / Nachsatz

Die Deutsche Nationalbibliothek verzeichnet diese Publikation

in der Deutschen Nationalbibliografie;
detaillierte bibliografische Daten sind im Internet über
http://dnb.dnb.de abrufbar.

wbg Theiss ist ein Imprint der wbg.

Die Herausgabe des Werkes wurde durch die Vereinsmitglieder der wbg
ermöglicht.
Lektorat: Kristine Althöhn, Mainz
Satz: TypoGraphik Anette Bernbeck, Gelnhausen
Umschlagabbildung: »La Defense de la porte de Longboyau«. Gemälde (1879)
von Alphonse de Neuville (1835–1885). Foto: © akg-images.
Umschlaggestaltung: Harald Braun, Helmstedt
Gedruckt auf säurefreiem und alterungsbeständigem Papier
Printed in Germany

Besuchen Sie uns im Internet: www.wbg-wissenverbindet.de

ISBN 978-3-8062-4019-1

Elektronisch sind folgende Ausgaben erhältlich:
eBook (PDF): 978-3-8062-4028-3
eBook (epub): 978-3-8062-4027-6

Inhalt

Einleitung – Das Ende der Grande Nation und der Siegeszug der allgemeinen Wehrpflicht

»Die Franzosen haben bis jetzt die erste Rolle in der Welt gespielt. Seit dem vorigen Jahre drohen wir, diese Rolle ihnen abzunehmen. Sie empfinden eine verzeihliche Empfindlichkeit über diese Zumutung. Eitel wie sie sind, gehen sie so weit, ihren Ehrenplatz nicht im Guten zu zedieren. Deswegen suchen sie Händel mit uns, um uns darüber zu belehren, dass wir nur die dummen Österreicher geschlagen haben, und dass sie nach wie vor die große Nation sind.«

Rittmeister Alfred Graf von Schlieffen am 6. Mai 1867 aus Paris an seine Verlobte[1]

Der Feind habe uns nur äußerlich besiegt, schrieb im Januar 1871 ein verzweifelter Jules Michelet in seinem Florentiner Exil, aber, so fügte der große Historiker der Französischen Revolution mit trotzigem Stolz hinzu, den moralischen Sieg habe der barbarische Gegner dennoch nicht errungen. Obwohl vergewaltigt und geplündert sei Frankreich nicht zu Boden geworfen. Es bleibe Frankreich, stark, Furcht einflößend und groß![2]

Der Krieg zwischen Frankreich und Deutschland, der am 19. Juli 1870 als Krieg zwischen dem Zweiten Kaiserreich und der preußischen Monarchie begonnen hatte, lag, als Michelet seinen pathetischen Appell an ein scheinbar gleichgültig zuschauendes Europa verfasste, in den letzten Zügen. Am 18. Januar 1871 hatten die deutschen Fürsten im Spiegelsaal des Versailler Schlosses ihr neues Kaiserreich ausgerufen. Das hungernde Paris stand unmittelbar vor der Kapitulation und von den drei Hauptarmeen der Republik waren zwei bereits bei Le Mans und St. Quentin zerschlagen, die dritte Streitmacht unter General Charles Bourbaki im Juragebirge blockiert, sodass sie sich zehn Tage später im Schweizerischen Grenzort Les Verrières entwaffnen und internieren lassen musste. Mehr als ein halbes Jahr war der Krieg mit aller Härte und zuletzt unter extremer winterlicher Kälte ausgefochten worden. Erst dann sah Frankreichs »Regierung der Nationalen Verteidigung« ein, dass die Niederlage sowie der Verlust von Metz und Straßburg nicht mehr abzuwenden waren, und willigte in einen Waffenstillstand ein, der vier Wochen später zum Abschluss eines Vorfriedens führte.

Seit dem Krieg sind fast anderthalb Jahrhunderte verstrichen. Kaiserreich und Dritte Republik, die beide aus dem Konflikt von 1870/71 hervorgingen, sind längst wieder aus der Geschichte verschwunden. Angesichts zweier Weltkriege und einer inzwischen fortschreitenden europäischen Integration scheint es, dass eine neuerliche Betrachtung der dramatischen Geschehnisse zwischen Emser Depesche und Frankfurter Frieden nur noch antiquarischen Bedürfnissen dienen kann. Von beiden Generalstäben sind die militärischen Operationen bereits vor mehr als einem Jahrhundert mit detailfreudiger Akribie dargestellt worden. Zuletzt hat sie der Brite Michael Howard in seinem Standardwerk ausgewogen und pointiert beschrieben.[3] Die Untersuchung der politisch-diplomatischen Vorgeschichte des Krieges brachte allerdings auch nach Freigabe aller Quellen kein eindeutiges Resultat. Bismarcks Verhalten in der Frage der spanischen Kandidatur bleibt bis heute rätselhaft, doch es spricht viel für die Vermutung, dass der Kanzler des Norddeutschen Bundes im Frühjahr 1870 den Krieg mit Frankreich provozieren wollte, um eine scheinbar schon Gestalt annehmende Koalition der Besiegten von 1866 zu verhindern.[4]

Obwohl dieser letzte für Deutschland siegreiche Krieg sich schon lange dem allgemeinen Gedenken entzogen hat, sind zwei der aus ihm hervorgegangenen Resultate noch bis heute gültig. 1870 war das Jahr, in dem die *Grande Nation*, die den europäischen Kontinent seit dem Ende des Dreißigjährigen Krieges mit ihrer verfeinerten Kultur befruchtet und zuletzt mit ihren revolutionären Ideen terrorisiert hat, unwiderruflich in die zweite Reihe der Mächte Europas treten musste. Mit seiner für ganz Europa überraschenden und totalen Niederlage gab Frankreich endgültig seinen privilegierten Platz unter den Nationen an die bis dahin gönnerhaft belächelten Deutschen ab.[5] Jules

Michelet hatte geirrt, wenn auch in großartiger Rhetorik. Nach 1871 war Frankreich nie mehr wirklich groß und Furcht einflößend. Die einst verhockten Deutschen mit ihren wunderlichen Narrheiten, ihrem Mangel an Gewandtheit und ihrer Vorliebe für ein zurückgezogenes Dasein, wie sie während der Herrschaft Napoleons Germaine de Staël-Holstein, eine Tochter des letzten Finanzministers unter Ludwig XVI., Jacques Necker, nicht ohne Sympathie den Franzosen so eingängig beschrieben hatte,[6] waren plötzlich zu berechnenden Technokraten mutiert. In allen Dingen, die er studiert habe, sei ihm immer die Überlegenheit des deutschen Verstandes und der deutschen Arbeit aufgefallen, befand der Historiker Ernest Renan nach dem Bekanntwerden der Kapitulation von Sedan im vertrauten Pariser Kreis. Ihre Überlegenheit liege nicht nur in der Kriegskunst, die zwar nur eine untergeordnete, aber doch komplizierte Kunst sei. Die Deutschen seien sogar, so behauptete der Sorbonneprofessor nach dem Zeugnis Edmond de Goncourts, »eine überlegene Rasse«.[7]

Mit atemberaubender Schnelligkeit hatten seit August 1870 die deutschen Armeen das Kartenhaus französischer Selbstüberschätzung und Realitätsverleugnung zum Einsturz gebracht. Der Botschafter Napoleons in Washington, Lucien Anatol Prévost-Paradol, hatte weitaus mehr Wirklichkeitssinn als der Republikaner Jules Michelet bewiesen und seinen Landsleuten eine empfindliche Niederlage im bevorstehenden Krieg prophezeit. Dem jungen Grafen Maurice de Hérisson versicherte er, dass die Franzosen im eigenen Lande zerschmettert würden, ehe er sich in der Nacht zum 20. Juli 1870 aus Verzweiflung eine Kugel in den Kopf schoss.[8] Schon zwei Jahre vor Kriegsausbruch hatte der liberale Publizist in seiner Schrift *La France nouvelle*, gewarnt, dass ein Waffengang mit den Deutschen die *Grande Nation* auf den Status einer Mittelmacht reduzieren würde, die nur noch »einfluss- und ehrlos in ihren Ruinen dahinvegetieren« könne.[9] Tatsächlich wurde Frankreich bei stagnierender Bevölkerung in Wissenschaft, Technik und Wirtschaftskraft von den seit 1871 vereinigten Deutschen in wenigen Dekaden weit hinter sich gelassen. Der forcierte Ausbau seines afrikanischen Kolonialreiches konnte den politischen Bedeutungsverlust nicht aufhalten und zu Beginn des 20. Jahrhunderts galt das von der Dreyfus-Affäre sowie von ständigen Unruhen und Streiks gespaltene Land bereits als gescheiterter Staat. Frankreich siegte noch einmal im Ersten Weltkrieg, dem *Grande Guerre*, über Deutschland, aber nur mithilfe der halben Welt. Im nächsten Krieg siegte es dann gar nicht mehr. Seine Aufnahme in den Kreis der Siegermächte von 1945 war bereits eine politische Farce. Kein Beschwören hoher Prinzipien von Zivilisation und universaler Humanität, keine pompösen militärischen Inszenierungen auf den *Champs-Élysées*, kein geschenkter Platz im Weltsicherheitsrat, und nicht einmal seine Nuklearbewaffnung haben an der seit 1871 besiegelten Zweitrangigkeit Frankreichs etwas zu ändern vermocht. Dagegen haben selbst zwei verlorene Weltkriege, vier Dekaden der Teilung und zuletzt sogar François Mitterrands fatale Initiative zur Abschaffung der Deutschen Mark den ersten Rang Berlins in Europa bis heute nicht dauerhaft infrage stellen können.

Die historische Forschung in Deutschland hat den Krieg von 1870/71 seit der Weimarer Republik aus nachvollziehbaren Gründen lange vernachlässigt. Das »Zeitalter der Weltkriege« hatte sich zwischen den heutigen Betrachter und ein fernes Ereignis geschoben, von dem gelegentlich noch verwitterte Kriegerdenkmäler und etliche Straßennamen einer gewöhnlich ignoranten Anwohnerschaft Kunde zu geben versuchen. Wer aber noch im Groben oder gar im Detail Kenntnis der Ereignisse von 1870/71 hat, dürfte eher von dem damaligen deutschen Triumphgeheul peinlich berührt sein und die Reichsgründung als Vorstufe zu den Katastrophen des 20. Jahrhunderts deuten. Allenfalls als Vorform einer sich im 20. Jahrhundert entgrenzenden totalen Kriegführung erschien der Krieg Preußens und seiner Verbündeten gegen Frankreich für Historiker noch interessant.[10] Hervorgegangen aus einem diplomatischen Tauziehen hinter den Kulissen war er nach dem raschen Sturz des Kaiserreiches vollends zu einer Auseinandersetzung zweier Nationen eskaliert. Die in allen Anfangsschlachten klar geschlagenen Franzosen versuchten verzweifelt mit einer neuen *Levée en masse* den längst verblassten Geist ihrer ersten Revolution wiederzubeleben. Es reichte immerhin, die Deutschen anfänglich in Verlegenheit zu bringen. Um dem Krieg eine Wende zu geben, fehlten Frankreichs neuen Armeen freilich Disziplin, militärisches Können und vor allem die Zeit.

Gleichwohl sprach Helmuth Graf von Moltke, Chef des Generalstabs der Preußischen Armee und siegreicher Heerführer, im Rückblick von einem »Volkskrieg« als neuer mörderischer Form militärischer Konflikte und warnte 1890 im Reichstag nur wenige Monate vor seinem Tod vor einem neuen Siebenjährigen oder gar Dreißigjährigen Krieg.[11]

Wo aus den alten Kabinettsarmeen Millionenheere entstanden waren, mussten unweigerlich auch die Bevölkerungen der Konfliktparteien ins Spiel kommen. Erstmals hatten im Krieg von 1870/71 Eisenbahnen und Telegrafie äußere Front und Heimat näher zusammengerückt. Nachrichten vom Kriegsschauplatz trafen, wenn auch in gefilterter Form, gewöhnlich schon am nächsten Tag bei den Lesern zuhause ein und waren sogar eine wichtige Informationsquelle für die kämpfende Truppe, wenn etwa Angehörige Zeitungen oder Zeitungsartikel mit der Feldpost zurück nach Frankreich schickten. Die Daheimgebliebenen hatten dem König oder der Republik nicht allein Soldaten zu stellen. Sie mussten jetzt auch ihren Kämpfern draußen im Feld den Rücken stärken, Kriegsmaterial produzieren, Verwundete in den Reservelazaretten versorgen und unerschüttert alle Verluste ertragen.

Es genügte inzwischen nicht mehr, die Armeen des Feindes zu zerschlagen, auch der Widerstandswille seiner Bevölkerung musste durch Propaganda oder gar physischen Zwang gebrochen werden. Der moderne industrialisierte Krieg erfasste schlagartig sämtliche Lebensbereiche der beteiligten Nationen und drohte zukünftig zu einem jahrelangen verlustreichen Ringen der Kontrahenten zu mutieren. Die letzten fünf Monate des Deutsch-Französischen Krieges gaben davon einen Vorgeschmack, mehr jedoch nicht.

Nach Ansicht des damals als Kriegsbeobachter aus den Vereinigten Staaten angereisten Unionsgenerals Philip Sheridan seien die deutschen Truppen anfangs noch zu nachsichtig mit der französischen Zivilbevölkerung gewesen. Man müsse den Leuten so viel Leid zufügen, dass ihnen nur noch die Augen blieben, um den Krieg zu beweinen, hatte er während einer abendlichen Tischrunde in Reims im Beisein Bismarcks erklärt.[12] Der Held des Amerikanischen Bürgerkriegs hatte bereits 1864 mit der Verwüstung des Shenandoa-Tales in Virginia ein klares Zeichen gesetzt, wie man es seiner Ansicht nach anstellen musste. Seine Gastgeber taten sich keineswegs schwer, den brutalen Empfehlungen des Amerikaners zu folgen. Schon auf dem

Vormarsch nach Paris im September brannten entlang der Marschstraßen etliche Ortschaften, aus denen vermutlich Bauern auf deutsche Kolonnen geschossen hatten.[13] Französische Zivilisten in den besetzten Gebieten, in denen die Deutschen bislang nur willkommene Lieferanten von Verpflegung und Transportmitteln gesehen hatten, wurden plötzlich selbst zu Feinden, von denen jederzeit Gefahr auszugehen schien. Jeder Bauer oder harmlos wirkende Bürger hinter der durchlässigen Front konnte nun ein Unterstützer von Freischärlern sein oder sogar selbst eine Waffe im Keller versteckt haben. Ungeduldig drängte Bismarck angesichts wachsender Verluste durch sogenannte *Franctireurs* im Hinterland auf eine fühlbare Verschärfung der Repressalien gegen verdächtige Zivilisten. In einem bemerkenswerten *Memoire* vom Dezember 1870 empfahl er schließlich unverhohlen größere Strenge gegenüber dem Feind, etwa die Einforderung von Geiseln sowie mehr Requisitionen auch von Privatbesitz.[14] Fast wörtlich wiederholte er den Gedanken Sheridans, wenn er schrieb, dass das französische Volk jetzt endlich die Härten des Krieges deutlicher spüren müsse. Durch seine verschärften Leiden solle es gezwungen werden, Druck auf die Pariser »Advokatenregierung« auszuüben, den Widerstand einzustellen. Von der Beschießung der Hauptstadt versprachen sich Bismarck und die deutsche Öffentlichkeit allerdings zu viel. Als Anfang Januar 1871 endlich genügend Artillerie und Munition verfügbar waren, beschoss man mit einem Teil der Geschütze auf besondere Veranlassung Moltkes auch die Pariser Zivilbevölkerung.[15] Das deutsche Terrorbombardement auf die Wohnbezirke des linken Seineufers verursachte jedoch nur geringe Verluste und wurde zum Erstaunen deutscher Offiziere von den Hauptstädtern anfangs sogar als willkommene Ablenkung betrachtet.[16] Gravierender waren dagegen die Folgen der von Moltke und dem Generalstab favorisierten Hungerblockade. Zwischen Oktober 1870 und Februar 1871 starben in Paris rund 42 000 Menschen mehr als sonst in diesen Monaten.[17]

Im Vergleich zur Belagerung von Leningrad im Zweiten Weltkrieg fehlte auf deutscher Seite allerdings noch der Wille zum Genozid im großen Stil. Zwar hatte Bismarck in seiner berüchtigten Dezemberdenkschrift an den König bereits gefordert, mehr französische Gefangene zu erschießen, da man von ihnen schon so viele in Deutschland unterbringen müsse, doch bei dem ausgeprägten Rechtsgefühl der größtenteils noch in christlichen Denkmustern befangenen deutschen Soldaten war an eine totale Kriegführung nicht zu denken gewesen.[18] Repressalien oder Gewaltexzesse kamen zwar vor, ergaben sich aber gewöhnlich aus der konkreten Situation und waren nicht Teil einer Gesamtstrategie gegen die Zivilbevölkerung. Trotz eines abstrakten Abscheus auf die Franzosen als Nation gerade in gebildeten Kreisen, gespeist durch die nationalistische Rhetorik der Befreiungskriege, überwog doch aufseiten der deutschen Soldaten gegenüber den gegnerischen Gefangenen eher Mitleid, Respekt und gelegentlich sogar Sympathie.

Bismarcks Ziele waren im Winter 1870/71 die Kapitulation und der Friede, nicht die Dezimierung der Hauptstädter, sosehr vielen seiner biederen Landsleute das »Babylon an der Seine« auch als verrufener Hort aller Weltübel erscheinen mochte.[19] Tatsächlich kam es erst nach dem Abzug der Preußen und der Niederwerfung der Pariser Kommune durch die Truppen der Republik im Mai 1871 zu Massentötungen im Stile des 20. Jahrhunderts, denen fast 20 000 Pariser zum Opfer fielen.[20] So wies vieles im Krieg von 1870/71 eher zurück als in die Zukunft. Auch der Massenmord an den eigenen Landsleuten war den Franzosen seit der Revolution von 1789 durchaus nicht neu.

Wiederholt hatte Moltke nach dem Frankfurter Friedensschluss das Regime der »Pariser Advokaten« angeklagt, den Krieg nach dem Sturz des Kaiserreiches durch die Bewaffnung aller verfügbaren Männer unnötig verlängert zu haben. Doch er übersah, oder wollte es sogar übersehen, dass der Gegner damit nur das preußische Modell des »Volkes in Waffen« zu kopieren versucht hatte.[21]

Tatsächlich hatten Preußen und später auch seine deutschen Verbündeten mit ihrer allgemeinen Wehrpflicht selbst die Büchse der Pandora geöffnet und ihre Länder zu Kasernen gemacht. Es waren die Deutschen, die 1870 in Europa das erste Millionenheer ins Feld gestellt und damit ein neues Kapitel in der Militärgeschichte aufgeschlagen hatten. Besonders in den beiden Kriegen gegen Österreich und Frankreich über alle Erwartungen erfolgreich agierend, mutierte die zuvor als unprofessionell verachtete preußische Armee mit ihrer allgemeinen Wehrpflicht bei vergleichsweise kurzer Dienstzeit zunächst zum Vorbild für ganz Deutschland und schließlich auch zum

Maßstab für etliche andere europäische Staaten. Alternative Konzepte nach dem Vorbild des Schweizer Milizsystems verschwanden ganz aus den Wehrdebatten. Selbst Großbritannien und die Vereinigten Staaten, deren politische Eliten von jeher große stehende Heere mit kritischen Augen betrachtet hatten, würdigten Preußens neue Schlagkraft, während das so stolze Frankreich sich beeilte, mit einer Reihe von Wehrgesetzen das vormals verpönte preußische Modell zu kopieren. Vor 1870 wäre dieser Schritt an der Seine undenkbar gewesen.[22] Der weltweite Siegeszug der allgemeinen Wehrpflicht eröffnete das Zeitalter der Millionenheere und des totalen Krieges. Er erreichte sogar das reformierte Kaiserreich Japan und prägte bis in die jüngste Vergangenheit die Wehrverfassung der meisten Staaten in der Welt. Auch dies war eine Folge des vergessenen Krieges von 1870/71.

Bis zum ersten Schuss

Paris 1867 – Das Zweite Kaiserreich noch einmal als Mittelpunkt Europas

»Niemals hat sich das universelle Wohlwollen Frankreichs, trotz Sadowa, deutlicher manifestiert als in der großen Ausstellung von 1867, jenem herausragenden Fest, das Paris ganz Europa gab. Welche Aufnahme bereiteten wir unseren Gästen? Welches blinde Vertrauen zeigten wir ihnen? Welche Gastfreundschaft? Wir rissen Tore und Mauern nieder, damit diese Stadt die Welt empfangen, ja sogar umarmen konnte, und der Geist der Brüderlichkeit bewog einen Dichter sogar zu sagen: Paris ist mehr als nur eine Stadt. Trete ein, Menschheit! Diese Stadt gehört Dir.«

Jules Michelet, La France devant l'Europe, Januar 1871[1]

Im April 1867 öffnete die Pariser Weltausstellung ihre Pforten. Es war bereits das zweite Großereignis im neuen Zeitalter der industriellen Revolution, das nach der Ausstellung von 1855 in der Seinemetropole stattfand. Nach dem Willen Napoleons, ihres obersten Schirmherren, sollte die *Exposition universelle* eine Schau der Superlative werden. Mit einer gigantischen Mischung aus modernster Technik und Kulturleistungen aller Kontinente wollte sich das Zweite Kaiserreich den Besuchern als Speerspitze einer sich anbahnenden Weltzivilisation präsentieren. Frankreich beanspruchte dann auch mit seinen Exponaten beinahe die Hälfte der Ausstellungsfläche und versuchte in sämtlichen Kategorien seine Überlegenheit gegenüber der übrigen Welt zu dokumentieren.[2]

Als 1863 mit den Vorbereitungen begonnen worden war, schien Frankreichs Vorrangsanspruch durchaus nicht abwegig. Das Zweite Kaiserreich war damals noch die unbestrittene Vormacht auf dem europäischen Kontinent. Napoleon, der Parvenü und Umstürzler, der nach seinem zweiten gescheiterten Putsch von 1840 sechs Jahre in der nordfranzösischen Festung Ham hatte verbüßen müssen, stand auf Augenhöhe mit den alten Kaiserhäusern Österreichs und Russlands. Seine Armee hatte im Krimkrieg gesiegt und 1856 auf dem Pariser Friedenskongress gemeinsam mit Großbritannien der russischen Kriegsflotte die Passage durch die Dardanellen gesperrt. Mit Frankreichs militärischer Hilfe war 1859/61 das Königreich Italien entstanden und im fernen Mexiko kämpften 1863 noch 40000 Franzosen um die Errichtung eines neuen Kaiserreiches, an dessen Spitze ausgerechnet ein Habsburger stehen sollte.[3] In Europa schien keine wesentliche politische Veränderung gegen den Willen Frankreichs möglich. Preußen, das bis dahin unter Mühen seinen Großmachtstatus hatte wahren können, war in den Augen Napoleons – kaum anders als das neue Italien – nur ein politischer Protegé und wurde auch gönnerhaft das »Piemont des Nordens« genannt.

Bei der feierlichen Eröffnung der Ausstellung am 1. April 1867 erstrahlte ein durch Baron Georges Eugène Haussemann verwandeltes Paris im neuen Glanz. An der Stelle seiner mittelalterlichen Gassen teilten nun bis zu 30 Meter breite Boulevards, von Alleebäumen und prächtigen Bürgerhäusern flankiert, die Innenstadt zwischen *Gare de l'Est*, dem *Place de la Concorde* und dem *Place de la Bastille*. Doch mit seiner erneuerten Nationalbibliothek und seiner soeben vollendeten Oper war Paris schon die Kapitale eines vergehenden Imperiums. Innerhalb von nur vier Jahren hatten sich die Machtverhältnisse auf dem Kontinent entschieden gewandelt. Der verachtete preußische Militärstaat, mit seinem angeblichen Untertanengeist und seiner Pedanterie für die feinen Pariser der Inbegriff aller Kulturlosigkeit, war unter der Führung seines anfangs unterschätzten Ministerpräsidenten Otto von Bismarck in die erste Reihe des europäischen Staatensystems vorgerückt. Frankreich sah sich plötzlich zu einer nachrangigen Macht deklassiert. Die Inbesitznahme der seit 1848 umstrittenen Herzogtümer Schleswig und Holstein durch Preußen und Österreich war 1864 nur der Eröffnungscoup gewesen. Zwei Jahre darauf hatte der aufstrebende Hohenzollernstaat den vormaligen österreichischen Alliierten auf den Schlachtfeldern Böhmens in nur sechs Wochen militärisch gedemütigt und seine Grenzsteine bis zur Mainlinie vorverlegt. Den nach dem Sturz Napoleons I. im Jahre 1815 errichteten Deutschen Bund hatte Bismarck kurzerhand aufgelöst und Österreich mit seinen deutschsprachigen und böhmischen Gebieten aus Deutschland verdrängt. Damit war der alte preußisch-österreichische Dualismus, der seit der Epoche des großen Friedrich das Verhältnis beider Mächte vergiftet hatte, zugunsten Preußens entschieden. Hilflos hatte Frankreich dem beängstigenden Aufstieg seines vermeintlichen Schützlings zusehen müssen, ohne für dessen ungeheure Machtzuwächse auch nur die geringste Kompensation erhalten zu haben.

Preußens überraschender Sieg bei Königgrätz am 3. Juli 1866 hatte Frankreichs Politik fast ebenso stark erschüttert wie das damals tatsächlich geschlagene Österreich. Das politische Paris war so konsterniert, dass Presse und Öffentlichkeit fassungslos den böhmischen Schlachtort unter dem Namen »Sadowa« als eigene Niederlage bilanzierten. Damit hatten die Demütigungen der *Grande Nation* allerdings noch kein Ende.

Noch während im April 1867 die ersten von insgesamt elf Millionen Besuchern über das riesige Ausstellungsgelände auf dem Pariser Marsfeld flanierten, hatte Napoleons dilettantischer Versuch, mit dem Erwerb Luxemburgs doch noch den dringend benötigten Prestigegewinn zu erzielen, Europa in eine schwere politische Krise gestürzt.

Das Kaiserreich sah sich der Lächerlichkeit preisgegeben und begann sogar zu rüsten. In preußischen Offizierkreisen machte schon das Wort vom Krieg die Runde[4] und Helmuth von Moltke plädierte als Chef des Generalstabes für ein rasches Zuschlagen. Bismarck aber hatte in dem Streit um Luxemburg keinen ausreichenden Grund für einen Waffengang mit dem Zweiten Kaiserreich gesehen und war dem Vorschlag der britischen Regierung gefolgt, die Zukunft des kleinen Landes, das bis 1866 Teil des Deutschen Bundes gewesen war und immer noch dem Zollverein angehörte, auf einer internationalen Konferenz in London zu klären. Am 11. Mai 1867 unterzeichneten die Teilnehmer einen Vertrag, der das Großherzogtum zu einem souveränen und neutralen Staat erhob. Zur französischen Gesichtswahrung hatte Bismarck sich in London sogar bereit erklärt, die preußische Garnison abzuziehen, und der Schleifung der alten Luxemburger Bundesfestung zugestimmt. Das war allerdings das äußerste Entgegenkommen an Napoleon, das der preußische Ministerpräsident gegenüber der gereizten öffentlichen Meinung in den deutschen Staaten noch vertreten konnte.

VUE OFFICIELLE A VOL D'OISEAU DE

»Vue officielle à vol d'oiseau de l'exposition universelle de 1867« – zeitgenössische Lithografie des Ausstellungsgeländes aus der Vogelschau.

Anfang Juni 1867 machte sich Bismarck in angespannter Stimmung an der Seite seines Monarchen auf den Weg, das Pariser Spektakel zu besuchen. Sein Erscheinen in einer Kürassieruniform erregte an der Seine viel Aufsehen, allerdings auch den Spott der zahlreich nach Paris gereisten preußischen Offiziere. Bismarcks erst im Vorjahr erfolgte Ernennung zum Generalmajor und Chef des 7. Landwehr-Kavallerie-Regiments nahm man in militärischen Kreisen nicht wirklich ernst. Seine martialische Gardarobe mochte vielleicht auch dazu gedient haben, mögliche Attentäter abzuschrecken, denn er fürchtete, wie er der Baronin Hildegard von Spitzemberg kurz vor seiner Abreise aus Berlin vertraulich mitgeteilt hatte, dass ihm in Paris etwas zustoßen könne. Angeblich hatte er deswegen sogar ein Testament verfasst. Jedenfalls rechnete der Ministerpräsident seitens der Franzosen mit einer schlechten Behandlung.[5] Während der ebenfalls mitgereiste Helmuth von Moltke in einem schauerlich wirkenden schwarzen Habit die Forts von Paris, damals die größte Festung der Welt, in Augenschein nahm, dürfte Bismarck in der Sektion der Essener Firma Krupp mit besonderer Genugtuung das imposante Belagerungsgeschütz aus Stahl betrachtet haben. Die französische Presse sprach ehrfurchtsvoll vom »Mammut« oder dem »Leviathan« unter den Kanonen[6] und der preußische Ministerpräsident, der sich entgegen seiner Befürchtung in Paris sogar einer gewissen Popularität erfreute,[7] wird vielleicht bei ihrem Anblick schon eine Ahnung gehabt haben, dass das von sich eingenommene Pariser Publikum noch einmal in besonderer Weise mit dieser Kriegsmaschine aus Preußens berühmtester Stahlschmiede Bekanntschaft würde schließen müssen.

Nach dem Willen Napoleons hatte die Pariser Weltausstellung die Bühne zu einem großen Monarchentreffen werden sollen, wobei unter der Schirmherrschaft Frankreichs analog zur großen Friedenskonferenz von 1856 über eine Regelung der wichtigsten europäischen Fragen verhandelt werden konnte. Von der Rolle des Gastgebers und europäischen Vermittlers versprach sich der Kaiser internationale Anerkennung und eine innere Stabilisierung seines erodierenden Regimes. Napoleon ließ sogar ein Ölgemälde anfertigen, das ihn im Kreis der wichtigsten europäischen Potentaten zeigte. Der Kaiser reitet darauf einen Schimmel, zur Linken flankiert von Zar Alexander II., Sultan Abdul Aziz und König Leopold II. von Belgien, zu seiner Rech-

»Die Krupp'sche Riesenkanone« – zeitgenössischer Holzstich aus einer Serie mit Motiven der Weltausstellung.

ten sind Kaiser Franz Joseph I. von Österreich, Wilhelm I. und König Luis von Portugal zu erkennen.[8] Eigenartigerweise fehlt auf dem Bild Queen Victoria, die noch 1855 begeisterter Gast der ersten Pariser Weltausstellung gewesen war, nun aber schon im Mai ihren ältesten Sohn Albert, den *Prince of Wales* und späteren König Edward VII., in die französische Hauptstadt entsandt hatte. Tatsächlich war das pompöse Gemälde von Charles Porion eine Fiktion. Das große Monarchentreffen, das sich nach der Idee Napoleons beinahe beiläufig am Rande der Ausstellung hätte konstituieren sollen, hat tatsächlich niemals stattgefunden. Kaum ein Jahr nach dem Krieg in Böhmen war an ein direktes Treffen von österreichischem Kaiser und preußischem König ohnehin nicht zu denken. Zudem hassten Bismarck und Wiens leitender Minister Friedrich Ferdinand Graf von Beust einander aus tiefster Seele. Lediglich der russische Zar besuchte, begleitet von seinem obersten Minister Alexander Gortschakov, zeitgleich mit den Preußen die französische Hauptstadt.

»Les Souverains venus à Paris en 1867 pour l'exposition universelle«. Gemälde von Charles Porion (1814–1908).

Alexander II. stand allerdings nicht der Sinn nach hoher Politik und langatmigen Konferenzen. Gleich nach Überqueren der französischen Grenze hatte er sich eine Loge für Jacques Offenbachs neue Operette »Die Großherzogin von Gerolstein« reservieren lassen.[9] Zu einem Vergnügen wurde seine Reise nach Paris dennoch nicht. Das Pariser Publikum verübelte dem Zaren die Unterdrückung der Polen, die sich 1863 ein weiteres Mal nach 1830 vergeblich gegen ihre russischen Zwingherren erhoben hatten, und schrie bei jeder Gelegenheit: *Vive la Pologne.* Als der polnische Freischärler Antoni Berezowski am 6. Juni

nach einer Militärparade im *Bois de Boulogne* mit einer Pistole zwei Schüsse auf den in Begleitung Napoleons zurückreitenden Alexander abgeben konnte, blieben beide Herrscher zwar unverletzt, doch die festliche Stimmung war endgültig dahin. Die Bemerkung Napoleons, der um Kaltblütigkeit bemüht war, man habe nunmehr gemeinsam im Feuer gestanden und sei dadurch zu Waffenbrüdern geworden,[10] konnte Alexanders Unmut über die ungestörten Umtriebe polnischer Exilanten in der französischen Kapitale kaum mildern. Auch dürfte sie den Zaren in politischer Hinsicht wenig befriedigt haben. Denn Frankreich war weit davon entfernt, der Waffenbruder Russlands zu sein und den Zaren etwa bei seinen Ambitionen auf dem Balkan gegen den Rivalen Österreich unterstützen zu wollen. Nicht einmal ein Entgegenkommen in der Dardanellenfrage hatte ihm Napoleon angedeutet. Verstimmt über die unverhohlene Ablehnung des Pariser Publikums verließ der Zar bereits fünf Tage später die Stadt, in der er beinahe ums Leben gekommen war. Kurz darauf machten sich auch die Preußen am 14. Juni auf den Heimweg. König Wilhelm zeigte sich, obwohl bei allen öffentlichen Kundgebungen vom hauptstädtischen Publikum hartnäckig geschnitten, stets vergnügt und nach der Schilderung des Rittmeisters Alfred Graf von Schlieffen sogar mit einem Ausdruck von anrührender Güte. Selbst bei der Verabschiedung durch Napoleon am Bahnhof rief die Menge zur Brüskierung des hohen preußischen Gastes wie besinnungslos: *Vive l'empereur.*[11] Als beide Monarchen sich das nächste und letzte Mal am 2. September 1870 in dem Schlösschen Bellevue bei Frenois oberhalb der Maas wiedersahen, war das Ende des Zweiten Kaiserreichs bereits besiegelt.

Dass König Wilhelm und sein kaiserlicher Neffe Alexander ihre guten Beziehungen in der Seinemetropole noch einmal bekräftigen konnten, lag weniger an den gegen sie beide gerichteten Schmähungen der Pariser. Das russisch-preußische Einvernehmen verdankte sich vor allem der schlichten Tatsache, dass St. Petersburg und Berlin, anders als die übrigen europäischen Mächte, keine ernsthaften Interessengegensätze trennten.

Gemeinsam beherrschten beide Mächte das 1815 erneut geteilte Polen, gemeinsam hatte man Österreich zum Rivalen und gemeinsam schien man für ein konservatives Politikmodell zu stehen, das als Bollwerk gegen den wachsenden Einfluss des politischen Liberalismus dienen sollte. Zwar kostete dies Preußen die Sympathien der Briten, die sich viel auf ihr parlamentarisches Regierungssystem zugutehielten, doch besaß die von den Liberalen gestellte britische Regierung weder die Mittel noch überhaupt den Willen, den Preußen auf dem Kontinent energisch Einhalt zu gebieten. Europa war für Großbritannien, das traditionell weltweite Ambitionen verfolgte, längst nur noch einer von vielen politischen Schauplätzen. Der Aufstieg der Vereinigten Staaten, die soeben Alaska erworben hatten und damit die kanadische Westküste in die Zange nahmen, bereitete London weitaus mehr Kopfzerbrechen als Preußens Machtzuwächse in Norddeutschland. 1862 hatte Bismarck die britische Hauptstadt besucht und war mit den maßgeblichen Politikern des Inselreiches zusammengekommen, nur um am Ende erstaunt zu bilanzieren, dass Männer wie Palmerston, Russel oder Disraeli mehr über China oder die Türkei wussten als über Preußen.[12] Trotz aller Kritik an Bismarcks rüden Methoden und seiner antiliberalen Grundhaltung sah London in dem so überraschend erstarkten Preußen eher den neuen Garanten des Status quo auf dem Kontinent, mit dem sich das unruhige Frankreich besser unter Kontrolle halten ließ. Selbst die zukünftige Vereinigung des Norddeutschen Bundes mit den süddeutschen Staaten wollte Außenminister George William Villers, der vierte Lord Clarendon, akzeptieren, solange Preußen versprach, diese Entwicklung nicht ungebührlich zu forcieren. Bismarck durfte also weiterhin von jener günstigen politischen Konjunktur profitieren, die seit dem Ende des Krimkrieges das Abrücken der beiden europäischen Flügelmächte Großbritannien und Russland von der Mitte Europas eröffnet hatte.[13]

Dagegen drohte für Napoleon die politische Bilanz der Weltausstellung mehr als dürftig auszufallen. Nur wenige Wochen nach der vorzeitigen Abreise des Zaren hatte ein neuerlicher Schlag den politischen Horizont des Zweiten Kaiserreiches weiter verdüstert. Am 19. Juni 1867 war im fernen mexikanischen Querétaro Erzherzog Ferdinand Max, der Bruder des österreichischen Kaisers, von den siegreichen Republikanern auf Befehl des Präsidenten Benito Juarez standrechtlich erschossen worden. Es war Napoleons Idee gewesen, den Habsburger als Kaiser Maximilian von Mexiko zu inthronisieren, um damit den französischen Einfluss in Mittelamerika zu stärken. Das Projekt aber hatte die Kräfte Frankreichs rasch überfordert, und als nach dem Ende des Amerikanischen Bürgerkrieges Napoleon seine Truppen auf Druck der siegreichen Unionsregierung zurückziehen musste, war das Schicksal des mexikanischen Kaiserreiches besiegelt. Der gewaltsame Tod des im Stich gelassenen Erzherzogs verletzte die Eitelkeit der *Grande Nation* mehr, als es Bismarcks politische Winkelzüge je vermocht hätten. Jeder konnte sehen, dass der Neffe des großen Korsen inzwischen ohne *Fortune* agierte. Gleichwohl schien der fatale Ausgang des überseeischen Abenteuers Napoleons die Beziehungen zu Wien nicht getrübt zu haben. Beiden Höfen war inzwischen bekannt, dass der Erzherzog es abgelehnt hatte, sich seiner Gefangennahme durch eine bis zuletzt mögliche Flucht zu entziehen. So konnte das Pariser Publikum Maximilians Ende vor dem Peloton der Juaristen als durchaus selbst gewählt betrachten. Unbeschwert tanzte es im erstmals elektrisch beleuchteten Garten der österreichischen Botschaft zu den Klängen der Strauss'schen Walzer, die von dem nach Paris angereisten Meister selbst dirigiert wurden.[14]

Derweil war Napoleon im August 1867 nach Salzburg gereist. Offiziell, um Kaiser Franz Joseph zu kondolieren, tatsächlich aber ging es um europäische Politik und um die Eindämmung Preußens, an der beiden Kaiserreichen in gleicher Weise gelegen war. Keine Einigkeit bestand zwischen beiden Mächten jedoch über den einzuschlagenden Weg. Habsburg konnte unmöglich daran mitwirken, als Preis für die Wiederherstellung seiner alten Position in Deutschland den Franzosen deutschsprachige Gebiete am Rhein zu überlassen. Dies hätten weder die deutschen Untertanen des Kaisers noch die Ungarn gebilligt, die nach dem großen Ausgleich von 1867 an dem Wiederaufleben einer habsburgischen Deutschlandpolitik ohnehin kein Interesse hatten. Napoleon wiederum konnte keinen Vorteil darin sehen, sich an der Seite Österreichs in einen möglichen Balkankonflikt gegen Russland verwickeln zu lassen. Gleichwohl riss der Gesprächsfaden zwischen beiden Mächten nicht ab und im Oktober, wenige Wochen vor dem Ende der siebenmonatigen Ausstellung, erwies endlich auch der habsburgische Kaiser der Seinemetropole seine Referenz. Die neuerliche Begegnung der beiden Monarchen zeigte aber nur, dass sich die Kluft zwischen beiden Mächten nicht geschlossen hatte. Einmal mehr erwies sich Napoleon als die »Sphinx von der Seine«, die sich nun wieder Russland anzunähern schien. Jedenfalls war seine Zusage von Salzburg, zusammen mit Habsburg gegen die Unabhängigkeitsbestrebungen der Balkanvölker für die Integrität des Osmanischen Reiches einzutreten, plötzlich kein Thema mehr.[15] Irritiert verließen die Österreicher die Hauptstadt Frankreichs, die sich nun beeilte, wieder zur Tagesordnung überzugehen.

Nach dem Ende der großen Ausstellung entfernte ein Heer von Arbeitern in atemberaubender Schnelligkeit ihre prächtigen Pavillons, Verkaufsbuden und Kioske. Innerhalb von nur 24 Stunden erinnerte kaum noch etwas an das zentrale Ereignis des Jahres und vielen

Parisern erschien das rasche Verschwinden der Ausstellung auf dem Marsfeld wie ein Unheil verkündendes Symbol. Würde nicht eines Tages auch das jetzt noch einmal so prächtig erstrahlte Kaiserreich ganz plötzlich von der Bildfläche verschwunden sein?[16] Politisch stand Napoleon mit leeren Händen da und nichts signalisierte wohl den Niedergang des Zweiten Kaiserreiches so sehr wie das Gefecht von Mentana bei Rom. Dort hatte am 3. November 1867, am selben Tag, an dem in Paris die Weltausstellung mit einem satten Überschuss von drei Millionen Francs endgültig ihre Pforten schloss, ein französisches Kontingent eine 3000 Mann starke Freischärlertruppe unter dem legendären Guiseppe Garibaldi zerschlagen, die den von Frankreich garantierten Kirchenstaat hatte besetzen wollen. Das Scharmützel von Mentana war zwar der letzte militärische Erfolg des Zweiten Kaiserreiches, doch dass Garibaldi es überhaupt gewagt hatte, Frankreich in dieser Form herauszufordern, verdeutlichte bereits dessen gewaltigen Prestigeverlust in Europa.[17]

Preußisches Prävenire – Erzherzog Albrechts geheime Reise nach Paris und die spanische Thronkandidatur

»Bismarck nahm die hohenzollernsche Kandidatur in die Hand, so wie wenn jemand mit brennendem Schwefelholz über einen Gashahn fährt, um zu sehen, ob derselbe auf oder zu ist.«

Friedrich von Holstein, Erinnerungen und Denkwürdigkeiten[18]

Am 4. Januar 1870 bestieg eine kleine Gruppe österreichischer Offiziere in Zivil unter Führung eines Grafen von Friedeck im Wiener Südbahnhof den Zug nach Verona, um zwischen Adda und Ticino die alten Kampfplätze der Kriege von 1848, 1859 und 1866 aufzusuchen. Die Herren nahmen sich dazu viel Zeit und überquerten erst vier Wochen später die französische Grenze bei Nizza, um zunächst ihr umfangreiches Besuchsprogramm in Frankreich fortzusetzen. Am 10. Februar erreichten die geheimnisvollen Reisenden schließlich die Hauptstadt Paris, wo sie nach dem Bezug eines komfortablen Quartiers von Kriegsminister Edmond Lebœuf persönlich durch dessen gesamtes Ministerium in der Rue St. Dominique geführt wurden. Auch das berüchtigte *Deuxième Bureau*, in dem der französische Nachrichtendienst seinen obskuren Geschäften nachging, sparte der Marschall dabei nicht aus.[19] Spätestens der Empfang durch das französische Kaiserpaar am 18. Februar auf Schloss St. Cloud beendete das bis dahin sorgsam gehütete Inkognito der hohen Besucher. Der angebliche Graf von Frieck war niemand anderes als der damals renommierteste Militär der österreichisch-ungarischen Doppelmonarchie, Erzherzog Albrecht, der Onkel Kaiser Franz Josephs I. und Sieger von Custoza.

Den Franzosen erschien der Erzherzog in ihrer verfahrenen Lage wie ein Retter, und das Galadiner, das der Kriegsminister kurz darauf zu Ehren seiner österreichischen Gäste veranstaltete, verlief in sehr gehobener Stimmung. Unter dem Beifall der anwesenden Generale erklärte Lebœuf, dass er glücklich sei, nunmehr den Sieger von Custoza in einem zukünftigen Krieg an der Seite Frankreichs zu wissen.[20] Auch wenn der Marschall in seiner Rede Preußen als Gegner gar nicht erwähnt hatte, läuteten in Berlin jetzt erstmals die Alarmglocken. Als sich schließlich Albrechts Aufenthalt in Paris Woche um Woche verlängerte und der Erzherzog Anfang März sogar den Flottenstützpunkt Cherbourg besuchte, erteilte ein inzwischen sehr beunruhigter Otto von Bismarck am 11. März seinem Pressebüro die Anweisung, zunächst in einem regierungsfernen Blatt über Albrechts Reise ausführlich berichten zu lassen und sie besonders den süddeutschen Höfen als bedenkliches Symptom einer französisch-österreichischen Annäherung darzustellen.[21] Noch am selben Tag hatten die österreichischen Besucher über Reims und Frankfurt allerdings schon die Rückreise nach Wien angetreten, nicht ohne zuvor noch einem Schießen der französischen Artillerie auf dem Übungsplatz Chalons in der Champagne beizuwohnen. Dass Albrecht tatsächlich für die Franzosen nur wenig Sympathie aufbrachte und ihre militärischen Vorbereitungen nach seiner Reise eher kritisch bewertete,[22] konnte der Kanzler des Norddeutschen Bundes vorerst nicht wissen.

Seit der Luxemburgkrise von 1867 hatten Wien und Paris unter Einbeziehung Italiens versucht, ein antipreußisches Bündnis zustande zu bringen. Beide Kaiser hatten sich noch im August desselben Jahres in Salzburg getroffen. Offiziell war Napoleon damals mit der delika-

Erzherzog Albrecht von Österreich-Teschen in preußischer Marschall-Uniform, (Foto 1895).

ten Aufgabe angereist, Franz Joseph wegen des Todes seines Bruders, des Erzherzogs Ferdinand Maximilian, zu kondolieren. Insgeheim hatten sich beide Monarchen in Salzburg aber mit der Frage befasst, wie der scheinbar stetig wachsenden Macht des Hohenzollernstaates an der Mainlinie gemeinsam Einhalt geboten werden konnte.[23] Vielleicht ließen sich sogar, so die von Napoleon genährten Hoffnungen Wiens, die Ergebnisse des verlorenen Krieges von 1866 durch einen erfolgreichen Waffengang noch revidieren. Bismarck hatten diese Bemühungen anfangs nicht übermäßig beunruhigt. Schienen doch die Interessen der beiden Mächte zu gegensätzlich, um jemals zu einer handlungsfähigen Allianz zu amalgamieren. Es war kein Geheimnis, dass das französische Zweite Kaiserreich nach seinem unrühmlichen Rückzug aus Mexiko unter wachsendem innenpolitischen Druck stand und seither mit wenig Geschick nach jedem noch so geringen außenpolitischen Vorteil zu greifen versuchte. Infrage kamen etwa territoriale Gewinne in Belgien oder im Rheinland, um die sich Kaiser Napoleon III. seit dem raschen Vorfrieden von Nikolsburg und dem diplomatischen Desaster um Luxemburg von Bismarck geprellt fühlte.

Österreich wiederum, dessen Politik seit 1867 der Sachse Friedrich Ferdinand Graf von Beust leitete, konnte nicht ohne Gesichtsverlust seine Hand dazu reichen, Frankreich bei der Vereinnahmung deutschen Gebietes zu assistieren. Obwohl aus persönlichen Gründen ein erklärter Feind Bismarcks betrieb von Beust keinen revisionistischen Kurs um jeden Preis. Nur wenn es in Süddeutschland als Befreier wahrgenommen würde, so sein Kalkül, hatte Habsburg überhaupt eine Chance, in Deutschland wieder Fuß zu fassen. Auch die Wünsche Italiens als möglicher Dritter im Bunde schienen kaum mit den Interessen der beiden übrigen Mächte vereinbar. Seit Jahren stieß die Regierung in Florenz mit ihrer Forderung bei Napoleon auf taube Ohren, das französische Schutzkorps für Papst Pius IX. aus Rom abzuziehen, um endlich Italiens wahre Hauptstadt in Besitz nehmen zu können. Mochte der Kaiser auch mit dem Wunsch der Italiener insgeheim sympathisieren, so konnte er doch auf die Unterstützung der französischen Katholiken unmöglich verzichten, die ihm eine Preisgabe des *Patrimonium Petri* niemals verziehen hätten. Die kaum auflösbare Gemengelage, die noch von den Ansprüchen Italiens auf das österreichische Isonzotal und Triest verschärft wurde, hatte ein wirksames Zusammengehen der drei Mächte bisher verhindert und schien es auch in Zukunft zu tun.

Wenn aber nun der wohl einflussreichste Militär der Doppelmonarchie die Mühe auf sich nahm, auf großen Unwegen und in anfänglichem Inkognito nach Paris zu reisen, mussten die Sondierungen zwischen den beiden Kaiserreichen eine neue Qualität erreicht haben. Bismarck konnte kaum Zweifel daran hegen, dass in der französischen Hauptstadt bereits über konkrete militärische Operationen gegen Preußen verhandelt worden war.[24]

Selbst ohne diese Besorgnis erregenden Neuigkeiten hatte sich für den Kanzler des Norddeutschen Bundes der politische Horizont zu Beginn des Jahres 1870 erheblich verdunkelt. Bismarcks Pläne einer Einbeziehung der seit 1866 verwaisten süddeutschen Staaten in den neuen Norddeutschen Bund ließen sich kurzfristig kaum noch realisieren. Die Partikularisten südlich des Mains drohten inzwischen die Überhand zu gewinnen und selbst die alten Schutz- und Trutzbündnisse von 1866 schienen in Gefahr, nachdem Preußengegner in Württemberg in kürzester Frist mehr als 150000 Unterschriften für die Einführung eines Milizsystems nach Schweizer Vorbild gesammelt hatten.[25]

Längst war die nationale Euphorie, die noch während der Luxemburgkrise von 1867 in München, Stuttgart und Karlsruhe dominiert hatte, einer antiborussischen Haltung gewichen. Die Wahlen zum neuen Zollparlament hatten Anfang 1868 in den drei süddeutschen Staaten unerwartet deutliche Gewinne für die Preußengegner gebracht.[26] Im Februar 1870 war schließlich der bayerische Ministerpräsident, Chlodwig Fürst Hohenlohe-Schillingsfürst, stets ein warmer Befürworter des Anschlusses an den Norddeutschen Bund, von seinem Amt zurückgetreten, da bei den Novemberwahlen die Patriotenpartei in der Zweiten Kammer mit 80 von 154 Sitzen die absolute Mehrheit errungen hatte.[27] Hohenlohes Nachfolge trat am 8. März der bisherige Gesandte Bayerns am Wiener Hof, Otto Graf von Bray-Steinburg, an. Der neue Kabinettschef in München galt als warmer Befürworter einer großdeutschen revisionistischen Politik und war zudem ein enger Freund des Grafen von Beust. Die Gefahr eines verstärkten bayrisch-österreichischen Zusammengehens lag damit für Bismarck auf der Hand.

Der Kanzler hatte bisher keinen Grund gesehen, den Anschluss der Süddeutschen mit besonderer Eile zu betreiben. Die anschlusswillige Regierung in Karlsruhe hatte er sogar ermuntert, sich an den Beratungen über die Gründung eines unabhängigen Südbundes zu beteiligen.[28] Anders als vielen Liberalen in ganz Deutschland war dem eingefleischten Preußen die nationale Einheit nie eine Herzensangelegenheit gewesen. Seit seinem Eintritt in die Politik hatte er mit allen Kräften die Vorherrschaft des Hohenzollernstaates in Norddeutschland angestrebt, und noch in seinen Vorschlägen zur Reform des Deutschen Bundes hatte er im Juni 1866 eine Eigenständigkeit der vereinigten süddeutschen Staaten befürwortet.[29] Gelegentlich hatte Bismarck auch durchblicken lassen, dass die kleindeutsche Union unter Führung Preußens wohl erst der folgenden Generation vorbehalten sein würde, und sprach sogar warnend vom Abschlagen »unreifer Früchte«.[30] Ohnehin erwies sich die Konsolidierung der preußischen Macht nördlich des Mains als schwierig genug und das bei jeder Gelegenheit von den Partikularisten in Württemberg und Bayern zelebrierte Antipreußentum verschaffte Bismarck eine beunruhigende Ahnung von den zukünftigen Schwierigkeiten, die sich aus dem Beitritt dieser beiden Staaten zum Norddeutschen Bund ergeben mussten. Als politischen Gewinn vermochte Bismarck jedenfalls die Zugehörigkeit Bayerns und Württembergs nicht zu verbuchen. Mit ihrem selbstgerechten Querulantentum, hinter dem sich oft nur platte Antimodernitätsreflexe oder spießige Anhänglichkeit an einen politischen Katholizismus verbargen, hatten sie ihm schon manche schlaflose Nacht bereitet. Die Geschlagenen des Krieges von 1866 allerdings auf Dauer außerhalb des Norddeutschen Bundes zu belassen, würde nur noch mehr Schaden anrichten. Nicht einmal fähig, sich zu einer kleinen süddeutschen Union zusammenzuschließen, drohten Bayern, Württemberg und auch das der Einheit mit Norddeutschland durchaus zuneigende Baden zur buchstäblich losen Kanone auf dem Deck des europäischen Staatensystems zu werden.

Bismarck hatte sich glaubhaft und wiederholt geäußert, dass er niemals einen Krieg führen würde, um den Anschluss der Süddeutschen zu erzwingen. Jetzt aber sah er sich durch die aktuelle Wendung der Dinge in die Enge gedrängt. Im Falle einer sich nunmehr ganz offenbar konkretisierenden antipreußischen Allianz zwischen

Paris und Wien war durchaus nicht mehr auszuschließen, dass Süddeutschland zum Aufmarschgebiet der vereinigten feindlichen Armeen werden würde. Bayern und Württemberger könnten sich vielleicht sogar unter dem Druck der Partikularisten einer Offensive der Franzosen und Österreicher über den Main anschließen.[31] Sämtliche Gewinne des siegreichen Jahres 1866 schienen auf dem Spiel zu stehen, wenn Bismarck die Dinge weiter treiben ließ. Allein dafür war der Kanzler bereit Krieg zu führen. Er konnte auch darauf setzen, dass das Heer des Norddeutschen Bundes diesen Konflikt siegreich bestehen würde. Noch im Juli des Vorjahres hatte ihm Generalstabschef Helmuth von Moltke anlässlich eines Frühstückes auf dessen schlesischem Gut Kreisau erneut versichert, dass man besser jetzt als später losschlagen solle.[32]

Unerwartete Hilfe kam in diesen von politischen Rückschlägen geprägten Wochen von der Madrider Militärjunta. Seit der Vertreibung der Königin Isabella II. aus dem Hause Bourbon im September 1868 suchten die neuen Machthaber um Marschall Juan Prim in ganz Europa nach einem geeigneten Thronkandidaten und konkretisierten nun ihr Angebot an den Hohenzollernprinzen Leopold aus der württembergischen Nebenlinie. Die Annahme lag nahe, dass die spanische Initiative von Bismarck selbst arrangiert worden sei. Dagegen sprach allerdings, dass der von den Spaniern bisher umworbene Herzog von Genua tatsächlich erst am 1. Februar 1870 seine Thronbewerbung endgültig zurückgezogen hatte. Das neuerlich geäußerte Interesse Madrids an einer Kandidatur des Hohenzollernprinzen könnte also durchaus ein passender Zufall gewesen. Am 26. Februar 1870 überreichte im Auftrag von Prim ein spanischer Sondergesandter in Berlin drei ausführliche Werbebriefe an Bismarck selbst, an König Wilhelm wie auch an den Fürsten Karl Anton, den Chef der Nebenlinie Hohenzollern-Sigmaringen und Vater des umworbenen Thronkandidaten. Der 34-jährige Hohenzollernprinz Leopold war mit der Tochter des portugiesischen Königs Luis I. verheiratet und überdies katholischer Konfession. Durch seine Regentschaft könnte vielleicht auch der alte spanische Traum einer iberischen Gesamtmonarchie in Erfüllung gehen. Paris sah dies jedoch vollkommen anders und fürchtete sogar eine Einkreisung Frankreichs wie zu Zeiten Karls V. Ein Hohenzollernprinz auf dem Madrider Thron war für Napoleon unter keinen

Umständen akzeptabel, selbst wenn er nur aus einer preußischen Nebenlinie kam. Bereits im Mai 1869 hatte die französische Regierung durch ihren langjährigen Botschafter in Berlin, Vincent Graf von Benedetti, Bismarcks Außenstaatssekretär Karl Hermann von Thile unmissverständlich wissen lassen, dass sie sich mit allen Mitteln gegen eine Thronfolge des Sigmaringers wehren würde.[33] Wenn nun Bismarck angesichts der bevorstehenden Eröffnung französisch-österreichischer Militärkonsultationen die spanische Karte noch einmal und jetzt mit aller Entschiedenheit aufgriff, schien es ihm vor allem darum zu tun, die Franzosen in Zugzwang zu versetzen und damit weitere Verhandlungen zwischen Paris und Wien zu torpedieren. Tatsächlich war in Paris im Anschluss an Albrechts Besuch beschlossen worden, General Barthélémy Lebrun unter Wahrung strengster Geheimhaltung zu weiteren militärischen Absprachen nach Wien zu schicken. Auch wenn Bismarck die Details dieser Mission nicht kannte, war ihm doch klar, dass er den sich offenbar vertiefenden Verhandlungen zwischen Wien und Paris keine Zeit zum Reifen lassen durfte. Insgeheim hoffte der Kanzler auf eine überzogene Aktion der Franzosen, vielleicht sogar eine überstürzte Kriegserklärung. Wenn schon eine militärische Konfrontation mit Paris unvermeidlich war, wollte er sie lieber sofort und mit Frankreich allein führen. Den sächsischen Staatsminister Richard Freiherr von Friesen stimmte er als engsten Verbündeten Anfang März 1870, anlässlich eines Besuches des Sachsen in Berlin, schon einmal auf einen baldigen Krieg gegen das Kaiserreich als »unabweisbare Notwendigkeit« ein.[34]

Bismarck begab sich freilich mit der Forcierung der spanischen Frage auf sehr dünnes Eis. Gelang es tatsächlich, den lebenslustigen Prinz Leopold zur Annahme der Thronkandidatur zu bewegen und sie bis zur Bestätigung durch die spanischen Cortes geheim zu halten, wäre Frankreich mit einem *fait accompli* konfrontiert, das ihm nach den herrschenden Ehrbegriffen nur den Ausweg der sofortigen Kriegserklärung an Preußen ließe.[35] Paris stände damit allerdings gegenüber der deutschen und europäischen Öffentlichkeit als alleiniger Aggressor da, da die preußische Regierung offiziell gar nicht im Spiel war. Ganz anders lagen die Dinge bei dem zugleich zur Debatte stehenden sofortigen Beitritt Badens zum Norddeutschen Bund. In demonstrativer Schärfe hatte sich Bismarck noch am 24. Februar 1870 im Norddeutschen Bundestag gegen einen Antrag des nationalliberalen Abgeordneten Eduard Lasker gewandt, der einem möglichst ungesäumten Beitritt des Großherzogtums den Weg ebnen sollte, und hatte dabei vor allem vor den vermeintlich ungünstigen Folgen für die Patrioten in Württemberg und Bayern gewarnt.[36] Auch hätte dieser einseitige Schritt wohl Frankreich zu den Waffen gerufen. Daran hatte Émile Ollivier, der neue Mann in Paris, wenig Zweifel gelassen. Seit Januar 1870 war er der leitende Minister eines zunehmend bedrängten Kaisertums, das sich durch einige Konzessionen an das *Corps législatif* den Anstrich der Liberalität zu geben versuchte.[37] Im Fall eines Beitritts Badens wäre Frankreich tatsächlich in der stärkeren Position einer europäischen Ordnungsmacht und einer Verteidigerin der Prager Friedensbedingungen von 1866 gewesen, die den Anschluss der Süddeutschen ausdrücklich ausgeschlossen hatten.[38] Ein militärisches Zusammengehen Bayerns mit Frankreich und Österreich wäre dann keineswegs mehr auszuschließen. Kam es stattdessen aber allein über die Frage der spanischen Thronfolge zu einem Krieg mit Preußen, würde Paris in seinem anachronistischen Zorn über einen Hohenzollern auf dem Madrider Thron politisch völlig isoliert sein, zumal Napoleon selbst seit anderthalb Jahren sämtliche Versuche Prims, einen konstitutionellen Kandidaten zu finden, mit Erfolg hintertrieben hatte.

Kam die Bewerbung Leopolds aber vor der Abstimmung der Cortes heraus, würde, und daran konnte Bismarck nicht den geringsten Zweifel hegen, sein überängstlicher Monarch unter französischem Druck die schwäbische Verwandtschaft sofort zu einem Rückzieher drängen. Preußen liefe damit Gefahr, eine schwere diplomatische Niederlage, ja vielleicht sogar ein zweites Olmütz zu erleiden, und selbst der Einwand, dass es sich bei der Thronkandidatur lediglich um eine dynastische Frage gehandelt habe, würde im Triumphgeschrei der Pariser Zeitungen völlig untergehen. Sämtliche Klagen über den maßlosen Expansionsdrang des Hohenzollernstaates hätten mit einem Mal ihre Bestätigung gefunden und Bismarcks Rücktritt wäre dann ebenso unvermeidlich gewesen wie die schimpfliche Aufgabe der spanischen Kandidatur.

Von seinem halsbrecherischen »Alles oder Nichts« fand sich jedoch kein Wort in dem langen Memorandum, mit dem der Kanzler am 9. März 1870 seinem von Anfang an skeptischen Monarchen die

Thronbesteigung Leopolds schmackhaft zu machen versuchte.[39] Bismarck warnte darin vor einem Ersatzkandidaten aus Bayern, beschwor sogar die Gefahr einer spanischen Republik für die übrigen Throne Europas und behauptete schließlich, dass ein Hohenzoller in Madrid die Franzosen gewiss vorsichtiger stimmen würde, was den Frieden in Europa bewahren half. Dass auch ein Herrscher aus dem Hause Hohenzollern nur noch wenig Einfluss auf den Kurs der spanischen Politik haben würde, nachdem Marschall Prim mit seinen Reformen längst den Weg zu einer konstitutionellen Monarchie eingeschlagen hatte, erwähnte Bismarck nicht.

Es erstaunt, dass der Kanzler bei aller in den Vorgang investierten Mühe nur wenig Aufwand betrieb, die tödlichen Risiken eines vorzeitigen Bekanntwerdens der Kandidatur zu minimieren. Zum Kreis der Eingeweihten gehörten außer dem Monarchen immerhin auch Kronprinz Friedrich Wilhelm. Dessen politisch unbedarfte britische Ehefrau hatte tatsächlich nichts Eiligeres zu tun, als schon am 12. März, noch vor der Zusammenkunft im Familienkreis, ihre königliche Mutter in London in der Angelegenheit zu kontaktieren und deren Rat einzuholen. Dieses Mal hatte Bismarck freilich noch außergewöhnliches Glück, da Außenminister Lord Clarendon der Queen empfahl, sich zu der höchst delikaten Frage auf keinen Fall zu äußern.[40]

Die am 15. März im großen Kreis im Berliner Stadtschloss tagende Konferenz, zu der Bismarck außer Kanzleramtschef Rudolf Delbrück auch die Generale Helmuth von Moltke und Albrecht von Roon sowie seinen Außenstaatssekretär von Thile hinzugezogen hatte, endete zwar mit einer Mehrheit für die spanische Kandidatur, doch seinen Monarchen hatte der Kanzler auch jetzt nicht überzeugen können.[41] Wilhelm blieb bei seiner klaren Ablehnung. Der 73-jährige König wird sich mit seinem nüchternen Sinn gefragt haben, weshalb sein leitender Minister einen derart großen Aufwand betrieb, um einen mittelmäßigen und sein privilegiertes Dasein ungeniert genießenden Hohenzollernprinzen auf einen längst bedeutungslosen Thron am Rande Europas zu bringen.[42] Der Monarch dürfte gespürt haben, dass er wieder einmal die Rolle des Bauern in Bismarcks undurchschaubaren Schachzügen abgeben sollte. Gleichwohl war er schließlich bereit, als Chef des Hauses Hohenzollern keine Einwände zu erheben, falls Leopold aus freien Stücken das spanische Angebot annehmen wolle.

Damit schien nun allerdings das Projekt so gut wie gestorben, denn der Hohenzollernprinz war alles andere als eine entschlussfreudige Persönlichkeit und fand, im Gegensatz zu seinem ehrgeizigen Vater Karl Anton, nur wenig Reiz an der durchaus nicht gefahrlosen Aufgabe. Der Thron in Madrid galt als Schleudersitz, die spanischen Staatsfinanzen standen vor dem Zusammenbruch, Prims antiklerikale Gesetzgebung würde gewiss dem neuen König angelastet werden und der drohende Verlust Kubas wäre ein denkbar schlechter Auftakt seiner Regentschaft. Die Erschießung des glücklosen Kaisers Maximilian in Mexiko musste zudem für jeden europäischen Aristokraten, der sich auf einen fernen, exotischen Thron bewarb, ein Menetekel sein. Trotz allem war Leopold, der immerhin als preußischer Offizier im Krieg von 1866 gekämpft hatte, bereit, sich der ungeliebten Aufgabe zu stellen, wenn sie tatsächlich dem Haus Hohenzollern diente und der König ihm die Annahme der Kandidatur ausdrücklich befahl. Das aber war für Wilhelm die rote Linie.

Spätestens jetzt hätte Bismarck bei nüchterner Bewertung aller Risiken das Projekt abbrechen müssen. Das erhoffte *fait accompli* in Madrid war kaum noch zu erreichen, wenn Kandidat und König, die entscheidenden Figuren in seinem Spiel, gar nicht mitspielen wollten. Doch Bismarck wäre nicht Bismarck gewesen, wenn er jetzt schon klein beigegeben hätte. Mit »unendlicher Zähigkeit« hielt er an seinem abenteuerlichen Plan fest.[43] Noch ehe der Absagebrief von Leopold und Karl Anton am 20. April nach Madrid abging, hatte der Kanzler bereits seinen Vertrauten Lothar Bucher nach Spanien geschickt. Der ehemalige Revolutionär von 1848, vor den Preußen nach England geflohen und von König Wilhelm anlässlich seines Regierungsantritts 13 Jahre später amnestiert, sollte in Madrid beruhigende politische Zusagen einholen und Premierminister Prim zur Aufrechterhaltung seines Angebotes bewegen.[44] Leopolds schriftliche Ablehnung, der Anfang Mai noch eine zweite folgte, solle der Spanier einfach ignorieren, so Bucher, der längst für Bismarck in vieler Hinsicht zu einer unverzichtbaren Stütze geworden war. In Berlin werde man alles tun, um die Frage offenzuhalten, versicherte er dem bereits ungeduldig gewordenen Spanier.

Der Kanzler selbst hatte sich am 14. April, wieder einmal eine Krankheit vortäuschend, für einige Wochen auf sein erst kürzlich erworbenes Gut im hinterpommerschen Varzin, etwa eine Tagesreise von Berlin, begeben. Damit hoffte er seiner Nichtbeteiligung an der ganzen Affäre halbwegs Glaubwürdigkeit verschaffen zu können, falls dies einmal nötig sein würde. Als der unermüdliche Bucher Anfang Mai mit den erhofften Zusicherungen aus Madrid zurückkehrte und auch der zeitgleich auf Empfehlung Moltkes nach Spanien entsandte Major Maximilian von Versen mit ermutigenden Einschätzungen zur Loyalität der spanischen Armee aufwarten konnte, sah Bismarck den Zeitpunkt für einen neuerlichen Überzeugungsversuch gekommen. Dabei wusste der Kanzler Karl Anton inzwischen auf seiner Seite. Der Chef des Sigmaringer Hohenzollernzweigs bedauerte längst seine Absage an Madrid und sprach in einem Brief an seinen dritten Sohn Karl, dem späteren König von Rumänien, von einem großen historischen Moment, der für das Haus Hohenzollern wohl niemals mehr wiederkehren würde.[45] Zeitweilig hatte Karl Anton einer Kandidatur seines jüngsten Sohnes Friedrich den Vorzug gegeben, setzte nun aber wieder auf Leopold, der sich von den beiden zu ihm entsandten Bucher und Versen allmählich auf Bismarcks Linie bringen ließ.[46] Zuletzt gelang es dem Kanzler sogar, den über das neuerliche Anrühren der Affäre erbosten König Wilhelm zu beruhigen, indem er auf die jetzt tatsächlich vorhandene Bereitschaft Leopolds zur Kandidatur verwies. Anfang Juni schien die Sache endlich in trockenen Tüchern. Wie wenig Bismarck auf sein scheinbar stärkstes Argument gab, ein Hohenzoller auf dem Madrider Thron könne zur Beruhigung der französischen Politik beitragen, zeigte sein Kommentar zur Ernennung des als hitzköpfig bekannten Herzogs von Gramont zum Außenminister Frankreichs. »Krieg« schrieb er Mitte Mai 1870 auf die Ränder gleich dreier Berichte über die Politik des neuen Chefs am Pariser *Quai d'Orsay*.[47] Unglücklich schien er über den Wechsel nicht gewesen zu sein. Eiskalt ließ er nun die politische Lunte abbrennen. Doch die Flamme zischte nur quälend langsam an das Pariser Pulverfass heran. Einmal mehr verstrich wertvolle Zeit. Der junge Leopold wollte zunächst, man glaubt es kaum, seine Kur in den Reichenhaller Bergen beenden. Als er schließlich Wilhelm schriftlich um seine Einwilligung ersuchte, erteilte sie ihm der König mit erkennbarem Unwillen und etlichen Ermahnungen am 21. Juni. Noch am selben Tag ging das Telegramm mit der ersehnten Nachricht von

Berlin nach Madrid. Demnach sollte die entscheidende Abstimmung der Cortes schon am 26. Juni stattfinden. Was nun geschah, ist bis heute in seinen Ursachen obskur geblieben. Eine falsche Dechiffrierung in der preußischen Gesandtschaft in Madrid machte aus dem 26. Juni den 9. Juli. Wer auch immer für den – vielleicht bewusst begangenen – Fehler verantwortlich war, niemand in der spanischen Regierung hinterfragte das ungewöhnlich späte Datum, das die ohnehin erregten und missmutig gewordenen Abgeordneten für weitere zwei Wochen in der glühenden Hitze der Hauptstadt festhalten würde. Konnte denn Leopold nicht sofort nach Spanien reisen? Sonderbarerweise schien selbst Premier Prim, bisher stets die treibende Kraft bei der Suche nach einem Thronnachfolger, plötzlich alle Zeit der Welt zu haben und vertagte die nächste Versammlung der Cortes gleich auf den 1. November. Als der Marschall, endlich über den tatsächlichen Sachverhalt orientiert, sich Anfang Juli entschloss, die Abgeordneten aus der Sommerpause zurückzurufen, beging er den entscheidenden Fehler, zugleich auch den Anlass für seine außergewöhnliche Maßnahme bekannt zu geben. Damit war die spanische Bombe vorzeitig geplatzt und Bismarcks gewagtes Spiel schien auf der Zielgeraden gescheitert.

Über Paris lag in diesen Tagen immer noch der Rauch einer heftigen parlamentarischen Debatte über die Reduzierung des jährlichen Einberufungskontingentes. Zu keiner Zeit sei die Ruhe in Europa mehr gesichert gewesen als eben jetzt, hatte Ministerpräsident Ollivier am 30. Juni seinen umstrittenen Vorschlag einer Reduzierung des Kontingents um 10 000 Wehrpflichtige zu verteidigen versucht und resümiert: Wohin man auch blicken mag, nirgends sei eine Frage zu entdecken, die Gefahr in sich bergen könnte.[48] Nun war die Frage doch gestellt. Nach Bekanntwerden der Hohenzollern-Kandidatur herrschte in der französischen Hauptstadt zunächst Schockstarre. Dann aber brach es wie ein Chor los. In seltener Einmütigkeit empörten sich die hauptstädtischen Zeitungen über die neuerliche preußische Intrige und sprachen sogleich von der verletzten Ehre Frankreichs. »Krieg oder Resignation« titelte *Le Temps* und Charles Delescluze vom *Le Réveil* bilanzierte süffisant: Die Preußen, die schon hinter dem Rhein und hinter den Alpen säßen, ständen nun auch hinter den Pyrenäen. Falls dies die Revanche für Sadowa (Königgrätz) sei, so wäre sie nun vollständig.[49] Delescluze sollte am 25. Mai 1871 als einer der Führer der Pariser Kommune auf einer Barrikade am *Place du Château d'Eau* mit einer roten Schärpe um seine Taille den Tod finden.[50]

Für das neue Kabinett unter Émile Ollivier konnte es nicht besser laufen. Erst Anfang Mai hatte ein landesweites Plebiszit das sogenannte Liberale Kaisertum mit einer stattlichen Mehrheit von siebeneinhalb Mio. Stimmen bestätigt und damit Napoleons Regime noch einmal stabilisiert. Politisch gestärkt und vom öffentlichen Geschrei souffliert erhob die Regierung nun mit Nachdruck ihre Forderung nach Rücknahme der Thronkandidatur, und dies konnte nach ihrer Überzeugung tatsächlich allein durch die preußische Regierung selbst geschehen. Kaum jemand in Paris glaubte an den ausschließlich dynastischen Charakter der Angelegenheit und kaum jemand hätte es selbst dann geglaubt, wenn es der Wahrheit entsprochen hätte. Ollivier und Gramont wussten, dass eine derart brillante Gelegenheit, Berlin an den Pranger zu stellen, so rasch nicht wiederkehren würde, und griffen beherzt zu. Am 6. Juli beschloss das Pariser Kabinett, den Gegenschlag zu führen, und niemand schien geeigneter, noch am Nachmittag desselben Tages die anklagende Brandrede in der Gesetzgebenden Versammlung zu halten, als Antoine Alfred Agénor, Herzog von Gramont. Frankreichs neuer Außenminister hatte lange Jahre als Botschafter in Turin und Wien gedient und stand seither mit Minister Beust auf bestem Fuß. Anlässlich seiner Verabschiedung aus Wien hatte ihm der Sachse den bereits unterschriftsreifen Vertragstext zu einer gegen Preußen gerichteten Dreierallianz zwischen Frankreich, Österreich und Italien gezeigt, einschließlich dreier Schreiben, mit denen die beteiligten Monarchen unmissverständlich ihre Absicht zum Vertragsabschluss bekräftigt hatten.[51] Nicht zuletzt deshalb auf die militärische Unterstützung wenigstens Österreichs vertrauend, ließ Gramont jede Mäßigung gegenüber Berlin fallen. Ohne einen konkreten Beweis zu haben, bezichtigte der Außenminister in seiner aufpeitschenden Rede die preußische Regierung die treibende Kraft hinter der Kandidatur des Hohenzollernprinzen zu sein. Damit aber habe sie das Gleichgewicht in Europa gefährdet und die Ehre Frankreichs verletzt. Er hoffe jedoch, so Gramont, auf die Klugheit des deutschen Volkes und die Freundschaft der Spanier, um die akute Gefahr abzuwenden. Der Franzose vermied zwar, vom Krieg zu sprechen, aber die Mehrheit der ihm begeistert applaudierenden Abgeordneten konnte keinen Zweifel haben, dass genau dies gemeint war, als Gramont zuletzt ihren Beistand und den der ganzen Nation einforderte, »um ohne zu Zögern und ohne Schwäche unsere Pflicht zu tun.«[52]

Nun hätte Frankreichs Regierung den starken Worten des Herzogs kaum Taten folgen lassen können, wenn auf preußischer Seite die Reihen geschlossen geblieben wären. Doch das schwächste Glied in Bismarcks Kette schien wieder einmal der Monarch, der sich in den ersten Julitagen weitab von Bismarcks Einfluss im rheinischen Bad Ems aufhielt. Mit sicherem Instinkt hatte Gramont König Wilhelm als Angriffsziel ausgewählt und dazu auch noch unerwartete Hilfe durch den neuen preußischen Botschafter in Paris, Karl Freiherr von Werther, erhalten. Der ehrwürdige alte Herr war von Bismarck, ein kaum glaubliches Versäumnis, nicht über die Kandidatur instruiert worden und hatte sich am 4. Juli nach einem Gespräch mit Gramont über die spanische Thronaffäre, auf das er sich nie hätte einlassen dürfen, bereit erklärt, nach Bad Ems zu reisen, um dem König die Beschwerden der französischen Regierung persönlich vorzutragen. Hatte Wilhelm zunächst noch an der Kandidatur Leopolds festgehalten, so schien er kalte Füße zu bekommen, als ihm der soeben eingetroffene Botschafter Werther über die fanatische Stimmung in Paris berichtete und ausdrücklich vor einem Krieg warnte. Gramonts Brandrede vom 6. Juli gab dem König den Rest. Als auch Botschafter Graf von Benedetti am 9. Juli, von seinem Außenminister aus seiner Wildbader Sommerfrische geholt, in Bad Ems eintraf, gestand ihm der biedere Monarch in einer noch am selben Tag gewährten Audienz, dass er die Kandidatur nicht nur gebilligt habe, sondern dass auch Bismarck über alle Vorgänge informiert sei. Als Wilhelm zudem noch durchblicken ließ, dass er bereits bei den Sigmaringer Verwandten angefragt habe, ob man die Kandidatur tatsächlich aufrechterhalten wolle, war Preußens diplomatisches Desaster perfekt. Gramont hatte den gewünschten Beweis, dass die preußische Regierung hinter der spanischen Affäre stand.[53] Bismarck, der am 12. Juli viel zu spät aus seinem Varziner Exil nach Berlin zurückgekehrt war, fand auf seinem Schreibtisch bereits die Nachricht, dass Karl Anton die Kandidatur seines Sohnes zurückgezogen habe.[54] Zornig und verzweifelt bemühte sich der Kanzler um Begrenzung des Schadens, den der König durch seine Offenherzigkeit angerichtet hatte. In seinen Memoiren sprach er davon, sogar an Rücktritt gedacht zu haben. Dies war vielleicht eine rückblickende Übertreibung, aber die ganze von ihm initiierte Angelegenheit schien ihm jetzt tatsächlich entglitten zu sein. In Paris triumphierte vorerst Gramont. Der Außenminister hatte die Preußen zum Zurückweichen gezwungen und sogar Bismarck als Drahtzieher der antifranzösischen Intrige gedemütigt. Selbst die dem Zweiten Kaiserreich wenig gewogene *Londoner Times* sprach in ihrer Ausgabe vom 8. Juli von einem unklugen und plumpen Vorgehen Preußens, das allen diplomatischen Gepflogenheit völlig zuwiderlaufe.[55]

Mit der Öffentlichkeit beinahe des gesamten Landes hinter sich glaubte Gramont nach einer mehrstündigen Unterredung mit Napoleon III. am Nachmittag des 12. Juli, seinen diplomatischen Erfolg sogar noch ausweiten zu können. Sein Optimismus schien nicht unberechtigt. Man müsse nur resolut genug auftreten, um Preußen endgültig zu Boden zu bringen. Schließlich hatte Berlin bisher auf seine Angriffe wie ein verschreckter Hühnerhaufen reagiert und Wilhelms ungeschicktes Agieren ließ hoffen, dass er seinen bisherigen Fehlern weitere hinzufügen würde. Frankreich brauche, so Gramont, nach der noch rechtzeitig aufgedeckten preußischen Verschwörung nunmehr die sichere Gewähr, dass es niemals wieder zu einer Kandidatur eines Hohenzollernprinzen in Spanien kommen würde. Der um den Frieden besorgte Wilhelm, der schon so viel Entgegenkommen gezeigt hatte, sollte daher durch Botschafter von Benedetti aufgefordert werden, auch dies noch ausdrücklich zu garantieren. Außerdem müsste der Monarch in einem persönlichen und zur Veröffentlichung bestimmten Brief an Napoleon erklären, dass er mit seiner Zustimmung zur Kandidatur Leopolds nie die Absicht verfolgt habe, Frankreich zu beleidigen oder das aufrichtige Wohlwollen des Kaisers zu beeinträchtigen.[56] Die entsprechenden Instruktionen gingen ohne das Wissen des leitenden französischen Ministers Émile Ollivier nach Bad Ems. Der hatte einen Wutausbruch, als er am nächsten Morgen von Gramont ins Bild gesetzt wurde. Hatte sein Außenminister den Verstand verloren? Kein gekröntes Haupt in Europa konnte einer derart demütigenden Forderung zustimmen, ohne seinen Thron zu riskieren. Derweil musste in Bad Ems Benedetti mit einem flauen Gefühl an den bisher so treuherzig agierenden Wilhelm herantreten, mit dem er noch am Vorabend in bester Stimmung diniert hatte, um ihm die neuesten Forderungen aus Paris zu präsentieren. Im Kurgarten an der Lahn vom Erscheinen des Franzosen überrascht, lehnte der König, über die neuerliche Belästigung sichtlich irritiert, die ihm vorgetragenen Ansprüche nach kurzer Anhörung ab, grüßte knapp und beschied dabei dem Botschafter Frankreichs, dass er ihm sonst weiter nichts mitzuteilen habe.[57] Als der bald wieder versöhnlich gestimmte König die Morgenzeitung mit der Meldung vom Thronverzicht der Sigmaringer mit dem Ausdruck seiner vollsten Billigung sofort zu Benedetti bringen ließ, glaubte er die leidige Affäre nunmehr endgültig erledigt. Eine Verzichtserklärung *à tout jamais*, könne er jedoch, wie er seiner Frau noch am selben Tag schrieb, niemals geben. Nun war der Thronverzicht der Sigmaringer zwar offiziell, aber in Paris konnte Gramont mit dem vorhersehbaren Ergebnis der Begegnung nicht zufrieden sein. Er erteilte daher dem unglückseligen Benedetti den energischen Befehl, nochmals bei Wilhelm vorstellig zu werden. Der König, inzwischen wieder ganz auf Bismarcks Linie, verweigerte nunmehr jede weitere Zusammenkunft und erteilte am Nachmittag dem Vortragenden Rat im Außenministerium, Heinrich Abeken, den Auftrag, eine Zusammenfassung der Ereignisse des Tages zu verfassen und sie mit der Genehmigung zur Veröffentlichung nach Berlin weiterzuleiten. Auch die preußischen Botschafter im Ausland könne der Kanzler über die französischen Forderungen informieren, falls ihm dies notwendig erschien. Der Kanzler hatte nach dem Stimmungstief des Vortages im Verlauf des 13. Juli aus vielen Richtungen ermutigende Nachrichten erhalten. Die Stimmung in den süddeutschen Staaten war inzwischen eindeutig gegen Frankreich gerichtet. Aus München hatte ihm Graf von Bray-Steinburg versichert, dass sich Bayern an einem Krieg gegen Frankreich beteiligen werde, und aus Stuttgart kam die Meldung, der leitende Minister, Friedrich Freiherr von Varnbüler, habe erklärt, dass die letzten Gramont'schen Forderungen trotz Wilhelms Konzilianz das nationale Gefühl in Württemberg tief verletzt hätten.[58] Auch Großbritannien und Russland fanden, dass der preußische König richtig gehandelt habe, und äußerten Verständnis für seine Festigkeit gegenüber allen weitergehenden französischen Forderungen. Das diplomatische Desaster schien abgewendet. Überraschenderweise war es doch zum Vorteil umgeschlagen, dass Bismarck seinen Monarchen in Bad Ems allein den Franzosen überlassen hatte, denn niemand hätte als Opfer französischer Impertinenz besser getaugt als der biedere Wilhelm. An der aufrichtigen Friedfertigkeit des Königs konnten selbst die Preußenhasser in den süddeutschen Staaten kaum Zweifel hegen. Nun konnte jeder sehen, dass die Franzosen mit Benedettis Auftritt in Bad Ems eine rote Linie überschritten hatten. Das Blatt hatte sich erneut gewendet. Wilhelms konziliante Festigkeit hatte Preußen überall in den süddeutschen Staaten unerwartete Sympathien eingebracht. Bismarck hätte nun ohne Gesichtsverlust die Sache auf sich beruhen lassen können, doch um Frieden war es ihm in der spanischen Affäre nie gegangen. Jetzt sah er den Augenblick zum entscheidenden Gegenschlag gekommen. Der ihm aus Bad Ems telegrafisch zugegangene Text wies bereits etliche Schärfen auf. Abeken hatte darin den Unmut des Königs über das wiederholte Vorsprechen des französischen Gesandten nicht verschwiegen und sogar von einer brüsken Zurückweisung Benedettis gesprochen. Seine Schilderung des vormittäglichen Hin und Her gipfelte in der Feststellung, dass Wilhelm nunmehr in dieser Sache nichts mehr mitzuteilen habe. Der Kanzler machte daraus in seiner gekürzten Version ein Absolutum. Nun hieß es plötzlich, der König habe Frankreich grundsätzlich nichts mehr zu sagen, was einem Abbruch der diplomatischen Beziehungen ziemlich nahekam. Bismarcks Version der Emser Depesche erschien erst am nächsten Abend in der *Norddeutschen Allgemeinen Zeitung*, einem Regierungsblatt, und schlug am 14. Juli in dem von stundenlangen Debatten aufgeheizten Paris wie eine Bombe ein. Viele Abgeordnete der Gesetzgebenden Kammer, darunter auch Adolphe Thiers, der ehemalige Ministerpräsident während der Rheinkrise von 1840, hatten bis dahin die von Kriegsminister Lebœuf bereits am Morgen eigenmächtig befohlene Teilmobilisierung entschieden abgelehnt. Der Marschall konnte jedoch dagegenhalten, dass unter den Bedingungen des modernen Krieges mit jedem verlorenen Tag Frankreich die Möglichkeit entglitte, eine Offensive über den Rhein zu führen, um den Österreichern in Süddeutschland die Hand zu reichen. Noch schien jedoch alles offen, als die Gruppe der Kriegsgegner im Parlament zuletzt sogar die Möglichkeit einer europäischen Konferenz ins Spiel brachten.

Das Bekanntwerden der Emser Depesche in ihrer verschärften Fassung machte am Abend ihre Position mit einem Schlag unhaltbar. Der nach Paris gereiste Benedetti bemühte sich zwar redlich, Ollivier und Gramont zu überzeugen, dass von einer Beleidigung durch König Wilhelm tatsächlich keine Rede sein konnte. Man ließ ihn aber gar nicht mehr zum Ministerrat vor.[59] Nationale Demütigung oder Krieg lautete jetzt die Alternative. Am nächsten Abend, dem 15. Juli, stimmte das Parlament nach einer elfstündigen ebenso leidenschaftlichen wie wirren Debatte mit den Stimmen der oppositionellen Republikaner für die Zeichnung eines Kriegskredits.[60] Kriegsminister Lebœuf brüstete sich vor dem Ministerrat einmal mehr mit seiner »wunderbaren Armee« und erklärte, dass sich niemals wieder eine so prächtige Gelegenheit böte. Mit dem Stock in der Hand werde Frankreich die Preußen züchtigen und der Marsch nach Berlin wäre nicht mehr als ein Spaziergang.[61]

Von den Straßen war derweil unablässig der Ruf »*À Berlin*« in den Sitzungssaal gedrungen. Schon bei Jena hatte Frankreich diese Emporkömmlinge gedemütigt und würde es nun wieder tun, da Preußen, anders als 1814/15, allein kämpfte. Die wogende Menge war so groß, dass nicht einmal mehr Fuhrwerke die Straßen passieren konnten. Auch die bisher verbotene *Marseillaise* war nun überall zu hören.[62] Vor Thiers' Quartier am Platz *Saint Georges* skandierten wütende Pariser: »Schlagt ihn tot!« Trotz der tumultartigen Szenen darf nicht übersehen werden, dass die wenigen Tausend Demonstranten auf den Straßen und Plätzen gegenüber den zwei Mio. Parisern nur eine verschwindende Minderheit darstellten. Vergleichsweise geordnet verlief am 16. Juli abends die Ausweisung einiger Hundert preußischer Landwehrmänner, die in der Hauptstadt gearbeitet und gelebt hatten. Für sie wurde am Nordbahnhof ein Extrazug dritter Klasse bereitgestellt.[63] Etwas komfortabler reiste vier Tage später der preußische Militärattaché Alfred Graf von Waldersee in einem ihm zugewiesenen besonderen Coupé aus Paris ab.[64] Da befanden sich beide Großmächte schon im Kriegszustand.

Bismarck hatte doch noch gewonnen. Mit Glück, Geschick und Skrupellosigkeit hatte er das seltene Kunststück fertiggebracht, einen Präventivkrieg zu beginnen und dabei Frankreich den präventiven Schlag führen zu lassen. Von dieser politischen Meisterschaft waren seine Epigonen im Juli 1914 weit entfernt. Ob ein Krieg mit dem fragilen französischen Kaiserreich auf Dauer unvermeidlich war, bleibt eine theoretische Frage. Dass er aber im Juli 1870 ausbrach, ging ohne Abstriche auf Bismarcks Konto.

Zwei Nationen und ein überraschender Krieg

»Kaum waren wir vom Tische aufgestanden, als ein neues Telegramm meldete: Nach Verzicht des Prinzen machte Benedetti weitere Forderungen und wurde abgewiesen. Kriegerische Ereignisse bevorstehend. [...] In Stolp wird die Mobilmachungsordre heute Nacht noch erwartet. Wir saßen bis 1 Uhr zusammen, ganz starr vor Schrecken, Wut und Erstaunen.«

Tagebuch der Baronin Hildegard von Spitzemberg vom 14. Juli 1870[65]

Frankreichs martialische Rhetorik und seine Kriegserklärung vom 19. Juli 1870 überraschten die Menschen überall in den deutschen Staaten. Für viele war es wie ein Schlag aus heiterem Himmel, nachdem der Streit um die spanische Thronkandidatur doch bereits durch Prinz Leopolds Verzicht glücklich beigelegt schien. Von Bismarcks abenteuerlichen Winkelzügen ahnten die wenigsten etwas, aber dass er seine Hand im Spiel hatte, stand für die meisten Politiker fest.[66] Als die ersten Nachrichten von den offenen französischen Kriegsvorbereitungen über den Rhein gelangten, machte sich vielerorts Entrüstung und Zorn über den alten Feind aus der Zeit der Revolutionskriege breit. Der Nachbar jenseits des Rheins galt in Deutschland seit den Tagen des Dreißigjährigen Krieges als Europas notorischer Störenfried und Unruheherd.[67] Nicht nur in Preußen solidarisierte man sich spontan mit dem preußischen Monarchen, an dessen aufrichtigem Friedenswillen auch außerhalb Preußens kaum jemand zweifelte. Während Wilhelms Rückfahrt von Bad Ems nach Berlin kam es an allen Bahnhöfen selbst in Städten wie Kassel und Göttingen, die erst vier Jahre zuvor und keineswegs freiwillig preußisch geworden waren, zu anhaltenden Jubelszenen. Auf dem Potsdamer Bahnhof erwarteten schließlich Tausende von Berlinern, so Theodor Fontane in seiner Geschichte des Krieges von 1870/71, den in seine Hauptstadt heimkehrenden König. Unter dem nicht enden wollenden Hurra einer rasch wachsenden Menschenmenge war vereinzelt auch schon ein zorniges »Nieder mit Frankreich« zu hören.[68] Ob die Berliner allerdings, wie es in Paris am selben Tag vor der Botschaft Preußens geschah, auf die Grundstücksmauer kletterten, um ihrerseits franzosenfeindliche Parolen der hiesigen Gesandtschaft zu Gehör zu bringen, ist nicht überliefert.[69]

Fontane war allerdings nicht Augenzeuge der Berliner Ereignisse. Der spätere Chronist des alten Preußens war erst wenige Tage zuvor aus der Hauptstadt in die Sommerfrische nach Warnemünde aufgebrochen. Zuvor hatte er den zweiten Band seiner Geschichte des Krieges von 1866 endlich beenden können. Fontanes ältester Sohn Georg besuchte damals als Offizieranwärter die Kriegsschule in Hannover und musste jetzt mit seinen Kameraden binnen zweier Tage das Fähnrichsexamen ablegen. Schon am 27. Juli rollte sein Regiment in Richtung Rhein. Man werde den »Pflaumenscheißern« schon zeigen, was eine Harke ist, schrieb er übermütig an seinen Vater, der sich selbst in dem beschaulichen Ostseebad vor dem Lärm der Hauptstadt nicht mehr sicher fühlen konnte.[70]

Dem ersten patriotischen Überschwang folgte rasch eine gewisse Ernüchterung. Die schon am nächsten Tag in Berlin und in ganz Preußen herausgehenden Einberufungen bedeuteten für viele Reservisten und Angehörige der Landwehr die Trennung von ihren Familien und das abrupte Ende ihres bürgerlichen Daseins. Vielen wurde plötzlich bewusst, dass sich mit Ergebenheitsadressen an den König allein kein Krieg gewinnen ließ. Es würden wohl schmerzliche Opfer erbracht werden müssen. Als »fest, energisch und einig« schilderte dann auch der liberale Historiker Johann Gustav Droysen dem Heidelberger Kollegen Heinrich Treitschke die Stimmung am 16. Juli in der preußischen Hauptstadt.[71] In ähnlichem Tenor beschrieb der britische Militärattaché, Oberst Charles Walker, die an der Spree vorherrschende Gefühlslage. Auch in anderen Städten der Monarchie war die Stimmung ambivalent. Als in Köln anlässlich eines Militärkonzerts der von Bismarck gekürzte Text der Emser Depesche öffentlich verlesen wurde, herrschte zunächst betroffene Stille. Erst das »Hoch« des Kapellmeisters auf den König überwand unter den anwesenden Bürgern den Schock und die Menge stimmte nun befreit in die Nationalhymne ein.[72] Bei der Ankunft König Wilhelms auf dem Kölner Bahnhof am 31. Juli 1870 auf der Fahrt an die Front wollte nach einem Bericht der konservativen *Kreuzzeitung* das Singen der »Wacht am Rhein« um den ganzen Dom auch nach einer Dreiviertelstunde nicht enden.[73]

In London wiederum hatte der »Deutsche Turnverein« bereits am 16. Juli eine »enthusiastische Kundgebung« veranstaltet und an Bismarck telegrafiert, dass seine Mitglieder bereit seien, »die Ehre Deutschlands wie ein Mann mit Aufwendung aller Kräfte und Mittel wahren zu helfen.«[74] Dies schienen keine leeren Worte zu sein.

Als sich am nächsten Tag der Korrespondent der *Daily Mail* und ehemalige Kavallerieoffizier Archibald Forbes beim Londoner Konsulat des Norddeutschen Bundes um ein Visum bemühte, wunderte er sich über die lange Reihe von Deutschstämmigen, die sich in ihrer alten Heimat freiwillig zum Kriegsdienst melden wollten. Unter den jungen Männern herrschte eine ausgelassene Stimmung. Wie Forbes herausfand, hatten sich etliche von ihnen bereits respektable berufliche Positionen im Inselkönigreich erworben. Kein Wehrgesetz zwang sie nach Preußen zurück, aber das alte »Vaterland«, so der britische Zeitungsmann, ging ihnen über alles. Auf der anschließenden nächtlichen Überfahrt nach Ostende traf Forbes noch mehr Deutsche, darunter sogar zwei junge Männer aus New York, die unbedingt am Krieg gegen Frankreich teilnehmen wollten und gegenüber dem Briten erklärten, dass ihnen noch viel mehr Gleichgesinnte aus der neuen Welt folgen würden.[75] Als Bismarcks Pressemann Moritz Busch Anfang August 1870 mit der Bahn von Berlin ins große Hauptquartier nach Homburg reiste, begleitete ihn der Londoner Bankier Adolph Deichmann. Der nach Großbritannien emigrierte Geschäftsmann und Spross einer reichen Kölner Familie wollte von Kriegsminister Albrecht von Roon persönlich die Erlaubnis erbitten, sich als Freiwilliger einem der preußischen Kavallerieregimenter anschließen zu dürfen. Die benötigten Pferde hatte er bereits dabei.[76] Mit seinem Unterfangen sollte er freilich kein Glück haben. Der nüchterne Roon lehnte seine Dienste ab. Kriegsfreiwillige ohne militärische Ausbildung empfand man in der Armee eher als Belastung und witterte zudem eine Bedrohung des wohlgeordneten militärischen Gefüges durch die Außenseiter.

Nicht nur die Öffentlichkeit in den preußischen Städten schien darin einig, dass König Wilhelm in unakzeptabler Weise von den Franzosen beleidigt worden sei und dass sich Napoleon leichtfertig, ja sogar frivol verhalten habe. Aus der alten Welfenhauptstadt Hannover schrieb am 7. August der Frauenarzt und Sozialist Louis Kugelmann an Karl Marx nach London: Er wüsste niemanden, außer der bornierten Welfenpartei, der nicht Bonaparte den Untergang wünschte.[77] Doch selbst der Vorstand des Hannoverischen Wahlvereins, das Sprachrohr der welfischen Bewegung, sah im Vorgehen Frankreichs eine gegen ganz Deutschland gerichtete Aggression und forderte am 29. Juli in einem Rundschreiben von seinen Mitgliedern, vorläufig alle Aktivitäten einzustellen, die den Interessen des Vaterlandes zuwiderliefen.[78] Auch wer wie etwa die Redakteure der *Frankfurter Zeitung* Bismarcks Politik von jeher mit Skepsis begleitet hatte und peinlich bemüht gewesen war, jede antifranzösische Agitation zu vermeiden, zeigte sich jetzt entschlossen, für die Sache der Freiheit und des Deutschtums jedes Opfer zu bringen.[79] Auch die Sozialisten stellten ihre Vorbehalte gegen den preußischen Obrigkeitsstaat zunächst zurück. Ein Braunschweiger Arbeiterkomitee verurteilte am 16. Juli grundsätzlich den Krieg, und besonders den dynastischen Krieg, erklärte aber, dass Napoleon und die Majorität der sogenannten Vertreter des französischen Volkes »frivole Friedensbrecher und Ruhestörer Europas« seien. Ihnen entgegenzutreten, ist die »erste Pflicht«.[80] Mit gleicher Haltung bezeichneten Augsburger Arbeiter nur zwei Tage später den französischen Kaiser, an die Umstände seiner Machtergreifung erinnernd, als den »Dezembermann« und den »Mörder aller Volksfreiheiten«, dem nun unbedingt Einhalt geboten werden müsse.[81]

Auf der Gegenseite glaubte die Pariser Arbeiterschaft laut Auskunft eines von der Polizei eingeschleusten Informanten, dass der kommende Krieg zwar ein Unglück sei, aber Preußen mit seiner Anmaßung Frankreichs Ehre beschmutzt habe. Man äußerte vielfach auch die Zuversicht, dass es wieder zu Kriegsdemonstrationen wie schon 1859 kommen werde.[82] Tatsächlich versammelten sich auf den Pariser Straßen und Plätzen seit dem 14. Juli über mehrere Tage hinweg Tausende von Menschen, um stundenlang patriotische oder gar chauvinistische Parolen zu skandieren. Sie übertönten mühelos die wenigen Kundgebungen gegen den Krieg, die radikale Republikaner oder die äußerste Linke veranstalteten.[83] Der lautstarken Kraftmeierei der Hauptstädter folgten jedoch kaum Taten. Die Zahl der jungen Pariser, die sich freiwillig zum Militärdienst meldeten, war eher dürftig. Statt der von Kriegsminister Lebœuf erwarteten 100 000 Freiwilligen meldeten sich bis Ende Juli gerade einmal 4000 Kandidaten. Auch die am 17. Juli herausgegangenen Einberufungen zu der neuen mobilen Nationalgarde, ein bis dahin unerhörter Vorgang, sorgten in ganz Frankreich für Überraschung oder gar Bestürzung. Etliche Präfekten berichteten danach von einem drastischen Stimmungsumschwung in der Bevölkerung. Zu Tausenden gingen Anträge auf Unabkömmlichkeit in den Bürgermeisterämtern ein.[84] In Deutschland wiederum herrschte Kriegsbegeisterung vor allem an den Universitäten, wo Historiker wie Theologen als Propheten des Nationalismus auftraten und die Studentenschaft nachhaltig beeinflussten. Stolz meldete etwa die Universität Kiel, dass alle Immatrikulierten als Kombattanten oder als freiwillige Krankenpfleger zur Front abgegangen seien.[85] In Leipzig habe sich die dortige Studentenschaft sehr um die Förderung einer »deutschen Gesinnung« in der Stadt verdient gemacht, konstatierte der Vorsteher der Stadtverordneten anlässlich einer Feier am 22. Juli in der Universitätsaula.[86]

Adel und höheres Bürgertum verabschiedeten ihre Söhne und Väter oft mit Begeisterung oder wenigstens demonstrativer Entschlossenheit. Kriegsminister von Roon brach sogar in Tränen aus, als er erfuhr, dass sein ältester Sohn, Hauptmann Bernhard von Roon, wieder nur zur Festungsartillerie kommen sollte. Das sei schon der dritte Krieg in sechs Jahren und »sein armer Junge« solle immer zu Hause bleiben, bemerkte der verzweifelte General während einer Bundestagssitzung zu Prinz Kraft von Hohenlohe-Ingelfingen, dem Kommandeur der Gardeartillerie.[87] Dagegen verursachte der Ruf zu den Fahnen bei der einfachen Bevölkerung vielfach Beklemmung und Sorge.[88] Das Abschiednehmen sei ernst und schwül gewesen, erinnerte sich der Abenteurer und Publizist Ludwig Pietsch in seinen Kriegsbildern. Auf den Berliner Bahnhöfen habe man Anfang August nur wenige lachende Gesichter gesehen und in allen Mienen sei in tausendfacher Variation die bange Frage nach dem Wiedersehen gestanden.[89] Wegen der allgemeinen Wehrpflicht betraf die Mobilmachung fast jede Familie in Preußen. Selbst die älteren Jahrgänge mussten zur Landwehr einrücken und ihre Angehörigen der kärglichen Unterstützung der Heimatgemeinden überlassen. Der letzte, wenn auch siegreiche und kurze Krieg gegen Österreich lag erst vier Jahre zurück und hatte finanzielle Verluste und oft große persönliche Opfer gefordert. Viele Soldaten wollten unbedingt noch vor ihrem Abrücken zur Grenze heiraten, um im schlimmsten Fall für ihre Frauen bescheidene Versorgungsansprüche zu erwerben.[90] Der britische Journalist Forbes, der am 19. Juli in Köln eingetroffen war, registrierte bei den einfachen Leuten der Stadt, mit denen er in näheren Kontakt getreten war, einen gewissen Fatalismus. Man schien den Krieg gegen Frankreich in diesen politikfernen Kreisen wie einen Hagelsturm oder ein Hochwasser hinzunehmen. Lamentieren half da nicht. Ein auswanderungswilliger Kölner namens Max hatte sogar schon sein Ticket für die Überfahrt nach New York in der Tasche, als ihm der Gemeindediener den Mobilisierungsbefehl überbrachte, was er, an seiner Pfeife ziehend, mit einem brummigen »Donnerwetter« quittierte.[91]

Doch nicht allein die Sorge vor dem Verlust geliebter Menschen oder vor der Gefahr wirtschaftlicher Einbußen bestimmte die Gemüter. Viele glaubten auch nicht so recht an den Erfolg der preußischen Waffen. Trotz des Sieges von 1866 galt Frankreichs Armee noch immer als beste der Welt. Vor allem in den linksrheinischen Grenzgebieten rechnete die Bevölkerung fest mit einer Invasion der Franzosen und etliche Alte erinnerten sich nur zu gut an die Übergriffe der französischen Soldateska unter dem ersten Napoleon. Der in Ludwigshafen erscheinende *Pfälzische Kurier* beschrieb am 28. Juli die Stimmung in der Region als von »banger, dumpfer Sorge« geprägt,[92] und aus dem Bezirk Trier machten sich so viele Menschen auf den Weg zu dem von der Regierung bestimmten Fluchtpunkt bei Neuwied, dass man sie dort kaum noch unterbringen konnte.[93] Im badischen Karlsruhe beschrieb eine Fünftklässlerin in einem Schulaufsatz die damalige Stimmung in der Stadt: Man habe stündlich den Einbruch der bei Straßburg versammelten französischen Heeresmassen erwartet.[94] Auf dem Bahnhof der Landeshauptstadt stand in diesen Tagen eine Lokomotive unter Dampf, um notfalls den Großherzog und seine Minister nach Wertheim, den nordöstlichen Zipfel des Landes, zu bringen.[95] Erst der Einsatz einer gemischten »fliegenden Kolonne« aus Ersatztruppen, die im südlichen Schwarzwald und im Rheintal zumindest für eine symbolische militärische Präsenz sorgte, vermochte die badische Bevölkerung halbwegs zu beruhigen.[96] Die Bewohner der norddeutschen Küstenregionen wiederum fürchteten angesichts der Überlegenheit der feindlichen Flotte eine Landung französischer Truppen und deren Zusammengehen mit Dänemark.[97]

Auf französischer Seite dagegen sah die Bevölkerung der Grenzgebiete dem Krieg mit erstaunlicher Zuversicht entgegen. In dem nordelsässischen Dorf Fröschweiler reagierten nach den Erinnerungen des protestantischen Dorfpfarrers Karl Klein die Bauern auf den Feldern auf die Nachricht von der Kriegserklärung mit großer Ausgelassenheit. Alle hegten einen unbezähmbaren Hass auf die Preußen und zeigten sich äußerst siegesgewiss.[98] In Straßburg versuchten Nachbarn den württembergischen Reservisten Johannes Birkmeyer, der sich dort einen gut gehenden Schusterbetrieb aufgebaut hatte und sogar zum Armeelieferanten aufgestiegen war, von seiner Rückkehr über den Rhein abzuhalten. »Gegen die unübertrefflichen Schassepot-Gewehre [sic] und die Mitrailleusen könne Deutschland nichts machen.«[99] Der Präfekt des Departements *Bas-Rhin* meldete stolz schon am 10. Juli nach Paris, dass der Patriotismus der Bevölkerung mit jedem Tag zunehme und der vorherrschende Wunsch, den maßlosen Ehrgeiz der Preußen zurechtzustutzen, die Sorge vor den verheerenden Folgen eines Krieges überwiege.[100]

Auch auf deutscher Seite flaute die anfängliche Beklommenheit der gewöhnlichen Bevölkerung ab, nachdem der erste Schock überwunden war und die scheinbar reibungslos ablaufende Mobilisierung das allgemeine Vertrauen in Armee und Monarchie gefestigt hatte. Der Brite Archibald Forbes konnte über die ruhige Gleichförmigkeit und Effizienz der preußischen Militärmaschine nur staunen und wusste nicht, was er mehr bewundern sollte.[101] Auch die Gewissheit, dass die süddeutschen Staaten nun tatsächlich auf deutscher Seite kämpfen würden, trug zur Milderung der ärgsten Ängste bei. Plötzlich galten die Preußen auch südlich des Mains als Fels in der Brandung. In München hatte sich am 27. Juli, so notierte General Leonhard Graf von Blumenthal in seinem Tagebuch, eine unabsehbare Menschenmenge beiderseits der Straße vom Bahnhof bis zur Residenz eingefunden, um die Ankunft des preußischen Kronprinzen

Friedrich Wilhelm in der bayerischen Hauptstadt zu feiern. Der öffentliche Jubel verdeckte allerdings die Tatsache, dass das bayerische Kabinett noch am 15. Juli mit Ausnahme des Kriegsministers Sigmund Freiherr von Pranckh für eine Neutralität des Landes eingetreten war. Erst König Ludwig, der Pranckhs Ansichten zuneigte, hatte den Befehl zur Mobilisierung erteilt.[102] Jubelnde Menschen gab es auch einen Tag später am Pforzheimer Bahnhof, wo der mit der Schwester des Kronprinzen verheiratete Großherzog Friedrich von Baden den zukünftigen Oberbefehlshaber seiner einzigen Division empfing. »Unbeschreiblichen Enthusiasmus« beobachtete Blumenthal auch in Karlsruhe, von wo aus der preußische Kronprinz sodann in sein neues Hauptquartier nach Speyer reiste.[103]

Einigkeit war nun das Gebot der Stunde und so betonte der Regierungspräsident von Magdeburg bereits in seinem Bericht vom 22. Juli an den König, dass die »großen und erhebenden Bewegungen der letzten Tage« alle Parteibestrebungen verwischt und den »gesunden Kern des Volkes« mit »überzwingender Macht« habe hervortreten lassen.[104] Damit war, noch ehe überhaupt der erste Schuss des Krieges an der fernen Grenze gefallen war, im Inneren eine neue Front aufgebaut. Gegner an dieser neuen Heimatfront waren alle Skeptiker, die nicht in das, wie Karl Marx es verächtlich nannte, »Löwengebrüll des deutschen Patriotismus« einstimmen wollten und folglich auch nicht zum »gesunden Kern des Volkes« zu rechnen waren. Manche Blätter, wie etwa die Kaiserslauterer Zeitung aus der Pfalz, veröffentlichten sogar Listen von Merkmalen und Verhaltensweisen, anhand derer sich angeblich »Undeutsche« sicher erkennen ließen, und resümierten: »Die Buben und Verräter scheuen das Tageslicht«.[105] Widerspruch gegen die Maßnahmen der Obrigkeit oder gar Verrat dürfen nicht mehr geduldet werden, erklärte die regierungsnahe *Neue Hannoverische Zeitung* in einem Artikel vom 3. August 1870.[106] Wenn dies auch noch als Appell an die örtlichen Behörden zum konsequenten Durchgreifen gegen Nörgler und Abweichler gemeint war, so nahmen etwa in Dresden schon etliche Studenten die Dinge selbst in die Hand und schlugen einem als preußenfeindlich bekannten Journalisten die Fensterscheiben seiner Wohnung ein. Auf Druck der Öffentlichkeit wurde der Mann, der es gewagt hatte, öffentlich zu fragen, ob sich die Sachsen jetzt auch totschießen lassen müssten, sogar verhaftet. Sein

Blatt stellte das Erscheinen einstweilen ein.[107] Passanten, die sich in der Öffentlichkeit gegen den Krieg auszusprechen wagten, liefen Gefahr, von einem patriotischen Mob auf der Straße misshandelt zu werden.[108] Selbst wer, wie vielleicht sogar die Mehrheit, seine Besorgnisse wegen des Krieges nicht offen zu äußern wagte, konnte dem öffentlichen Druck erliegen. Viele zunächst skeptisch gestimmte Bürger – wie etwa der lutherische Pfarrer Martin Schall – meldeten sich jetzt auch freiwillig zum Militärdienst, weil sie um ihre soziale Stellung fürchteten, wenn sie angesichts der »großen nationalen Bewährungsprobe« einfach zuhause blieben.[109] Als Ersatzhandlung der Zurückgebliebenen etablierte sich für kurze Zeit auch die Jagd auf vermeintliche feindliche Spione, deren subversives Treiben sich wunderbar in das beliebte Stereotyp vom hinterhältigen Franzosen einpassen ließ. Eine amtliche Akte mit sämtlichen gemeldeten Verdachtsfällen von Spionage aus dem Landkreis Lüneburg zeigte jedoch, zumindest für diesen Teil des alten Königreiches Hannover, die Haltlosigkeit sämtlicher Anschuldigungen.[110]

Auch in Frankreich setzte sich in den meisten Departements, folgt man den monatlichen Berichten der Präfekten, in der zweiten Julihälfte eine wachsende Kriegsbegeisterung durch. Niemals sei das Nationalgefühl und der Patriotismus der Bevölkerung in allen Belangen mit einem derartigen Enthusiasmus zum Ausdruck gebracht worden, hieß es etwa aus dem normannischen Departement *Orne*. Überall habe die Menge die Truppen an den Bahnhöfen begeistert verabschiedet.[111] Selbst die als »Turkos« bezeichneten schwarzafrikanischen oder arabischen Soldaten wurden in Paris von einer riesigen Menschenmenge enthusiastisch gefeiert, als eines ihrer Bataillone am 25. Juli von der Bonaparte-Kaserne zum *Gare de l'Est* marschierte.[112]

Grundsätzlich neigten die Franzosen in den kleineren Städten und ländlichen Regionen zum Frieden, doch dem »unersättlichen Ehrgeiz der Preußen« müsse besser jetzt als später, so war nun vielfach zu hören, eine deutliche Grenze gesetzt werden. Selbst Händler und Fabrikanten, die zuvor noch eine Verschlechterung ihrer wirtschaftlichen Lage durch den Waffengang mit Preußen befürchtet hatten, wechselten ins Lager der Kriegsbefürworter und glaubten nun sogar an eine Belebung ihrer Geschäfte durch den Krieg.[113] In den Städten und Ortschaften, die von Truppentransporten passiert wurden, versammelte sich regelmäßig eine jubelnde Bevölkerung an den Bahnhöfen und versorgte die Soldaten freigiebig mit Getränken, Kuchen, Brot und anderen Lebensmitteln. Überall in Frankreich und selbst in den fernen Pyrenäen boten die Gemeinden und Städte zu Hunderten Pflegeplätze für Verwundete an.[114]

Zugleich befiel die Menschen ein Nachrichtenhunger, der gelegentlich schon groteske Züge annahm. Wie auf der anderen Seite der Grenze sorgte sich die Bevölkerung des elsässischen Departement *Haut-Rhin* schon in den ersten Tagen nach der Mobilmachung, dass noch nicht genügend eigene Truppen zur Verteidigung ihrer Region eingetroffen seien, und selbst im aquitanischen Cahors entstand am 17. Juli eine Panik unter den Bewohnern, als plötzlich Gerüchte von einem Vorstoß der Preußen auf französisches Gebiet aufkamen. Erleichtert feierten daher die Bewohner von Nancy am 27. Juli den Einzug des kaiserlichen Gardekorps, das in vortrefflicher Ordnung durch ihre Straßen zog.[115] Niemand unter ihnen ahnte, dass kaum zwei Wochen später bereits preußische Ulanen an die Türen ihrer Häuser pochen würden. Die letzten Julitage verstrichen somit in kaum noch erträglicher Spannung. Als sich dann am 3. August die Nachrichten von der Einnahme Saarbrückens im Lande verbreiteten und die offizielle Verlautbarung des Pariser Hofes aus der begrenzten Operation einen großen Sieg unter Beteiligung des kaiserlichen Prinzen machte, erreichte die nationale Begeisterung in Frankreich ihren Höhepunkt. Niemals in zwei Dekaden schien die Zustimmung zu Napoleons Regime größer gewesen zu sein. Die folgende Ernüchterung war umso brutaler.[116]

Der Weg nach Sedan – Das Preußische Heer und das Militär des Norddeutschen Bundes im Zeitalter von Heeresreorganisation und Einigungskriegen

»Man muss mit der Deutschen Armee rechnen. Sie hat zwei Feldzüge erfolgreich beendet und damit ihr Selbstvertrauen erheblich gestärkt. Ihre Soldaten sind von solider Qualität. Sie besitzen zwar nicht den individuellen Kampfgeist unserer Truppen, aber sie sind diszipliniert, leidensfähig und ihren Offizieren absolut gehorsam. Auch diese Qualitäten ergeben eine gute Armee.«

Marschall Patrice MacMahon, Herzog von Magenta, Befehlshaber des französischen I. Armee-Korps und Generalgouverneur von Algerien im Juli 1870[117]

Die Streitmacht, die 1866 auf den böhmischen Schlachtfeldern das Kaiserreich Österreich so überraschend in die Knie gezwungen hatte und die sich nun anschickte, über den Rhein gegen Frankreich zu ziehen, war ein Kind der großen preußischen Heeresreform von 1859/60. Seit der Revolution von 1848/50 und der politischen Demütigung Preußens durch Österreich in den Olmützer Verhandlungen waren Prinzregent Wilhelm, der spätere König, seine Generale und selbst die meisten Mitglieder des Abgeordnetenhauses im Grundsatz einig gewesen, dass eine tief greifende Reorganisation des Heeres nicht länger aufgeschoben werden könne. Nach dem Feldzug von 1815 hatte die preußische Armee an keinem großen Staatenkrieg mehr teilgenommen. Es fehlte ihr in einer Epoche raschen Wandels der Militärtechnologie die militärische Praxis. Zwar hatte sie die Revolutionskämpfe in Schleswig und Baden erfolgreich bestanden, doch ihre Gegner waren damals nur zweitklassige Streitkräfte oder bewaffnete Bürgerhorden gewesen. Vor allem die preußische Landwehr war seit der Revolution in die Kritik geraten. Ihr Ruhm aus den Befreiungskriegen hatte nach einem halben Jahrhundert längst nicht mehr ihre gravierenden Mängel in den jüngsten Einsätzen überdecken können. Der französische Militärattaché in Berlin, Oberst Eugène Georges Baron von Stoffel, sprach mit Blick auf die Mobilisierung von 1859 von »fürchterlichsten Szenen« und sogar von »Akten formellster Befehlsverweigerung«.[118] Doch selbst die preußischen Linientruppen fanden im Ausland nur wenig Anerkennung. Anlässlich einer großen Feldübung kurz nach dem Regierungsantritt König Wilhelms I. sprach der französische General Maximilian Forey sogar verächtlich von einer »Kompromittierung des ganzen Berufsstandes«.[119] Kaum freundlicher klang drei Jahre später der Kommentar eines französischen Offiziers im *Moniteur*: Preußen befehlige nur eine Armee aus »Automaten, welche Wunder der Regelmäßigkeit bewirken, doch alles entbehren, was ein Korps solider Truppen ausmache.«[120] Die Fähigkeit der Franzosen, notfalls zu improvisieren, ginge den preußischen Soldaten demnach völlig ab. Moltke persönlich bestätigte unabsichtlich diese kritische Einschätzung, als er 1867 in einer Rede vor dem Norddeutschen Bundestag erwähnte, wie sehr im Krieg von 1866 die Truppe in unübersichtlichen Lagen auf ihre Vorgesetzten und deren Befehle fixiert gewesen sei. Überall habe man dann den Ruf gehört: »Wo ist der Hauptmann?«[121] Schon während des dänischen Feldzuges 1864 hatten die preußischen Regimenter im Vergleich zu ihren österreichischen Alliierten anfangs zögerlich und ohne Schwung agiert. Voller Ironie gab Erzherzog Albrecht damals dem österreichischen Befehlshaber in Schleswig-Holstein, Feldmarschallleutnant Ludwig von Gablenz, den ungewöhnlichen Rat, den Preußen aus politischen Gründen doch auch endlich einen kleinen Erfolg zu gönnen.[122]

Von allen europäischen Großmächten mit Ausnahme Großbritanniens schien Preußen zu Beginn der 1860er-Jahre die am wenigsten beeindruckende Streitmacht unter Waffen zu haben. Die Londoner *Times* spottete in ihrer Ausgabe vom 23. Oktober 1860 darüber, dass das Königreich der Hohenzollern sich nicht danach dränge, auf den Schlachtfeldern Europas zu erscheinen, sondern sich lieber auf Konferenzen vertreten lasse. Preußen habe zwar eine große Armee, aber eine, die bekannt dafür ist, nicht kampfbereit zu sein.[123] Eine ernste Begegnung mit der französischen Armee würde unweigerlich zu einem zweiten »Jena« führen, hieß es wiederum vier Jahre später im selben Blatt, als dessen Redakteure anlässlich des erneut eskalierten Konflikts um Schleswig-Holstein zu einer britischen Intervention an der Seite Frankreichs und Dänemarks drängten. Wie 1806 würden, so die »Strategen« in den Büros der Londoner *Fleet Street*, die Franzosen ohne Schwierigkeiten über die preußische Armee hinweg nach Berlin marschieren.[124]

Preußens noch aus der Zeit der Befreiungskriege stammende allgemeine Wehrpflicht schien von der Zeit überholt. Die vergleichsweise kurze Dienstzeit von nur drei Jahren ließ nach Ansicht der militärischen Fachleute keine gründliche Ausbildung der Soldaten zu. Auch die von Wilhelm noch in seiner Zeit als Prinzregent verfügte Ausstattung der Linieninfanterie mit dem Dreyse'schen Zündnadelgewehr, einem revolutionären Hinterladermodell, fand in Europa vor 1866 keine Nachahmer. Vor allem oberflächlich gedrillte Soldaten würde, so die Kritik der ausländischen Militärs, die schnelle Schussfolge der neuen Waffe dazu verleiten, ihre Munition zu verschwenden und ängstlich in der Deckung zu verharren, anstatt entschlossen mit dem gefällten Bajonett gegen den Feind vorzurücken.

Die Reorganisation des Preußischen Heeres hatte schließlich im Sommer 1859 begonnen. Noch während die französische Armee mit den verbündeten Piemontesen gegen die Österreicher in Oberitalien kämpfte, hatte Preußen einen Teil seiner Regimenter auf volle Kriegsstärke gebracht, um sie als Drohkulisse am Rhein aufmarschieren zu lassen. Der überraschende Waffenstillstand zwischen Napoleon III. und Franz Joseph I. verhinderte jedoch das Abgehen der bereits organisierten Truppentransporte. Bei der folgenden Demobilisierung behielt das preußische Kriegsministerium von 45 Regimentern der zuvor mobilisierten Landwehr und Reserve den jüngsten Reservejahrgang unter den Fahnen und ergänzte deren Führerkorps durch Abstellungen aus der aktiven Truppe. So entstanden insgesamt 36 neue Infanterie- sowie zehn zusätzliche Kavallerieregimenter.[125] Aus den neun bisherigen Reserveregimentern bildete das Kriegsministerium durch Zuweisung je eines dritten Bataillons neue Füsilierregimenter. Dadurch konnte der Friedensumfang des preußischen Heeres schon bis zum Januar 1860 auf 200 000 Mann erhöht werden. Die größere Zahl aktiver Regimenter erlaubte es, zukünftig je Jahrgang 63 000 taugliche Rekruten statt wie bisher nur 40 000 zum Dienst einzuziehen. Das neue Konzept sah zudem vor, dass die einberufenen Wehrpflichtigen wie bisher zunächst drei Dienstjahre in der aktiven Truppe absolvierten. Danach sollten sie für weitere fünf Jahre der Reserve angehören. War diese Zeit abgeleistet, kam der Wehrpflichtige schließlich für die nächsten elf Jahre zur Landwehr, deren Regimenter im Mobilisierungs- oder Kriegsfall den aktiven preußischen Divisionen unterstellt werden sollten. Von der alten Landwehr, die am Nachmittag von »Waterloo« der berühmten Garde Napoleons in Placenoit getrotzt hatte, blieb somit praktisch nur noch der Name.

Für die liberale Opposition im preußischen Landtag war die beabsichtigte Demontage der von vielen Bürgern noch in hohen Ehren gehaltenen Parallelarmee nur schwer zu akzeptieren. Freilich verbesserte die nunmehr höhere Zahl an aktiven Regimentern bei einer seit 1815 um 50 Prozent gestiegenen Bevölkerungszahl fühlbar die Wehrgerechtigkeit in Preußen. Kein liberaler Politiker konnte bestreiten, dass es in den Gemeinden bisher viel böses Blut erzeugt hatte, wenn dienstpflichtige Familienväter im Mobilmachungsfall zur Armee eingezogen wurden, während zahlreiche ungediente junge Männer zuhause bleiben durften.

Die deutliche Verstärkung der preußischen Armee stand trotz der damit verknüpften höheren Steuerbelastung durchaus nicht den Interessen der Fortschrittspartei entgegen. Schon während der Revolution von 1848/49 waren namhafte Vertreter des Paulskirchenparlaments durchaus bereit gewesen, für die von ihnen erstrebte nationale Einheit notfalls auch einen Krieg gegen die konservativen Mächte Österreich und Russland in Kauf zu nehmen. So etwa konzedierte der liberale Abgeordnete und Historiker Max Duncker gegenüber seinem Karlsruher Kollegen Hermann Baumgarten, dass die deutsche Frage eine Machtfrage sei und ohne eine Machtentfaltung Preußens nie gelöst werde.[126]

Anlässlich der Olmützdebatte im preußischen Abgeordnetenhaus hatte wiederum am 3. Dezember 1850 der liberale Abgeordnete, Historiker und Eisenbahndirektor Adolf Riedel Minister Otto von Manteuffels politische »Kapitulation« vor den Österreichern in Olmütz scharf kritisiert und schließlich unter dem Beifall der Abgeordneten prophezeit, dass zukünftig »die Sprache der preußischen Kanonen keinem Volke in Europa unvernehmbar bleiben« werde.[127] Nicht eine starke Armee war für die Liberalen in Preußen das Problem, sondern eine starke preußische Streitmacht allein in den Händen des Königs. Langfristig verfolgten sie das Ziel, über das Budgetrecht auch die letzte Bastion königlicher Macht in Preußen zu schleifen. Zum entscheidenden Streitpunkt erhoben sie daher die beabsichtigte Beibehaltung der dreijährigen Wehrpflicht. Nicht zu Unrecht vermutete die Opposition hinter der erst 1856 um ein Jahr verlängerten Dienstzeit den Versuch der Krone, die ihr dienenden Soldaten im konservativen Sinne zu prägen. Sachlich ließ sich das dritte Dienstjahr vielleicht noch dadurch rechtfertigen, dass anders die Ausrückstärke von 1000 Mann je aktivem Bataillon nicht mehr erreicht werden könne. Nach diesem Konzept stellte jeder der drei aktiven Jahrgänge pro Bataillon 200 Mann, von den fünf Reservejahrgängen sollten im Mobilisierungsfall die übrigen 400 Soldaten kommen. Dass auch Bataillone mit nur 800 Mann dank der erhöhten Feuerkraft des neuen Zündnadelgewehrs ihre alte Schlagkraft behalten würden, kümmerte König Wilhelm wenig. Von Kind an Soldat und seither mit den verschiedensten militärischen Kommandos betraut, fühlte er sich nicht ohne Berechtigung als Experte und hatte die dreijährige Dienstzeit zu einer Prinzipienfrage erhoben. Damit hatte er Preußen direkt in die große Staatskrise geführt, die seine ersten Regierungsjahre überschattete. Angesichts der Fundamentalopposition der Liberalen wäre freilich der Konflikt langfristig ohnehin kaum vermeidbar gewesen. Die Alternative für den Monarchen war schließlich die Abdankung zugunsten seines Sohnes, dem auch wegen seiner britischen Gattin eine liberale Neigung nachgesagt wurde, oder das Weiterregieren ohne genehmigtes Militärbudget, also der offene Verfassungsbruch.

Der König wählte die zweite Option und ernannte den politischen Außenseiter Otto von Bismarck, den Kandidaten der Armee, im September 1862 zum preußischen Ministerpräsidenten. Seine Entscheidung rettete Wilhelm den Thron für immerhin ein Vierteljahrhundert. Der neue Mann an der Spitze der preußischen Politik war noch 15 Jahre zuvor eine verkrachte Existenz gewesen, ein trinkfester Landjunker mit seltsamen kulinarischen Gelüsten, der die politischen Ambitionen seiner Jugend unter einem pommerschen Misthaufen begraben zu haben schien. Erst dank der Revolution von 1848/49 war der einfache Landtagsabgeordnete völlig überraschend zum Gesandten Berlins am erneuerten Frankfurter Bundestag aufgestiegen, dem begehrtesten Posten der preußischen Diplomatie. Anfangs hatte Bismarck noch als strammer Parteimann der Konservativen gegolten, tatsächlich aber erwies er sich bald als wenig ideologisch und schreckte zum Entsetzen seiner alten Mentoren nicht einmal vor einem Paktieren mit Frankreich zurück.

Der Frage der dreijährigen Dienstzeit maß der neue Mann an Preußens Spitze keine große Bedeutung zu. Gleichwohl war es ihm im Babelsberger Schlosspark geglückt, den skeptischen Monarchen davon zu überzeugen, dass sich sein leitender Minister jederzeit für ihn in die Bresche werfen würde. Bismarcks erster Versuch, die Liberalen in der Budgetkommission des Landtages für den wehrpolitischen Kurs der Regierung zu gewinnen, geriet allerdings zu einem Fiasko. Seine provozierende Metapher von »Blut und Eisen« war zwar nur eine fast wortgleiche Anspielung auf die martialischen Reden der Liberalen während der Revolutionszeit, als etwa ihr damaliger Wortführer im preußischen Abgeordnetenhaus, Adolf Riedel, erklärt hatte, dass das Räderwerk der Entwicklung politischer Ereignisse, einmal den Waffen anvertraut, nur durch »Blut und Tränenströme fortgetrieben werden« müsse. Jetzt aber löste Bismarck damit unter den politischen »Professoren« ein scheinheiliges Geschrei aus. Der abgeblitzte Ministerpräsident schaltete auf stur. Fortan ignorierte Bismarck die liberale Opposition und regierte unter Berufung auf die umstrittene Lückentheorie einfach weiter. Bei fehlender Einigung zwischen Krone, Abgeordneten- und Herrenhaus sei der König berechtigt, so argumentierte Bismarck, mit seinen Ministern bis auf Weiteres geschäftsführend weiterzuregieren. Kritische Zeitungen setzte er unter Druck, andere Blätter kaufte er heimlich auf.[128]

Als im Winter 1863/64 der alte Konflikt mit Dänemark um die beiden umstrittenen Herzogtümer Schleswig und Holstein erneut ausbrach, nahm er sogar eine dezidiert antinationale Position ein. Zum Entsetzen aller Nationalliberalen stellte sich der preußische Ministerpräsident hinter das Londoner Protokoll, das 1852 den ungeliebten Status quo festgeschrieben hatte. Unter Bismarcks Führung gewann Preußen zwei Kriege mit einer staatsrechtlich illegalen Armee und bestritt die erhöhten Kosten am Parlament vorbei durch den Verkauf von Eisenbahnaktien aus dem Staatsbesitz. Schließlich konnte er das, was nach den Wahlen vom 3. Juli 1866, dem Tag der siegreichen Schlacht von Königgrätz, von der liberalen Fraktion im preußischen Abgeordnetenhaus noch übrig geblieben war, durch sein Indemnitätsgesetz vom August 1866 in zwei Fraktionen spalten. Mit diesem

Coup war die große Verfassungskrise nach sechs Jahren offiziell beigelegt. Der politische Preis für die Armee von Königgrätz war allerdings so groß gewesen, dass Bismarck selbst zu nur geringfügigen Abstrichen an ihrer Stärke nicht mehr bereit war. Als im Frühjahr 1870 Großbritannien zu einer im Grunde unbedeutenden Reduktion aller europäischen Armeen drängte, trat er dem britischen Außenminister mit undiplomatischer Schärfe entgegen. Der misstrauische Kanzler vermutete hinter den unerbetenen Vorschlägen aus London vor allem eine französische Intrige. Dass Lord Clarendon auch aus ideellen Gründen eine europäische Abrüstung anstrebte, war für den politischen Pragmatiker in der Berliner Wilhelmstraße unvorstellbar.[129]

Tatsächlich war die vormals von der Londoner *Times* verhöhnte Hohenzollernarmee nach dem Sieg von 1866 noch weiter gewachsen. Zu ihren ursprünglichen acht Armeekorps sowie dem Potsdamer Gardekorps waren nach dem Prager Frieden und der Annektierung Schleswig-Holsteins, Hannovers, Kurhessens und Nassaus drei weitere Armeekorps mit den Nummern IX, X und XI neu formiert worden. Die Infanterieregimenter der durch Militärkonvention mit Preußen verbundenen Herzogtümer Mecklenburg, Braunschweig und Oldenburg, seit 1867 auch Mitgliedsstaaten des Norddeutschen Bundes, erhielten neue Nummern und wurden in die alten oder neuen preußischen Armeekorps eingefügt. So entstanden aus den Truppen der Thüringischen Staaten drei neue Infanterieregimenter, die dem IV. sowie XI. Armee-Korps zugewiesen wurden. Insgesamt traten aus den 1866 aufgelösten oder angeschlossenen Aufgeboten 1200 Offiziere in die preußische Armee ein.[130] Preußens Heer wuchs insgesamt um 2140 Offiziere und 47 000 Mannschaften. Jedes seiner nunmehr zwölf Armeekorps war in vier Infanteriebrigaden zu je zwei Regimentern gegliedert und verfügte außerdem über ein Jägerbataillon. Dazu kamen zwei Kavalleriebrigaden zu je 1800 Reitern, ein Artillerieregiment mit 90 Geschützen sowie ein Pionierbataillon zu vier Kompanien. Die volle Kriegsstärke eines Armeekorps betrug gewöhnlich rund 30 000 Mann, das in Potsdam beheimatete Garde-Korps war um vier zusätzliche Infanteriebataillone stärker.

Das Königreich Sachsen, das 1866 noch aufseiten der Österreicher gekämpft hatte, durfte zwar im Prager Frieden seine Unabhängigkeit behalten, war jedoch mit seinen Streitkräften praktisch unter die preußischen Fahnen geraten und stellte im Krieg gegen Frankreich das von Kronprinz Albert geführte Armee-Korps mit der Nummer XII. Das hohe soldatische Niveau seiner Truppe erregte auch die Bewunderung ausländischer Beobachter. Der Dichter Fjodor Dostojewski, der sich im Juli 1870 in Dresden aufhielt, geriet beim Vorbeimarsch der sächsischen Truppen sogar ins Schwärmen. Man käme nicht umhin, notierte er in sein Tagebuch, die wunderbare militärische Haltung, die strenge, gleichmäßige Ausrichtung und zugleich die ungewöhnliche Freiheit zu bewundern, wie er sie noch nie an Soldaten wahrgenommen habe.[131]

Mit den Kontingenten der Mitgliedsstaaten des Norddeutschen Bundes gebot Preußen seit 1867 über ein Friedensheer von 310000 Mann, was etwa ein Prozent der damaligen Gesamtbevölkerung nördlich des Mains ausmachte. Im Mobilisierungs- oder Kriegsfall konnte das neue Bundesheer auf 433000 Soldaten und 1284 Geschütze gebracht werden, einschließlich der Besatzungs- und Ersatztruppen stieg die Zahl der bewaffneten Kräfte unter preußischem Oberbefehl sogar auf 990000 Mann.[132] Die Infanterie des Bundesheeres blieb mit dem noch 1866 so bewährten Zündnadelgewehr ausgestattet, obwohl der preußische Generalstab nach der vollständigen Bewaffnung der französischen Armee mit dem überlegenen Chassepot-Gewehr erhebliche Zweifel an der bestehenden Lösung hegte. Grundsätzlich strebte das Ministerium allerdings die Entwicklung einer neuen Infanteriewaffe an und verwarf daher aus Kostengründen die Anschaffung des französischen Modells als die sich aufdrängende Zwischenlösung. Gegenüber ihrem Monarchen bagatellisierten die Offiziere das Problem und der junge Graf Alfred von Waldersee klagte über Versuche des Kriegsministeriums, sämtliche kritischen Stellungnahmen zum Zündnadelmodell zu unterdrücken.[133] Schlimmer noch stand es freilich um die Bewaffnung der bayerischen Soldaten. Sie mussten mit dem veralteten Podewils-Gewehr in den Kampf ziehen, einem ursprünglichen Perkussions-Vorderlader, den man zur Hinterladung umgerüstet hatte. Lediglich die vier bayerischen Jägerbataillone führten bereits das neue Werder-Gewehr, das sogar dem französischen »Chassepot« überlegen war.[134] Die deutschen Soldaten wussten sich allerdings, je länger der Krieg dauerte, in ihrer Not zu helfen. Wo immer möglich, bewaffneten sich Reiter wie Infanteristen mit erbeuteten Feindgewehren. Allein durch die Kapitulation der Chalons-Armee bei Sedan sollten 66 000 Chassepot-Gewehre in die Hände der Sieger fallen.[135]

Die Kavallerie des Bundesheeres war dagegen hauptsächlich mit Hiebwaffen ausgestattet und führte sogar noch die alte Vorderladerpistole mit Perkussionszünder. Nur ein Teil der Regimenter war mit dem Zündnadelkarabiner, einer verkürzten Version des Infanteriegewehrs, ausgestattet.[136] Die Reiterei gliederte sich in insgesamt 64 Regimenter zu je fünf Eskadronen, jedes zu 120 Kavalleristen. Kürassiere und Dragoner galten als schwere Schlachtenkavallerie während Ulanen und Husare als leichte Reiterei im feindlichen Hinterland aufklären sollten. Die von starken Traditionen geprägte Truppengattung tat sich allerdings schwer, sich mit dieser wichtigen und zukunftsweisenden Aufgabe zu identifizieren. Ausschließlich auf die große Attacke fixiert, wie sie 1866 bei Königgrätz tatsächlich noch einmal zur Ausführung gelangt war, ignorierten ihre Offiziere zum Erstaunen des als Kriegsbeobachter angereisten Philip Sheridan vollkommen die glänzenden Erfolge der zahllosen Kavallerieraids beider Seiten im Amerikanischen Bürgerkrieg.[137]

Starke Veränderungen traten nach dem Sieg über die Österreicher besonders bei der preußischen Artillerie ein. Noch 1866 hatte sie sich den Österreichern nicht in jeder Lage gewachsen gezeigt. Etliche Geschütze aus Gussstahl waren sogar im Gefechtseinsatz gesprungen. Gleichwohl hielten König Wilhelm und Kriegsminister Albrecht von Roon an dem einmal eingeschlagenen Kurs fest und ersetzten nach dem Krieg von 1866 auch die letzten glattläufigen Zwölfpfünder-Geschütze aus Bronze durch neue Modelle aus Gussstahl mit gezogenen Läufen. Anstelle der seit der Renaissance benutzten Vollkugeln verschossen sie konische Geschosse mit einem Kaliber von neun Zentimetern. Ihr weicher Bleimantel erlaubte ein geringfügiges Überkaliber, was die Führung der Geschosse durch die Züge und Felder im Inneren des Rohres weiter verbesserte und die Reichweite bis auf fünf Kilometer erhöhte. Mit empfindlichen Perkussionszündern ausgestattet, zerplatzten die neuen Granaten beim Aufschlag und zerlegten sich in bis zu 40 Splitter, die bei ihren Opfern entsetzliche Verletzungen verursachten. Der dagegen noch mit Vorderladern ausgestatteten französischen Artillerie sollte die preußische Artillerie im kommenden Krieg somit in Reichweite, Zielgenauigkeit und Wirkung haushoch überlegen sein.

Im Frieden war die Artillerie jedes Armeekorps in Regimenter zu je 15 Batterien gegliedert, um im Feld bis auf eine kleine Reserve den einzelnen Verbänden des Korps unterstellt zu werden. Jedes Infanterieregiment zu 3000 Mann hatte somit im Gefecht eine Batterie mit sechs Geschützen zu seiner unmittelbaren Unterstützung. Auch jede der beiden Kavalleriebrigaden konnte nun zwei berittene Batterien leichter Feldgeschütze einsetzen.

Anders als im Krieg gegen Österreich, als die Artillerie noch weit hinten in den Marschkolonnen eingegliedert war, gelang es während des Feldzuges in Frankreich, rasch gewaltige Geschützfronten aufzubauen, in deren Feuer die Angriffe des Gegners regelmäßig zusammenbrachen. Auch die numerisch überlegenen Armeen der französischen Republik konnten damit in der zweiten Kriegshälfte stets auf Distanz gehalten werden. Die Artillerie half vor allem, die Unterlegenheit des noch 1866 als Garant des preußischen Sieges gefeierten Zündnadelgewehrs gegenüber dem französischen Chassepot-Modell auszugleichen. Ihre Offiziere scheuten sich jetzt auch nicht mehr, mit ihren Geschützen in vorderster Front aufzufahren, und ein Geschütz im Einsatz zu verlieren, galt plötzlich nicht mehr in jedem Fall als ehrenrührig.[138]

Im Krieg von 1870/71 siegte die preußisch-deutsche Armee in mehr als 25 größeren Schlachten und kaum ein militärischer Fachmann in Europa zweifelte noch daran, dass die allgemeine Dienstpflicht das Wehrmodell der Zukunft sei. Die außergewöhnlichen Marschleistungen der deutschen Armeen fanden selbst die Bewunderung der Franzosen. Ein Mann wie Ernest Renan, Professor an der Sorbonne und Verfasser eines revolutionären Buches über das Leben Jesu, sprach unter dem frischen Eindruck der Kapitulation von Sedan sogar neidvoll von der »Überlegenheit der deutschen Rasse.«[139]

Die ehedem in ganz Europa verlachten Preußen galten plötzlich als militärische Magier und selbst den Briten schien ihre Spottlust vergangen. Kaum war am 10. Mai 1871 in Frankfurt der Frieden zwischen dem neuen Reich und der Dritten Republik geschlossen worden, erschien in der Maiausgabe des *Blackwood's Edinbourgh Magazine* eine anonym veröffentlichte Kurzgeschichte mit dem Titel »Die Schlacht von Dorking«. Darin wurde einer erschaudernden Leserschaft geschildert, wie eine Armee teutonischer Hünen in dunkelblauen Uniformen und Pickelhauben in naher Zukunft in Südengland landete und das britische Berufsheer in einer Schlacht nahe dem idyllischen Örtchen Dorking völlig aufrieb. In der Folge schrumpfte Großbritannien zur zweitrangigen Macht, ein Wirtschaftskollaps vernichtete seinen Wohlstand und ganz Kanada ging an die Vereinigten Staaten verloren. Die düstere Geschichte aus der Feder des späteren Generals Sir George Tomkyns Chesney wurde innerhalb zweier Monate mehr als 100000 Mal verkauft und in zahlreiche Sprachen übersetzt. Die öffentliche Resonanz im Königreich war so gewaltig, dass sich Premierminister William Gladstone sogar genötigt sah, in einer Rede vor dem Unterhaus ausgerechnet am ersten Jahrestag der Schlacht von Sedan den Abgeordneten zu versichern, dass das Dorking-Szenario niemals Realität werden könne.[140] Die Geschichte fand jedoch im Inselreich noch etliche literarische Nachahmer, und als 1898 der Novellist Herbert George Wells seinen überaus erfolgreichen Fantasieroman »Krieg der Welten« veröffentlichte, waren die Pickelhauben tragenden Preußen bereits zu unförmigen Marsianern mutiert.

Der Krieg gegen das Kaiserreich

Frankreich »wurstelt sich durch« – Marschall Edmond Lebœufs großes Aufmarschfiasko

> *»Aber unglückliches Kind, Sie werden nicht nach Deutschland gehen, nicht nur das nicht, sondern Sie werden in Frankreich selbst zerschmettert werden. Glauben Sie mir: Ich kenne die Preußen. Wir haben nichts von alledem, was wir haben müssten, um mit ihnen zu kämpfen. Es fehlt uns an Generalen, an Männern, an Material. Wir werden zertreten.«*
>
> Lucien-Anatol Prévost-Paradol im Juli 1870 Graf de Hérisson, Graf von Herisson[1]

Zu den Verhängnisgestalten, die Frankreich im Sommer 1870 in die bis dahin größte Katastrophe seiner Geschichte stürzten, zählte fraglos Kriegsminister Edmond Lebœuf. Im Ministerrat hatte er am 6. Juli, von Ministerpräsident Émile Ollivier nach dem Zustand der Armee befragt, ohne Zögern erklärt, dass alles zum Besten stehe. Es fehle kein einziger Knopf. Man sei mehr als bereit![2] Das Kabinett hatte dies beifällig zur Kenntnis genommen. Die hohen Herrschaften glaubten, was sie unbedingt glauben wollten, auch wenn der Neuling längst nicht das Renommee seines Vorgängers besaß. Dabei war der 61-jährige Marschall durchaus kein tumber Haudegen, der sich, wie so viele andere Generale der kaiserlichen Armee, aus der Truppe nach oben gedient hatte. Lebœuf hatte immerhin die renommierte *École polytechnique* absolviert und seine militärische Laufbahn als Artillerist begonnen. Seit 1830 konnte er sich als Kommandeur dieser anspruchsvollen Waffengattung in Algerien, auf der Krim und in Norditalien wiederholt bewähren und war über den Rang eines Divisionsgenerals zum Chefadjutanten des Kaisers aufgestiegen. Napoleon hatte ihn schließlich im August 1869 zum Nachfolger des überraschend verstorbenen Kriegsministers Adolphe Niel ernannt.

Edmond Lebœuf, General, Marschall und Kriegsminister von Frankreich (Foto von André-Adolphe-Eugène Disdéri, Jahr unbekannt).

Lebœuf war fraglos ein tüchtiger Offizier, aber auf der ihm ungewohnten politischen Bühne ein schwächlicher Opportunist. Darin unterschied er sich von Niel, der als stiller Arbeiter seine große Aufgabe darin gesehen hatte, Frankreichs Armee zu einer modernen Streitmacht zu reformieren und dabei im Parlament (*Corps législatif*) auch keinem Streit mit republikanischen Abgeordneten aus dem Weg gegangen war. Der eindeutige Waffenerfolg des preußischen Rivalen auf den Schlachtfeldern Böhmens ließ Paris inzwischen keine andere Wahl. Frankreichs glorreiche Armee war hinter der Zeit zurück. Kommunikation, Logistik und Einsatzgrundsätze mussten endlich den Bedingungen des industriellen Krieges mit seiner Schnelligkeit und seiner erhöhten Feuerkraft angepasst werden. Das alte Prinzip des »Sichdurchwurstelns«, mit dem französische Truppen trotz all ihrer Mängel noch 1854/55 und erneut 1859 erfolgreich gewesen waren, sollte endlich professioneller und vorausschauender Planung weichen. Vor allem aber musste Frankreich die Zahl seiner Reservisten vergrößern, wenn seine Armee gegen Preußen überhaupt eine Chance haben sollte. Niels größte Anstrengungen hatten daher dem Einbringen eines neuen Wehrgesetzes gegolten, das schließlich am 1. Februar 1868 gegen den heftigen Widerstand von Abgeordneten der Republikaner wie Adolphe Thiers und Jules Favre verabschiedet werden konnte. Die neue Regelung, von der Kritiker wie der linke Advokat Favre polemisch behaupteten, sie würde aus Frankreich eine Kaserne machen, ersetzte das seit 1832 etablierte Rekrutierungssystem mit seinen Freistellungsmöglichkeiten für die Söhne der vermögenden Klassen. Ein dienstpflichtiger Franzose, der einen Ersatzkandidaten stellen konnte, sah nie eine Kaserne von innen. Zwar entfiel diese Möglichkeit durch ein Gesetz von 1855, doch konnten sich wohlhabende junge Männer weiterhin durch Bezahlung einer Summe von 2500 Francs, dem Hundertfachen dessen, was ein französischer Landarbeiter gewöhnlich in der Erntezeit erhielt, an den Militärfiskus von ihrer Dienstpflicht freikaufen. Mit den eingenommenen Mitteln versuchte die Armee seither selbst, Freiwillige anzuwerben oder Soldaten, die ihre Dienstzeit beendet hatten, als sogenannte Kapitulanten zu einer Verlängerung zu bewegen. Erfolgreich war sie damit nicht. Schon 1859 überstieg die Zahl der Freikäufe die der Neuverpflichtungen um das Dreifache und mit Sorge hatte das Kriegsministerium registrieren müssen, dass die Stärke der Armee bis 1866 um 90 000 Mann auf nur noch 390 000 Soldaten gesunken war.[3]

Frankreich, die Mutter der revolutionären *Levée en masse* von 1793, wagte auch nach »Sadowa« nicht den Schritt zurück zur allgemeinen Wehrpflicht. Von jedem Jahrgang, der gewöhnlich 300 000 Rekruten umfasste, sollten nach dem Gesetz von 1868 zukünftig 100 000 taugliche Männer eingezogen werden.[4] Bisher war höchstens ein Fünftel jedes Jahrgangs berücksichtigt worden. Die Praxis des Freikaufens entfiel, das alte Losverfahren blieb jedoch in modifizierter Form erhalten. Wer eine schlechte Nummer zog, musste fünf Jahre in der aktiven Truppe ableisten, was für die betroffenen armen Teufel nur eine geringfügige Erleichterung gegenüber der bisherigen siebenjährigen Dienstpflicht darstellte. Die Inhaber der glücklicheren Lose dagegen, etwa die Hälfte eines jeden Jahrgangs, kamen ausnahmslos zur neuen mobilen Nationalgarde, wo sie nur etwa 15 Mal pro Jahr zu verkürzten Übungen von maximal 24 Stunden zusammentreten sollten. Mit seiner neuen Lösung blieb Frankreich freilich nicht nur weit vom preußischen Modell entfernt, es führte mit der *Garde mobil* sogar eine Art Landwehr ein, von der sich Preußen erst eine Dekade zuvor unter beträchtlichen Schmerzen verabschiedet hatte. Mehr Militarisierung ließ die Stimmung im Lande jedoch nicht zu. Das den Ton angebende Bürgertum hatte sich zwar gern in den anfänglichen Waffenerfolgen der kaiserlichen Truppen gesonnt, liebte die Armee jedoch nicht. Die pedantischen Preußen verachtete man wegen ihres vermeintlichen Militarismus, für den die Krupp'sche Riesenkanone auf der Weltausstellung von 1867 ein eindrucksvolles Symbol gewesen war.[5] Trotz aller Kompromisse, die in das neue Wehrgesetz eingegangen waren, hatte Niel kalkuliert, in sechs Jahren über eine halbwegs ausgebildete Reserve von 800 000 Mann verfügen zu können. Die Umstellung hatte sich freilich noch wenig ausgewirkt, als der Kaiser, Ollivier und Herzog Gramont den Entschluss fassten, den Krieg gegen Preußen bereits jetzt zu führen.

In mancher Hinsicht hatte Kriegsminister Lebœuf am 6. Juli seine Kabinettskollegen durchaus nicht belogen. Frankreichs Militärmagazine waren tatsächlich gut gefüllt, die Umrüstung der Infanterie auf das neue Gewehr des Konstrukteurs Antoine Alphonse Chassepot, das dem preußischen Zündnadelmodell in Reichweite und Durchschlagskraft weit überlegen war, hatte inzwischen ihren Abschluss gefunden. Die Waffenschmiede in Saint-Thomas-d'Aquin war in der Lage gewesen, rund eine Million Exemplare der neuen Waffe auszuliefern, die bis zu 1200 Meter genau schoss und zudem ein verringertes Kaliber von nur 11 Millimetern aufwies.[6] Lebœuf schien es nicht zu beunruhigen, dass nun freilich für die gleichfalls fällige Modernisierung seiner eigenen Waffengattung, der Artillerie, die Mittel verbraucht waren. Der Marschall hatte an diesem Vormittag dem Kabinett auch versprochen, das französische Feldheer innerhalb von nur zwei Wochen nach Beginn der Mobilisierung auf eine Stärke von 300 000 Mann zu bringen. Nicht berücksichtigt waren in seiner Zahl die Festungsbesatzungen und Depotkompanien. Als Novum sollten erstmals auch 100 000 Dienstpflichtige der neuen mobilen Nationalgarde die aktiven Truppen im Feld verstärken.

Aus Sicht eines in traditionellen Kategorien denkenden Generals schien Frankreich somit tatsächlich gut gerüstet. Man verfügte inzwischen sogar über fast 200 Exemplare der unter größter Geheimhaltung entwickelten *canon à balle*, der sogenannten *Mitrailleuse*. Allerdings mangelte es an ausgebildeten Bedienungsmannschaften und vor allem fehlte eine zweckmäßige Einsatzdoktrin für diesen mörderischen Vorgänger des Maschinengewehrs. Fragen der Logistik und Organisation großer Truppenbewegungen schienen Lebœuf grundsätzlich zu überfordern. Als Kriegsminister hatte er jedenfalls die zähen Bemühungen seines Vorgängers Niel nicht weiterverfolgt, im Mobilisierungsfall mit den Vertretern der zivilen französischen Eisenbahngesellschaften nach preußischem Vorbild paritätisch besetzte Kommissionen zur Steuerung eines raschen Schienenaufmarsches an der Nordostgrenze zu bilden.[7] Die abgebrochenen Verhandlungen hatte der Marschall seinen Kabinettskollegen ebenso verschwiegen wie seine noch im März gegenüber dem Kaiser geäußerten Zweifel, ob Frankreich mit seiner jetzigen Feldarmee gegen eine fast drei Mal so starke Masse gut ausgebildeter und disziplinierter Soldaten aufseiten des Norddeutschen Bundes überhaupt bestehen könne.[8]

Frankreichs einzige Chance sah der Kriegsminister darin, die Armee oder wenigstens ihren in den Kasernen präsenten Teil schneller als der Gegner an der Grenze zu konzentrieren, um ihn damit bereits in der Versammlung zu schlagen. Daher pochte er in der Ministerrunde am 14. Juli darauf, sofort die Reservisten einberufen zu lassen. Frankreich habe vor Preußen, so verkündigte Lebœuf vollmundig, einen zweiwöchigen Vorsprung. Es würde diesen Vorteil aber verlieren, wenn es jetzt zu Verzögerungen käme. Man müsse losschlagen, solange »das Eisen heiß sei«. Zu diesem Zeitpunkt waren die 80 000 Mann, die Frankreich in Algerien stationiert hatte, bereits in Alarm versetzt worden und teils auf dem Weg über das Mittelmeer nach Marseille.[9] Alfred Graf von Waldersee, der preußische Militärattaché in Paris, meldete am 11. Juli nach Berlin, dass Frankreich ganz offen mit seinen Kriegsvorbereitungen begonnen habe. In Belgien seien bereits zahlreiche französische Pferdeaufkäufer unterwegs.[10]

Um tatsächlich schneller als die Preußen zu sein, war Lebœuf auf die kühne Idee verfallen, die normalerweise aufeinanderfolgenden Phasen der Mobilisierung aller Verbände und ihrer grenznahen Konzentration parallel ablaufen zu lassen. Während demnach die noch unvollständigen Regimenter, oft nur in halber Sollstärke, sofort aus ihren Standorten zum Rhein oder zur Mosel transportiert wurden, sollten ihnen ihre Reservisten sowie sämtliche noch benötigte Ausrüstung so rasch wie möglich in ihre grenznahen Versammlungsräume nachgeführt werden.

Ein derartiges Verfahren hätte selbst bei genauester Planung und detaillierten Absprachen mit den betroffenen Eisenbahngesellschaften nur schwerlich Erfolg haben können. Doch dergleichen war nicht geschehen und außerdem hatte der Kaiser am 11. Juli noch einmal die gesamte Struktur des Aufmarsches geändert, indem er sämtliche bisher in drei Gruppen organisierten Korps nunmehr unter seinem direkten Kommando als *Armée du Rhin* zusammengefasst hatte. Die Folge war ein kaum beschreibbares Chaos. In den beiden Hauptentladezonen um Metz und Straßburg war wenig für die Aufnahme der Truppen vorbereitet worden. Es gab kaum Unterkünfte und selbst Zeltplanen fehlten vorerst. Als Verpflegung besaßen die Soldaten nur ihren mitgeführten Mundvorrat. Von einem raschen Aufmarsch, wie ihn Lebœuf als Voraussetzung seiner offensiven Strategie gesehen hatte, konnte in der Praxis keine Rede sein. Die *Compagnie de l'Est* als zuständige Eisenbahngesellschaft hatte am 16. Juli auf ihren Linien den zivilen Verkehr völlig ausgesetzt und konnte innerhalb von zehn Tagen immerhin 600 Militärzüge nach Straßburg und Metz abgehen lassen. Gleichwohl dauerte etwa der kurze Transport von Lyon nach Straßburg immer noch mehr als 24 Stunden. Der anschließende Fußmarsch der Truppe zur Festung Bitche nahm noch einmal sechs Tage in Anspruch.[11]

In derselben Zeit versuchten rund 150 000 Reservisten und Beurlaubte nach ihrer Ausstattung in den Regimentsmagazinen in Gruppen von bis zu 60 Mann zu ihren Stammtruppenteilen irgendwo an der Front zu gelangen. Ein Chaos schien unausweichlich und die peinlichen Folgen entgingen auch der Bevölkerung nicht. Am 19. Juli, als in Berlin die französische Kriegserklärung überreicht wurde, irritierte in Laon das Bild einer großen Menge festsitzender Reservisten die Bürger der Stadt. Das offensichtliche Unvermögen der Militärverwaltung provozierte immerhin einen kritischen Artikel in der hiesigen Zeitung.[12]

Oft befanden sich die Verbände und ihre Depots an unterschiedlichen Orten. Da die Standorte der französischen Regimenter gewöhnlich im Zweijahresturnus wechselten, konnte der Fall eintreten, dass ein gerade in Lyon stationiertes Infanterieregiment sein Depot in St. Malo an der bretonischen Küste hatte. Die extremste Odyssee stand allerdings den Reservisten des 2. Zuaven-Regiments aus Lille bevor. Die Soldaten dieser für ihre weiten Hosen und pittoresken Jäckchen bekannten Truppengattung waren im Gegensatz zu den nordafrikanischen »Turkos« durchweg Europäer mit einer kindischen Vorliebe für orientalische Kostümierungen. Dummerweise lag ihr Depot jenseits des Mittelmeers im algerischen Oran, von wo sie nach glücklich überstandener zweifacher Schiffspassage mit der Bahn von Marseille über Dijon schließlich zu ihrem im Elsass stehenden Regiment gelangten. Manche erreichten ihr befohlenes Ziel auch nie.[13]

Nur 85 000 Reservisten fanden noch vor Ausbruch der Feindseligkeiten zu ihrer Truppe. Erst recht nach den verlorenen Grenzschlachten zeigten viele Nachzügler keine besondere Eile mehr, den Anschluss zu finden. Noch im September 1870 sollten zahllose französische Soldaten führungslos durchs Land irren, in den Städten randalieren oder auf Bahnhöfen die liegen gebliebenen Nachschubzüge plündern, während ihre Truppenteile bereits in Metz eingeschlossen oder auf dem Weg von Sedan in die Gefangenschaft waren.

Selbst Regiments- und Divisionskommandeure konnten anfangs erst nach mühsamem Suchen ihre Verbände an der Grenze finden, nur um dann festzustellen, dass ihnen außer der Hälfte ihrer Leute auch das Nötigste zum Kriegführen fehlte. Artillerie, Fuhrwerke, Munition und Verbandszeug befanden sich vorerst noch verstreut irgendwo auf den Bahnhöfen zwischen Paris und Metz und kamen wegen völlig verstopfter Strecken nur langsam weiter.[14]

Kriegsminister Lebœuf hatte auch das Problem unterschätzt, dass die französische Armee im Frieden mit Ausnahme der kaiserlichen Garde nur über Regimentsstäbe verfügte. Die Schaffung von Generalkommandos mit klar abgegrenzten Gebieten nach dem Vorbild Preußens war aus Geldmangel lange unterblieben. Neuerliche Versuche waren dann aber am Widerstand der liberalen Opposition im *Corps législatif* gescheitert, die den Generalen Napoleons keine polizeilichen Befugnisse in ihren zukünftigen Kommandobereichen einräumen wollte.[15] Die zur Führung der Armeekorps und Divisionen vorgesehenen Stäbe mussten sich daher innerhalb der 14-tägigen Aufmarschphase überhaupt erst bilden. Wie aber sollten große Kommandos, deren Offiziere einander kaum kannten und die sich oft noch das Nötigste für ihre Arbeit beschaffen mussten, in kürzester Frist die Operationen von mehr als 30 000 Soldaten leiten? Der Kriegsminister war über alle diese Mängel und Schwierigkeiten durchaus informiert. Doch hätte er seinen Ministerkollegen in der entscheidenden Sitzung am 14. Juli offenbaren sollen, dass die glorreiche Armee von der Alma, von Malakov, Magenta und Solferino dem alten Gegner von Jena nicht nur numerisch, sondern auch organisatorisch unterlegen war? Hatte nicht die Tapferkeit der französischen Soldaten bisher immer wieder den größten Widrigkeiten getrotzt? Man werde mit dem Stock in der Hand nach Berlin spazieren, hatte Lebœuf geprahlt und es in diesem Moment wohl auch selbst geglaubt. Die Preußen hatten 1866 die Österreicher allein wegen ihrer besseren Gewehre besiegt. Frankreich aber besaß nun das neue und weitaus bessere Chassepot! Warum also die anderen Minister beunruhigen?

In der letzten Juliwoche schien das Durcheinander an der Front halbwegs überwunden. Die verzweifelten Anfragen der Truppenführer an das Kriegsministerium nahmen erkennbar ab.[16] Das französische Feldheer war bis zum 28. Juli auf 233 000 Mann angewachsen.

Knapp 20 000 weitere Reservisten sollten noch in den folgenden Tagen bis zum ersten scharfen Schuss bei ihren Stammregimentern eintreffen. Die Armee verfügte jetzt über 924 Geschütze und seine sieben an der Grenze aufmarschierten Armeekorps schienen halbwegs einsatzbereit. Es fehlten jedoch immer noch ausreichende Kavalleriekräfte, um jenseits der Grenzen mit starken Streifkorps Gefechtsaufklärung in der Tiefe betreiben zu können. Über die deutschen Truppen wusste man somit nur wenig.[17]

Nur wenige beunruhigte das, als am 27. Juli das kaiserliche Gardekorps unter dem Kommando von General Charles Bourbaki in bester Ordnung und unter dem Beifall der Bevölkerung durch die Straßen von Nancy marschierte. Einen Tag später war auch der Kaiser selbst mit seinem 14-jährigen Sohn in Metz eingetroffen.[18] Trotz seiner sich rapide verschlechternden Gesundheit hatte Napoleon auf Anraten der Kaiserin den Oberbefehl über die gesamte Armee übernommen. Ein Bonaparte durfte in dieser Stunde nur bei seiner Truppe sein, auch wenn es ihn unendliche Mühe kostete, ein Pferd zu besteigen, und er mit in die Hose gesteckten Servietten seine Inkontinenz vor den Soldaten kaschieren musste.

Schon vier Tage vor dem Kaiser war Lebœuf bei der Armee eingetroffen. Rasch war ihm klar geworden, dass an eine größere französische Offensive nicht mehr zu denken war. Am Metzer Bahnhof ernüchterte ihn der Anblick der riesigen Mengen an herrenlosen Versorgungsgütern, darunter auch zwei Millionen Patronen für das neue Chassepot-Gewehr, die niemals verschossen werden sollten.[19] Für die rechtzeitige Verteilung des Materials waren kein Personal und keine Transportmittel eingeplant.

Wenigstens aber die Grenzstadt Saarbrücken sollte nach dem Willen Lebœufs eingenommen werden, um dem Gegner Querbewegungen vor der eigenen Front zu erschweren und einen ersten Erfolg zur Festigung der Moral von Truppe und Öffentlichkeit zu erzielen. Dazu befahl er am 30. Juli die Zusammenfassung der im Raum zwischen Thionville und Bitche entlang der Grenze stehenden vier Korps in einem neuen Raum zwischen St. Avold und Forbach. Diese übertriebene Massierung der Hälfte der Armee für einen begrenzten Stoß auf Saarbrücken drohte allerdings zu einer Falle zu werden, wenn der Gegner schneller angriffsbereit war und rasch die Mosel südlich von Metz überschritt. Das hatte schon im Jahr 1844 eine Festungskommission der Armee vorhergesehen und vor einer Konzentration der Armee um Metz dringend gewarnt. Auch ein Vierteljahrhundert später blieb diese Einschätzung gültig, denn eine direkte Eisenbahnlinie von Verdun nach Metz existierte bei Kriegsausbruch immer noch nicht.

Ernüchternd für die Franzosen war der patriotische Umschwung in den süddeutschen Staaten, die alle Hoffnungen auf eine gemeinsame Offensive mit den Österreichern nach Thüringen zu Makulatur machte. Gleichwohl beließ Lebœuf weiterhin drei französische Korps zwischen Straßburg und Belfort, anstatt sie zum Schutz der Südflanke von Metz bei Nancy zu konzentrieren. Das als Reserve im Lager von Chalons zurückbehaltene VI. Armee-Korps würde bei einem Durchbruch der Preußen an der Mosel die Lage kaum allein wenden können.

Kaiser und Kriegsminister hatten dem Kabinett auch nicht die volle Wahrheit über die Absichten der Österreicher gesagt. Der im Juni aus Wien zurückgekehrte General Lebrun hatte Napoleon klargemacht, dass Kaiser Franz Joseph nur auf ausdrücklichen Wunsch der süddeutschen Fürsten als Befreier nach Bayern und Württemberg kommen würde.[20] Selbst dann aber benötigten die Österreicher sechs Wochen, um ihre Armee zu mobilisieren. Für Wien war das kein Nachteil. Konnte es doch so in aller Ruhe seine Entscheidung nach dem Verlauf der Anfangsoperationen treffen. Frankreichs ernüchternde Bilanz seiner Verhandlungen mit Österreich bestand am Ende darin, dass Preußen nicht einmal ein einziges Observationskorps dauerhaft an der Grenze zu Böhmen platzieren musste. Sämtliche 13 Armeekorps des Norddeutsches Bundes würden mit Ausnahme der zum Küstenschutz in Schleswig-Holstein vorgesehenen 17. Division zum Kampf gegen Frankreich zur Verfügung stehen.

Anfang August waren Lebœufs Ambitionen, schneller angriffsbereit zu sein als die Deutschen, endgültig zerplatzt. Die mageren Aufklärungsergebnisse zeichneten das Bild eines Gegners, dessen erste Truppentransporte schon seit dem 25. Juli hinter der Grenze eintrafen und der mit jedem Tag in beängstigender Weise stärker wurde. Das Zeitfenster für eine französische Offensive hatte sich bereits geschlossen, noch ehe der erste Schuss des Krieges gefallen war. In einer Mischung aus Überheblichkeit und Ignoranz war Frankreich in einen Krieg gegen die größte Militärmacht Europas hineingestolpert, mit einer nur scheinbar fertigen Armee und ohne echte Verbündete. Lebœuf trug gewiss nicht allein die Verantwortung für das große Desaster von 1870, doch er hätte warnen können, ja sogar warnen müssen, auch wenn seine Bedenken in der aufgeheizten Pariser Stimmung ungehört verhallt wären. So aber wurde er mit seinem berühmten »*archi-pret*« zum prominentesten Symbol der Ignoranz und des völligen Versagens einer sich selbst überschätzenden politischen Klasse Frankreichs.

Die Franzosen kommen nicht – Der Aufmarsch der verbündeten deutschen Armeen im Juli 1870

> *»Ich nahm für einige Tage Quartier in Köln und unternahm tägliche Exkursionen in das Umland, wo die Mobilisierung bereits im vollen Gang war. Was ich dabei sah, ließ mich gespalten in aufrichtige Bewunderung für die eintönige Regelmäßigkeit und überraschende Effizienz des Vorganges und einem Gefühl der Traurigkeit, dem sich kein fühlender Mensch hätte entziehen können.«*
>
> Archibald Forbes, My Experiences of the War between France and Germany[21]

Welche Straße wir auch immer jenseits unserer Grenzen nehmen, wir werden auf den glorreichen Spuren unserer Väter marschieren und wir werden uns ihrer würdig erweisen. So lautete Napoleons pathetischer Aufruf an seine Armee, den der Kaiser nach seiner Ankunft in Metz am 28. Juli 1870 verbreiten ließ.[22] Tatsächlich rechnete beinahe ganz Europa für den Fall eines Krieges zwischen Preußen und Frankreich mit einer kraftvollen französischen Offensive über den Rhein. Der Londoner *Standard* vermochte sich noch am 13. Juli nicht vorzustellen, dass die Preußische Armee rechtzeitig bereit sein würde, selbst die Initiative zu ergreifen. Eine Woche später registrierte der soeben in Köln eingetroffene britische Kriegskorrespondent Archibald Forbes, dass Arbeiter bereits die Bäume vor den äußeren Forts der Festung fällten, um bei einer Belagerung durch die Franzosen freies Schussfeld zu haben. Der preußische General Leonhard Graf von Blu-

Helmuth Graf von Moltke (um 1870).

menthal, der erneut als Chef des Armeestabes beim Kronprinzen Friedrich Wilhelm vorgesehen war, rechnete dagegen eher mit einer französischen Offensive zur Besetzung Süddeutschlands.[23] Schon mit leisem Zweifel fragte schließlich der selbst ernannte Militärexperte Friedrich Engels am 28. Juli in der *Pall Mall Gazette*: Wenn die Franzosen keine große Offensive planen würden, ergäbe doch ihre Kriegserklärung überhaupt keinen Sinn?[24]

Selbst der preußische Generalstabschef Helmuth von Moltke hatte in seiner »Winterdenkschrift« 1868/69 noch mit einem begrenzten Vorstoß von etwa 150 000 Franzosen spätestens am achten Tag ihrer Mobilmachung gerechnet. Es entspräche ihrem Nationalcharakter und sei auch, so Moltke, in militärischen Kreisen lange erörtert worden.[25] Im ungünstigsten Fall könne dieser Angriff den Rhein erreichen, wo man ihm dann aber mit überlegenen Kräften entgegentreten werde. Um Störungen der Truppenausladungen durch die Franzosen auszuweichen, hatte der Chef des Generalstabs am 23. Juli 1870 angeordnet, die erste Staffel der preußischen 2. Armee nicht grenznah zwischen Saarbrücken und Neunkirchen, sondern schon bei Mainz auszuladen.[26]

Zu seiner Überraschung stellte sich die Vorsichtsmaßnahme rasch als überflüssig heraus. Die französische Armee schien nicht mehr die des Jahres 1859 zu sein, als Napoleon mit 120 000 Mann in kürzester Zeit in der Poebene erschienen war, um Piemont-Sardinien gegen die zögerlichen Österreicher zu unterstützen. Jetzt verstrich der Juli Tag um Tag und nichts geschah.

Auch Kronprinz Friedrich Wilhelm, unter dessen Oberbefehl sich preußische und süddeutsche Kontingente in der südlichen Pfalz hinter der Lauter versammelten, konnte es nicht fassen, dass man nach so langen Jahren des französischen Säbelrasselns und der ständigen Sorge vor einem plötzlichen Überfall der Franzosen nun selbst in der Lage sei anzugreifen.[27] Seine besorgte britische Gattin hatte zuvor gegenüber dem irischen Kriegskorrespondenten William Howard Russel reichlich affektiert über die »arme, arme Pfalz« geklagt, die nun wieder wie zu Zeiten Ludwigs XIV. von den Franzosen verwüstet werden würde.[28] Doch die Pfalz blieb dieses Mal von den Franzosen verschont. Anfang August hatte sich das Zeitfenster für eine französische Offensive unwiderruflich geschlossen. Die Franzosen hatten die Schnelligkeit ihrer Gegner unterschätzt.

Preußen, Sachsen, Bayern und Baden hatten schon am 16. Juli, nur einen Tag nach der französischen Armee, mit ihrer Mobilmachung begonnen. Württemberg folgte am 17. Juli. Im Gegensatz zu dem nervenaufreibenden Tauziehen von 1866 erfolgte jetzt ganz nach Moltkes Geschmack eine Mobilisierung aus einem Guss, der sich dank der Klarheit der politischen Verhältnisse verzuglos die Massentransporte der auf Kriegsfuß gebrachten Regimenter zum Rhein anschließen konnten. Der Chef des Generalstabes schien in bester Stimmung zu sein, jedenfalls traf ihn General von Blumenthal in diesen Tagen nicht so zugeknüpft an wie sonst,[29] und der »Große Schweiger« fand sogar noch die Muße, in seinem Büro in der Berliner Behrenstraße einen Roman von Walter Scott zu lesen. Alles laufe wie berechnet, teilte Moltke gelassen einem darüber verblüfften Besucher mit.

Die allgemeine Mobilisierung brachte zunächst sämtliche Regimenter in den Garnisonen durch Zuführung ihrer Reservisten auf volle Kriegsstärke. So vergrößerte sich etwa ein Infanteriebataillon mit einer Friedensstärke von 600 Mann durch seine fünf Reservistenjahrgänge auf rund 1000 Kämpfer. Erst nach ihrer Komplettierung gingen die Verbände zum Rhein ab. Für die Truppen des Norddeutschen Bundes standen insgesamt sechs große Eisenbahnlinien zur Verfügung, die Truppen der süddeutschen Staaten verfügten über drei Strecken. Auch ihre Mobilisierung verlief im Vergleich zu 1866 mit »preußischem Schneid«. Der württembergische Reservist Johannes Birkmeyer, ein Veteran des Krieges von 1866, der sich in Straßburg niedergelassen hatte und bei Kriegsausbruch über Basel nach Stuttgart reisen musste, fand Ende Juli zu seiner Überraschung nur noch das Nachkommando seines Regiments.[30] Die beiden bayerischen Armeekorps hatten ihre Mobilmachung bis zum 28. Juli abgeschlossen und begannen am selben Tag mit dem Transport zur Grenze.[31]

In seiner »Winterdenkschrift« von 1869/70 hatte Moltke noch kalkuliert, dass die ersten Verbände am zwölften Mobilmachungstag zwischen Rhein und Mosel ausgeladen werden konnten.[32] Dass nun schon eine Woche früher die ersten fertigen Bataillone per Eisenbahn abgehen konnten, war der Initiative des Leiters der Eisenbahnabteilung im Großen Generalstab, Oberstleutnant Karl Hermann von Brandenstein, zu verdanken. Der 39-jährige Offizier gehörte zu dem kleinen handverlesenen Kreis jüngerer Generalstäbler, die wie Julius

Verdy du Vernois oder Paul Bronsart von Schellendorff das besondere Vertrauen des alten Moltke genossen und bereits eine neue Art der Kriegführung repräsentierten.[33] Diese »Halbgötter« waren längst mehr als nur bloße Handlanger ihres Generals, die er mit seinen Befehlen über das Gefechtsfeld jagen konnte. Als Absolventen der Kriegsakademie waren sie hoch spezialisierte Ratgeber mit hervorragender Bewährung in allen bisherigen Verwendungen und dazu bestimmt, einmal große Truppenkörper zu führen. Nicht mehr der Pallasch war ihre Waffe, sondern Listen, Berechnungen und Zeitpläne, mit denen sie versuchten, den Ereignissen wenigstens eine Woche voraus zu sein.

Der Krieg gegen Frankreich hatte nach 1866 den zweiten großen Eisenbahnaufmarsch der Armee zur Folge, nun aber um ein Mehrfaches gesteigert. Oberstleutnant von Brandenstein war für sämtliche den Aufmarsch betreffenden Transportdispositionen verantwortlich und hatte seine Abteilung in mühevoller Kleinarbeit die erforderlichen Militärfahrpläne erstellen lassen. Auf den meist nur eingleisigen Strecken konnten jeden Tag innerhalb von 20 Stunden zwölf Militärzüge rollen, auf den wenigen doppelgleisigen Linien sogar 20. Jeder Zug fasste entweder ein Bataillon zu 1000 Mann, eine Eskadron zu 125 Reitern und Pferden oder eine Batterie zu sechs Geschützen mit sämtlichen Fahrzeugen und Zugpferden.

Die nach Ende der regulären Fahrtzeit verbleibenden vier Stunden sollten in der Nacht für verspätete oder liegen gebliebene Transporte frei bleiben. Die Steuerung der Transporte setzte eine durch zahllose Erkundungen erworbene genaue Kenntnis der Leistungsfähigkeit der betroffenen Bahnen sowie ein diszipliniertes Meldewesen voraus. Von der Einladung der Regimenter bis zu ihrer Ausladung am Zielort waren selbst die hohen Truppenführer praktisch entmachtet und hatten den Anweisungen der zuständigen Linienkommission zu folgen. Nicht ein einziger Zug durfte am Zielbahnhof länger als geplant mit Truppen oder Versorgungsgütern besetzt bleiben.

Obwohl für den Fall »Frankreich« alles bis ins kleinste Detail geregelt war, hatte Brandenstein bei Einsetzen der Mobilisierung das ihm vorliegende Material noch einmal gesichtet und in Absprache mit Moltke den Entschluss gefasst, den Beginn der Konzentrierungstransporte zum Rhein um fünf Tage vorzuverlegen. Jetzt sollten bereits ab dem 23. Juli die ersten fertigen Verbände zur Grenze abgehen, während andere Regimenter noch ihre Mobilisierung fortsetzen konnten. Zudem hatte Brandenstein angeordnet, dass die Zahl der Waggons je Militärzug auf 50 erhöht werden sollte. Ein Armeekorps, das für alle seine Regimenter und Abteilungen im Mittel 75 Züge benötigte, konnte dadurch einen ganzen Tag früher seinen Bestimmungsort erreichen. Damit war eine Beschleunigung des preußischen Aufmarsches erreicht, die sich jenseits aller Vorstellung der Franzosen bewegte.

Bis zum Abend des 3. August hatten 900 Militärzüge auf neun Linien schon 460000 Mann der ersten Staffel mit allen Pferden und Geschützen in ihre grenznahen Versammlungsräume befördert.[34] Auf manche Waggons hatten die Soldaten in übermütiger Stimmung mit Kreide »Eilzug nach Paris« geschrieben. Tatsächlich rollten die Züge in einem äußerst gemächlichen Tempo von höchstens 25 Stundenkilometern die lange Strecke zum Rhein. Gleichförmigkeit hatte Vorrang vor Geschwindigkeit. Dass es dennoch wie auch auf französischer Seite zu etlichen Stauungen kam, zeigt der Reisebericht von Bismarcks Pressesprecher Moritz Busch. Am 7. August 1870 war er, auf Befehl des Kanzlers, mit einem Militärzug von Berlin ins preußische Hauptquartier nach Homburg aufgebrochen und hatte nach dreitägiger, immer wieder unterbrochener Fahrt kurz vor dem pfälzischen Neustadt, wo der Zug durchaus nicht weiterwollte, den Rest des Weges auf einem Bauernwagen zurückgelegt.[35] Wie auch immer: Die Statistik des Generalstabs meldete stolz am 12. August 1870 den Abgang von 1500 Militärzügen, die in nur drei Wochen insgesamt 640000 Mann, fast 1600 Geschütze und 170000 Pferde zum Rhein transportiert hatten.[36] Dabei soll es nur einen größeren Unfall gegeben haben, als am 27. Juli bei Wallhausen durch falsche Weichenstellung ein Leerzug auf einen voll besetzten Truppenzug fuhr. Das Unglück kostete sieben Soldaten das Leben, 40 Mann wurden verletzt.

Wie schon im Krieg von 1866 gegen Österreich sollte Moltke auch dieses Mal im Namen des Königs die Operationen des Heeres leiten und war dazu befugt, allen Armeeoberbefehlshabern Weisungen zu erteilen. Einen genauen Plan für die Offensive seiner Armee hatte er nicht entwickelt. Der 70-jährige Moltke, ein Wahlpreuße aus Mecklenburg, der wie sein Vater seine militärische Laufbahn in der dänischen Armee begonnen hatte, besaß allerdings klare Zielsetzungen

Generalfeldmarschall Helmuth Graf von Moltke (vorne in der Mitte) im Kreis des Großen Generalstabs, 1871.

für seinen Feldzug gegen einen Gegner, den zu bekämpfen ihm lebenslang ein Herzenswunsch gewesen war. Seit der Rheinkrise von 1840 hatte Moltke in Frankreich den ständigen Unruhegeist Europas gesehen, der nur durch eine empfindliche Niederlage endlich zur Raison gebracht werden konnte.[37] Noch am 13. Juli hatte er im Beisein Bismarcks und Roons, plötzlich wie um zehn Jahre verjüngt, ausgerufen: »Wenn ich es noch erlebe, in solchem Kriege Heere zu führen, so mag gleich nachher unsere alte Carcasse der Teufel holen.«[38]

Die französische Hauptarmee sollte nach Moltkes Vorstellungen möglichst in einer großen Grenzschlacht zerschlagen und ihre Reste nach Norden auf die Luxemburgische Grenze abgedrängt werden. Damit wäre der Weg nach Paris frei. Welche Bewegungen seine Truppen dazu im Einzelnen vollziehen mussten, würde sich zeigen. Um den zwischen St. Avold und Metz vermuteten Gegner umfassen zu können, hatte Moltke seine Kräfte in drei Gruppen eingeteilt. Die zentralen Armeekorps waren einschließlich des Potsdamer Gardekorps in der 2. Armee zusammengefasst und standen unter dem Oberbefehl des Prinzen Friedrich Karl, einem Neffen des Königs, der schon im Krieg von 1866 als Armeeführer gedient hatte. Auch wenn ihm seine zögerliche Führung in Böhmen manche Kritik eingetragen hatte, war er aus dynastischen Gründen noch einmal mit einem Oberbefehl betraut worden.[39] Die Truppen des Prinzen mussten allerdings nach ihrer vorzeitigen Ausladung bei Mainz im Fußmarsch durch die Pfalz marschieren und hingen daher Ende Juli gegenüber den beiden Flügelarmeen noch weit zurück. Moltkes rechten Flügel bildete zwischen Mosel und Nahe die preußische 1. Armee mit den beiden westlichen Armeekorps unter dem Befehl des Generals der Infanterie Carl Friedrich von Steinmetz. Der »Löwe von Nachod« war zwar in der ganzen Armee als eigenwillige Persönlichkeit bekannt, zehrte aber noch von seinem Ruhm aus dem Krieg gegen die Österreicher, als er gegen überlegene Feindkräfte den Durchbruch von Schlesien nach Böhmen erzwungen hatte. Mit nur 60 000 Mann war seine Armee zunächst die schwächste Gruppierung. Später kam allerdings noch das I. Armee-Korps aus Ostpreußen hinzu.

Auf dem linken Flügel zwischen Karlsruhe und Landau bestand die Armee des Kronprinzen Friedrich Wilhelm im Kern aus zwei preußischen und zwei bayerischen Armeekorps. Hinzu kamen noch eine württembergische und eine badische Division sowie die preußische 4. Kavallerie-Division. Der Kronprinz schien mit seiner hünenhaften Gestalt, dem blonden Vollbart und seinen blitzenden blauen Augen einer germanischen Sage entsprungen. Diplomatie war allerdings nicht seine Stärke. Von den ihm unterstellten Kontingenten aus Bayern und Württemberg hatte er keine hohe Meinung und äußerte sich auch recht freimütig darüber. Die Süddeutschen seien undiszipliniert, oft fettleibig und ihre Offiziere mehr Hindernis als Hilfe, hatte er noch am 22. Juli seiner königlichen Schwiegermutter in London geschrieben.[40] Seine Goodwill-Tour zu den süddeutschen Höfen, die er auf Bitten Bismarcks nur vier Tage später antrat, hätte zu einem Fiasko werden können, wenn seine unvorsichtigen Mitteilungen an eine fremde Macht vorzeitig bekannt geworden wären.[41]

Die bunt gemischte Armee des Kronprinzen sollte nach dem Willen Moltkes mit ihren 125000 Mann schon am 30. Juli den Feldzug eröffnen, weil sie den längsten Anmarsch zur geplanten Hauptschlacht in Lothringen hatte. Dazu musste sie die französischen Kräfte aus dem nördlichen Elsass zurückschlagen und sodann nach Westen schwenken, um die an der Mosel stehenden Franzosen in ihrer rechten Flanke zu fassen. Der Kronprinz bestand jedoch darauf, noch das Eintreffen des VI. Armee-Korps aus Breslau abzuwarten, ehe er seine Offensive begann. Auch die Bayern seien noch nicht bereit, ließ er melden. Moltke akzeptierte die Verzögerung widerstrebend. Am 4. August fühlte sich Friedrich Wilhelm endlich stark genug, mit seiner Armee aus Preußen, Bayern, Württembergern und Badenern, die vier Jahre zuvor noch entlang des Mains als erbitterte Feinde gegeneinander gekämpft hatten, über die Lauter zu gehen. 19 Tage nach Einsetzen der Mobilmachung hatte der Krieg gegen Frankreich nun tatsächlich begonnen.

Die ersten Siege – Weißenburg, Wörth und Spichern

»Die Operation gegen Frankreich wird darin bestehen, dass wir möglichst geschlossen einige Märsche auf französischem Boden vorgehen, bis wir der Französischen Armee begegnen, um dann die Schlacht zu liefern. Die Richtung dieses Vorgehens ist im allgemeinen Paris, weil wir in derselben am sichersten den Zielpunkt des Vorgehens, das feindliche Heer zu treffen, erwarten dürften.«

Helmuth Graf von Moltke, Richtlinien für die Abteilungschefs des Großen Generalstabs vom 6. Mai 1870[42]

»Unser Grundsatz muss sein, dass wir das erste Gefecht, die erste Schlacht gewinnen, mögen die Kompanie, das Bataillon, das Regiment darauf gehen.«

Oberstleutnant v. Jaski, Kommandeur des Nassauischen 2. Infanterie-Regimentes Nr. 88[43]

Am Morgen des 2. August 1870 schien die von ganz Europa erwartete Offensive der kaiserlichen Armee endlich in Gang zu kommen.

Die Franzosen überschritten mit drei Divisionen die Grenze südlich der Saar und besetzten nach kurzem Schusswechsel die Stadt Saarbrücken. Drei Kompanien preußischer Infanterie hatten sich, unterstützt von einigen Eskadronen Kavallerie und sechs Artilleriegeschützen, zunächst zum Kampf gestellt, waren aber nach drei Stunden mit einem Verlust von 80 Mann abgezogen, ohne dabei von den Angreifern noch weiter behelligt zu werden.

Es blieb unklar, was die Franzosen mit ihrer operettenhaften Aktion bezweckten. Marschall Achille Bazaines Befehle an General Charles Frossard, den Befehlshaber des französischen II. Armee-Korps, regelten zwar viele Einzelheiten wie etwa die Anzugsordnung oder die Marschabstände, sagten aber nicht, wie weit seine Truppen überhaupt vorzurücken hatten und welche Punkte sie dabei besetzen sollten.[44]

Nur drei Tage später gab Frossard, der nicht zu Unrecht fürchtete, mit seinen Truppen in eine Falle zu geraten, den Befehl zum Rückzug. Erkenntnisse über Lage und Absichten der Preußen hatte er nicht gewonnen. Seine Truppen zerstörten weder die Brücken über die Saar noch die Telegrafenstation von St. Johann, einem Vorort von Saarbrücken. Deren Personal konnte noch am selben Tag ins große Hauptquartier nach Mainz melden, dass die abziehenden Franzosen sich unmittelbar hinter der Grenze auf den Spicherer Höhen verschanzt hatten.

Die am 3. August vom *Journal Officiel* in ganz Frankreich verbreitete Nachricht, Saarbrücken sei bis auf die Grundmauern niedergebrannt worden, war eine ebenso glatte Lüge wie die Behauptung, die Preußen hätten vor der vernichtenden Wirkung der *Mitrailleuse* in Scharen Reißaus in die angrenzenden Wälder genommen.[45] Derartige Tartarenmeldungen sollten der im Grunde bedeutungslosen Operation nur einen dramatischen Anstrich geben. Der bescheidene Sieg über das kleine preußische Detachement hatte die Franzosen immerhin fast 90 Tote und Verletzte gekostet. Der Kaiser nahm dies zum Anlass, verbreiten zu lassen, dass sein den Angriff begleitender 14-jähriger Sohn Louis, liebevoll Prinz »Lulu« genannt, an diesem Tage seine »Feuertaufe« erhalten habe. Ganz Frankreich atmete nach langem Warten auf. Der erste Erfolg schien geschafft und in den sich überschlagenden Meldungen der Pariser Zeitungen wurde bereits eifrig über einen weiteren Vormarsch der Armee spekuliert.[46]

Im Mainzer Hauptquartier nahm man die bizarre Aktion des Gegners eher irritiert als besorgt zur Kenntnis. Bismarck sprach höhnisch von der »lächerlichsten Blamage, welche sich die *grrrande* [sic] *nation* jemals zugezogen« habe. Leonidas sei ein »Lump« gegen die preußischen Füsiliere von Saarbrücken.[47] Moltke wiederum wäre es nur recht gewesen, wenn die Franzosen sich weiter vor gewagt hätten. Umso leichter hätte man sie in ihren Flanken packen können. Die völlige Konzeptlosigkeit aufseiten des Gegners überstieg allerdings das Vorstellungsvermögen des Siegers von Königgrätz.

Tatsächlich hatten die Franzosen mit der weit gefächerten Aufstellung ihrer Armee alles getan, um ihm seine Aufgabe zu erleichtern. Sechs der insgesamt acht französischen Korps waren fast gleichmäßig entlang der Grenze von der Mosel im Westen über die Vogesen bis hinunter nach Belfort verteilt, ohne dass sich daraus eine Strategie ableiten ließ.

So befand sich die in das Grenzstädtchen Weißenburg vorgeschobene 2. Division des Generals Abel Douay einen ganzen Tagesmarsch von ihrer Nachbardivision entfernt. Die gefährliche Verzettelung der französischen Verbände hatte freilich einen einfachen Grund. Die Soldaten des Kaisers waren gezwungen, sich aus dem Lande zu ernähren, da die französische Intendantur auch Anfang August noch nicht funktionierte.[48] Im Dörfchen Fröschweiler bei Wörth mussten die Soldaten des 18. und 45. Regiments noch kurz vor der Schlacht vom 6. August bei der Dorfbevölkerung um Nahrungsmittel betteln. In ihrer Verzweiflung plünderten die Soldaten schließlich die Keller und rissen in den Gärten das unreife Obst von den Bäumen. Abhilfe schien nicht in Sicht.[49]

Immerhin erfolgte nun eine grobe Neuaufteilung der Armee. Die vier zwischen Metz und Saarbrücken versammelten Korps erhielten den Namen *Armée du Rhin* und wurden dem Befehl des Marschalls Bazaine unterstellt. Dagegen sollte die Truppen östlich der Vogesen der wohl renommierteste Soldat des Zweiten Kaiserreiches kommandieren.

Marschall Patrice MacMahon konnte auf eine 45-jährige Laufbahn unter wechselnden Regimes zurückblicken, die mit dem prestigeträchtigen Posten als Generalgouverneur von Algerien zu einem würdigen Abschluss gekommen zu sein schien. Napoleon hatte den Helden von Magenta aber bereits Anfang Juli aus Afrika abberufen, um ihn unter Zusicherung einer Rückkehr auf seinen Posten in Algier an die Spitze des I. Armee-Korps zu setzen. Der bevorstehende Krieg würde, so ließ der Kaiser ihn wissen, nicht mehr als eine kleine Ablenkung sein.[50] Die Figur MacMahons hätte durchaus dem 18. Jahrhundert entsprungen sein können. Seine Vorfahren waren irische Katholiken gewesen und zur Zeit der *Glorious Revolution* nach Frankreich ausgewandert. Wie vor ihm schon viele Offiziere des untergegangenen *Ancien Régime* war der spätere Marschall von Frankreich in seiner Jugend für eine kirchliche Laufbahn vorgesehen gewesen. Theoretischen Studien jedoch eher abgeneigt, hatte MacMahon die militärische Laufbahn bevorzugt und sich auf den Schlachtfeldern Algeriens, der Krim und Norditaliens als kühner Anführer mit taktischer Bravour ausgezeichnet. Nun aber schien die bisher glänzende Laufbahn des Helden von Malakow und Magenta ins Stocken zu geraten. Den ursprünglichen Plan einer Rheinüberschreitung bei Straßburg hatte MacMahon längst aufgeben müssen. Der Franzose glaubte allerdings auch nicht, dass die Deutschen ihrerseits zu einer raschen Offensive ins nördliche Elsass in der Lage seien.

Eine ernsthafte Gefechtsaufklärung über die Grenze hinweg hatte der Marschall allerdings nicht betrieben. Die beiden seinem Armeekorps unterstellten Kavalleriebrigaden betrachtete er, nicht anders als viele seiner Zunftgenossen, als Schlachtenkavallerie, die für den entscheidenden Moment aufgespart werden müsse. Lieber verließ sich MacMahon auf das beruhigende Lagebild, das ihm General Auguste Ducrot, der Kommandeur seiner 3. Division, noch am 3. August gemeldet hatte. Vom *Col de Pigeonnier*, einem herausragenden Beobachtungspunkt wenige Kilometer südlich von Weißenburg, hatte Ducrot mit dem Scherenfernrohr weit ins Feindesland hinein beobachten können. Weshalb er dabei nicht einen einzigen gegnerischen Feldposten entdeckt haben will, bleibt sein Geheimnis. Der in Weißenburg residierende Unterpräfekt des Departements *Haut-Rhin* zeigte sich weitaus besser als die französische Generalität über die Feindlage informiert. Seine wiederholten Warnungen, dass sich in den Wäldern nördlich der Stadt in großer Zahl angriffsbereite Truppen sammelten, tat MacMahon jedoch als »chinesische Fantasien« ab.[51]

Auf der anderen Seite der Grenze herrschte im Stab des Kronprinzen ebenfalls keine Klarheit über die Positionen der Franzosen, als die Armee am 4. August endlich ihren von Moltke schon seit Tagen geforderten Vormarsch über die Lauter begann. Zwar war das preußische VI. Armee-Korps aus Schlesien immer noch nicht am Rhein eingetroffen, aber jede weite Verzögerung des Angriffes wäre jetzt ehrenrührig gewesen. Bereits nach wenigen Kilometern stieß gegen 9 Uhr die bayerische 4. Division des Generalleutnants Friedrich Graf von Bothmer kurz hinter der Lauter in Weißenburg auf Teile von Douays isolierter Division. Spontan entwickelte sich um die ehemalige Festungsstadt, die Ludwig XIV. zwei Jahrhunderte zuvor gegen alles Völkerrecht besetzt hatte, ein heftiges Gefecht. Rasch gerieten immer mehr Truppen in den Kampf, ohne dass der mit seinem Stab noch weit zurückhängende Kronprinz ordnend eingreifen konnte. Obwohl Graf von Bothmers Bayern nach einer verregneten Nacht kaum geschlafen hatten und sich in miserabler Verfassung befanden, war der General entschlossen, den Kampf durchzufechten. Sofort ließ er seine Geschütze nach vorne bringen und die Franzosen in der Stadt attackieren. Auf der Gegenseite hatte General Douay kaum 9000 Mann unter Waffen, die er je zur Hälfte in Weißenburg und auf dem südlich der Stadt gelegenen Geißberg mit dem gleichnamigen Schloss in Stellung brachte. Anstatt sich sofort auf MacMahons Hauptmacht zurückzuziehen, ließ sich der französische General im Glauben, es nur mit feindlichen Aufklärungskräften zu tun zu haben, auf einen Kampf ein, der sich allerdings bald als aussichtslos herausstellte. Als rechts zu den Bayern aufschließend das V. und XI. preußische Armee-Korps gleichfalls die Lauter überschritten und den Geißberg sowie das Schloss teils angriffen, teils umgingen, erfasste der Franzose endlich den Ernst seiner Lage. Auf jeden seiner Soldaten kamen inzwischen mehr als fünf Preußen oder Bayern und der General sah sich angesichts dieser erdrückenden Übermacht gezwungen, sogar selbst in vorderster Front eine *Mitrailleuse* auf die Angreifer zu richten. Die Explosion eines Munitionswagens in unmittelbarer Nähe setzte seinen zwecklosen Bemühungen jedoch ein abruptes Ende.[52] Auch ohne ihren tödlich verwundeten Kommandeur verkauften sich die Soldaten der Division sehr teuer und kämpften verbissen und mit trotzigem Zorn. Für ihre ungebrochene Moral sorgte vor allem die schlagende

Überlegenheit des Chassepot-Gewehrs, mit dem die Franzosen, oft aus versteckten Stellungen in Gärten oder Kellern kämpfend, den Angreifern empfindliche Verluste zufügten. Preußen und Bayern setzten dagegen ihre überlegene Artillerie ein und brachten allein gegenüber dem Bahnhof von Weißenburg 30 Geschütze in Stellung.

Den ungleichen Kampf konnte MacMahon von seinem acht Kilometer entfernten Beobachtungspunkt auf dem *Col du Pigeonnier* genau verfolgen. Dennoch unterließ er es, zwei seiner Regimenter, die in unmittelbarer Nähe den ganzen Tag in Untätigkeit verharrten, zur Unterstützung in Marsch zu setzen. Tatenlos sah der Marschall mit an, wie schließlich gegen 14 Uhr die Stadt mit ihrem von afrikanischen Truppen hartnäckig verteidigten Bahnhof in die Hand der Angreifer fiel. Eine halbe Stunde später mussten auch die Franzosen auf dem Geißberg, zermürbt vom Feuer der gegnerischen Artillerie, ihre Position räumen. Zu ihrem Glück erwiesen sich die Sieger, deren Kavallerie sich weit am Ende der Marschkolonne befand, zu einer energischen Verfolgung außerstande. Die beiden abziehenden französischen Brigaden ließen etwa 1000 unverwundete Gefangene und ebenso viele Tote und Blessierte auf dem Schlachtfeld zurück. Mit mehr als 1500 Toten und Verwundeten hatten die drei Korps der Kronprinzenarmee die Einnahme einer unbedeutenden Grenzstadt teuer bezahlt. Sie hatten aber die erste echte Schlacht des Krieges gewonnen und der psychologische Effekt war ungeheuer. Sie könne beten, lachen und weinen vor Freude und dies alles durcheinander, notierte die Baronin von Spitzemberg noch am selben Abend in ihr Tagebuch und empfand es als doppelt erfreulich, dass auch süddeutsche Truppen an dieser »ersten, herrlichen Waffentat« beteiligt gewesen seien.[53] Friedrich Engels sprach in seinem Kommentar in der *Pall Mall Gazette* am 8. August vom »Stachel von Weißenburg«, der ganz Paris in Aufregung versetzt habe und den Ruf nach einer Revanche laut werden lasse.[54]

Dabei kümmerte es niemanden, dass sich die französischen Truppen einen halben Tag lang in ihren Positionen gegen eine erdrückende Übermacht hatten halten können und dass die bayerischen Reservisten in ihrem ersten Gefecht keineswegs als besonders kriegstauglich hervorgetreten waren. Über den Ernst seiner Lage machte sich MacMahon nach dem Verlust von Weißenburg keinerlei Illusionen mehr.

Er hatte selbst vom *Col de Pigeonnier* die endlosen schwarzen Kolonnen der Kronprinzenarmee aus den pfälzischen Wäldern hervorströmen sehen. Kampflos durfte er das Elsass allerdings nicht aufgeben. Im Laufe des nächsten Tages positionierte er seine drei noch intakten Divisionen etwa 20 Kilometer südlich von Weißenburg in einer sehr starken Stellung oberhalb der Sauer bei Wörth. Die Überlebenden von Douays geschlagener Division, deren bedrückte Stimmung mit Händen zu greifen war,[55] wurden rasch durch die Kampflinie nach hinten geführt, wo sie MacMahons Reserve bilden sollten. Verstärkt durch eine Division des französischen VII. Armee-Korps, die am 5. August mit der Eisenbahn aus Mühlhausen eintraf, verfügte der Marschall über immerhin 45 000 Mann, die er durch Kräfte des im Raum Bitsch stehenden V. Armee-Korps weiter zu verstärken hoffte. Auf seinen Antrag hatte ihm Napoleon den von General Pierre de Failly befehligten Verband bereits unterstellt.

MacMahons Stellung war gut gewählt. Aus ihren überhöhten Positionen um Fröschweiler und Elsasshausen konnten die Franzosen über die Sauer hinweg auf das tiefere Nordufer des Flüsschens wirken, das allerdings durch die wolkenbruchartigen Regenfälle in der Nacht zum 6. August auf eine Breite von mehr als fünf Meter angeschwollen war und nun mit seiner starken Strömung für die Angreifer ein ernstes Hindernis darstellte. Den Soldaten des preußischen V. Armee-Korps ging das Wasser am nächsten Vormittag bis zu den Schultern. Viele von ihnen sollten bei dem Versuch, auf das linke Ufer der Sauer zu gelangen, von der Strömung erfasst werden und ertrinken. Im Vertrauen auf ihre starken Stellungen gaben sich MacMahons Truppen recht sorglos. Anstatt sich zum Schutz vor der überlegenen Artillerie des Gegners einzugraben, suchten viele während des Abends in den Gasthäusern von Wörth Schutz vor dem starken Regen. Die Niederlage von Weißenburg taten sie als einmaligen Fehlschlag ab und das Erscheinen feindlicher Kavalleriepatrouillen jenseits der Sauer steigerte noch ihre Kampfbereitschaft. Den verhassten Preußen würde man es schon zeigen, hieß es vielfach.[56]

Weder MacMahon noch sein Widersacher, der preußische Kronprinz, gedachten, die Schlacht bereits am 6. August zu schlagen. Beide Befehlshaber hofften vor dem entscheidenden Kampf um den Besitz des Elsass auf das Eintreffen weiterer Verstärkungen. Der

Tatendrang der preußischen Kommandeure machte allerdings beiden Heerführern nicht zum letzten Mal einen Strich durch die Rechnung. Gegen 7 Uhr erreichte am 6. August die 20. Brigade des Generalmajors Walther von Montbary das rechte Ufer der Sauer und durchwatete den Fluss, um das vom Feind nicht verteidigte Wörth zu besetzen. Über die Ortschaft hinaus gelangten seine beiden Regimenter jedoch zunächst nicht, da das Abwehrfeuer der in den Weinbergen oberhalb der Sauer versteckten Schützen sie sogleich an den Ortsausgängen festnagelte.

Durch das inzwischen von beiden Seiten eröffnete Artilleriefeuer sah sich auf dem rechten Flügel der Kronprinzenarmee der Kommandierende General des bayerischen II. Armee-Korps, General der Infanterie Georg von Hartmann, befehlsgemäß berechtigt, nunmehr den nördlichen Flügel der Franzosen bei Langensulzbach anzugreifen und damit der Mitte Entlastung zu bringen. Gleichzeitig unternahmen die Franzosen südlich von Wörth einen eigenen Vorstoß über die Sauer, stießen aber bei Gunstedt bereits auf die Spitzen des preußischen XI. Armee-Korps, das den linken Flügel der Deutschen bildete. Da nun das Gefecht gegen den Willen des Kronprinzen auf voller Frontlänge entbrannt war, glaubte sich auch der Kommandierende General des in der Mitte eingesetzten preußischen V. Armee-Korps, General Hugo von Kirchbach, nicht mehr an die Befehle des Armeestabes gebunden und ließ gegen 10 Uhr unter dem Schutz sämtlicher 90 Geschütze seines Korps zwei Brigaden die Sauer durchwaten. Ihnen erging es allerdings nicht besser als drei Stunden zuvor den Männern der 20. Brigade. Die Franzosen nagelten sie mit ihrem Gewehrfeuer entlang der Uferstraße fest, die auf dem linken Ufer der Sauer von Wörth nach Süden auf Morsbronn führte. Als am frühen Nachmittag der Kronprinz mit seinem Stab auf dem Gefechtsfeld eintraf, schien es, als ob MacMahons vier Divisionen ihre Stellungen trotz der wachsenden Überlegenheit der Angreifer würden halten können. Noch hatte der Marschall die Möglichkeit, seine Armee vom Feind zu lösen, dessen übermächtiger Artillerie er mit seinen Vorderladergeschützen nichts Gleichwertiges entgegenzusetzen hatte. Noch hätte er nach den Begriffen seiner Zeit mit Ehre, aber ohne nennenswerte Verluste und geordnet über Reichshofen abziehen können. Allerdings rechnete MacMahon weiter auf Verstärkungen von General Failly, dem er seit dem Vorabend wiederholt telegrafisch entsprechende Befehle erteilt hatte.

Auf der Gegenseite ließ sich der Kronprinz durch General von Kirchbach überzeugen, dass ein Abbruch der Schlacht, nachdem sich die Dinge so weit entwickelt hatten, nur zu noch höheren Verlusten führen musste und gewiss die Truppe demoralisieren würde. Allerdings sah auch von Kirchbach ein, dass an eine frontale Erstürmung der beherrschenden Höhen von Fröschweiler und Elsasshausen nicht zu denken war. Nunmehr entschlossen, die Entscheidung gegen die Franzosen noch bis zum Abend zu suchen, befahl Friedrich Wilhelm dem in zweiter Staffel heranrückenden bayerischen II. Armee-Korps unter Generalleutnant Ludwig von der Tann, die französischen Stellungen im Norden zu umgehen und die Ortschaft Nehweiler zu besetzen. Im Süden sollte gleichzeitig das preußische XI. Armee-Korps mit Unterstützung der soeben eingetroffenen Württemberger die Sauer überwinden und durch den Niederwald nach rechts gegen Elsasshausen eindrehen, einem oberhalb von Wörth gelegenen Weiler aus wenigen Häusern. Dieser Angriff gewann tatsächlich rasch an Boden und gegen 14 Uhr mussten die Franzosen Morsbronn, den rechten Pfeiler ihrer Stellung, räumen. MacMahon hatte die dem schwächeren Teil seiner Position drohende Gefahr frühzeitig erkannt und einer seiner beiden Kavalleriebrigaden befohlen, die Preußen im Gegenangriff bis zur Sauer zurückzuwerfen. Die eigene Infanterie brauchte Zeit, um sich wieder zu ordnen. Der Gedanke erschien nicht falsch, doch das durchschnittene Gelände mit seinen Hecken und Zäunen war für einen geschlossenen Angriff schwerer Reiter alles andere als geeignet. Für die betroffenen Kürassiere in ihren sperrigen Brustpanzern wurde es ein Todesritt. Wer von ihnen trotz des verheerenden Artilleriefeuers Morsbronn erreichte, geriet in den hoffnungslos verstopften Straßen des Dörfchens in das Feuer der preußischen Musketiere, die sich in den Häusern verschanzt hatten. Von fast 1000 Angreifern kehrten, von preußischen Husaren zuletzt scharf verfolgt, nur wenige Dutzend in ihre Ausgangsstellungen zurück.[57]

Als Preußen und Württemberger, wirksam unterstützt von ihrer bereits auf das linke Ufer gewechselten Artillerie, gegen 15 Uhr das brennende Elsasshausen einnahmen, war die Schlacht entschieden. Die Masse des französischen I. Armee-Korps drängte sich inzwischen auf engstem Raum um Fröschweiler und war dort hilflos der deutschen Artillerie ausgesetzt. Der sofortige Rückzug der Franzosen auf Reichshofen schien unvermeidlich. Dem Kaiser telegrafierte der Marschall etwa zur selben Zeit, dass er jetzt nur noch um seinen Rückzug kämpfe und sich zu retten versuche. MacMahon zögerte keinen Augenblick, auch seine letzte Kavalleriebrigade antreten zu lassen, um seiner von allen Seiten bedrängten Armee Luft zu verschaffen. Vier Mal führte General Charles Frédéric Bonnemains seine 500 Reiter die Weinberge hinab gegen die preußische Artillerie. Innerhalb von zehn Minuten verloren die Franzosen ein Viertel ihrer Leute, aber sie hatten den Gegner noch einmal aufgehalten. Im Norden von Fröschweiler hielten derweil afrikanische Truppen die Bayern noch auf Distanz, während von Süden die preußische Artillerie Fröschweiler, das Zentrum der französischen Stellung, bereits unter direkten Beschuss nahm. Gegen 17 Uhr fiel auch diese letzte Bastion der Franzosen und die Reste von MacMahons Armee versuchten, sich den Hohlweg nach Reichshofen hinab zu retten. Dort erst stieß der Marschall zu seinem Verdruss auf die Division des Generals Guyot de Lespart, die Failly am Morgen widerstrebend in Marsch gesetzt hatte. Für die knapp 20 Kilometer hatte die jetzt überflüssige Verstärkung acht Stunden benötigt.[58]

In dem noch brennenden Fröschweiler bejubelten die Deutschen zwischen zahllosen Toten und Verwundeten beider Seiten einen Sieg, an dem es tatsächlich wenig zu feiern gab. Mehr als 10 000 Mann hatte das stundenlange blinde Anrennen die Kronprinzenarmee gekostet. Wie die Österreicher vier Jahre zuvor auf den böhmischen Schlachtfeldern waren dieses Mal die preußischen Kolonnen fast bis zu ihrer Auflösung in das französische Gewehrfeuer gestürmt. Erst beim fünften Versuch sahen etwa die überlebenden Offiziere des 58. Infanterie-Regiments ein, dass es nicht mehr ging. Oberst von Bothmer, der zu Pferde »in einer Art wütender Begeisterung« noch einmal zur Höhe hinaufgesprengt war, hatte sein »Vorwärts« in taube Ohren geschrien.[59] Ohne die preußische Artillerie wäre die Schlacht zu einem Fiasko geworden. Ihr präzises und tödliches Feuer hatte den Hauptteil der französischen Verluste verursacht, die am Ende ähnlich hoch wie auf deutscher Seite ausgefallen waren. Da zugleich aber auch mehr als 9000 Franzosen sowie 200 Offiziere unverwundet in

Gefangenschaft geraten waren, hatte MacMahon an einem einzigen Tag beinahe die Hälfte seiner Truppen eingebüßt.[60] Das Elsass und die Vogesenlinie waren damit bereits verloren. Die Reste der Franzosen zogen sich fluchtartig über Saverne und Saarburg auf Neufchâteau zurück, von wo die verbleibenden 22 000 Mann und 3500 Pferde am 14. August mit der Eisenbahn nach Chalons abgingen. Auch die zwei noch bei Belfort stehenden Divisionen des französischen VII. Armee-Korps gingen jetzt per Eisenbahn in das große Militärlager an der Marne.[61]

Aus der fatalen Vorliebe der Preußen zur Erstürmung starker feindbesetzter Höhen hatte sich noch am selben Tag etwa 80 Kilometer weiter westlich eine zweite verlustreiche Schlacht entwickelt. Bei Saarbrücken war General Frossard nach seinem Rückzug über die Saar mit den drei Divisionen seines II. Armee-Korps auf den Spicherer Höhen direkt südlich der Stadt in Stellung gegangen. In den neuen Positionen, die er selbst drei Jahre zuvor in einem Memorandum als Eckpfeiler einer französischen Defensive gegen Preußen vorgeschlagen hatte, glaubte er jeden gegnerischen Angriff abwehren zu können. Tatsächlich versperrten die Höhen wie eine natürliche Festung den Zugang nach St. Avold und weiter zur Mosel. Flankiert von zwei bewaldeten Höhen war der Rote Berg in der Mitte selbst unter friedlichen Bedingungen kaum zu ersteigen und bot der französischen Artillerie Wirkungsmöglichkeiten fast bis zur Saar. Die Eisenbahnlinie von St. Avold über Forbach nach Saarbrücken erlaubte den Verteidigern, rasch Verstärkungen nach vorne zu bringen. Dass die Preußen ausgerechnet diesen wohl stärksten Punkt der gesamten französischen Front angriffen, verdankte sich dem übertriebenen Ehrgeiz eines senilen Generals. Gegen Moltkes ausdrücklichen Befehl hatte sich Carl Friedrich Steinmetz mit seiner 1. Armee von der Mosel weit nach Osten auf Saarbrücken verschoben. In seiner Ungeduld, als Erster an den Feind zu kommen, scheute sich der »Löwe von Nachod« nicht, die Marschstraße der noch zurückhängenden Nachbararmee des Prinzen Friedrich Karl bei Saarbrücken zu kreuzen. Moltke musste auch diese Eigensinnigkeit hinnehmen, und der Verlauf der um die Mittagszeit des 6. August ausbrechenden Schlacht um die Spicherer Höhen dürfte ihm ebenso wenig gefallen haben. Generalleutnant

Georg Karl von Kameke, der Kommandeur der preußischen 14. Division aus Düsseldorf, schien durch seinen Werdegang nichts weniger als ein tumber Haudrauf zu sein. Dem Großen Generalstab gehörte der aus Pommern stammende Pionieroffizier bereits seit zwei Dekaden an und hatte nacheinander als Chef des Stabes der in Koblenz und Stettin ansässigen Generalkommandos anspruchsvolle Positionen bekleidet. Als Militärattaché in Wien hatte der spätere preußische Kriegsminister auch auf dem Feld der internationalen Politik Erfahrungen sammeln können. Kamekes Vorgehen gegen die Spicherer Höhen kann man jedoch nur als stümperhaft bezeichnen.[62] Nachdem ihm fälschlicherweise gemeldet worden war, dass die Franzosen auf dem Bahnhof der Arbeitersiedlung Stiring-Wendel bereits Truppen einladen würden, hatte er den Entschluss gefasst, mit seiner Division in die vermutete Absetzbewegung des Gegners hineinzustoßen. Dass starke Feindkräfte die Spicherer Höhen unmittelbar vor ihm besetzt hielten, war ihm allerdings entgangen. Offenbar vermochte der General nur das zu sehen, was er sehen wollte. Gegen 13 Uhr ließ von Kameke einen Teil seiner 27. Infanterie-Brigade frontal gegen den Roten Berg vorgehen, der bei einer Fortsetzung des Vorstoßes seiner Division auf Forbach und St. Avold nicht unbesetzt bleiben durfte. Der Rest der Brigade versuchte an den Flanken anzugreifen. Tatsächlich gelang es den Preußen, im ersten Ansturm die Höhen zu ersteigen und die überraschten Franzosen aus ihren vordersten Gräben zurückzudrängen. Sobald Frossard jedoch erkannte hatte, dass er es nicht mit einem Aufklärungsvorstoß zu tun hatte, setzte er seine Reserven ein und warf Kamekes Rheinländer im Gegenangriff zurück. Nach zweistündigem Kampf hatte sich der überstürzte Angriff seiner 14. Division festgelaufen. Wie ein Anfänger hatte der General seine Truppe auf einer Länge von mehr als fünf Kilometern verzettelt. Immerhin hatte er damit die Masse dreier französischer Divisionen gebunden und konnte darauf zählen, dass mit bald nachrückenden Kräften doch noch ein Erfolg zu erzielen war. Vor allem die Schwesterdivision des VII. Armee-Korps, die 13. Division aus dem ostwestfälischen Minden, hätte den Rheinländern rasch Entlastung bringen können. Mit der Avantgarde war sie bereits über Völklingen und Rosseln in den Forbacher Forst eingedrungen und stand damit tief in der linken Flanke der Franzosen. Als aber gegen 16 Uhr das Geschützfeuer von Stiring und Spichern her abflaute und der dortige Kampf beendet zu sein schien, hatte ihr Kommandeur befohlen, das Nachtbiwak zu beziehen. Moltke kommentierte später in seiner Geschichte des Krieges den unglaublichen Vorgang mit milder Süffisanz. Angeblich soll durch das Waldgelände der Lärm des tatsächlich immer heftiger werdenden Gefechts nicht mehr hörbar gewesen sein.[63]

Das ungestüme Anrennen von Kamekes 14. Division überzeugte Frossard, dass mit dem baldigen Eingreifen weiterer preußischer Verbände zu rechnen sei. Er hatte daher schon gegen 13.30 Uhr telegrafisch sein erstes Hilfsersuchen an Bazaine gerichtet. Tatsächlich erteilte der Marschall zwei seiner Divisionen, die nur zehn Kilometer vom Geschehen entfernt standen, den Befehl, auf Stiring vorzurücken und dort Frossards linke Flanke im Forbacher Wald zu verlängern. Im ersten Fall erreichte der allerdings nur per Melder übermittelte Befehl den zuständigen Divisionskommandeur erst gegen 15.30 Uhr. Weitere anderthalb Stunden verstrichen, ehe die Masse der Division marschbereit war. Im zweiten Fall hatte Frossard mit dem zuständigen Divisionskommandeur eine längere Debatte zu führen, ob überhaupt ein Unterstellungsverhältnis bestand. Als schließlich die Bestätigung von Bazaine eintraf, war es bereits 18 Uhr. Etwa eine Stunde später war die Spicherer Stellung nicht mehr haltbar.

Ein im letzten Augenblick von Bazaine mit der Bahn nach Forbach geschicktes Regiment traf bereits auf Teile von Frossards zurückgehendem Korps.[64] Es hatte der Übermacht dreier preußischer Armeekorps weichen müssen. Inzwischen hatte auch das preußische VIII. Armee-Korps unter General August von Goeben in den Kampf eingegriffen und vom preußischen III. Armee-Korps war die 5. Division teils in Eilmärschen, teils auf der Bahn dem Donner der Geschütze gefolgt. Den Preußen war es gegen Ende der Schlacht sogar gelungen, acht ihrer Geschütze auf den Roten Berg hinaufzuziehen und damit sämtliche Gegenangriffe der Franzosen zunichtezumachen. Schließlich war die Avantgarde der preußischen 13. Division doch noch auf Forbach vorgerückt und hatte damit die gesamte französische Position auf den Spicherer Höhen unhaltbar gemacht.[65] Mit knapp 5000 Toten und Verwundeten war der preußische Sieg allerdings teuer erkauft. Mehr noch aber musste die Art seines Zustandekommens größte Sorge im königlichen Hauptquartier auslösen. Die Offiziere hatten sämtliche Fehler der Österreicher aus dem letzten Krieg wiederholt und in ihrem unbedachten Vorstürmen am Ende die Masse des Gegners entkommen lassen. Moltke deckte jedoch den Mantel der Diplomatie über die fatale Disziplinlosigkeit seiner Generale und bemerkte später mit der Gelassenheit des Siegers in seiner Geschichte des Krieges, dass es im Allgemeinen nur wenige Fälle gebe, wo der taktische Erfolg nicht in den strategischen Plan passe.[66]

Zwar hatten Frossards Divisionen bei einem Verlust von etwa 2000 Toten und Verwundeten sowie einer gleich hohen Zahl von Soldaten, die sich unverwundet den Deutschen ergeben hatten, bei Weitem nicht so stark gelitten wie MacMahons Korps bei Wörth. Sein Rückzug aus einer starken Stellung kam dennoch einer Niederlage gleich.

Die doppelte Demütigung der kaiserlichen Armee am 6. August löste in Paris am folgenden Tag ein politisches Erdbeben aus. Der Schock fiel umso heftiger aus, da am Abend zuvor in der Hauptstadt zunächst noch Meldungen von einem Sieg MacMahons im Elsass große Euphorie ausgelöst hatten.[67] Eine Depesche, die angeblich in der Börse angeschlagen war, verkündete den Parisern sogar die Gefangennahme des Kronprinzen nebst 25000 Deutschen. In ihrem Wagen stehend sang Marie Sasse, eine populäre belgische Schauspielerin, die *Marseillaise*, und das Gefährt sei nach den Worten Edmond de Goncourts vom Entzücken des Volkes fast in die Lüfte gehoben worden.[68] Selbst an der Wiener Börse hielt sich am 6. August am frühen Abend noch stundenlang das Gerücht von einer Niederlage der Preußen.[69] Erst am nächsten Vormittag räumte Ministerpräsident Émile Ollivier vor dem *Corps législatif* die doppelte Niederlage offiziell ein. Alle Hoffnungen auf einen leichten Sieg waren dahin. Aus Wien meldete der französische Militärattaché, dass die Österreicher ihre ohnehin gemächlich betriebenen Kriegsrüstungen nun vollends eingestellt hätten,[70] während in London Premierminister William Gladstone von dem schwersten Schlag sprach, den Frankreich als Militärmacht im Lauf von mehr als hundert Jahren erlitten habe.[71]

Die Stimmung im Lande war zum Zerreißen gespannt und in der Dordogne kam es in diesen Tagen zu einem bizarren Vorfall, der in ganz Frankreich Aufsehen erregte. Die Bevölkerung dieser agrarisch geprägten Region nördlich von Perigueux hatte bisher mehrheitlich das Zweite Kaiserreich unterstützt und sah in Adel, Kirche und Republikanern ihre traditionellen Feinde. Die militärischen Hiobsbotschaften und die Massenproteste der verhassten Republikaner in Paris, welche die Abdankung des Kaisers forderten, hatten die Gemüter bereits aufgebracht. Als am 16. August anlässlich eines Markttages Hunderte von Bauern und Handwerkern in der Ortschaft Hautefaye an der Lizonne zusammenkamen, gab das Erscheinen eines örtlichen Adligen den willkommenen Anlass zu einem brutalen Exempel. Eine lebhafte Gerüchteküche lastete dem jungen Mann kritische Bemerkungen zur Zukunft des Kaiserreichs an, die tatsächlich dessen Cousin wenige Tage zuvor geäußert hatte. Plötzlich hieß es sogar, der junge Mann sei ein preußischer Spion. Spontan sammelte sich am Nachmittag ein gewalttätiger Mob von mehr als 200 Personen, die ihr Opfer stundenlang quälten und schließlich unter den Rufen »Es lebe der Kaiser« und »Nieder mit der Republik« den leblosen Körper verbrannten. Schon zwei Tage später nahmen die kaiserlichen Behörden ihre Ermittlungen auf. Als vier der Rädelsführer am 16. Februar 1871 am Ort ihrer Untat unter der Guillotine sterben, war der Krieg bereits beendet und die Abgeordneten der neuen Nationalversammlung waren am Vortag erstmals in Bordeaux zusammengetreten.[72]

In Berlin trafen an diesem Tag schon die ersten Gefangenen aus der Weißenburger Schlacht ein und wurden von zahlreichen Hauptstädtern, die sich um den Ostbahnhof drängten, wie die Tiere im Zoo begafft. Die meisten der nach dem Urteil der Baronin von Spitzemberg recht erbärmlich aussehenden Franzosen dürften sich ihr Eintreffen *à Berlin* bei Kriegsbeginn ganz anders vorgestellt haben.[73]

Jetzt drohte Frankreich sogar eine Invasion. Die Regierung versprach verstärkte militärische Anstrengungen und ließ über die Hauptstadt den Belagerungszustand verhängen. Sogleich begann man, die Forts der Pariser Festung mit schweren Marinegeschützen zu armieren und aus Nationalgarden sowie Depotverbänden zwei neue Armeekorps aufzustellen.[74] All das konnte freilich Émile Ollivier nicht mehr retten. Am 9. August wurde seine Regierung nach einer stürmischen Sitzung im *Corps législatif* gestürzt. In den letzten vier Wochen, die dem Kaiserreich noch verblieben, setzten sich noch einmal die Bonapartisten durch. Der 74-jährige General Charles Cousin-Montauban übernahm an der Seite der Kaiserin Eugénie die Macht.

Dem Kaiser, der ihn noch zehn Jahre zuvor aufgrund eines leichten Sieges vor den Toren Pekings zum Grafen von Palikao erhoben hatte, verweigerte er in Übereinstimmung mit der Kaiserin-Regentin die Rückkehr nach Paris. Ein geschlagener Napoleon könne unmöglich in die Hauptstadt zurückkehren. Sieg oder Tod lautete somit die ihm gestellte Alternative.

Drei Schlachten um Metz – Bazaine in der Falle

»Was aber muss der Gemütszustand der in Metz Eingeschlossenen, des Kaisers, der Pariser, jedes einzelnen Franzosen sein! Dieses seit 18 Jahren in Lüge und Liederlichkeit, in Übermut und Selbstüberschätzung, in Unwissenheit und Irreligiosität, in Eitelkeit und Hochmut aufgenährte Volk innerhalb von vierzehn Tagen in sechs Schlachten geschlagen, die ›unbesiegbare‹ Armee vernichtet, von seiner [sic] Höhe herabgestürzt in den tiefsten Abgrund des Unglücks, der Verzweiflung – das ist ein Anblick so überwältigend ernst, so furchtbar, dass einem selbst inmitten der gerechtesten, stolzesten Siegesfreude ein Schauer überkommt vor dem göttlichen Strafgerichte, das über die Welt hereinbricht.«

Tagebuch der Baronin vom Spitzemberg vom 19. August 1870[75]

Der Verlauf der drei Grenzschlachten hatte gezeigt, dass die französische Armee ihrem Gegner in einer der wichtigsten militärischen Disziplinen hoffnungslos unterlegen war. Sie kämpfte zwar bei Weißenburg, Wörth und Spichern wie in allen Schlachten früherer Feldzüge tapfer und sogar mit taktischem Geschick. Ihre Führung war jedoch jedes Mal daran gescheitert, rechtzeitig Verstärkungen heranzuführen. Mit der Bewegung großer Truppenkörper, dem Kerngeschäft eines tüchtigen Generalstabes, schienen die französische Generalität und ihre Führungsgehilfen hoffnungslos überfordert. Persönliche Animositäten unter den Befehlshabern mochten dabei eine Rolle gespielt haben, doch weder Failly noch Bazaine hatten es am 6. August geschafft, ihre Divisionen innerhalb weniger Stunden an den Ort der Entscheidung zu dirigieren.

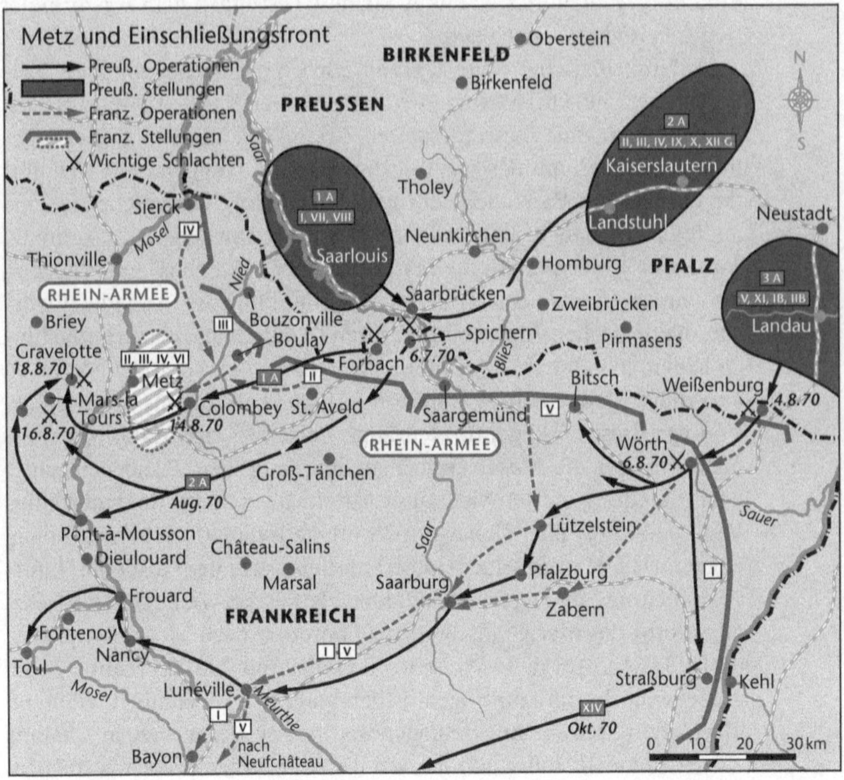

Operationen vor Metz und die Schlacht von Gravelotte.

Die drei verlorenen Grenzschlachten waren jedoch nur der Auftakt zu einem noch größeren Debakel der kaiserlichen Armee im modernen Bewegungskrieg. Ebenso wenig wie MacMahon hatte Bazaine einen Plan für den Fall einer Anfangsniederlage entwickelt. Geradezu fluchtartig mussten die Truppen des Herzogs von Magenta nach dem Verlust von Fröschweiler das Elsass räumen, und nicht einmal vier Tage nach der verlorenen Schlacht von Wörth überließ der Marschall die verblüfften Behörden von Nancy und Luneville dem Gutdünken der nachrückenden Deutschen. Isoliert hielten östlich der Vogesen

Straßburg, Pfalzburg und einige kleinere Festungen dem Ansturm der Deutschen vorerst noch stand.

Auf französischer Seite bestand auch jetzt keine einhellige Meinung über die Fortsetzung des Krieges. Der Kaiser hatte zunächst dazu tendiert, mit seiner gesamten Armee auf Chalons zurückzugehen. Zusammen mit den aus Wörth geretteten Truppen ließe sich dort im Vorfeld von Paris vielleicht noch eine Erfolg versprechende Verteidigung aufbauen. Der Gedanke war nicht abwegig. Dass keine 80 Jahre zuvor eine preußische Invasionsarmee bei Valmy zum Rückzug gezwungen worden war, wusste noch jeder Franzose. Auch jetzt würden die deutschen Armeen unter ihren überdehnten Versorgungslinien leiden, je tiefer sie nach Frankreich eindrangen. Der Ministerrat in Paris lehnte jedoch eine kampflose Aufgabe Lothringens rundweg ab. Von der Kaiserin Regentin gedrängt, entschied sich Napoleon nunmehr, die auf die Mosel vordringenden deutschen Armeen in einer neuen Stellung an der Nied zu erwarten. Dazu sollte General Faillys V. Armee-Korps über Nancy wieder an die Hauptarmee herangezogen werden. Auf den Rat seiner Gattin entschloss sich der Kaiser am 9. August auch das im Lager von Chalons als Reserve verbliebene VI. Armee-Korps des Marschalls François Canrobert nach Metz transportieren zu lassen. Auf diese Weise wären immerhin 200 000 Mann für die große Schlacht um Lothringen östlich von Metz versammelt, während MacMahons schwer angeschlagenes I. Armee-Korps sich in Chalons wieder sammeln sollte, um danach als neue Armeereserve zu dienen. Kaum war jedoch der Transport von Canroberts Truppen nach Metz am 10. August angelaufen, als General Failly nach Metz telegrafierte, dass ein direkter Abmarsch seines Korps nach Norden nicht mehr möglich sei, da Nancy bereits von der Kronprinzenarmee bedroht war. Allein über Chalons ließe sich noch eine Verbindung mit der Hauptarmee herstellen. Napoleon musste sich nun ernste Gedanken um seine Südflanke machen. Der gesamte Moselabschnitt zwischen Metz und Nancy stand den Deutschen jetzt offen, und diese griffen beherzt zu.

Noch während der letzten Phase der Eisenbahntransporte des VI. Armee-Korps von Chalons nach Metz besetzte die Kavallerie der Kronprinzenarmee am 12. August den unverteidigten Eisenbahnknotenpunkt Frouard nur wenige Kilometer nördlich von Nancy. Canrobert musste daher die letzte seiner drei Divisionen bereits ab

St. Mihiel im Fußmarsch nach Metz ziehen lassen, das zu einer gigantischen Falle zu werden drohte.[76] Nach dem Verlust von Frouard und Nancy verfügte die Festung nur noch über die nördliche Eisenbahnroute über Thionville nach Mézières. Diese Strecke war aber wegen ihres Verlaufes nahe der Mosel ebenso leicht zu stören wie ihr Südabschnitt. Die direkte und dem Zugriff des Gegners vorerst entzogene Trasse von Metz nach Verdun war dagegen erst im Bau. Ohne gesicherte Eisenbahnverbindung und mit offener rechter Flanke war jedoch die Mosellinie nicht mehr zu halten. Dem Kaiser blieb somit keine andere Wahl, als wieder dem ursprünglich gefassten Plan zu folgen und so rasch wie möglich mit seinen nunmehr fünf Armeekorps über die Mosel auf Verdun und weiter auf Chalons auszuweichen. In der militärischen Praxis jedoch erwies sich die zügige Passage von mehr als 150000 Mann durch das tief eingeschnittene Moseltal und vor allem der Durchgang durch die Festung Metz als eine Herausforderung, welche die Planungskapazitäten der französischen Stäbe weit überforderte.

Die undankbare Aufgabe des Rückzugs überließ Napoleon lieber seinen Untergebenen. Am 12. August übertrug er Marschall Bazaine den Oberbefehl über die gesamte *Armée du Rhin* und brach zu dessen Erleichterung vier Tage später in Begleitung einer starken Kavallerieeskorte nach Verdun auf. Obwohl die preußischen Truppen seit ihrem Einmarsch in Lothringen nur vorsichtig auf St. Avold vorrückten, drohte die Disziplin der Franzosen schon in den ersten Tagen nach der Aufgabe der Grenzstellungen zusammenzubrechen. Frossards Truppen hatten am 6. August zum Teil Zelte und Kochgeschirr auf dem Schlachtfeld von Spichern zurücklassen müssen, und selbst die Moral der bisher nicht zum Kampf gekommenen Divisionen sank mit jedem Kilometer eines Rückzuges, den ihnen niemand erklärt hatte. Strömender Regen, knappe Verpflegung und Biwakräume, die abends schon von anderen Truppenteilen besetzt waren, hoben nicht gerade die Stimmung unter den Soldaten.[77] Nur wenige französische Regimenter hatten am 14. August bereits das Plateau auf dem Westufer der Mosel erreicht, als Geschützlärm auf den Höhen ostwärts von Metz signalisierte, wie nah ihnen die Deutschen auf den Fersen waren. Auf der Gegenseite hatte Moltke zunächst damit gerechnet, dass der Gegner schon allein mit Rücksicht auf die Öffentlichkeit nicht kampflos eine ganze Provinz aufgeben würde, und war daher ständig besorgt, mit zu eilig vorwärtsstrebenden Kräften in eine Falle zu geraten. Jede seiner Marschgruppen musste notfalls die andere unterstützen können. Als die Avantgarde von General Steinmetz' 1. Armee die Nied überquert hatte, sah ihre Kavallerie erstmals die langen Kolonnen der nach Metz abziehenden Franzosen. Eile schien geboten und sämtliche Vorgaben des Großen Hauptquartiers wieder einmal null und nichtig.

Der Kommandeur der preußischen 26. Infanterie-Brigade, Generalmajor Kuno von der Goltz, glaubte nicht erst auf das Einverständnis seiner Vorgesetzten warten zu können. Nachdem er sich selbst ein Bild gemacht hatte, gab er gegen 14 Uhr den Befehl, die gegnerische Nachhut zwischen Colombey und Nouilly zu attackieren. Da seine Brigade zur 13. Division gehörte, deren Rolle in der Schlacht um die Spicherer Höhen alles andere als glänzend gewesen war, fühlte sich der General umso mehr verpflichtet, die jüngste Scharte durch eine hervorragende Waffentat auszugleichen. Dass seine Brigade es allerdings mit einem kompletten französischen Armeekorps aufgenommen hatte, das rasch durch ein zweites Korps verstärkt wurde, realisierte von der Goltz erst im Verlauf des Gefechts. Zum dritten Mal hatte damit auf deutscher Seite ein untergeordneter Truppenführer durch seinen Eigensinn eine größere Schlacht provoziert, an der auf beiden Seiten zuletzt je 50 000 Mann beteiligt waren. Denn auch die französischen Generale wollten sich, entgegen Bazaines anderslautenden Befehl, die scheinbar günstige Gelegenheit nicht entgehen lassen, sich für die bisher erlittenen Schlappen zu revanchieren. Tatsächlich gelang es den Franzosen, bis zum Abend gegen die sich ständig verstärkenden Preußen ihre Stellungen zu halten und den Gegner auf seiner nördlichen Flanke sogar zurückzudrängen. Taktisch endete die Schlacht von Colombey-Nouilly bei Einbruch der Dunkelheit ohne Entscheidung.[78] Mit gutem Willen ließ sich sogar von einem französischen Erfolg sprechen, der allerdings mit dem Verlust von rund 3500 Toten und Verwundeten erkauft worden war. Unter den Gefallenen befand sich auch General Claude Decean, der Befehlshaber des französischen III. Armee-Korps. Das verwaiste Kommando übernahm der unglückselige Lebœuf, der zusammen mit Ollivier aus der Regierung ausgeschieden und seither ohne wirkliche Aufgabe in Metz verblieben war. Auf preußischer Seite füllten etwa 5000 Namen die Verlustlisten.[79] Bismarck bemerkte dazu sarkastisch in einem Brief an seine Frau, dass sich manche Offiziere wie die Berserker verhielten. Die Sucht nach dem Eisernen Kreuz triebe sie noch dazu, ihre Köpfe in die Mündungen der französischen Kanonen zu stecken.[80]

Aus operativer Sicht hatten die Franzosen ihren Achtungserfolg östlich von Metz mit einem verlorenen Marschtag bezahlt, den Moltke unverzüglich nutzte. Während sich Bazaines Truppen am 15. August immer noch durch die verstopften Gassen von Metz sowie die engen Uferwege hinauf auf das Plateau von Plappeville und St. Quentin quälten, hatte die 2. Armee unter Prinz Friedrich Karl bereits die Mosel südlich von Metz erreicht und Brückenköpfe bei Pont à Mousson, Dieulouard und Marbache gebildet. Das preußische III. Armee-Korps unter Generalleutnant Constantin von Alvensleben überquerte noch vor Mitternacht den Fluss auf zwei Brücken bei Corny und Pagny.[81] Die 19. Division des preußischen X. Armee-Korps ging bei Pont à Mousson über die Mosel und rückte bis zum Morgen auf Thiaucourt vor. Ihre Schwesterdivision blieb zunächst im Brückenkopf zurück.

Mit Ausnahme eines erfolgreichen Gegenschlages der *Chasseurs d'Afrique* unter General Jean Margueritte bei Pont à Mousson hatten die Franzosen wenig unternommen, um den Preußen den Moselübergang südlich der Festung zu verwehren. Die Stadt blieb jedoch nicht dauerhaft besetzt, und die französischen Jäger hatten auch keine Sprengmittel mitgeführt, um die dortige Eisenbrücke in die Luft zu jagen. Derart vom Glück begünstigt durfte Moltke getrost darauf rechnen, durch einen raschen Vorstoß in Richtung Maas Bazaines gesamter Armee den Rückzug auf Verdun und Chalons abzuschneiden. In wenigen Tagen konnte der Krieg bereits entschieden sein.

Marschall Bazaine hat nach dem Krieg seine Übernahme des Oberbefehls über die *Armée du Rhin* als Akt des Pflichtgefühls in einer bereits »stark kompromittierten Lage« beschrieben.[82] Von etlichen französischen Zeitungen war seine Ernennung aufrichtig begrüßt worden, und Adolphe Thiers hatte sogar vollmundig dem Parlament versichert, dass nunmehr mit Bazaine der größte Soldat des modernen Zeitalters Frankreichs Geschick in seinen Händen halte.[83] Der derart gepriesene Offizier hatte sich aus einfachen Verhältnissen buchstäblich von der Pike auf emporgedient und sich in sämtlichen Kriegen des Zweiten Kaiserreiches bewährt. Der ehemalige Oberbefehlshaber in Mexiko galt als persönlich tapfer und wurde nach Ansicht des Lyoner *Progrès* in der ganzen Armee respektiert.[84] Bazaines dunkle Seiten, besonders sein politischer Ehrgeiz, der den Marschall in Mexiko selbst nach der Kaiserkrone hatte streben lassen, blieb in diesen kritischen Tagen, da sich Frankreich verzweifelt an jeden Strohhalm klammerte, unerwähnt. Selbst den nun bevorstehenden Rückzug nach Chalons würde die Öffentlichkeit einem Bazaine verzeihen.

Immerhin schien es für die Franzosen um Metz am 15. August besser zu laufen. Bis zum Abend war es Bazaine gelungen, die Masse von vier Armeekorps aus dem Moseltal herauszubringen und auf der Verduner Straße bis nach Mars-la-Tour, etwa 15 Kilometer westlich von Metz, vorzuschieben. Drei Divisionen hingen allerdings immer noch im Tal der Mosel fest, und so musste Bazaine, der seine Armee nicht auseinanderreißen wollte, bei Einbruch der Nacht seine Truppen erst einmal ein Biwak beziehen lassen. Dass schon am selben Morgen Generalleutnant Albert von Rheinbabens 5. Kavallerie-Division an der Straße nach Verdun aufgetaucht war, beunruhigte ihn erst einmal nicht. Bazaine besaß allerdings auch keine Nachricht darüber, dass die Preußen in derselben Nacht schon mit zwei Armeekorps die Mosel überschritten hatten. General von Alvensleben hatte von Moltke schon am Vortag freie Hand erhalten. Der Befehlshaber des preußischen III. Armee-Korps gestattete seinen Soldaten nach dem Uferwechsel bei Pont à Mousson und Corny daher nur eine kurze Nachtruhe. Um 5 Uhr morgens am 16. August stand die Truppe bereits wieder unter dem Gewehr und marschierte von Süden direkt gegen die Straße nach Verdun. Auch das preußische X. Armee-Korps hatte zur selben Zeit weiter südlich die Mosel überquert, marschierte aber in nordwestlicher Richtung ausholend auf St. Hilaire, wo Moltke die Masse von Bazaines Armee inzwischen vermutete. Von Alvensleben hatte vorläufig nur das aus hessischen Truppen bestehende IX. Armee-Korps hinter sich, freilich mit einem halben Tag Abstand.

Als seine Kavallerie gegen 8 Uhr die endlosen Zeltreihen der Franzosen zwischen Mars-la-Tour und Rezonville entdeckte, war dem General sofort klar, dass er es nicht allein mit der französischen Nachhut zu tun hatte. Vor ihm lagerte fast die gesamte *Armée du Rhin*.[85] Es war ein Fehler gewesen, dem Gegner preußische Marschstandards zu unterstellen. Von Alvenslebens rasch gefasster Entschluss, mit seinen beiden Divisionen einen mindestens dreifach überlegenen Gegner anzugreifen, ist seither unterschiedlich beurteilt worden. Moltke würdigte den Angriff des III. Armee-Korps am 16. August als »eine der glänzendsten Waffentaten des Krieges«,[86] der Historiker Michael Howard nannte ihn dagegen »selbstmörderisch«.[87] Von Alvensleben wusste genau, dass er vielleicht sogar bis zum Abend mit seinen beiden Divisionen den Franzosen allein gegenüberstehen würde. Gleichwohl begab er sich mit seinem Angriff genau in die exponierte Lage, die Moltke seit Beginn des Feldzuges stets hatte vermeiden wollen. Fairerweise muss allerdings gefragt werden, ob sich von Alvensleben mit seinem Armeekorps, nachdem es wider Erwarten auf einen weit überlegenen Feind gestoßen war, selbst in einer günstigen Verteidigungsstellung länger hätte halten können. Tatsächlich profitierten die vorstürmenden Preußen zunächst von der Überraschung der Franzosen, und es gelang beiden Divisionen des Korps im Verlauf des Vormittags, die Franzosen unter freilich entsetzlichen Verlusten zunächst aus ihren Stellungen zu werfen. Mars-la-Tour, Vionville sowie Rezonville konnten eingenommen und bis zum frühen Nachmittag gegen immer massivere Angriffe der Franzosen gehalten werden. Dann aber wurde die Lage der Preußen kritisch. Im Wald von Tronville eingeschlossen, verlor das brandenburgische 24. Infanterie-Regiment, das schon bei Waterloo gekämpft hatte, in kürzester Zeit die Hälfte seiner Leute. Die höchsten Verluste erlitt allerdings die Kavalleriebrigade des Generalmajors Adalbert von Bredow. Dessen 800 Reiter hatte von Alvensleben als letzte Reserve seines Korps einsetzen müssen, um einen drohenden Durchbruch der Franzosen auf Vionville zu verhindern. Tatsächlich schafften es die sechs Eskadronen auf Anhieb, zwei gegnerische Linien zu durchbrechen und damit den Angriff des französischen IV. Armee-Korps unter General Louis Paul Ladmirault für kurze Zeit aufzuhalten. Es war jedoch ein Todesritt. Von allen Seiten unter Feuer genommen und zuletzt ihrerseits von französischer Kavallerie attackiert, kehrte kaum die Hälfte der Bredow'schen Reiter zu den eigenen Linien zurück. Doch die Atempause bedeutete für von Alvenslebens inzwischen übel zugerichtetes Korps die Rettung.

Gegen 15.30 Uhr erschien endlich nach einem Rückmarsch von 30 Kilometern das preußische X. Armee-Korps aus Richtung Verdun und griff über das inzwischen verloren gegangene Mars-la-Tour Ladmiraults Divisionen in der Flanke an. Dabei geriet jedoch die 38. Infanterie-Brigade des Generalmajors Richard von Wedell, die ohne Absprache mit der Stellungstruppe gegen den Feind vorgerückt war, in einen breiten Graben, der für viele seiner vom Marsch erschöpften Soldaten zur Falle wurde. 300 Mann, die nicht mehr die Kraft besaßen, den hinteren Hang hinaufzuklettern, wurden von den Franzosen gefangen genommen. Immer noch hätte Bazaine einen vollständigen Sieg über die Preußen erringen können, doch die Wucht der gegnerischen Angriffe ließ ihn befürchten, dass bald noch mehr preußische Truppen in die Schlacht eingreifen könnten. So beschränkte sich der Marschall auf einige taktische Erfolge und hielt ein Drittel seiner Kräfte in Reserve.[88] Das rettete die Preußen vor der Vernichtung. Bazaines Truppen hatten sich nach allem, was sie bislang hatten erdulden müssen, erstaunlich gut geschlagen, doch zur Fortsetzung des Marsches nach Verdun war seine Armee nicht mehr in der Lage.[89] Wider alle Wahrscheinlichkeit hatte von Alvenslebens wahnwitziger Angriff einen strategischen Erfolg erzielt. Sein III. Armee-Korps hatte nach zwölfstündigem Kampf mit knapp 7000 Toten und Verwundeten allerdings ein Viertel seiner Männer verloren. Die Todessichel, die seinen beiden Divisionen bei Königgrätz durch Moltkes Eingreifen noch erspart geblieben war, hatte nun doch noch ihre Reihen grausam gelichtet. Unter den Toten befanden sich auch zwei Brigade- sowie fünf von acht Regimentskommandeuren. Führen durch Beispiel war in der Preußischen Armee tatsächlich keine Phrase. Etwas darunter lagen die Verluste des X. Armee-Korps mit 3800 Toten und Verwundeten, allein die Hälfte davon entfielen auf die unglückselige 38. Infanterie-Brigade.[90] Mit den Ausfällen beim VIII. und IX. Armee-Korps, die mit Teilen noch am Abend ins Gefecht eingegriffen hatten, beliefen sich die preußischen Gesamtverluste am 16. August auf 15 000 Mann und lagen damit leicht höher als die der Franzosen.[91]

Am folgenden Tag kam es zu keinen größeren Kampfhandlungen. Selbst nachdem er seine gesamte Armee auf dem linken Moselufer versammelt hatte, wagte Bazaine nicht, noch einmal den Marsch nach Westen anzutreten. Angesichts dreier preußischer Armeekorps in einer flankierenden Position zwischen Mars-la-Tour und Gravelotte schien es dem Marschall ratsamer, seine durcheinandergeratenen

In einer deutschen Offiziersbaracke vor Metz, 1870.

Truppen zunächst zu ordnen und unter scharfer Zurücknahme seines rechten Flügels eine neue Stellung beziehen zu lassen, die sich etwa zehn Kilometer zwischen St. Privat im Norden und Rozérieulles im Süden ausdehnte. In ihrem südlichen Abschnitt bildeten die Höhen oberhalb des stark eingeschnittenen Tals der Mance, eines linken Nebenlaufes der Mosel, verstärkt durch etliche ausgebaute Farmhäuser oberhalb des Flüsschens, eine kaum einnehmbare Position. Weiter nördlich flachte das Gelände zwar ab, bot den Franzosen aber aus leicht überhöhten Stellungen ein hervorragendes Schussfeld gegen einen aus Verneville angreifenden Gegner. Einzig der nördliche Eckpfeiler der Front bei St. Privat, wo das französische VI. Armee-Korps des Marschalls François Canrobert Stellung bezogen hatte, bildete einen Schwachpunkt, da es von Norden her umgangen werden konnte. Bazaine schien jedoch zuversichtlich. Gelang es erst einmal, die Preußen aus dieser starken Position zurückzuwerfen, wäre vielleicht auch eine Fortsetzung des Marsches nach Verdun auf einer weiter nördlichen Route über Étain möglich.[92]

Auf der Gegenseite hielten sich die preußischen Kommandeure ausnahmsweise einmal an das strikte Angriffsverbot ihres Monarchen, der am 17. August in der Frühe selbst auf dem Schlachtfeld eingetroffen war. Man wartete auf die anderen vier erst im Verlauf des Tages eintreffenden Korps der 2. Armee. Aufgrund widersprüchlicher Meldungen der Kavallerie hatte Moltke das Zurückweichen des rechten französischen Flügels auf St. Privat zunächst nicht in vollem Umfang erkannt. Immer noch mochte er nicht ausschließen, dass die Franzosen ihren Marsch nach Verdun auf einer nördlich verlaufenden Route fortsetzen könnten.[93]

Das Antreten des sächsischen XII. Armee-Korps sowie des preußischen Garde-Korps nach Norden auf Doncourt musste hier am nächsten Morgen Klarheit schaffen. Beide Korps bildeten zusammen den linken Flügel der 2. Armee und sollten entweder den Franzosen die Passage nach Verdun versperren oder aber sie nördlich umfassen, falls man sie in einer Stellung vor Metz vorfinden würde. In diesem Fall stand den Deutschen eine Schlacht mit umgekehrter, nach Osten gerichteter Front bevor, was die Folgen von Sieg oder Niederlage in hohem Maße steigern musste. Allerdings hatte Moltke die Ausdehnung der französischen Positionen nach Norden zunächst unterschätzt. Als kurz nach Mittag das preußische IX. Armee-Korps gegen den zunächst bei Amanvillers vermuteten nördlichen Eckpunkt der Franzosen vorrückte, gerieten die Angreifer von links aus Richtung St. Privat unter Feuer. Die Artillerie der 18. Infanterie-Division, die sogleich in vorderster Front aufgefahren war, erlitt herbe Verluste durch das weitreichende Chassepot-Gewehr der Franzosen. Eine Batterie verlor 45 Mann und sogar zwei ihrer Geschütze. Erst als es gelang, mit Unterstützung des heranmarschierenden Garde-Korps eine massive Front aus 130 Geschützen aufzubauen, rückte die gegnerische Artillerie ab.[94] Vor einem Angriff auf St. Privat musste allerdings die Besatzung von St.-Marie-aux-Chênes ausgeschaltet werden, eine zur Bastion ausgebaute Ortschaft etwa zwei Kilometer westlich von St. Privat. Die Sachsen erledigten diese Aufgabe zusammen mit der preußischen Garde im Bajonettangriff. Mehrere Hundert Franzosen ergaben sich, der Rest zog sich auf die Hauptstellung zurück. Die Fortsetzung des Angriffs auf St. Privat geriet jedoch für die preußische 4. Garde-Brigade zum Fiasko. Sie zahlte den Preis für den Ehrgeiz ihres Kommandierenden Generals, der nicht auf die von Norden angreifenden Sachsen hatte warten wollen. An keinem anderen Ort des Krieges zeigte sich die Überlegenheit des Chassepot-Gewehrs mit

Kampf um den Friedhof von St. Privat am 18. August 1870. Gemälde von Alphonse de Neuville (der selbst in der Nationalgarde kämpfte).

so brutaler Deutlichkeit wie vor St. Privat. Die Franzosen feuerten aus mehreren terrassenartig übereinanderliegenden Stellungen. »Es war ein solches Pfeifen und Schwirren in der Luft, dass man unwillkürlich mit den Augen blinzelte, wie wenn man gegen Schneegestöber zu sehen gezwungen werde«, beschrieb Prinz Kraft zu Hohenlohe-Ingelfingen, der Kommandeur der Gardeartillerie, die Lage.[95] Mit einem Verlust von 4000 Toten und Verwundeten in weniger als einer halben Stunde blieb der Angriff der 4. Garde-Brigade etwa 600 Meter vor St. Privat liegen. In kleine Gruppen zersplittert krallten sich die Überlebenden verzweifelt in die Erde und warteten auf den flankierenden Angriff der Sachsen.

Hohe Verluste und blamable Rückschläge prägten auch die Lage im südlichen Abschnitt der Front. Hier war am späten Nachmittag der Angriff des VIII. Armee-Korps auf die erhöhten französischen Stellungen vor Rozérieulles im zusammengefassten gegnerischen Feuer zusammengebrochen. Etliche Bataillone, die sich zuvor auf den steilen Osthängen des Mancetales festgesetzt hatten, waren nach gründlicher Artillerievorbereitung zum Sturm auf den Höhenkamm angetreten. Der jedoch keineswegs geschwächte Gegner empfing die Angreifer mit einem verheerenden Feuer und warf die Überlebenden vor den Augen des erstaunten Unionsgenerals Philip Sheridan den ganzen Hang hinunter. Ein sofort angesetzter Gegenangriff der Franzosen verwandelte den Rückzug der rheinischen Soldaten in eine wilde Flucht. Am gegenüberliegenden Hang geriet Gravelotte, von wo aus König Wilhelm und seine Entourage das Geschehen bisher beobachtet hatten, unter massives Schützenfeuer. Schließlich gab der Monarch dem Drängen seines Gefolges nach und verließ die exponierte Position. Unterwegs nach Rezonville traf Wilhelm auf etliche Gruppen von Versprengten, die er mit offenbar so geharnischten Worten bedachte, dass Sheridan an das ihm aus seiner Jugendzeit in Ohio noch vertraute *Dutch swaering* erinnerte wurde.[96] Gegen Moltkes dringenden Rat entschied der König, das soeben erst eingetroffene preußische II. Armee-Korps auf Rozérieulles einzusetzen. Da er nicht mehr an einen Erfolg bei St. Privat glaubte, hoffte Wilhelm, wenigstens im Süden die Franzosen noch vor Einbruch der Dunkelheit schlagen zu können.[97] Die angekommene Truppe unterstand dem Befehl des Generals Eduard von Fransecky und war nach ihrer Ausladung in Saarbrücken seit Tagen stramm marschiert. Doch auch der Held von Königgrätz vermochte an diesem Abend nur noch die alten Stellungen wiederzugewinnen. Ein Durchbruch gelang seinen Truppen nicht mehr. Mit einbrechender Dunkelheit ging die Ordnung der Regimenter verloren und das Gewehrfeuer ebbte allmählich ab.

Ebenso verebbte in Rezonville die Hoffnung auf einen preußischen Sieg. Auf einer Leiter sitzend, deren eines Ende auf einem Pferdekadaver lag, was angesichts der zuvor gesehenen Leichenberge keinen der hohen Herren mehr zu stören schien, sah der 73-jährige Monarch gefasst dem Eingang weiterer Hiobsbotschaften entgegen. An keinem Punkt war den Deutschen bisher der Einbruch in die Hauptstellung des Gegners gelungen. Die Schlacht schien somit verloren, und Wilhelm schrieb tags darauf an seine Frau, dass er keine weiteren Verlustmeldungen mehr hätte ertragen können. Ausgerechnet die Sachsen, die seit den Tagen Friedrichs des Großen fast immer auf der Seite der Gegner Preußens zu finden gewesen waren, retteten an diesem Abend die Hohenzollernarmee vor einem Desaster.

Das sächsische XII. Armee-Korps hatte gegen 19 Uhr nach langem Anmarsch endlich das nur einen Kilometer nördlich von St. Privat gelegene Roncourt erreicht und die dort noch verbliebene französische Nachhut aus der Ortschaft vertrieben.[98] Von einem Dutzend ihrer Batterien unterstützt setzten die Sachsen sofort ihren Angriff über Roncourt hinaus fort und rissen damit auch die vor St. Privat liegende preußische Garde noch einmal mit. Jedes Haus in St. Privat schien eine Festung zu sein. Die Verteidiger der Ortschaft hatten es jedoch am Vortag versäumt, ihre nördliche Flanke mit Feldbefestigungen zu sichern. So gelang es den Sachsen und dem Rest der preußischen Garde rasch, von drei Seiten die Ortsränder zu besetzen. Haus um Haus und Garten um Garten mussten im brutalen Nahkampf mit Bajonett und Kolben erobert werden, und der damals 23-jährige Oberleutnant Paul von Hindenburg sprach in einem Brief an seine Eltern von »rasender Wut auf beiden Seiten«.[99] Im Lichtschein der brennenden Kirche leisteten die Franzosen im ummauerten Kirchhof von St. Privat wütend letzten Widerstand.[100] Eine Division des französischen Gardekorps, die sich doch noch bis auf Sichtweite dem umkämpften St. Privat genähert hatte, machte beim Anblick der zahlreich zurückströmenden Versprengten auf Befehl ihres Kommandeurs, Charles Bourbaki, sofort kehrt. Ein auf deutscher Seite undenkbares Verhalten. Ohne Verstärkung mussten die noch in der Ortschaft ausharrenden neun Bataillone gegen 20 Uhr den Rückzug antreten. Sachsen und Preußen machten 2000 Gefangene. In der einbrechenden Dunkelheit und unter dem Feuer der preußischen und sächsischen Geschütze versuchten die übrigen Teile von Canroberts VI. Armee-Korps auf der Straße nach Woippy in den Schutz der Festung Metz zu gelangen.[101] Von allen französischen Korps hatte es in den beiden Schlachten um Metz am meisten gelitten. Insgesamt 10 700 Tote, Verwundete und Vermisste füllten nach zwei Kampftagen die Verlustlisten.[102]

Noch im Verlauf der Nacht ließ Bazaine auch seine übrigen Stellungen bei Amanvillers und Rozérieulles räumen und zog seine Armee ganz in den Schutz der Festung Metz zurück. Während des gesamten Nachmittags hatte der Marschall die Führung des Kampfes seinen Korpskommandeuren überlassen und sich seltsam untätig gezeigt. Als er es dann auch noch versäumte, dem in seiner nördlichen Flanke bei St. Privat bedrohten VI. Armee-Korps rechtzeitig die noch völlig intakte Garde zu Hilfe zu schicken, hatte er am Ende auch noch den taktischen Erfolg verschenkt. Bazaine hatte nun kaum noch Aussicht, mit seinen ihm verbliebenen 130 000 Soldaten aus der Falle von Metz zu entkommen. Offenbar aber war der Marschall mit dieser Wendung der Ereignisse zufrieden, die praktisch das Ausscheiden seiner Armee aus dem Krieg zur Folge hatte. Ob Bazaine bereits mit einem Sturz des Kaiserreiches rechnete und seine Armee für einen möglichen Bürgerkrieg intakt bewahren wollte, bleibt allerdings Spekulation.[103]

Die im letzten Moment doch noch geschlagenen Franzosen hatten mit knapp 12 300 Toten, Verwundeten und Vermissten deutlich geringere Verluste als die Angreifer.[104] Allein das preußische Garde-Korps musste an diesem Nachmittag mit 8200 Offizieren und Mannschaften fast 30 Prozent seiner Ausgangsstärke auf die Verlustliste setzen. Die Gesamtausfälle der übrigen fünf an der Schlacht beteiligten deutschen Armeekorps summierten sich bis zum späten Abend des 18. August auf 12 000 Tote und Verwundete. An beiden Kampftagen vor Metz hatte das deutsche Heer zusammen 36 000 Soldaten verloren. Seit Beginn des Feldzuges waren in sechs siegreichen Schlachten die Verluste auf bereits 58 000 Mann gestiegen, was der Kampfkraft zweier voller Armeekorps entsprach.[105] Zwar war das Offizierkorps mit fast vier Prozent überproportional an den Verlusten beteiligt, doch die Kritik an seiner rücksichtslosen Kampfführung war jetzt nicht mehr zu überhören. In einem Brief an seine Gattin nahm Bismarck kein Blatt vor den Mund und sprach von der »Verschwendung der besten Soldaten Europas«. »Nur Faust, kein Kopf, und doch siegen wir.« An den Generalen Steinmetz und Voigts-Rhetz, dem Kommandierenden General des X. Armee-Korps, ließ er kein gutes Haar und zweifelte, ob man bei diesen Verlusten überhaupt nach Paris gelangen werde.[106] Selbst König Wilhelm sah sich veranlasst, am 21. August einen Befehl an seine Armee auszugeben, in dem er die Erwartung aussprach, dass es der Intelligenz seiner Offiziere wohl gelingen werde, durch eine rechte Ausnutzung des Terrains, die Wahl zweckmäßiger Formationen sowie einer gründlicheren Vorbereitung des Angriffs künftig dieselben Erfolge mit geringeren Opfern zu erreichen.[107]

Sedan – Der Marsch der Armee von Chalons in den Untergang

»Unsere zweite Armee steht bei Chalons bereit und wird von einem Mann befehligt, der auf seine Revanche brennt. Wir werden ohne Zweifel schon bald hören, dass diese Armee zum Kampf angetreten ist und trotz aller Anstrengungen des Feindes ihre Hand in Kürze den Truppen des Marschalls Bazaine reichen dürfte.«

Le Temps vom 24. August 1870[108]

»Stolz darf sein, wer diesen Tag erlebt hat als ein Deutscher!«

Tagebuch der Baronin Hildegard von Spitzemberg vom 3. September 1870[109]

Marschall François-Achille Bazaine hatte seine Armee in der Nacht zum 19. August nicht nur aus ihren Stellungen nach Metz zurückgezogen, sondern zugleich auch aus dem gesamten Krieg. In den ihr noch bis zur Kapitulation verbleibenden zwei Monaten mutierte seine *Armée du Rhin* mehr und mehr zu einem isolierten Anachronismus. Allerdings fesselte sie, selbst nachdem Napoleon in Gefangenschaft geraten und in Paris die Republik ausgerufen worden war, als überlebender Teil der kaiserlichen Armee weiterhin die Hälfte der deutschen Invasionsstreitmacht.

Zur Bewachung der in Metz eingeschlossenen Franzosen musste Moltke zu seinem Verdruss den größten Teil der 2. Armee des Prinzen Friedrich Karl abstellen, die er vor Paris dringend gebraucht hätte. Nach Abzug des sächsischen XII. Armee-Korps sowie der Reste des Garde-Korps verblieben dem Neffen des Königs für seine wenig attraktive Aufgabe noch 150 000 Mann. Aus den beiden frei gewordenen Korps, zwei zusätzlichen Kavalleriedivisionen sowie dem preußischen IV. Armee-Korps, das am Tag von Mars-la-Tour und Vionville einen freilich fehlgeschlagenen Angriff auf die Festung Toul unternommen hatte, bildete Moltke eine neue Armeeabteilung mit insgesamt 86 000 Mann und 288 Geschützen.[110] Als sogenannte Maas-Armee trat sie unter den Oberbefehl des sächsischen Kronprinzen Albert. Moltke schätzte den ehemaligen Kontrahenten aus dem Krieg von

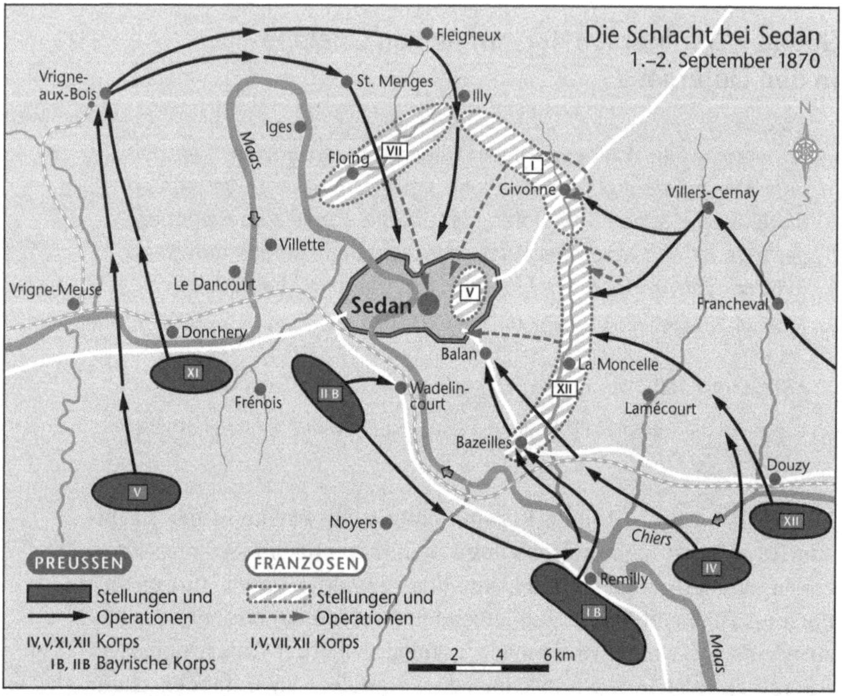

Karte der Schlacht von Sedan.

1866 sehr und stand seit einer im Vorjahr unternommenen Generalstabsreise nach Sachsen in sehr guter Beziehung zu dem späteren vorletzten Monarchen des kleinen Königreichs.[111]

Prinz Alberts Armee sollte den nördlichen Flügel der Streitmacht bilden, mit der Moltke über die Maas und die Argonnen gegen das bei Chalons vermutete letzte Aufgebot des Kaiserreichs vorgehen wollte. Den südlichen Flügel der deutschen Offensive auf Paris bildete die Armee des preußischen Kronprinzen mit 137 500 Mann und 525 Geschützen.[112] Nach ihrem Sieg bei Wörth hatte sie mit ihren nunmehr sechs Armeekorps, ohne noch irgendwo auf nennenswerten französischen Widerstand zu stoßen, die Vogesen überschritten und Brückenköpfe an der Maas gebildet. Jetzt aber mussten sie von Moltke vorerst angehalten werden, damit Alberts »Maas-Armee« zu ihr aufschließen konnte. Auf keinen Fall durfte eine der beiden Armeen isoliert an den Feind geraten.

Zunächst hatte es für Moltke völlig außer Zweifel gestanden, dass die unter dem Befehl des Marschalls MacMahon sich an der Marne formierende Armee zur Verteidigung der Hauptstadt eingesetzt werden würde. Jetzt aber kamen Gerüchte auf, dass die Franzosen durch einen Vorstoß über die Maas und weiter auf Montmédy Verbindung mit Bazaine herstellen wollten. Von Chalons sei der Marschall mit seinen Truppen bereits in Richtung Reims aufgebrochen. Dragoner der preußischen 4. Kavallerie-Division hatten am 24. August das große Lager an der Marne tatsächlich verlassen und zur Hälfte niedergebrannt vorgefunden. Im großen Hauptquartier, das sich inzwischen in Bar-le-Duc befand, war Moltke allerdings noch unschlüssig. Bloße Gerüchte rechtfertigten keine vollständige Änderung der komplexen Dispositionen für den Marsch von 220 000 Mann. Erst eine telegrafische Nachricht aus London, die sich auf einen Artikel in der gewöhnlich gut unterrichteten *Le Temps* vom 24. August bezog, verschaffte ihm noch am selben Abend endlich die gewünschte Gewissheit: MacMahon sei bereits am Vortag von Reims in Richtung Stenay an der Maas aufgebrochen und wolle den Truppen Bazaines die Hand reichen. Seiner abendlichen Whistrunde erklärte der Generalstabschef höchst erfreut, aber auch mit einem unüberhörbaren Degout vor diesem offenbar nicht gleichwertigen Gegner: Die Kerls sind doch zu dumm, nun sollen sie ihre Strafe haben.[113] Am nächsten Morgen, dem 25. August, erließ Moltke an Maas- und Kronprinzenarmee, die inzwischen beide in einer Linie von St. Dizier bis Verdun standen, die in der Nacht ausgearbeiteten Befehle für einen scharfen Rechtsschwenk entlang der Maas nach Norden. Damit hoffte er, die Chalons-Armee von zwei Seiten packen zu können, um sie entweder einzuschließen oder über die belgische Grenze zu drängen.

Auf der Gegenseite hatte freilich nicht so sehr bloße Dummheit, sondern vor allem die brisante Gemengelage aus ungesicherten Nachrichten, einer gereizten Öffentlichkeit und einem Regime, dessen Macht mit jedem sieglosen Tag weiter erodierte, zu dem überaus riskanten Auftrag an MacMahon geführt. Der Marschall selbst machte keinen Hehl aus seiner Ablehnung des Plans. Angesichts der unklaren

Feindlage und des demoralisierten Zustandes seiner drei aus dem Elsass geretteten Armeekorps erschien es MacMahon unwahrscheinlich, überhaupt in die Nähe der Maas zu gelangen. Noch in einer ersten Besprechung am 17. August war er sich mit dem am Vorabend aus Metz eingetroffenen Kaiser völlig einig gewesen, mit den noch verfügbaren Truppen die Hauptstadt zu verteidigen. Das nur schlecht zu verteidigende Lager von Chalons sollte so schnell wie möglich geräumt und vorerst eine neue Position um Reims bezogen werden. Zuvor musste allerdings das bei Wörth arg dezimierte I. Armee-Korps mit Reservisten aus Paris wieder auf eine Stärke von 40000 Mann gebracht werden. Sein V. und VII. Armee-Korps wiesen zusammen noch 50000 Soldaten auf. Eine echte Verstärkung war das neu aufgestellte XII. Armee-Korps des Generals Bartélémy Lebrun. Ihm waren die hervorragende Marinedivision, eine inzwischen von der spanischen Grenze abgezogene Division sowie eine in Chalons zurückgebliebene Division des VI. Armee-Korps unterstellt. Auf dem Papier verfügte MacMahon somit über eine imposante Armee von 130000 Mann und 400 Geschützen.[114] Damit hoffte er, so bald wie möglich von Reims weiter auf Paris ziehen zu können. Gestützt auf die damals stärkste Befestigung der Welt besäße sein Aufgebot vor der Hauptstadt gewiss den notwendigen Rückhalt auch gegen eine bedeutende deutsche Übermacht.

Die Kaiserin-Regentin und ihr neuer Kriegsminister, Graf Palikao, fürchteten jedoch das Ende der Dynastie, wenn der Kaiser als mehrfach geschlagener Oberbefehlshaber in seine brodelnde Hauptstadt zurückkehrte. Beide bestanden nachdrücklich auf dem Entsatzversuch des in Metz eingeschlossenen Bazaine, nachdem bereits im *Corps législatif* unter großer Zustimmung aller Abgeordneten erklärt worden war, dass der französische General, der seinen Kameraden im Stich lasse, dem »Fluch des Vaterlandes« verfalle.[115] Über den Verlauf der beiden letzten Schlachten westlich von Metz besaß man in Paris freilich kaum verlässliche Nachrichten. Auch über Bazaines Absichten bestand nur wenig Klarheit. Immerhin hatte er in einem Telegramm am 19. August, das MacMahon allerdings erst drei Tage später in Reims erreichte, seine Absichten dargelegt. Nach einer dreitägigen Pause zur Versorgung und Neuordnung seiner Truppen wolle er nach Norden durchbrechen, um über Thionville und Montmédy Anschluss an die Chalons-Armee zu gewinnen. Weitere Meldungen des Marschalls, die das erste Telegramm bestätigten, blieben jedoch aus. Inzwischen hatten die Deutschen die Telegrafenleitung gekappt.[116] Trotz der somit diffusen Nachrichtenlage hatte MacMahon in Bazaines Ankündigung eine Verpflichtung gesehen, wenigstens den Versuch zu unternehmen, zur Maas zu gelangen. Dabei wollte er sich aber stets die Option eines Rückzugs offenhalten. Die Truppe spürte die Unsicherheit der Führung und begann nur widerstrebend am 24. August ihren Marsch in Richtung Vouziers und Rethel. Wohl an die 10 000 Versprengte, sogenannte *trainards*, waren ohne jede Aufsicht in Reims zurückgeblieben, plünderten dort Versorgungszüge oder hingen einfach in den Straßen und Cafés herum und zeigten keinerlei Eile, ihren Regimentern zu folgen.[117]

Die Eisenbahn über Rethel nach Mézières erleichterte MacMahon die Versorgung seiner Truppen. Einmal mehr wurden die Franzosen jedoch von der Schnelligkeit der Deutschen überrascht. Preußische Kavallerie hatte seit Tagen ihre südliche Flanke bedroht und war zuletzt sogar bis Reims vorgestoßen. Schlimmer aber war, dass sächsische Truppen bereits am 27. August die Maasübergänge bei Stenay und Dun besetzt hatten. Dies zwang MacMahon, von seiner geplanten Marschroute weiter nach Norden auszuweichen. Auch wenn er nicht wissen konnte, dass Moltke gegen ihn die doppelte Zahl an Truppen aufgeboten hatte, musste ihm sein militärischer Instinkt sagen, dass er mit seiner Armee geradewegs in eine Falle marschierte. Auch der Kaiser, der die Armee begleitete, weil er nicht wusste, wo sonst er hätte bleiben können, sprach sich angesichts der neuen Lage für einen Abbruch der Operation aus. Auf die noch am selben Tag nach Paris gemeldeten Bedenken wiederholte Graf Palikao allerdings seine strikte Order, den Entsatzversuch unbedingt fortzusetzen. Andernfalls bräche in Paris eine Revolution aus. Was aber war mit Bazaine? War seine Armee schon auf dem Marsch nach Montmédy? Neue Nachrichten aus Metz gab es nicht und sämtliche Anfragen an Bazaine waren bisher ohne Antwort geblieben. Es störte den Kriegsminister auch durchaus nicht, dass sich die Kronprinzenarmee bereits zwischen MacMahon und die Hauptstadt geschoben hatte. Bedenkenlos teilte er dem Marschall mit, dass er angeblich immer noch einen Vorsprung von 36 Stunden vor den Deutschen besitze, wenn er nur rasch seinen Marsch zur Maas wieder aufnehme. Von der neu gebildeten »Maas-Armee« des sächsischen Kronprinzen wusste Graf Palikao offenbar nichts.[118]

MacMahon war keine schlichte Soldatennatur, er besaß durchaus politischen Verstand und hegte Ambitionen, die über das Militärische weit hinausgingen. Keine drei Jahre später sollte er der zweite Präsident der neuen Dritten Republik werden. Der Marschall hätte daher unbedingt an seinem Entschluss zum Rückmarsch festhalten müssen, um seinem Land wenigstens eine Armee zu retten. Einerseits wusste er, dass er dem Regime in Paris nicht mehr helfen konnte. Andererseits wollte MacMahon jedoch die harte Entscheidung vermeiden, die ihn wohl sofort sein Kommando gekostet hätte und ihn in den Augen des ganzen Landes für immer zum großen Verräter gestempelt haben würde. Vielleicht aber ließe sich ja beides, seine Armee und sein militärisches Prestige, retten, wenn er sich nur auf einen kurzen, das Gesicht wahrenden Kampf mit den Deutschen einließ, um alsdann so rasch wie möglich, gestützt auf die Eisenbahn, über Mézières und Rethel den Rückzug anzutreten.

Das Tempo und die Wucht des deutschen Stoßes nach Norden unterschätzte MacMahon allerdings auch jetzt noch, während er seine Armee langsam nach Nordosten auf Le Chesne und das an der Maas gelegene Mouzon vorschob. Von dort waren es kaum noch 20 Kilometer bis Montmédy, wo vielleicht nur einen Tagesmarsch entfernt schon Bazaine auf sie wartete. Die Ungewissheit und der seit Tagen anhaltende Regen machten Offizieren und Truppe zu schaffen. Wenige Kilometer südlich von Mouzon erreichte in der Nacht zum 30. August MacMahons rechter Flügel, das V. Armee-Korps des Generals Failly, den Raum um Beaumont. Faillys Männer befanden sich erstaunlicherweise kurz nach Mittag des nächsten Tages noch südlich von Beaumont beim Abkochen ihres Frühstücks. Die Franzosen waren zwar bis 4 Uhr morgens marschiert und erschöpft, aber kein preußischer General hätte in ähnlich bedrohlicher Lage seiner Truppe eine Pause von einem halben Tag gewährt. Die leichtsinnigerweise ohne nennenswerte Sicherungen Lagernden traf der Angriff des preußischen IV. Armee-Korps völlig unvorbereitet. Für die Soldaten aus der Altmark war es, abgesehen von dem fehlgeschlagen Angriff auf die Festung Toul, das erste Gefecht des Krieges. Voller Elan stürmten sie das Biwak der Franzosen und trieben den sich nach seinem ersten Schock hartnäckig wehrenden Gegner, bald unterstützt von Teilen des sächsischen XII. sowie des bayerischen I. Armee-Korps, im Laufe des Nachmittags etwa acht Kilometer weit zur Maas zurück. Die schwerste Arbeit hätten dabei die »guten Schönhausern« unter General Gustav von Alvensleben getan, meldete Kanzler Bismarck stolz an seine Frau.[119] Das Gefecht endete erst bei Einbruch der Dunkelheit. Die Franzosen hatten etwa 5500 Mann als Tote oder Gefangene auf dem linken Maasufer zurücklassen müssen. Außer 42 Geschützen war den Angreifern auch General Faillys mit 150 000 Francs gefüllte Kriegskasse in die Hände gefallen.[120] Die preußischen Kanonen, von denen der liberale Abgeordnete Adolf Riedel einmal im preußischen Landtag prophezeit hatte, dass ihre Sprache keinem Volke in Europa unvernehmbar bleiben würde, hatten an diesem Nachmittag nicht nur Faillys Regimenter zersprengt, sie hatten auch endgültig alle Pariser Luftschlösser zum Einsturz gebracht. Nach »Beaumont« waren Graf Palikaos Weisungen aus der realitätsfernen Welt der Hauptstadt bedeutungslos geworden. Sie kümmerten MacMahon nicht mehr. Auch wenn der Marschall noch nicht genau erkannt hatte, dass inzwischen zwei deutsche Armeen wie Raubtiere fauchend an seinen Flanken vorbeistrichen, so war ihm doch nach dem neuerlichen Debakel klar, dass es keinen geordneten Rückzug mehr geben würde, sondern nur noch die Flucht. Das neue Ziel seiner Armee war Mézières, wo sich gestützt auf die Festung und mithilfe des bereits mit der Bahn anrollenden XIII. Armee-Korps vielleicht noch eine neue Stellung beziehen ließ. Zunächst aber versuchte MacMahon, seine Armee auf halbem Weg bei Sedan zu versammeln, wobei sein altes I. Armee-Korps die Nachhut bildete. In der kleinen Stadt oberhalb der Maasschleife mit ihrer veralteten Zitadelle aus dem 17. Jahrhundert, wo der legendäre Henri de La Tour d'Auvergne Turenne, ein Marschall aus Frankreichs besseren Zeiten, seine Jugend verbracht hatte, hoffte MacMahon, seine angeschlagenen Truppen noch einmal ordnen und verpflegen zu können. Die Höhenzüge im Osten und Norden von Sedan boten den Franzosen einen gewissen Schutz. Sie gehörten schon zu den Ausläufern der Ardennen und wurden nach einem Flüsschen, das das Gebiet von Nord nach Süd in einem scharf eingeschnittenen Tal durchfloss, als »Wald von Givonne« bezeichnet. MacMahon ließ die Höhen durch zwei seiner Korps besetzen, wobei eine als Kalvarienberg von Illy bezeichnete Kuppe etwa vier Kilometer nordwestlich von Sedan den Eckpunkt der rechtwinkligen französischen Stellung bildete. Der Verlauf der Givonne markierte zwischen dem gleichnamigen Dorf und Bazailles im Süden die Ostflanke der Franzosen. Für den Schutz des südlichen Zugangs nach Sedan sollte das XII. Armee-Korps unter General Lebrun sorgen, das dazu Stellungen zwischen Bazeilles und Moncelle bezog. Da der Marschall gar nicht an eine nachhaltige Verteidigung von Sedan dachte, hatte er es versäumt, seine Truppen feste Stellungen anlegen zu lassen. Auch ließ er die Brücke von Donchéry am westlichen Ende der Maasschleife unbesetzt.[121] Zwar sollte sie gesprengt werden, aber den damit beauftragten Pionieren, die bereits am Bahnhof von Donchéry ausgeladen worden waren, fuhr der in Panik geratene Zugführer mit dem gesamten Sprengmaterial nach Mézières davon. Als der Fehler korrigiert wurde, war es bereits zu spät. Faillys bei Beaumont geschlagenes V. Armee-Korps bildete die Reserve der Armee. Für den bisher so glücklos agierenden General war bereits Ersatz vorgesehen. Am 30. August war aus Paris General Emanuel Wimpffen auf der noch offenen Bahnlinie in Sedan eingetroffen. Kriegsminister Palikao hatte den Militärbefehlshaber von Oran, der sich seit Wochen um ein Frontkommando bemüht hatte, vor seinem Abgang nach Sedan in einem längeren Gespräch noch einmal auf den weiterhin bestehenden Auftrag eingeschworen und ihn mit einem Legitimationsschreiben ausgestattet, das ihn zu MacMahons Nachfolger bestimmte, falls dem Marschall etwas zustoßen sollte. Von der militärischen Dominanz des Gegners hatte der Neuling auf dem Kriegsschauplatz jedoch ebenso wenig eine zutreffende Vorstellung wie der alte Palikao.

Inzwischen hatten die Deutschen, deren Märsche mit der Präzision eines Uhrwerks abliefen, sieben ihrer Korps beiderseits der Maas auf Schlagdistanz zum Gegner gebracht. Der Regierung in Brüssel ließ Bismarck am 30. August bereits vorsorglich die Aufforderung zugehen, für die Entwaffnung aller französischen Truppen zu sorgen, die nach Belgien gelangten, andernfalls würden deutsche Truppen ebenfalls unter Waffen die Grenze überschreiten.[122] Die Falle für die Franzosen war geschlossen und der scheinbar letzte Akt des Dramas konnte beginnen.

1. September 1870: Beginn der Schlacht von Sedan mit dem Angriff der bayerischen Infanterie auf das von französischer Marine-Infanterie verteidigte Dorf Bazeilles, 3,5 km südlich von Sedan. Gemälde (1877) von Eugen Adam ...

In der Nacht zum 1. September vollzogen zwei Brigaden des bayerischen I. Armee-Korps einen Uferwechsel auf die rechte Maasseite. Die Bayern, die in der Dunkelheit mit unsicheren Schritten zum ersten Mal eine Schiffsbrücke überqueren mussten, überraschten gegen 4 Uhr im dichten Morgennebel die um Bazeilles verschanzten Marinesoldaten des französischen XII. Armee-Korps.[123] Es entwickelte sich in den Straßen der Ortschaft unter Beteiligung ihrer Bewohner ein heftiger Häuserkampf, den beide Seiten unter Einsatz frischer Kräfte für sich zu entscheiden hofften. Die Bayern erlitten in den engen Straßen starke Verluste und kamen zunächst nicht weiter. Allein das Leibregiment verlor bis zum Abend 15 Offiziere und 268 Mann.[124] Erbost über etliche Zivilisten, die sie aus dem Hinterhalt beschossen hatten oder sogar über ihre Verwundeten hergefallen waren, töteten Soldaten des Bayerischen Infanterie-Leibregimentes im Verlauf des Vormittags mehr als 30 Einwohner an Ort und Stelle. Schließlich wurde ganz Bazeilles in Brand gesteckt und später Dutzende von verdächtigen Zivilisten nach Deutschland verschleppt. Die Londoner

Times verbreitete kurz darauf die Falschmeldung, dass von den 2000 Einwohnern des vormals schmucken Städtchens kaum ein Sechstel die Kämpfe überlebt habe.[125]

Der Umgang mit Zivilpersonen, die sich spontan am Kampf beteiligten, war damals im Kriegsvölkerrecht noch nicht einheitlich geregelt. Viele Franzosen sahen im Widerstand ein natürliches Recht, während die deutsche Seite den Kampfeinsatz von Zivilisten als eine unzulässige Grenzüberschreitung wertete. Grundsätzlich verabscheute man die verdeckte Kampfweise als hinterhältig und sah in den Vorkommnissen von Bazeilles einmal mehr die eigenen Auffassungen vom niederträchtigen Charakter des Feindes glänzend bestätigt. Einen französischen Priester, der bei Sedan auf deutsche Verwundete geschossen haben soll, wünschte Bismarck sogleich zum »Orden der Cordeliers« überführt.[126]

Weshalb MacMahon als Armeeoberbefehlshaber schon beim ersten Gefechtslärm nach Bazeilles geritten war, ist unklar. Ein Lagebild konnte er dort vor Tagesanbruch jedenfalls nicht gewinnen. Dass ihn schon kurz nach seinem Eintreffen ein Granatsplitter am Bein verletzte, schien ihm nicht ungelegen zu kommen. Obwohl er noch Befehle geben konnte, beeilte er sich, sein hohes Kommando an den Befehlshaber des VII. Korps, General Auguste Ducrot, zu übergeben. Der Nachfolger hatte mit Sorge beobachtet, dass noch während des Kampfes um Bazeilles die Sachsen östlich an der Ortschaft vorbei in das Tal der Givonne vorstießen. Es war höchste Zeit, Sedan zu räumen und auf der Straße nach Floing in das nur 15 Kilometer entfernte Mézières auszuweichen, wo inzwischen auch das französische XIII. Armee-Korps mit 25000 Mann mit der Bahn eingetroffen war. Kaum hatte Ducrot jedoch die entsprechenden Befehle erteilt, erschien General Wimpffen und beanspruchte den Oberbefehl über die Armee. Weder MacMahon noch Ducrot hatten von der Absprache mit Palikao gewusst. Entscheidend war jedoch nicht, wer an der Spitze der Armee stand, sondern dass Wimpffen, der sich offenbar in Paris von Palikaos Realitätsferne hatte anstecken lassen, jetzt darauf bestand, den Kampf um Sedan fortzusetzen. Frankreich brauche endlich einen Sieg, erklärte Wimpffen seinen verblüfften Rivalen. Bei Sedan war dieser Sieg freilich nicht mehr zu erringen. Im Gegenteil drohte den Franzosen jetzt eine Katastrophe. Bereits seit dem frühen Morgen hatten Teile des preußischen V. und XI. Armee-Korps westlich der Maasschleife den Fluss auf der noch intakten Brücke von Donchéry überschritten und standen gegen 7.30 Uhr bereits an der Straße von Sedan nach Mézières. Nicht eine einzige französische Patrouille hatte sich sehen lassen. Nach Osten um die Spitze der Maasschleife schwenkend, erreichten die Spitzen des XI. Armee-Korps schließlich den Nordrand von Floing. Zugleich drangen Teile des Nachbarkorps in das sich nördlich des Flusses erhebende Waldgelände ein, wo sie gegen Mittag bei Illy auf die Spitzen des preußischen Garde-Korps trafen.[127]

Während Wimpffen vor Bazeilles und La Moncelle noch mit Ducrot über die Möglichkeit eines Gegenangriffs debattierte, waren die Franzosen bereits so gut wie eingeschlossen. Ducrot bemerkte daraufhin sarkastisch, dass sich die gesamte Armee in einem Nachttopf befände, in den der Gegner bald scheißen werde.[128] Der französischen Kavallerie erteilte der General sofort den Befehl, mit insgesamt sieben Regimentern bei Floing die Straße nach Mézières noch einmal zu öffnen. Alle Versuche scheiterten jedoch im unerschrockenen Abwehrfeuer der preußischen 43. und 44. Infanterie-Brigade. Schon in der Bereitstellung war General Jean Margueritte durch einen Gesichtstreffer kampfunfähig geschossen worden und an seiner Stelle hatte sich General Gaston de Gallifet an der Spitze der in drei Wellen formierten Reitermasse in den Kampf gestürzt. In einer Mischung aus Wut und Verzweiflung wiederholte er die Attacken, bis seine Truppe am Nachmittag endgültig zersprengt war.[129] Noch ein ganzes Jahrhundert nach der Schlacht zählte der selbstmörderische Elan von Gallifets Reitern zum Fundus beliebter Militärlegenden, mit der sich das in Indochina und Algerien erneut gedemütigte Frankreich seine Niederlagen erträglich zu machen versuchte.[130] Das bereits am Vortag vollständig in Mézières eingetroffene französische XIII. Armee-Korps unternahm keinerlei Anstrengungen, den Kessel von außen zu öffnen. Obwohl ihm zunächst nur die württembergische Division gegenüberstand, erteilte General Joseph Vinoy schon am frühen Nachmittag seinen 25000 Mann den Befehl zum Rückzug in Richtung Laon, nachdem er durch entkommene Teile der Chalons-Armee über die kritische Lage um Sedan Kenntnis erhalten hatte.[131] Wie schon Failly bei Wörth, Bazaine bei Spichern und Bourbaki bei St. Privat neigten französische Generale dazu, den Donner der Geschütze zu überhören.

... und zerstörte Straße in Bazailles auf einer Fotografie vom September 1870.

Inzwischen war das völlig niedergebrannte Bazeilles verloren gegangen. Die überlebenden Marine-Infanteristen kapitulierten, nachdem sie auch die Munition ihrer Toten und Verletzten verschossen hatten. Ob Wahrheit oder Übertreibung, für den französischen Maler Alphonse de Neuville war es der Stoff zu einer weiteren Heldenlegende. Schon verstärkten Sachsen und preußische Garde mit jeder Minute ihre Stellungen entlang der Givonne, und ihre bald auf mehr als 100 Geschütze angewachsene Artillerie peitschte die Franzosen allmählich die Hügel hinunter vor die Mauern von Sedan. Als Neuerung in der Kriegsgeschichte bestrich die Artillerie des preußischen Garde-Korps jetzt systematisch das Gelände jenseits der Givonne.[132] Mit einer »wahrhaft grauenhaften Sicherheit« wurde die jenseitige Hochfläche »vom Feinde gesäubert, beschrieb ein sächsischer Stabsoffizier die Wirkung der Artillerie. Die Granaten verfolgten förmlich die einzelnen Haufen, wohin sich diese auch wenden mochten.«[133] In dem noch von den Franzosen kontrollierten Raum herrschte inzwischen ein unglaubliches Chaos aus hin und her marschierenden Verbänden und einer stetig wachsenden Zahl von Versprengten. Schon schlugen die Granaten der Preußen und Sachsen in der Stadt ein, wo aus dem die gesamte Szenerie einhüllenden Pulverdampf immer wieder weithin sichtbar die Feuersäulen getroffener Munitionsfahrzeuge emporschossen. Wimpffen glaubte jedoch auch jetzt noch an die Möglichkeit eines Durchbruchs bei Bazeilles. Tatsächlich glückte es ihm, noch einmal so viele Truppen zu sammeln, dass damit die überraschten Bayern aus Balan, einem Dorf zwischen Sedan und Bazeilles, vertrieben werden konnten. Eine Fortsetzung des Angriffes auf Bazeilles kam jedoch nicht mehr zustande. Die wenigen Soldaten, die noch bei der Fahne verblieben waren, verweigerten den Befehl, nachdem ihnen klar geworden war, wie überlegen der vor ihnen stehende Feind war.

Erstmals wehte jetzt über der Zitadelle von Sedan weithin sichtbar die weiße Fahne. Der Kaiser selbst hatte es angeordnet, doch der darüber empörte Wimpffen ließ sie rasch wieder einholen. Mehrmals war Napoleon im Verlauf der letzten Kämpfe in die vorderste Linie geritten und machte sich keine Illusionen mehr. Die Widerstandskraft der Armee war gebrochen. Die Männer folgten kaum noch ihren Offizieren und mit dem Verlust des Kalvarienberges gegen 14 Uhr hatte bereits der geordnete Widerstand geendet. Da der Kaiser im dichten Hagel aus Kugeln und Schrapnels, der reihenweise seine Soldaten niedermähte, nicht den von ihm erhofften Tod finden konnte, hatte er am späten Nachmittag seinen letzten Befehl erteilt und erneut die weiße Flagge hissen lassen. Das Opfer von 60 000 Mann hätte Frankreich nicht mehr retten können, rechtfertigte er später im englischen Exil seine Entscheidung.[134]

Keine noch so düstere Fantasie hätte dieses deprimierende Bild ersinnen können. Am Ende seiner 22-jährigen Regentschaft als Präsident und Kaiser der Franzosen wehte nicht die Trikolore über Mainz, Köln und Koblenz, sondern eine weiße Fahne über der Zitadelle einer französischen Kleinstadt in den Ardennen. Seit dem Vormittag hatten König Wilhelm und seine zahlreiche Entourage aus deutschen Fürsten, Generalen und ausländischen Kriegsbeobachtern die einseitige Schlacht von einer Höhe westlich von Sedan beobachtet. Gegen 16 Uhr gab der Monarch den Befehl zum letzten Akt des Dramas. Eine halbe Stunde lang ließ er die gesamte deutsche Artillerie von allen Seiten direkt in die Stadt feuern. Dann endete das Schießen plötzlich auf ganzer Linie und über der Zitadelle von Sedan wurde erneut die weiße Flagge sichtbar. Eine gespenstische Stille herrschte von einem

Moment zum nächsten über dem ganzen Tal der Maas. War dies bereits die Kapitulation der gesamten Armee? Moltke schickte Oberstleutnant Paul Bronsart von Schellendorff als Parlamentär zur Klärung der Lage in die Festung hinunter, wo er zu seiner Überraschung sogleich zum Kaiser gebracht wurde. Von der Anwesenheit Napoleons in Sedan hatte niemand im Großen Hauptquartier etwas gewusst. Der Kaiser schickte den preußischen Offizier zusammen mit seinem Adjutanten, dem General André Reille, mit einer Botschaft an König Wilhelm zurück. Darin bot er dem *beau frère* seine persönliche Kapitulation an. Der König gab nach kurzer Beratung mit Bismarck und Moltke dem Franzosen ein kurzes Schreiben mit, in dem er Napoleon aufforderte, einen verantwortlichen General für die anstehenden Kapitulationsverhandlungen zu nennen. Wimpffen versuchte, die unangenehme Aufgabe auf General Ducrot abzuwälzen, aber der Kaiser bestand darauf, dass er die französische Delegation leiten müsse. Auf deutscher Seite bestimmte der König seinen Generalstabschef zum Verhandlungsführer, da er die Kapitulation als eine rein militärische Angelegenheit betrachtete.

Erst gegen Mitternacht trafen die Franzosen vor dem Bauernhaus in Donchery ein, in dem das Große Hauptquartier am Abend untergezogen war. Das Verhandlungszimmer war ein schlichter Raum, aber an einer der Wände hing sogar ein Bildnis Napoleons I., auf das jetzt wie durch den launigen Einfall einer höheren Regie das gebündelte Licht einer zersplitterten Gaslampe fiel.[135] Zum Entsetzen General Wimpffens, der zunächst gehofft hatte, dass nur die Festung Sedan übergeben werden müsse, während der Rest seiner Truppen, wie er vorschlug, etwa in Algerien bis zum Ende des Krieges interniert werden könnte, bestand Moltke auf der Gefangennahme der gesamten französischen Armee. Lediglich die Offiziere sollten davon ausgenommen werden, sofern sie ihr schriftliches Ehrenwort gaben, in diesem Krieg nicht mehr gegen die Deutschen zu kämpfen. Verzweifelt appellierte der französische General an die Weitsicht der Sieger und versicherte den Deutschen, dass das französische Volk keine Revanchegelüste haben werde, wenn es jetzt großmütig behandelt würde. Auch seien die Franzosen längst kein kriegerisches Volk mehr. Sie zögen inzwischen den Eigennutz dem militärischen Ruhm vor.[136] Bismarck widersprach dem Franzosen energisch. Er gebe nichts auf die

Napoleon III. und König Wilhelm I. am 2. September 1870 vor dem Schloss Bellevue bei Frenois. (Kreidelithografie von W. Loeillot).

Versprechen einer Nation, die in nur 80 Jahren sechs Mal ihre Regierung gestürzt habe und im Gegensatz zu den Deutschen keinerlei Respekt vor gewachsenen Institutionen zeige. Nach einer langen Aufzählung wenig schmeichelhafter französischer Eigenschaften, womit Bismarck mit unverkennbarem Genuss das in Deutschland gängige Bild des »unruhigen Nachbarn« jenseits des Rheins wiedergab, kam man schließlich auf die nüchternen Einzelheiten der Kapitulation zurück.

Das deutsche Angebot galt zunächst bis 4 Uhr am nächsten Morgen, danach würde, so Moltke, die deutsche Artillerie die Beschießung der Stadt wieder aufnehmen. Auf Wimpffens Einwand, dass die Frist keine Zeit mehr zur Beratung lasse, verlängerte Moltke sie nach kurzer Rücksprache mit Bismarck um fünf Stunden.[137] Danach drohte den Franzosen ein Massaker, und so beugten sich die Generale nach kurzer Beratung in Sedan den grausamen Fakten. Die Schlacht am

Vortag hatte sie 14000 Tote und Verwundete gekostet. Mehr als 20000 Mann waren bereits in deutsche Gefangenschaft geraten. Weiterer Widerstand wäre ohne militärischen Nutzen und hätte nicht einmal einen Zeitgewinn für die Verteidiger von Paris gebracht.

Noch vor Unterzeichnung der Kapitulation hatte Napoleon am Morgen die Festung in Richtung Frénois verlassen. Auf einem Kartoffelacker in der Nähe von Donchery ritt ihm Bismarck entgegen. Die Begegnung der beiden hatte allerdings nur noch symbolischen Charakter. Der geschlagene Kaiser, der zwei Dekaden lang im Zentrum der europäischen Politik gestanden hatte, war jetzt nicht mehr als ein Privatmann. Die Unterhaltung sei schwierig gewesen, schrieb Bismarck an seine Frau, da er nicht Dinge ansprechen wollte, die den »von Gottes gewaltiger Hand Niedergeworfenen« schmerzlich berühren mussten.[138] Die Macht jedoch lag in Paris bei Graf Palikao und der Regentin und auch das vielleicht nicht mehr lange. Der Form halber empfing auch König Wilhelm, dem unnötige Demütigungen fremd waren, den Geschlagenen in dem nahe von Donchery gelegenen Schlösschen Bellevue.[139] Die Unterredung der beiden Monarchen dauerte nicht mehr als eine Viertelstunde. Als Napoleon erfuhr, dass seine Armee tags zuvor nur gegen einen Teil der deutschen Truppen gekämpft hatte, während sechs Armeekorps bei Metz verblieben waren, sackte er in sich zusammen und erklärte resignierend: Dann ist alles verloren.[140] Man trennte sich schließlich mit einem letzten Handschlag.[141]

Der Ex-Kaiser brach am nächsten Morgen ins belgische Bouillon auf, von wo er als Kriegsgefangener mit der Bahn nach Schloss Wilhelmshöhe bei Kassel reiste. Sein Onkel Jérôme hatte einst als König von Westfalen auf dem mitten in einem großen Park gelegenen Anwesen residiert und nun wurde ihm und seiner 15-köpfigen Begleitung dort eine Flucht von sechs geräumigen Zimmern zugewiesen.[142] Von seinen damals 62 Lebensjahren hatte Louis Bonaparte, der in Augsburg das Gymnasium besucht hatte, kaum die Hälfte in Frankreich zugebracht, davon sechs Jahre als Gefangener und 22 Jahre als Präsident und Kaiser.

Gegen Mittag rückten bayerische Truppen in Sedan ein und entwaffneten alle Franzosen, die ihre Gewehre noch nicht in die Maas geworfen oder zerbrochen hatten. Tausende Pferde, für welche die

Deutschen keine Verwendung hatten, wurden getötet und ihre Kadaver einfach in den Fluss geworfen.[143] Für die gefangenen Franzosen, die man in einem provisorischen Lager bei Iges unterbrachte, begann nach der Kapitulation eine neuerliche Leidenszeit. Zwei Wochen lang mussten sie auf der erhöhten Spitze der Maasschleife ohne Schutz gegen die Witterung und nur unzureichend verpflegt auf ihren Abtransport nach Deutschland warten. Über ihre Zahl herrschen unterschiedliche Vorstellungen. Der Große Generalstab sprach in seinem Werk über den Krieg von insgesamt 104 000 Gefangenen. Auf französischer Seite rechnen dagegen Autoren wie François Roth mit nur 75 000 in Gefangenschaft geratenen Soldaten, da die Stärke der Chalons-Armee bereits zu Beginn der Schlacht kaum noch 100 000 Soldaten betragen habe. So müssten außer den Tausenden, die sich seit Beginn des Marsches von ihrer Truppe abgesetzt hatten, auch die bei Beaumont verlorenen 5000 Mann von der Ursprungsstärke abgezogen werden. Von der Gefangenenzahl gingen dann auch noch die 3000 bei Sedan gefallenen Franzosen sowie etliche Tausend Soldaten ab, die durch die Wälder nach Mézières entkommen konnten.[144] Allein in Belgien wurden in den nächsten Tagen noch mindestens 3000 Versprengte entwaffnet.[145]

Auch wenn die tatsächliche Zahl der sich ergebenden Franzosen letztlich wohl niedriger angesetzt werden muss, war die Einschließung und Gefangennahme einer ganzen Armee ein beispielloser Vorgang in der Militärgeschichte des Westens. Selbst Napoleons *Grande Armée* hatte bei Austerlitz nur den linken Flügel der russisch-österreichischen Armee einschließen können. Der sonst so bescheidene Moltke gratulierte seinem Monarchen bereits am Mittag, nachdem das preußische Garde-Korps in die Schlacht eingegriffen hatte, zu einem der »größten Siege des Jahrhunderts«.[146] Der Stolz des Generalstabschefs war unüberhörbar. Zwar hatten die Franzosen es ihm leichter gemacht als erwartet, doch Sedan war in jeder Hinsicht sein Sieg. Idee und Durchführung der Operation hatten dieses Mal ganz in seiner Hand gelegen.

Auf deutscher Seite hatte man aus dem Desaster der letzten Schlachten gelernt und dieses Mal die Artillerie den Hauptkampf führen lassen. Erst nach gründlicher Zerschlagung der gegnerischen Stellungen war die Infanterie vorgerückt. Trotzdem waren die deutschen

Verluste bei Sedan mit 9000 Toten und Verwundeten nicht unerheblich. Mit 2100 Ausfällen entfiel fast ein Viertel der personellen Einbußen auf das am Vormittag in Bazeilles eingesetzte bayerische I. Armee-Korps.[147] Das Schlachtfeld bot in seiner gesamten Ausdehnung einen schauerlichen Anblick. Die Gefallenen und Verwundeten beider Seiten waren oft bis zur Unkenntlichkeit von den Granaten zerfetzt. »Hier sah man den zerschmetterten Kopf eines schwarzen Turkos und hinter ihm lag ein Bayer, dem eine Granate die Brust durchrissen hatte. Leichen, die man aus dem Brandschutt von Bazeilles barg, sahen wie Kohle aus, und man hätte sie für Mumien halten können.«[148] Gleichwohl war der Jubel der Überlebenden unbeschreiblich, als König Wilhelm am Nachmittag in Begleitung Bismarcks vier Stunden lang das vor Sedan stehende deutsche Heer abritt.[149] Für den Monarchen, der als Neunjähriger vor den Armeen Napoleons nach Memel hatte fliehen müssen, war der Untergang des gesamten französischen Feldheers in nur vier Wochen ein kaum begreiflicher Vorgang. Es sei »ein Traum«, schrieb er einen Tag später seiner Frau, selbst wenn man es zuvor Stunde um Stunde habe abrollen sehen. Und er fügte voller Pathos hinzu: Er beuge sich vor Gott, der ihn allein, sein Heer und seine Mitverbündeten [sic] ausersehen habe, das Geschehene zu vollbringen.[150] Moltke hingegen wahrte seine gewohnte Gelassenheit. Am Abend seines wohl größten militärischen Triumphes setzte er sich wieder mit seinen Offizieren zum Whistspielen zusammen.[151]

Hungrig, frierend, ahnungslos – Die Soldaten im Feld

»Wir wurden alle prahlerisch. Plötzlich standen Ruhm, Beförderung und Belohnungen vor unseren Augen und belebten selbst die Zögerlichsten. Der Krieg sei nur eine kurze Sache und wir fühlten uns schon als Sieger. Nur Mut! In einem Monat werden wir alle zu Hauptmännern befördert sein und die schönsten Auszeichnungen tragen. All dies wirkte so überzeugend. Auf meinem ersten Rundgang wuchs meine Begeisterung mit jedem Augenblick und ich stimmte allen Reden aus vollem Herzen zu.«

Leutnant L. de Narcy (Offizier in einem Turko-Bataillon) am 19. Juli 1870[1]

»Da loderten tausende und abertausende deutscher Herzen auf in edelster stürmischer Begeisterung! Da half kein Jammern der Eltern und Geschwister, kein Bedenken ernst besorgter Mitbürger und Freunde, uns beherrschte nur mehr das eine Gefühl, dass es jetzt einzustehen gelte für unseres Vaterlandes Schutz und Ehre.«

Landwehrjunker Paul Bauriedel im bayerischen 3. Cheveaulegers-Regiment[2]

Über seinen zukünftigen Gegner wusste der gewöhnliche deutsche Soldat bei Beginn der Mobilisierung nur wenig. Eine vom Großen Generalstab noch im Juli 1870 zum Preis von fünf Groschen herausgegebene »Orientierung über die französische Armee« enthielt zwar in sachlicher Form knappe Angaben über Organisation, Stärke und Uniformierung der französischen Verbände, richtete sich aber in erster Linie an die Offiziere. Auch wenn sie sich hinsichtlich des Gefechtswertes der Franzosen kein Urteil gestatteten, glaubten die Verfasser der handlichen Broschüre im Taschenformat aber doch, der Truppe die weit verbreitete Furcht vor der *Mitrailleuse* nehmen zu müssen. Die Franzosen, so heißt es darin etwas abschätzig, hätten bislang in jedem Krieg die Welt und ihren Gegner mit etwas Neuem zu überraschen versucht, seien dabei aber jedes Mal gescheitert. Selbst die unbedeutendste Deckung würde einen Verteidiger gegen die *Mitrailleuse* schützen, da die Durchschlagskraft ihrer kleinen Gewehrkugeln nicht ausreiche, sie zu durchdringen.[3] Seit der napoleonischen Zeit standen Frankreichs Soldaten bei Preußen, Rheinländern oder Bayern im Ruf, tapfer zu kämpfen und mit unwiderstehlichem Elan anzugreifen. Auf etlichen Kriegsschauplätzen in aller Welt hatten sie sich zuletzt bewährt, und der jetzt mit der Armee des Kaisers bevorstehende Kampf versprach für die Deutschen schwer und verlustreich zu werden. An einen »Erstlingssieg« wagte etwa im bayerischen 3. Cheveaulegers-Regiment niemand zu denken.[4] Umso größer war die Erleichterung auf deutscher Seite, als die ersten französischen Gefangenen eingebracht werden konnten und sich herausstellte, dass man es keineswegs mit Übermenschen zu tun hatte.[5] Zwei schon am 2. August bei Saarbrücken in deutsche Hände gefallene Franzosen erregten sogar große Heiterkeit. Ausgelassen begafften die Deutschen die beiden jungen und erstaunlich schmächtigen Kerle in ihren langen schlafrockähnlichen Mänteln. Wohl erleichtert über das unkriegerische Bild verspottet man sie als »Nussknacker« oder nannte sie »Hanswurste in roten Hosen«.[6]

Auch der Anblick der bei Weißenburg am 4. August 1870 gefangenen Franzosen entsprach so gar nicht dem Bild, das sich die Deutschen von den angeblich besten Soldaten Europas gemacht hatten. Die Reiter vom bayerischen 3. Cheveauleger-Regiment aus Freising waren in der Schlacht nicht mehr zum Einsatz gekommen und reckten nun verwundert ihre Köpfe, als ihnen eine lange Reihe gefangener Franzosen aller Waffengattungen entgegenkam. Hinter einem Offizier mit einer »Frauensperson« im Arm trotteten die schwer bepackten Soldaten wie ein Haufen von Vagabunden daher, darunter auch »abscheuliche Exemplare« der gefürchteten »Turkos« mit ihren geschorenen Schädeln. »Da staunten unsere Wäldler«, schrieb der damals 20-jährige Landwehrjunker Paul Bauriedel aus Nürnberg in seinen Erinnerungen, und einer seiner entsetzten Kameraden hinter ihm fluchte auf die »schwarzen Teifi«.[7] Der Anblick afrikanischer Soldaten, von denen die Franzosen knapp 9000 Mann im Verlauf des Krieges einsetzten, verursachte unter den Deutschen anfangs einen heillosen Schrecken. Manche Offiziere betrachteten indes die fremdartigen

Französische Kriegsgefangene 1871 an der Kochstelle im Kriegsgefangenenlager Wahner Heide bei Köln.

Gesichter auch mit anthropologisch-ästhetischem Interesse. Nach den Erinnerungen des bayerischen Oberleutnants Dietrich von Laßberg soll es unter den bei Wörth gefangenen Schwarzafrikanern und Arabern sogar »manch schöne und edle Köpfe« gegeben haben.[8] Gerüchte über die angeblich grausame und hinterhältige Kampfweise der »Turkos« machten bald die Runde, schürten aber hauptsächlich den Hass auf die weißen Franzosen, denen man ihre Absicht nicht verzieh, mit diesen »Bestien« in Deutschland einzufallen.[9]

Für die französischen Soldaten waren Niederlage und Gefangenschaft völlig ungewohnte Erfahrungen und ließen ihr zur Schau getragenes Selbstbewusstsein wie eine Kulisse zusammenstürzen. Voller Begeisterung waren sie ausgezogen und viele hatten, von der Bevölkerung beim Auszug aus ihren Garnisonen bereits als zukünftige Sieger gefeiert, von Ruhm und Beförderungen geträumt.[10] Wie in den Schlachten zuvor hatten sie auch bei Weißenburg und Wörth tapfer gekämpft und sogar Gegenangriffe mit dem Bajonett geführt.[11] Dann aber war die versprochene Verstärkung ausgeblieben und nicht zum letzten Mal in diesem Krieg fühlten sich die Soldaten des Kaisers von ihren höheren Offizieren verraten. Anders als auf deutscher Seite war der Drang der kaiserlichen Generale, dem Donner der Kanonen entgegenzumarschieren, nicht sehr ausgeprägt.

Jetzt zogen gefangene Franzosen zu Hunderten in langen, zerzausten Kolonnen an den Siegern vorbei, und auf deutscher Seite mussten Offiziere ihre Männer ermahnen, sich mit ihrem Spott zurückzuhalten.[12]

Um die Disziplin der französischen Truppen schien es freilich schon vor der ersten verlorenen Schlacht des Krieges nicht besonders gut bestellt. Karl Klein, protestantischer Pfarrer im nordelsässischen Fröschweiler, war entsetzt über die nach seiner Ansicht »geistige und sittliche Verkommenheit« der Soldaten des Kaisers, die in den ersten Augusttagen in der Umgebung seiner Gemeinde eingetroffen waren. »Da lungerten sie im Dorfe herum wie müßige, heimatlose Bettler; und diese abscheuliche Trunkenbolderei, diese wütende Karten- und Würfelspielsucht. Dieses ewige Abbrüllen von Schund- und Schandliedern! Dieses wüste Fluchen und unflätige Zotenreißen.«[13]

Die Truppen, die Pfarrer Klein beschrieb, gehörten zum I. Armee-Korps des Marschalls Patrice MacMahon und stammten überwiegend aus den drei nordafrikanischen Departements. Abgesehen von den schwarzafrikanischen oder arabischen »Turkos«, die in drei Infanterieregimentern (Algerische Schützen) sowie drei Kavallerieregimentern (Spahis) zusammengefasst waren, bestand MacMahons Korps mehrheitlich aus in Algerien beheimateten Franzosen. Die von dem entsetzten elsässischen Chronisten beobachteten Disziplinlosigkeiten bis hin zu offener Befehlsverweigerung und wüsten Drohungen selbst gegenüber Offizieren waren vielleicht nicht repräsentativ für die gesamte französische Armee. Auffallend war die ungeheure Aggressivität der Truppe gegen ihre Vorgesetzten. Klein war sogar überzeugt, dass der Tod des Divisionsgenerals Abel Douay wenige Tage später in der Schlacht von Weißenburg auf das Konto der eigenen Leute gegangen sei.[14]

Auch die französischen Reservisten, die Mitte August mit der Bahn von Paris ins Feldlager von Chalons gebracht wurden, gaben nicht mehr viel auf die Befehle ihrer Vorgesetzten. Der soeben aus den Vereinigten Staaten zurückgekehrte Graf Maurice Hérisson beobachtete irritiert, wie die Soldaten überall auf dem meist nur im Schritttempo rollenden Zug herumkletterten oder in gereiztem Ton die *Marseillaise* grölten. Die begleitenden Offiziere wagten entweder nichts zu sagen oder taten es so zaghaft, als ob ihnen die Anfangsniederlagen gegen die Deutschen bereits jedes Selbstbewusstsein geraubt hätten.[15] Es war freilich für die unteren französischen Offizierränge, die oft selbst aus dem Mannschaftsstand stammten, grundsätzlich schwierig, sich gegenüber Untergebenen durchzusetzen, die sich aufgrund ihrer langen Dienstzeit als gleichrangig empfanden. Hohe soziale Schranken wie auf deutscher Seite gab es im kaiserlichen Berufsheer nicht und Leutnante oder Hauptleute genossen auch in der französischen Gesellschaft kein besonderes Prestige. In der Hauptstadt traten Offiziere außerhalb des Dienstes zum Erstaunen des preußischen Militärattachés Alfred Graf von Waldersee gewöhnlich nur in ziviler Kleidung auf,[16] und in Gefangenschaft geratene Offiziere scheuten sich später auch nicht, auf deutschen Höfen zu arbeiten, um sich ihren Sold aufzubessern.

Von den Söhnen Frankreichs, die Napoleon zu Beginn des Krieges voller Pathos zur Rettung von Freiheit und Zivilisation aufgerufen hatte,[17] stammte die Mehrzahl aus den unteren Schichten der Gesellschaft oder aus den ländlichen Regionen. Das Bildungsniveau in der französischen Armee war bescheiden. Eine 1869 erhobene Statistik kam sogar zu dem Ergebnis, dass 53 000 Unteroffiziere und Mannschaften der Infanterie nicht lesen konnten.[18]

Ein Missstand, der auch der langjährigen Praxis des Freikaufens zu verdanken war, mit deren Hilfe wohlhabende oder gebildete Franzosen den strapaziösen und wenig attraktiven Militärdienst leicht vermeiden konnten. Selbst unter den Offizieren der kaiserlichen Armee waren Analphabeten nicht selten, wie sich Ludwig Bamberger im Verlauf des Krieges wunderte.[19] Von denen aber, die eine höhere Schulausbildung erhalten hatten, waren nur wenige Vorgesetzte geneigt oder fähig, sich mit den theoretischen Grundlagen ihres Berufes auseinanderzusetzen. Der langjährige Militärattaché Frankreichs in Berlin, Baron Eugène Georges Stoffel, resümierte resignierend, dass er in Berlin innerhalb von nur zwei Monaten mehr Offizieren begegnet sei, welche die »Denkwürdigkeiten« Napoleons studiert hätten, als in Frankreich in einem ganzen Vierteljahrhundert.[20]

Der Oberst hatte von 1852 bis 1854 die Ausgrabungen in Alesia geleitet und teilte das glühende Interesse seines Kaisers für die Geschichte der Gallier. Ob sich seine alarmierende Beobachtung allerdings auf das gesamte preußische Offizierkorps übertragen ließ, muss bezweifelt werden. Der Typ des gebildeten Generalstabsoffiziers, der über den täglichen Dienst hinaus geistige Ambitionen hegte, war auch auf deutscher Seite die Ausnahme. Moltke hatte nie mehr als zwei Dutzend handverlesene »Halbgötter« im Großen Hauptquartier um sich und der gesamte Generalstab umfasste nur 70 Ausnahmeoffiziere. Etliche Generale erwiesen sich in den Anfangsschlachten sogar als tumbe Haudraufs. Bismarck klagte nach der Schlacht von Mars-la-Tour und Vionville mit Blick auf einige Truppenführer über wenig Kopf und viel Faust.[21] Die unteren Offizierränge dürften sich, obwohl in den deutschen Staaten gewöhnlich gesellschaftlich privilegiert, in ihrem Bildungsdrang von ihren Gegnern auf französischer Seite kaum unterschieden haben. Die Anfangsschlachten bei Wörth, Spichern und Metz sollten zeigen, dass die Masse der preußischen Einheitsführer aus den ebenso verlustreichen wie erfolglosen Sturmangriffen der Österreicher im Krieg von 1866 wenig gelernt hatte.

Durch die kürzeren Rekrutierungsintervalle waren preußische Offiziere allerdings in der Truppenausbildung mehr gefordert als die Gegenseite. Die wenigsten unter ihnen besaßen jedoch psychologisches Geschick im Umgang mit ihren Soldaten und bemühten sich auch gar nicht darum. Als Teil der Obrigkeit erhoben sie jederzeit Anspruch auf unbedingten Gehorsam. Frank Kühlich führt die Defizite in der Menschführung auf das Fortbestehen einer noch im Absolutismus wurzelnden Mentalität zurück.[22] Oft traten Offiziere vor der Front anmaßend und beleidigend auf und schreckten auch nicht davor zurück, ihre Untergebenen mit wüsten Drohungen oder sogar Faustschlägen ins Gesicht einzuschüchtern.[23] Ihr Motivationsrepertoire war dürftig. Zu mehr als pathetischen Appellen an die Truppe, deren Wirkung von der älteren Literatur gerne überzeichnet wurde, reichte es selbst vor Kampfeinsätzen nicht. Einigen bayerischen Junkern im 3. Cheveauleger-Regiment kam es bei Wörth immerhin in den Sinn, vor dem ersten großen Gefecht ihrer Eskadron ein patriotisches Lied anzustimmen, bis schließlich alle Soldaten mitsangen und dadurch ihre Beklommenheit etwas milderten.[24] Andere Offiziere ließen zum selben Zweck ihre dem gegnerischen Geschosshagel wehrlos ausgesetzten Soldaten stur exerzieren. Auch das half in einer der schlimmsten Extremsituationen, in die Soldaten überhaupt geraten konnten. Viele der mit suizidalem Elan vorgetragenen Angriffe waren dann auch tatsächlich nur eine verzweifelte Flucht nach vorn.[25]

Die Junkermethoden funktionierten, solange man es mit jungen Soldaten zu tun hatte, die von Schule und Lehre an auf Gehorsam und Unterwerfung gedrillt waren. Gelegentlich kam es allerdings selbst auf deutscher Seite zu Befehlsverweigerungen und handfesten Drohungen. Als etwa der württembergische Soldat Johannes Birkmeyer aus dem Kaiserin-Olga-Regiment, ein Veteran des Mainfeldzuges, im Winter 1871 von einem jungen Leutnant wegen einer Geringfügigkeit mit dem Säbel bedroht wurde, richtete er im Affekt sein Bajonett auf ihn. Der Schuster Birkmeyer, der den gesamten Krieg gegen Frankreich mitgemacht hatte, kam überraschenderweise mit nur einer Woche verschärften Arrests davon.[26]

Offener Ungehorsam schien aber im preußisch-deutschen Heer auf Einzelfälle beschränkt und wurde von den Offizieren meist schon im Ansatz brutal unterbunden. Selbst für kleinere Vergehen konnte verschärfter Arrest verhängt werden, der im Feld durch mehrstündiges Anbinden an Bäume oder Wagenräder vollstreckt wurde. Befehlsverweigerung wurde mit Festungshaft geahndet. Auch Todesstrafen wegen Wachvergehen konnten verhängt werden, wurden aber gewöhnlich in Festungshaft umgewandelt. Sogar das »Schlappmachen« auf Märschen galt als strafwürdiges Vergehen und die wenigsten Offiziere waren bereit, ihrer Truppe auch bei glühender Hitze Anzugserleichterungen zu gewähren.[27]

Allerdings gibt es auch Zeugnisse einer rührenden Anhänglichkeit von Untergebenen. So bat ein sächsischer Soldat um die Ehre, die Totenwache bei seinem gefallenen Oberst zu halten, und als der sächsische Kronprinz Albert persönlich dem völlig erschöpften Mann einen Imbiss bringen wollte, lehnte er mit der Begründung ab, er könne neben seinem toten Oberst nicht einfach essen.[28]

Im Vergleich zu ihren französischen Gegnern war der Erfahrungshorizont der meisten deutschen Offiziere und ihrer Untergebenen geradezu beschränkt. Während viele Franzosen und darunter vor allem die Soldaten mit verlängerter Dienstzeit, die als Kapitulanten bezeichnet wurden, schon in Algerien, auf der Krim, in Norditalien und sogar in Mexiko gekämpft hatten, war die Masse ihrer deutschen Gegner kaum jemals über das Umfeld ihrer Gemeinden oder Garnisonen hinausgekommen. Schon der Eisenbahntransport zum Rhein war für die meisten ein besonderes Erlebnis, und Soldaten aus der preußischen Provinz »Sachsen«, die während der Fahrt im ostwestfälischen Paderborn Zwischenstation machten, glaubten sich schon wegen der für sie unverständlichen Sprache des dortigen Stationspersonals in Frankreich angekommen.[29] Über das Ziel ihrer gewöhnlich dreitägigen und strapaziösen Reise in Vieh- oder Güterwaggons wussten die wenigsten Soldaten Bescheid. Die Ungewissheit hielt auch an, nachdem man bereits die Grenze überschritten hatte. Ihre Pläne und Absichten behielten die meisten Vorgesetzten für sich. Die Angst vor Geschwätzigkeit oder gar Verrat, aber auch eine ausgeprägte Gleichgültigkeit gegenüber ihren Untergebenen, hielten die meisten Offiziere davon ab, mehr als das unmittelbar Nötige über die Lage preiszugeben. Selbst die Kompaniechefs und Leutnante waren oft auf Gerüchte oder ermunternde Andeutungen ihrer Generale angewiesen. Er werde noch genug zu tun bekommen, versicherte etwa der bayerische General Ludwig von der Tann einem neugierigen Hauptmann, der sich während des langen Marsches nach Sedan darüber gesorgt hatte, ob er noch einmal »ins Feuer« komme.[30] »Über die Kriegslage erfuhren wir so gut wie nichts«, erinnerte sich der damalige Oberleutnant Paul von Hindenburg, als er mit der preußischen 1. Garde-Brigade auf St. Privat vorrückte.[31] Der Leutnant im preußischen 3. Grenadier-Regiment Max Liebermann von Sonnenborn stürmte am 14. August 1870 mit seinem Infanteriezug in der Schlacht von Colombey-Noilly praktisch ahnungslos über Felder und Straßen vor. Seinen ihn mit Fragen bedrängenden Soldaten hatte er nur das mitteilen können, was ihm durch »Hörensagen« zugetragen worden war. Eine Befehlsausgabe mit Lageorientierung, genauem Auftrag und dem Zusammenwirken mit benachbarten Verbänden hatte offenbar nicht stattgefunden. Selbst Liebermanns Kommandeur wusste nur, dass er mit seinem Bataillon auf die Südecke einer etwa zwei Kilometer entfernten Ortschaft vorgehen sollte.[32] Von der viel gerühmten Auftragstaktik des deutschen Heeres war im Krieg von 1870/71 nicht viel zu bemerken. Erfahrene Soldaten erkannten immerhin, dass ein größeres Gefecht bevorstand, wenn sich Truppen aller Waffengattungen auf engem Raum versammelten.[33] Rückte man schließlich in Gefechtsformation vor, musste, so die Schlussfolgerung des Oberleutnants Dietrich von Laßberg in der Schlacht von Coulmiers, der Feind bereits nah sein.[34]

Vom Ausgang der Schlachten um Metz erfuhren die durch die Vogesen vorrückenden Truppen der Kronprinzenarmee nur durch Hörensagen am Biwakfeuer. Für die Soldaten im Feld waren selbst veraltete Zeitungsartikel, die ihnen Angehörige aus der Heimat geschickt hatten, eine wichtige Informationsquelle über den allgemeinen Kriegsverlauf.

Das gewöhnliche Geschäft der Truppe war jedoch der Marsch unter rasch wechselnden Bedingungen. Das endlose Marschieren bei starker Hitze mit den auf die Wirbelsäule drückenden Tornistern und dem 5,2 Kilogramm schweren Gewehr, das in immer kürzeren Abständen von Schulter zu Schulter wechselte, waren für viele die Hölle. Die Trageriemen pressten die Brust zusammen und der Befehl zum Öffnen der engen Kragenknöpfe kam allzu selten.

Schlimmer noch erging es allerdings den französischen Soldaten, die in ihren schweren Militärmänteln ein Gepäck von rund 30 Kilogramm zu schultern hatten, zu dem außer 90 Gewehrpatronen auch Zeltplane, Kochgeschirr und die Verpflegung für mehrere Tage gehörten.[35] Fatalerweise hatte sich unter den Truppenärzten auf beiden Seiten vielfach noch die überholte Vorstellung erhalten, das Trinken von kaltem Wasser in erhitztem Zustand führe zu Verkühlungen. Regelmäßiges Trinken bei großer Hitze war daher streng verboten, und die Dutzende von Marschtoten erklärte man sich gerne damit, dass die Unglücklichen befehlswidrig gehandelt und heimlich getrunken hätten. Eigenartigerweise betraf das Verbot nicht die sogenannten geistigen Getränke, und Bundeskanzler Bismarck ließ es sich auf dem Marsch nach Sedan nicht nehmen, einige erschöpft im Straßengraben liegende Bayern aus seiner stets gefüllten Kognakflasche trinken zu lassen.[36]

Das Übernachten im Freien war bei angenehmen Temperaturen für die meisten Kriegsteilnehmer anfangs noch eine interessante Abwechslung. Auf Dauer wirkte jedoch das ständige und enge Beieinander mit den Kameraden belastend. Eine Privatsphäre im Feld gab es nicht, auch feste Quartiere waren grundsätzlich überfüllt und selbst eine hochgestellte Persönlichkeit wie Bismarck musste sich gelegentlich bei einem Stuhlgang entscheiden, ob er den ihm salutierenden Wachposten den Bundeskanzler von vorne oder von hinten präsentieren sollte. Starker Regen, wie er schon im August mehrere Nächte hintereinander zu verzeichnen war, machte das Übernachten im Freien zu einer Tortur, da das deutsche im Gegensatz zum französischen Heer keine Zeltplanen zur Verfügung hatte. Die Truppe versuchte, nachts unterzukommen, wo es nur ging. Da feste Quartiere gewöhnlich den Verwundeten vorbehalten waren, baute man sich Überdächer aus Laub oder verkroch sich bei Regen unter abgestellten Proviantwagen. Meist blieb den gewöhnlichen Soldaten aber nur der schutzlose Acker. Die wenigsten schafften es in den ersten Nächten des Krieges, auf der völlig durchnässten Erde Schlaf zu finden, die Masse der Soldaten blieb wach. Starrend vor Schmutz, ohne einen trockenen Fetzen am Leib und meistens hungrig harrte man zitternd im Regen auf das erlösende Blasen der *Réveille*, das gewöhnlich gegen 5 Uhr morgens erfolgte. Gelegentlich hatte die Truppe jedoch Glück und konnte, wie etwa die bayerischen Cheveauleger bei Fröschweiler, ein verlassenes Biwak der Franzosen besetzen, in dem sich außer nagelneuen Galauniformen oder »unnennbarsten Toilettengegenständen« auch »herrliche Matratzen« fanden.[37]

Schlafentzug und Müdigkeit waren ständige Begleiter, und etliche erschöpfte Soldaten brachten es während des Winterfeldzuges an der Loire fertig, im Marschieren zu schlafen. Sogar Gefechtslärm konnte manchen übermüdeten Musketier nicht mehr wachhalten und etliche Bayern wurden im Schlaf von den Kugeln getötet.[38]

Der Gegner hatte es im Feld etwas angenehmer. Die französischen Soldaten bewegten sich im eigenen Land, konnten auf die Unterstützung der Zivilbevölkerung zählen und waren in der Lage, sich mit ihren Zeltplanen besser gegen den nächtlichen Regen zu schützen. Überhaupt lebte man mit einigem Aufwand im Felde. Zu Beginn des Krieges verblüffte das sorglose Lagerleben der Franzosen ihre deutschen Gegner. Bei Beaumont überraschten Preußen und Bayern die ahnungslosen Franzosen des V. Armee-Korps zur Mittagszeit beim Kochen, und selbst in einer strategisch schon hoffnungslosen Lage wie am Vorabend von Sedan verbrachten etliche Einheiten der Chalons-Armee den Abend bei Gesang und ausgelassener Stimmung um ihre Lagerfeuer.[39]

Auf beiden Seiten erwiesen sich die Intendanturen kaum in der Lage, eine geregelte Versorgung während der Operationen sicherzustellen. Schlechte Wege und vormoderne Transportmittel wie Pferd und Wagen, auf deutscher Seite auch das hohe Marschtempo der kämpfenden Truppe, machte es ihnen fast unmöglich, rechtzeitig Verpflegung nachzuführen. Das Fleisch, das am Abend der Schlacht von Wörth bei der Truppe ankam, war bereits verdorben und musste vergraben werden. Die Bayern nahmen daraufhin mit den massenhaft erbeuteten Biskuits der Franzosen Vorlieb.[40] Wie schon 1866 verrotteten viele Güter an den weit zurückliegenden Eisenbahnendpunkten, weil Personal und Transportmittel fehlten. Am 27. August erteilte daher Kronprinz Friedrich Wilhelm seiner Armee den Befehl, ihre Versorgung durch Requisitionen sicherzustellen und von dem zu leben, was sich bei der Bevölkerung auftreiben ließ.[41] Damit war man praktisch zu den Methoden des Dreißigjährigen Krieges zurückgekehrt. Der israelische Militärhistoriker Martin van Creveld nannte es die »Logistik der bewaffneten Horde«.[42] Als reiches Agrarland bot Frankreich den deutschen Requisitionskommandos tatsächlich genügend Beute, solange die Regimenter in Bewegung blieben. Moralische Bedenken gegenüber der Not der Zivilbevölkerung waren bald überwunden. Die Bereitschaft der Franzosen zur Versorgung der Invasoren war unterschiedlich ausgeprägt. Nicht selten gaben sie freiwillig und sogar mehr als erwartet, andere versuchten jedoch auch ihre Vorräte zu verstecken und forderten damit nur die Findigkeit der deutschen Requisitionskommandos heraus. Die Besetzung eines französischen Städtchens durch eine deutsche Division glich dem Einfall einer Heuschreckenhorde, und auch wenn Gewalttätigkeiten die Ausnahme blieben, schürte die Anwesenheit des Feindes die ohnehin vorhandenen Ressentiments gegenüber den »Preußen«. Der Unionsgeneral und Kriegsbeobachter Philip Sheridan verbrachte im August eine Nacht in Bar-le Duc und stellte erstaunt fest, dass trotz seines deutschen Namens der Quartiergeber »ein Franzose vom Scheitel bis zur Sohle« war und dass gerade der unversöhnliche Hass auf die Preußen ein prägendes Merkmal seiner gallischen Nationalität zu sein schien.[43]

Während des siebenmonatigen Krieges war die Teilnahme an einer Schlacht für die Soldaten ein eher seltenes Ereignis, jedoch unbestreitbar auch das intensivste Kriegserlebnis. Schon die Nähe des Todes brachte auch die fröhlichste Truppenkolonne zum Verstummen. Soeben noch von den Klängen eines flotten Marsches beschwingt, kehrte plötzlich betretene Stille in die Reihen des Bayerischen Infanterie-Leibregiments ein, als die Soldaten kurz vor Weißenburg an einem mit Gefallenen beladenen Leiterwagen vorbeimarschierten.[44]

Im Vergleich zu früheren Schlachten war die Kampfzone durch die vervielfachten Reichweiten der neuen Waffen erheblich vergrößert. So wie die Deutschen oft schon im Anmarsch zur Schlacht unter dem Feuer der französischen Chassepot-Gewehre litten, beherrschte wiederum die deutsche Artillerie das gesamte Gefechtsfeld beinahe nach Belieben.[45] Unter Gewehrfeuer zu geraten, ohne zu wissen, wo der Feind steckte, war selbst für die Veteranen von 1866 eine neue und unangenehme Erfahrung. Die Deutschen fanden jedoch bald heraus, dass sie rasch vorstürmend das feindliche Feuer unterlaufen konnten, da die Franzosen oft zu hoch anhielten. Selbst auf kurze Entfernung war ihr Abwehrfeuer nicht sehr genau, denn viele französische Soldaten feuerten ihre Gewehre wegen des starken Rückstoßes lieber aus dem Hüftanschlag ab. Mancher Schütze mochte auch geglaubt haben, mit dem Abgeben einiger ungezielter Schüsse auf den Feind seine vaterländische Pflicht bereits erfüllt zu haben. Auf deutscher Seite jedenfalls sind vielfach Skrupel bezeugt, gezielt auf Menschen zu schießen.[46] Dieser zivilisatorische Widerwille spiegelt sich auch in der Statistik wider. Bei rund 30 Millionen von deutschen Soldaten im Krieg verschossenen Patronen traf kaum jeder hundertste Schuss.[47] Oft stellten sich Reue und Schmerz erst nach dem Kampf ein. Ein französischer Soldat, der mit einigen Kameraden bei Gravelotte in einen Nahkampf geraten war, berichtete später, er habe wie wahnsinnig gefochten und dabei Schaum vor dem Mund gehabt. »Wir stachen eben hinein, wie es kam, und es war ein ganzer Klumpen von Franzosen und Preußen durcheinander.« Als das Gemetzel endlich vorüber war, entdeckte der Soldat, dem der Schweiß von der Stirn lief, zwei Kameraden und seinen Hauptmann. Alle vier drückten sich still die Hände und weinten.[48]

So ausgedehnt das moderne Schlachtfeld auch geworden war, der einzelne Soldat blieb während des Kampfes in seiner Wahrnehmung auf einen winzigen Raum beschränkt. Schreie der Getroffenen, Fetzen von Kommandos und dichter Pulverqualm füllten die Szenerie, während ein ohrenbetäubender Lärm brechender Schüsse und zerberstender Granaten die Erde unter ihm erbeben ließ. Zeit, Dauer und Ort von Kampfhandlungen verschwammen in seiner Erinnerung, und mancher Soldat merkte anfangs gar nicht, dass er getroffen worden war. Über den Stand des Kampfes hatten oft nicht einmal die Offiziere ein klares Bild. Rückte ein benachbarter Truppenteil vor, schlossen sich ihm oft auch andere Einheiten spontan an.[49] Der Befehl zum Vorstürmen wirkte in der erzwungenen Passivität auf die Truppe meist sogar wie ein befreiendes Signal. Die Aussicht, endlich an den Gegner heranzukommen, ließ die Furcht, auf offenem Gelände niedergeschossen zu werden, zunächst zurücktreten. Das Beispiel der voranstürmenden Offiziere wirkte auf die meisten Soldaten belebend. Sichtbares Vorbild zu sein und sich unerschrocken an exponierter Stelle dem gegnerischen Feuer auszusetzen, war das wichtigste Führungsmittel des Offiziers. Sein Tod oder seine Verwundung an der Spitze der Truppe konnte jedoch auch Ursache von Stillstand oder gar Flucht sein. Ein auf dem Schlachtfeld verwundeter Soldat war in doppelter Hinsicht getroffen. Das feindliche Geschoss in seinem Körper bedrohte nicht nur sein Leben, es trennte ihn auch mit einem Mal von der gewohnten Gemeinschaft seiner Kameraden. Plötzlich gehörten sie nicht mehr dazu, wie etwa jener vor St. Privat schwer getroffene Fähnrich, dessen Kompaniechef ihn anherrschte, gefälligst still zu sterben.[50] Während die Truppe weiterstürmte oder sich zurückzog, blieb der Verwundete einsam und oft bewegungsunfähig auf dem Schlachtfeld zurück. Vorrückende Feinde oder Zivilisten konnten ihn töten oder ausplündern, während die Aussicht auf ärztliche Hilfe ungewiss war. Ein Fall von organisierter Plünderung durch einen Gastwirt aus Düren, der sich mit seinen belgischen Spießgesellen als Johanniter verkleidet hatte, wurde sogar aktenkundig.[51] Schmerzen, Durst und die ständige Angst, erneut von den weiterhin in seiner Nähe einschlagenden Geschossen getroffen zu werden, waren für den Verwundeten kaum erträgliche Belastungen. Wer konnte, versuchte sich in nahen Gehölzen zu verstecken, lief damit aber auch Gefahr, später von den Krankenträgern nicht mehr gefunden zu werden. Trotz einer Aufstockung nach dem Krieg von 1866 war das Sanitätspersonal, das in jedem Armeekorps zu einer Kompanie von etwa 250 Mann zusammengefasst worden war, an Kampftagen hoffnungslos überfordert. Fast jeder sechste Verwundete starb noch, ohne dass man ihn hatte bergen können, auf dem Schlachtfeld. Wer es dennoch in eines der zwölf Feldlazarette geschafft hatte, die jedes Armeekorps betrieb, war damit noch lange nicht gerettet. Die Truppenärzte, von denen es in jedem Feldlazarett fünf für 200 Betten gab, waren oft hoffnungslos überlastet und mussten Schwerstarbeit leisten. So hatte sich etwa nach der Schlacht von Gravelotte-St. Privat ein Arzt des preußischen Gardekorps um rund 800 Verwundete zu kümmern. Die Durchschnittsbelastung während des Feldzuges lag allerdings deutlich niedriger.[52]

Zu späte medizinische Hilfe besonders bei Blutvergiftungen zählte zu den häufigsten Todesursachen. Auch Unterleibsverletzungen, die knapp vier Prozent aller Verwundungen ausmachten, hatten eine hohe Mortalität zur Folge. Die aseptische Wundbehandlung steckte noch in den Kinderschuhen, aber die Verabreichung von Morphium gehörte schon zum medizinischen Repertoire. Insgesamt verstarben auf deutscher Seite ein Viertel der Verwundeten. Zahlen für die französische Armee sind nicht bekannt. Schlechte Hygiene und mangelhafte Pflege, die häufig Dekubitus zur Folge hatte, machten aus der Sicht der Soldaten die Feldlazarette zu gefürchteten Orten. Glück hatte, wer nach der ersten Versorgung mit der Eisenbahn in ein Reservelazarett in der Heimat überführt werden konnte, das gewöhnlich besser ausgestattet war und ihm mit seinem vielfach weiblichen Personal auch eine fürsorglichere Pflege versprach.

Soldaten, die eine siegreiche Schlacht heil überstanden hatten, gerieten oft in einen seelischen Ausnahmezustand. Die harmloseste Reaktion war noch das nicht enden wollende Hurra-Geschrei, wenn sich etwa der preußische Kronprinz am Abend von Wörth oder König Wilhelm bei Sedan ihren Truppen zeigten. Das »Hurra« auf den fremden Prinzen wollte selbst unter den im eroberten Fröschweiler biwakierenden Bayern kein Ende nehmen.[53] »Mit Jubel und Singen« feierten die Reiter vom bayerischen 3. Cheveauleger-Regiment, betrunken vom ungewohnten Rotwein, auf dem blutgetränkten Schlachtfeld in die Nacht hinein.[54] Gleiches geschah nach der Kapitulation von Sedan. Die Regimentsmusiken spielten, Mützen und Helme flogen in die

Höhe und man tanzte wie toll umher.[55] Dass viele Soldaten dabei die verstümmelten Toten und das Elend der zahllosen Verwundeten in ihrer Nähe einfach ausblendeten, hatte jedoch nur selten mit einer seelischen Verrohung zu tun. Die plötzliche Entlastung von dem Druck der letzten Stunden konnte sich auch in wüsten Plünderungsszenen entladen, über die der Fröschweiler Pfarrer Karl Klein in seinen Aufzeichnungen berichtet. Auf der Suche nach Trinkbarem hatten deutsche Truppen am Abend der Schlacht rücksichtslos sein Haus verwüstet und selbst noch das letzte Fässchen Rotwein gestohlen.[56] Oft war der Rausch schon am nächsten Morgen wieder verflogen. Neugierig wanderten nun viele über das Schlachtfeld und bestaunten wie der bayerische Leutnant Paul Bauriedel die grausigen Hinterlassenschaften des zurückliegenden Kampfes, an dem sie zwar irgendwie teilgenommen hatten, ohne dabei jedoch mehr als nur einen kleinen Ausschnitt wahrgenommen zu haben. Bei vielen stellte sich dann auch eine Nachdenklichkeit ein, die sich nicht nur auf das traurige Schicksal der eigenen Toten beschränkte.[57] Fast alle diese französischen Männer und Jünglinge hätten eine »eigentümliche Pietät« gehabt, wunderte sich der Schlachtenbummler Ludwig Pietsch, als er am Tag nach dem Gemetzel von Wörth oberhalb eines Hohlweges auf eine lange Reihe getöteter Franzosen stieß. Die von Granatsplittern stark entstellten Leichen lagen dicht beieinander und aus ihren offenen Tornistern waren etliche Bündel mit Briefsammlungen gefallen, die Pietsch neugierig durchblätterte »Welch zärtliches mütterliches und bräutliches Geplauder, wie viele liebe Hoffnungen und heitere Wünsche – und nun durch alles dieser breite, blutige Strich.«[58]

Mit der Einschließung Bazaines in Metz und der Kapitulation von Sedan hatte die Geschichte der kaiserlichen Armee ein kaum erwartetes rasches Ende gefunden. Der unglaublichen Serie deutscher Siege entsprach jedoch nicht eine vergleichbar hohe Überlegenheit der deutschen Soldaten über ihre Gegner. Auch die Franzosen kämpften, trotz aller belegten Aufsässigkeit und mangelnden Disziplin, in taktischen Lagen tapfer und geschickt, oft sogar besser als die Deutschen. Der französische Soldat hatte das bessere Gewehr, fast immer die besseren Stellungen und meist auch die größere Kampferfahrung. Es lag nicht an ihm, wenn wie bei Wörth, Spichern oder St. Privat, im entscheidenden Moment Hilfe ausblieb, obwohl sich jedes Mal noch nicht im Kampf gebundene französische Truppen in Reichweite befunden hatten. Weder die numerische Überlegenheit der Deutschen noch die überlegene Feuerkraft ihrer Artillerie waren verantwortlich für das in der Kriegsgeschichte wohl einmalige Desaster der Armee des Zweiten Kaiserreiches. Es war allein ein Problem der höheren militärischen Führung. Mit Ausnahme der Schlacht von Colombey-Nouilly am 14. August hatten Frankreichs Generale kaum jemals den Drang gezeigt, in Richtung des Kanonendonners zu marschieren. Bei Wörth hatten französische Soldaten auf MacMahon und den Kaiser geflucht, doch es war General Failly, der sie im Stich gelassen hatte, ebenso wie General Bourbaki sich geweigert hatte, Canroberts VI. Korps in St. Privat mit seiner Garde zu unterstützen. Als Kronprinz Friedrich Wilhelm am 2. September in dem Schlösschen Bellevue bei Frenois an der letzten Begegnung seines Vaters mit Napoleon III. teilnahm, wunderte er sich über die herausgeputzten funkelnagelneuen Uniformen der ihren Kaiser begleitenden Generale. Die deutschen Sieger dagegen trugen wie auch der Kronprinz selbst ihre vom Feldzug bereits verschlissene Montur.[59]

Finanzmisere, Frauenvereine und Friedenssehnsucht – Die Heimatfront

»Angesichts der schweren Opfer, welche der gegenwärtige Krieg fordert, [...] wird die deutsche Nation in all ihren Schichten von dem Gefühl bewegt, dass es schon jetzt an der Zeit sei, auf Mittel und Wege zu denken, um zur Heilung der Wunden, welche in solcher Weise der Krieg schlägt, neben der Hilfe, welche nach dem Gesetz der Staat gewährt, im Wege der Privatwohltätigkeit da mitwirkend einzutreten, wo die Staatshilfe sich nicht als ausreichend erweist.«

Schreiben des sächsischen Außenministeriums an das Innenministerium[1]

»Am Nachmittag fuhr ich mit Carl nach [sic] der Kurfürstenstraße, wo die große Fabrik für Armeepräserven errichtet ist, welche unter Leitung des Koches [Johann Heinrich] Grüneberg erst für das III. Armee-Korps allein, jetzt aber für die gesamte Armee Lebensmittel einmacht. Ein Spezifikum ist die dort gemachte Erbswurst, schuhlange Würste, bestehend aus in Fett gekochtem Erbsmehl mit gehacktem Speck, viel Zwiebel und Pfeffer; ein dem Mann patentiertes Geheimmittel, ‚lupus', macht, dass die Wurst nach 24-stündigem Trocknen steinhart und unverderblich wird und nur des Kochens in Salzwasser bedarf, um sich zur schmackhaften Suppe aufzulösen. [...] Grüneberg selbst führte uns umher und gegen einen Betrag in die Sammelbüchse eroberten wir drei Erbswürste. Zwei davon sollen die Taubes erhalten, die dringend um eine baten, die dritte schicke ich dem Vater als Kuriosität.«

Tagebuch der Baronin Hildegard von Spitzemberg[2]

In seinem 1910 erschienenen Weltbestseller *The Great Illusion* hatte der britische Parlamentsabgeordnete und spätere Friedensnobelpreisträger Normann Angell überzeugend dargelegt, dass aufgrund der rasant gewachsenen weltwirtschaftlichen Vernetzung selbst siegreiche Staatenkriege kaum noch mit Gewinn geführt werden konnten.[3] Sein warnendes Diktum hätte bereits für Bismarcks Zeitalter volle Gültigkeit beanspruchen können.

Freihandelsabkommen mit Frankreich und Großbritannien erleichterten der boomenden preußischen Wirtschaft seit Beginn der 1860er-Jahre den grenzüberschreitenden Austausch von Waren und Arbeitskräften. Längst existierte ein europäisches Eisenbahnnetz, das die Distanzen zwischen den westlichen Kapitalen auf wenige Stunden reduzierte. Von Berlin reiste man seit 1847 über Köln und Brüssel in weniger als einem Tag nach Paris. Prosperierende Unternehmen wie Krupp akquirierten inzwischen Aufträge in aller Welt und waren auf sichere Handelswege angewiesen. Tausende Arbeitnehmer aus den deutschen Staaten hatten seit Jahren in Frankreich und vor allem in Paris ihr berufliches Auskommen gefunden und dort oft auch Familien gegründet. Der Ausbruch des Krieges machte sie plötzlich zu unerwünschten Personen, die größtenteils ihr bisheriges Gastland Hals über Kopf verlassen mussten. Allein nach Baden und Bayern gelangten bis Ende November 1870 rund 12000 aus Frankreich ausgewiesene Flüchtlinge, die umgehend neue Arbeitsplätze benötigten oder wenigstens versorgt und untergebracht werden mussten.[4] Selbst hohen Militärs wie Helmuth von Moltke erschien es kaum noch möglich, militärische Konfrontationen zwischen industriellen Staaten durchzuführen, jedenfalls nicht mehr über längere Zeit.[5]

Auch binnenwirtschaftlich verursachte der Ausbruch des Krieges gravierende Probleme in Handel und Gewerbe. Reichlich verharmlosend fasste der Erfurter Regierungspräsident Hans Wilhelm von Kotze die kritische Lage in seinem Bezirk zusammen: Unter den augenblicklich obwaltenden Umständen, so meldete er Anfang Januar 1871 nach Berlin, habe eine Zunahme des Wohlstandes nicht stattfinden können.[6] Tatsächlich war sogar von massiven Wohlstandsverlusten unter der Bevölkerung in fast allen Regionen auszugehen.

Der Große Generalstab hatte die Mobilisierung von mehr als einer Million wehrpflichtiger Männer sowie die dafür erforderlichen Eisenbahntransporte zu den Garnisonen und später zum Rhein seit Jahren akribisch geplant. Eine vergleichbare Instanz für die Wirtschaft existierte jedoch nicht. Kaum eine Behörde in Berlin, Dresden, Stuttgart oder München hatte ernsthaft in Betracht gezogen, welche Auswirkungen der plötzliche Ausfall einer gewaltigen Zahl meist hoch qualifizierter Arbeitskräfte auf Industrie und Gewerbe haben würde, wenn zudem durch die fast gänzliche Blockade der Eisenbahnen das damals wichtigste Transportmittel von einem Tag auf den anderen nicht mehr zur Verfügung stand. Die angespannte Transportlage verschärfte sich noch im Verlauf des Krieges, als die Gesellschaften für den Militärbetrieb im besetzten Frankreich sogar 3600 ihrer Eisenbahnbeamten sowie 280 Lokomotiven abstellen mussten.[7]

Zu Beginn schienen diese Probleme zunächst von der Woge patriotischer Begeisterung verdrängt, die besonders das Bildungsbürgertum, aber auch die großbürgerliche Unternehmerschicht erfasst hatte. Man begrüßte in wohlhabenden Kreisen aufrichtig den Krieg, mehr noch aber die durch ihn in Aussicht gestellte nationale Einigung und den zukünftigen Wegfall lästiger Handelsschranken. Etliche Fabrikanten, wie etwa der Wagenhersteller Colberg aus Frankfurt an der Oder, hatten sogar eine stattliche Belohnung für den Soldaten ausgesetzt, der als Erster eine französische Standarte eroberte.[8] Der Hintergedanke, damit auch eine wirksame Werbung für sein Unternehmen zu betreiben, lag freilich auf der Hand. Die anfänglich noch etwa an der Hamburger Börse herrschende Jubelstimmung wich jedoch bald einer tiefen Ernüchterung.[9] Die unsicheren politischen Perspektiven stimmten viele Anleger und Sparer vorsichtig. Trotz ihrer patriotischen Gefühle begannen wohlhabende Bürger, ihr Bargeld zu horten, und verknappten damit von einem Tag auf den anderen das Kapital, neben Arbeitskräften und Eisenbahnen die dritte lebenswichtige Ressource der Wirtschaft. Der Regierungspräsident von Düsseldorf, zu dessen Verantwortungsbereich die ökonomisch starken Regionen des Ruhrgebiets und des Bergischen Landes gehörten, klagte noch im Oktober 1870 über die massenhafte Stornierung bereits fertiggestellter und sogar gelieferter Waren. Allein Unternehmen mit Absatzmärkten in Russland hätten, so hieß es in seinem Quartalsbericht an den Monarchen, dem allgemeinen Abschwung halbwegs trotzen können.[10] Der Berliner Börse bescherte der Kriegsausbruch dagegen einen empfindlichen Einbruch. Nachdem die Aktien der renommierten Darmstädter Creditbank schon in den ersten Julitagen leicht schwächer notiert hatten, brachen sie bis zum Monatsende um mehr als 20 Prozent ein. Etwa denselben Abschlag verzeichneten die Papiere der Cöln-Mindener Eisenbahn trotz hervorragender Ertragsperspektiven durch die anlaufenden Truppentransporte.[11] Selbst die fünfprozentige Kriegsanleihe des Norddeutschen Bundes mit einem freilich außergewöhnlichen Volumen von 100 Millionen Talern fand, obwohl ihr Ausgabekurs schon auf 88 Prozent gesenkt worden war, nur wenig Resonanz.[12] Der linke Abgeordnete August Bebel ließ es sich im Norddeutschen Bundestag dann auch nicht nehmen, über den mangelnden Opferwillen der »patriotischen Schreier« hierzulande zu spotten, die kaum 68 Millionen aufgebracht hätten, während die »Bourgeoisie« Frankreichs die 750 Millionen-Francs-Anleihe des Kaisers binnen weniger Tage gezeichnet habe.[13] Erst nach den deutschen Anfangssiegen begannen sich die Börsenkurse bis September von ihren Tiefstständen zu erholen, und als ein Konsortium unter der Leitung des Chefs der Disconto-Bank, Adolf von Hansemann, Ende Oktober 1870 eine zweite, freilich kleinere Anleihe platzierte, fand das Papier selbst in London reißenden Absatz.[14]

Hatte zunächst die Blockade der Nord- und Ostseehäfen durch die weit überlegene französische Flotte deutschen Exporteuren den Zugang zu den wichtigsten ausländischen Märkten versperrt, sorgte ihr Abzug am 25. September 1870 für eine gewisse Entlastung. So konnte die ostelbische Landwirtschaft ihre gewohnten Getreideexporte nach Großbritannien und Skandinavien im Herbst wieder aufnehmen. Vom gestiegenen Bedarf der Heeresbehörden nach landwirtschaftlichen Produkten profitierten allerdings nur die größeren Betriebe, die es sich leisten konnten, den akuten Mangel an Arbeitskräften durch den Einsatz von Landmaschinen auszugleichen. Dagegen zählten kleinere Höfe, die sich weder die gestiegenen Lohnkosten noch die Anschaffung teurer Maschinen leisten konnten, zu den eindeutigen Opfern an der Heimatfront. Die Insolvenzen und der Landverkauf in ihrer Region hätten seit Kriegsbeginn deutlich zugenommen, meldeten etwa die Regierungspräsidenten aus Trier und Wiesbaden zum Jahreswechsel 1870/71.[15]

Aus der bayerischen Rheinpfalz berichteten die Behörden schon wenige Tage nach Ausbruch des Krieges von einem akuten Mangel an Nahrungsmitteln, und der pfälzische Regierungspräsident forderte wegen der großen Zahl schon »brodlos gewordener Arbeiter« vorsorglich die Aufstellung von »Sicherheitsgarden«.[16] Die durch das Militär aus den östlichen Teilen Preußens eingeschleppte Rinderpest hatte zudem einen gänzlichen Stillstand des örtlichen Viehhandels bewirkt.[17] Einquartierungen und die Requirierung fast aller Transportmittel seitens des Militärs brachten in der zweiten Julihälfte die Wirtschaft der linksrheinischen Regionen fast gänzlich zum Erliegen. Selbst das reife Korn auf den Feldern blieb vielfach stehen, da die Ernte, wie man anfangs fürchtete, ohnehin dem Feind in die Hände fallen würde.

Auch wenn Produktionskürzungen und Massenentlassungen die Behörden soziale Unruhen oder gar politische Proteste befürchten ließen, besaß man in den Amtsstuben außer den klassischen Mitteln der Einschüchterung und der Zensur kaum ein wirksames Mittel gegen die destabilisierenden Folgen eines Wirtschaftseinbruchs. Mangelnder Kredit und leere Kassen, aber auch die traditionelle liberale Wirtschaftsideologie vieler deutscher Staaten verhinderten soziale Ausgleichsmaßnahmen für die betroffenen Regionen. Lediglich ein Notdarlehen von 350000 Talern für den Regierungsbezirk Trier beschloss das neue preußische Abgeordnetenhaus in seiner ersten Sitzung Anfang Januar 1871.[18] Einige Regierungspräsidien versuchten immerhin, die laufenden öffentlichen Bauprojekte, wie etwa im Bezirk Düsseldorf die Ruhrtalbahn, fortzusetzen. Das Erfurter Regierungspräsidium wiederum mahnte die rasche Freigabe der bereits bewilligten Mittel für den Bau einer Chaussee von Erfurt nach Gotha als dringend notwendige Arbeitsbeschaffungsmaßnahme an.

Außer dem plötzlichen Verlust der Erwerbsmöglichkeit machte auch die rasch anziehende Inflation der Bevölkerung zu schaffen. Die mit Mobilisierungsbeginn sprunghaft gestiegene Nachfrage der Militärbehörden nach Verpflegung, Textilien und sonstigem Kriegsbedarf setzte bei allen Grundnahrungsmitteln eine Preissteigerungsspirale in Gang, die sich für die meisten Unterschichtfamilien ohne finanzielle Reserven zu einer existenziellen Bedrohung entwickelte. So stieg im Regierungsbezirk Koblenz der Preis für einen Zentner Kartoffeln gegenüber dem Vorjahr um 40 Prozent auf 35 Silbergroschen, dieselbe Menge Roggen verteuerte sich um immerhin 30 Prozent.[19] Die Fortsetzung des Krieges über den Herbst hinaus drohte die ohnedies prekäre Lage der unteren Bevölkerungsschichten weiter zu verschärfen.

Wegen massiver Förderrückgänge und der anhaltenden starken Beanspruchung der Eisenbahnen durch die Militärbehörden stockte auch die Kohleversorgung der städtischen Bevölkerung.[20] In Württemberg klagten etliche Handels- und Gewerbekammern in einer Eingabe an das Stuttgarter Innenministerium darüber, dass ein durch fehlende Waggons verursachter Mangel an Steinkohle die Arbeitsfähigkeit vieler Betriebe bedrohe, und regten sogar an, einige in Metz liegende beschädigte Fahrzeuge durch besondere Kommandos instand setzen zu lassen und wieder dem heimatlichen Bahnbetrieb zuzuführen.[21] In einzelnen Regionen stieg der Kohlepreis im Verlauf des Winters um mehr als 50 Prozent, nachdem auch die Flüsse zugefroren waren und somit als Transportwege ausfielen. Ein signifikanter Anstieg von Erfrierungen und Todesfällen durch Verhungern lässt sich aus den Statistiken jedoch nicht herauslesen. Allerdings kostete eine vermutlich durch französische Kriegsgefangene über den Rhein gebrachte Pockenepidemie allein in Preußen im Verlauf des Jahres 1871 mehr als 60000 Menschen das Leben.[22]

Auch wenn bürgerliche Kreise sich von dem Krieg gegen Frankreich die politische Einheit erhofften, vertiefte der Konflikt in Wirklichkeit die soziale Spaltung in Deutschland. Die Behörden waren zwar nicht blind gegenüber den Nöten der Unterschichten. Da jedoch die Kassenlage der meisten Landkreise nur eine moderate Erhöhung der Unterstützungszahlungen an Soldatenfamilien erlaubte, sah sich die preußische Regierung gezwungen, auf das bereits im Krieg gegen Österreich bewährte Wirken der zahlreichen Unterstützungsvereine zurückzugreifen. So hatte Königin Augusta schon am 17. Juli 1870 in etlichen Zeitungen Norddeutschlands zur Gründung von wohltätigen Organisationen aufgerufen und dabei vor allem an den Patriotismus der Frauen appelliert. »Das Vaterland erwartet, dass alle Frauen bereit sind, ihre Pflicht zu tun«, hieß es kurz und knapp. Alle Hilfe solle zunächst an den Rhein gehen.[23] Der allerhöchste Aufruf fand wie erwartet einen lebhaften Widerhall. Gerade die Unterstützung Not leidender Familien und die Pflege von Verwundeten entsprachen den in aristokratischen und großbürgerlichen Kreisen vorherrschenden christlichen Überzeugungen. Es schienen zudem ideale Aufgabenfelder, in denen Frauen ihre patriotische Gesinnung unter Beweis stellen konnten, ohne die Konventionen einer von Männern geprägten Welt infrage zu stellen. Dass sich freilich die viel gerühmte weibliche Fürsorge auch den französischen Kriegsgefangenen und Verwundeten zuwandte, verursachte in der Öffentlichkeit erhebliche Kritik. Besorgt ermahnte etwa Graf Paul von Hatzfeld, einer der Bismarck ins Feld begleitenden Staatssekretäre des preußischen Außenministeriums, seine Gattin in Berlin, in den Hospitälern nicht so viel Zeit mit französischen Verwundeten zu verbringen. Sie müsse doch in den Zeitungen gelesen habe, wie sehr die Leute inzwischen über das Engagement hoher Damen für die französischen Gefangenen empört seien.[24]

Innerhalb von nur drei Monaten wuchs die Zahl der vaterländischen Frauenvereine in ganz Deutschland auf 359 Gruppen mit mehr als 30000 Mitgliedern. Auch die Regierungen in den mit Preußen verbündeten Staaten versuchten, sich ihrer Pflicht der Daseinsvorsorge für Verwundete und für die Familien der zur Armee Eingezogenen durch Rückgriff auf private Wohltätigkeit zu entledigen. In Sachsen hatte sich bei Kriegsbeginn der karitativ tätige »Albertverein« mit dem »Verein zur Pflege verwundeter und kranker Krieger« zum »Internationalen Hilfsverein für das Königreich Sachsen« zusammengeschlossen, und auch in Bayern hielten die leitenden Behörden ihre Kreisbeamten dazu an, Wohlfahrtsausschüsse zu bilden. Das Prinzip war einfach. Namhafte Vertreter der Obrigkeit und des patriotischen Großbürgertums besetzten überall ehrenamtlich die Führungspositionen der formal privaten Hilfsorganisationen und entschieden über die Verwendung der Spendengelder, die zum größten Teil aus den Taschen der »Untertanen« stammten. Dem moralischen Appell von König und Vaterland, Verwundeten oder Not leidenden Familien zu helfen, konnte sich anfangs kaum ein Daheimgebliebener entziehen. So beschlossen etwa die Arbeiter des Essener Kruppkonzerns von jedem Taler ihres Wochenlohnes einen Silbergroschen zur Unterstützung von Familien zu spenden, deren Männer eingezogen worden waren.[25]

Da eine straffe Führung der zahllosen Vereine unabdingbar erschien, hatte König Wilhelm I. am 20. Juli 1870 den Herzog Hans Heinrich IX. von Pleß zum Leiter eines in Berlin einzurichtenden Zentralkomitees als Dachorganisation aller Vereine ernannt. Der Abgeordnete des Norddeutschen Bundestages war bereits im Dänischen Krieg an die Spitze der Johanniter-Krankenpflegerkolonne getreten und hatte 1866 erstmals die Arbeit sämtlicher preußischer Hilfsorganisationen geleitet.[26] Alles bewegte sich somit in vertrauten Bahnen. Das Berliner Komitee organisierte zahllose Benefizkonzerte, Lotterien, Basare und richtete an vielen Standorten Reservelazarette ein. Es verwaltete die Spendengelder und beschaffte damit die notwendige Ausstattung an Medikamenten, Verbandsmaterial und Decken. Oft produzierten die Vereine auch in eigener Regie Verbandszeug, Decken sowie Bekleidung, wobei den Frauen der zum Kriegsdienst eingezogenen Ehemänner gewöhnlich ein willkommenes Zusatzeinkommen verschafft wurde. Die Versuche der Berliner Zentrale, auch die süddeutschen Wohlfahrtsvereine unter ihre Fittiche zu stellen, scheiterten freilich am Eigenwillen der dortigen Behörden. Die Bitte des Herzogs von Pleß an die Württembergische Regierung, ihren höchsten Bevollmächtigten nach Berlin zu entsenden, lehnten die Stuttgarter mit dem Hinweis ab, dass ihr »Landes-Sanitätsverein« zurzeit sehr gut arbeite und man höchstens einen Sekretär abstellen könne.[27] Pleß akzeptierte die Weigerung, da nationale Geschlossenheit das unbedingte Gebot der Stunde war.

Die Privatisierung der unmittelbaren Kriegslasten unter der Regie der Behörden und obrigkeitsnaher Honoratioren war ein propagandistisches Meisterstück des wirtschaftsliberalen Obrigkeitsstaates. Man nutzte die patriotischen Gefühle der Untertanen und verschonte das besitzende Bürgertum mit einer sonst unabwendbaren Erhöhung der direkten Steuern.

Besonders engagierte Untertanen an der Heimatfront durften immerhin mit Auszeichnungen durch den König rechnen. Verliehen wurde verdienten Helfern gewöhnlich der Kronen-Orden 4. Klasse.[28] Aus Sicht der Regierungen war die umfassende Tätigkeit der Hilfsvereine fraglos ein schöner Erfolg, der ihre politische Linie voll und ganz zu bestätigen schien. Dem heutigen Betrachter muss es freilich als behördlicher Offenbarungseid erscheinen, wenn etwa der Erfurter Regierungspräsident von Kotze in seinem vierteljährlichen Bericht vom 13. Oktober 1870 an den König überschwänglich die außergewöhnlichen Hilfsleistungen der zahllosen Unterstützungsvereine in seinem Verantwortungsbereich lobte. Auf sich gestellt wären seine Ämter gar nicht in der Lage gewesen, die bis dahin den Eisenbahnknotenpunkt Erfurt passierenden 20 000 Verwundeten und Kranken zu versorgen. Kaum anders sah die Lage in den westlichen Regierungsbezirken aus.

In Wiesbaden hatten außer den acht Reservelazaretten der Armee noch 18 Vereinslazarette eingerichtet werden müssen. Von den im Ganzen zur Verfügung stehenden Betten waren am 15. September bereits 3000 belegt. Wo staatliche Mittel fehlten, mussten Spendengelder die Lücke füllen. Dem »Vaterländischen Frauenverein« von Elberfeld gelang es in den ersten fünf Monaten des Krieges rund 44000 Taler für die Einrichtung von Lazaretten zu sammeln, während andere Unterstützungsvereine der Stadt für die Versorgung der Familien von Eingezogenen noch einmal 32000 Taler zusammenbrachten. Angesichts der Tatsache, dass viele Familien, deren Väter und Haupternährer in Frankreich dienten, monatlich kaum anderthalb Taler staatlicher Unterstützung zum Leben hatten, waren diese Spendensummen mehr als beachtlich. Im Vergleich dazu addierten sich die Unterstützungszahlungen der Landkreise an die von der Einziehung betroffenen Familien im gesamten Regierungsbezirk Düsseldorf bis Ende 1870 auf bescheidene 102000 Taler. Ohne die Opferbereitschaft des privaten Sektors hätte der Krieg gegen Frankreich fraglos zu massiven sozialen Verwerfungen und gewiss zu einem Chaos in der Versorgung der allein auf deutscher Seite angefallenen rund 90000 Kriegsverletzten geführt. Das weitverbreitete Bild einer stets kompetent agierenden und vorausschauenden Obrigkeit wäre damit wohl massiv infrage gestellt worden.

Dass die Fürsorge für die im Dienste für König und Vaterland auf den Schlachtfeldern Frankreichs verletzten und verstümmelten Untertanen eine genuine Pflicht des Krieg führenden Staates sein musste, war indes nicht allein die Auffassung der Sozialisten. Kritiker der vorherrschenden Praxis rügten vor allem, dass Soldaten und ihre Familien nicht auf Almosen angewiesen sein dürften, wenn sie ihre »vaterländische Pflicht« erfüllten. Die längst fällige Debatte über die Neujustierung staatlicher Verantwortung vertagte der Norddeutsche Bundestag jedoch Ende November 1870 auf die Zeit nach dem Krieg. Man wolle sich zuvor, hieß es ausweichend, mit den anderen Staaten grundsätzlich über die Frage beraten.[29]

Hatten die Behörden anfangs noch darauf gesetzt, dass eine schnelle Entscheidung des Krieges die wirtschaftlichen und sozialen Probleme nicht über ein beherrschbares Maß hinaus anwachsen lassen würde, sorgte die unerwartete Fortsetzung des Krieges trotz des überwältigenden Sieges von Sedan rasch für breite Ernüchterung. Bis dahin waren die kriegsbedingten Einschränkungen und wirtschaftlichen Einbußen noch als kurzfristiges Übel wahrgenommen worden, das jeder in Kauf nahm, der nicht als Nörgler und Querulant abgestempelt werden wollte. Nachdem anlässlich der Kapitulation von Metz Ende Oktober noch einmal überall in Deutschland Hochstimmung aufgekommen war, registrierten die Behörden jedoch schon in den Wochen danach eine verstärkte Kriegsmüdigkeit. Trotz aller öffentlichen Appelle nahm das bisher hohe Spendenaufkommen im Verlauf des Spätherbstes deutlich ab. So meldete etwa der Kölner Hilfsverein zum Jahresende, dass die Summe der seit dem 18. Oktober 1870 eingegangenen Spenden auf knapp 40 000 Taler zurückgegangen sei, nachdem in den ersten drei Kriegsmonaten noch das Dreifache hatte gesammelt werden können.[30] Viele Vereine mussten bei steigenden Kosten dazu übergehen, vorzugsweise ihre jüngeren weiblichen Mitglieder zu Hauskollekten auszuschicken.[31] Anlässlich der Wahlen zum ersten gesamtdeutschen Reichstag im Januar 1871 wurden sogar Sammelbüchsen in den Wahllokalen aufgestellt. Einzig die sächsischen Behörden verweigerten sich der ungewöhnlichen Maßnahme, da sie fürchteten, die längst spendenmüde Bevölkerung könne dadurch vom Urnengang abgehalten werden.[32] In Baden meldeten die Behörden im November, dass öffentliche Belustigungen oder gar Tanzvergnügungen mangels Interesse der Bevölkerung gar nicht mehr stattfinden würden.

Wegen der hohen Kriegsverluste und des wachsenden Bedarfs an Bewachungsmannschaften für die insgesamt 370 000 französischen Kriegsgefangenen mussten jetzt auch die älteren Landwehrjahrgänge einberufen werden. Dabei duldeten die Militärbehörden keine Ausnahmen, sondern wiesen die Oberpräsidien an, sämtliche Urlaubs- und Freistellungsanträge grundsätzlich abzulehnen.[33]

Der fortgesetzte Widerstand des plötzlich zur Republik mutierten Gegners verursachte weithin Unverständnis. So klagte etwa der Regierungspräsident des ostpreußischen Gumbinnen am 14. November 1870, dass der besiegte Gegner doch nun endlich seine Lage erkennen und sich in die doch unabweisbaren Friedensbedingungen finden möge. Der hohe Beamte sah sich zugleich in der peinlichen Lage, dem Ministerium in Berlin melden zu müssen, dass aus seinem Bezirk oppositionelle Kräfte in das preußische Abgeordnetenhaus gewählt worden waren, und erklärte dies mit der »geistigen Unreife eines großen Teils der Bevölkerung«.[34]

Führende Persönlichkeiten der Sozialistischen Arbeiterpartei, die Anfang September mit ihrem »Braunschweiger Manifest« erstmals offen die Fortsetzung des Krieges gegen die neue Republik kritisiert und sämtliche deutschen Annexionsforderungen grundsätzlich abgelehnt hatten,[35] ließ der für die Küstenregionen zuständige Militärgouverneur, General Eduard Vogel von Falckenstein, kurzerhand bis zum Ende des Krieges in Haft nehmen. Sieben Jahre später musste sich der General allerdings vor einem Braunschweiger Zivilgericht für seine Maßnahme verantworten, die nach Ansicht der Richter auch durch das damals verhängte Kriegsrecht keineswegs gedeckt gewesen sei. Auf Empfehlung Bismarcks übernahm schließlich die preußische Staatskasse die Kosten für das Gericht und die geforderte Entschädigung der damals monatelang in der ostpreußischen Festung Lötzen festgehaltenen Sozialisten.[36] Der Kanzler selbst hatte die Inhaftierung des Königsberger Kaufmannes Herbig und des Abgeordneten der »Deutschen Volkspartei«, Johann Jacoby, die sich gemeinsam während einer Versammlung in Königsberg gegen die beabsichtigte Annexion Elsass-Lothringens ausgesprochen hatten, in einem Schreiben an den zuständigen Regierungspräsidenten begrüßt und sie als »wirksame Beseitigung von Kräften« bezeichnet, »deren Hervortreten die Erreichung des Kriegszweckes erschwerten«.[37] Das preußische Innenministerium forderte Bismarck auf, überall gegen »landesverräterische Kundgebungen« mit Energie einzuschreiten und gegen Zeitungen, die entsprechende Verlautbarungen veröffentlichten, »Kriminal-Untersuchungen« einzuleiten. Gegen seine radikale Politik regte sich jedoch bald Widerstand. Die beiden Königsberger Gefangenen musste Militärgouverneur Vogel von Falckenstein schon nach wenigen Wochen aufgrund zahlreicher Proteste in der ostpreußischen Hauptstadt wieder freilassen.[38] Eine Verfolgung von politischen Opponenten über den noch kleinen Kreis der Sozialisten hinaus fand auch außerhalb Preußens nur wenig Akzeptanz und hätte zudem das gewünschte Bild einer geschlossenen Heimatfront gefährdet. In Bayern musste etwa die Regierung den Protesten der anhängerstarken Patriotenpartei gegen Krieg und Reichseinheit sogar tatenlos zusehen. Die Behörden beschränkten sich darauf, Beobachter zu deren Versammlungen zu schicken und im Übrigen auf ein baldiges Ende des Krieges zu hoffen. Wenn die deutsche Frage nicht bald zum Abschluss gebracht werde, so resümierte ein hoher Münchner Regierungsbeamter, seien noch die »erschütterndsten Ereignisse« zu befürchten.[39] Auch gegen das offen die Einheit unter Preußen ablehnende katholische Milieu verbot sich ein energisches Vorgehen der bayerischen Behörden. Nachdem sie anfangs noch in der Pfalz gegen den Krieg polemisierende Pfarrer festgenommen hatte, wagte es die bayerische Polizei später nicht mehr, kriegskritische Predigten zu unterbinden. Weniger rücksichtsvoll ging man allerdings gegen die in Bayern noch schwachen Sozialisten vor. Sie galten hier wie in allen deutschen Staaten als radikale Außenseiter, gegen die selbst harte Maßnahmen völlig angemessen erschienen. So wurden noch im März 1871 die beiden Redakteure der in Augsburg erscheinenden Zeitung *Der Proletarier* verhaftet und schließlich wegen »staatsgefährlicher [sic] Äußerungen« sowie »Aufforderung zum Ungehorsam« zu drei beziehungsweise fünf Monaten Haft verurteilt.[40]

Für die Behörden waren die Sozialisten der ideale innere Feind, gegen den sich bequem der öffentliche Unmut wenden ließ. Dass ausgerechnet ihre Fundamentalopposition gegen Krieg und Annexionen dazu beitrug, die Kriegsgesellschaft vorerst zu stabilisieren, entbehrt nicht der Ironie. Doch selbst bei Kriegsende fand die öffentliche Stimmung nicht zur Euphorie der ersten Tage zurück. Als tatsächlich am 26. Februar 1871 die Nachricht vom Präliminarfrieden mit Frankreich in ganz Deutschland auf mit Lorbeerkränzen geschmückten Plakaten bekannt gegeben wurde, quittierte die Bevölkerung die freudige Botschaft eher mit Gleichmut. Zwar fanden die Extrablätter reißenden Absatz, aber der Fahnenschmuck der Häuser erschien dem Korrespondenten spärlicher als sonst nach großen Kriegsereignissen und er konnte sich die Zurückhaltung seiner Landsleute nur dadurch erklären, dass »das Volk den Becher der Freude bereits bis auf die Hefe genossen« habe.[41]

Der Kampf gegen die Republik

Chaos und Karneval – Paris am 4. September 1870

»Jetzt aber, da beglaubigt war, dass der Kaiser mit dem großen Schnurrbart seit drei Tagen Kriegsgefangener sei, dass er nicht zurückkommen werde, um den erschütterten Soldaten neuen Mut, den aus der Fassung gebrachten Gendarmen neuen Eifer einzuflößen, schwamm die Pariser Bevölkerung in der Wonne einer Gymnasiastenbande, deren Aufseher verschwunden ist. Man war lustig, das ist die Wahrheit.«

Maurice Graf von Hérisson, Tagebuch eines Ordonnanz-Offiziers[1]

Ein am 3. September aus Brüssel eingehendes Telegramm der Nachrichtenagentur Havas lieferte dem seit Tagen fiebernden Paris die ersten bruchstückhaften Meldungen von der Niederlage bei Sedan. Zunächst herrschte unter den Hauptstädtern ungläubiges Staunen.[2] Als jedoch im Verlauf des Nachmittags weitere Telegramme aus der Region, die sich auf Berichte entkommener Soldaten stützten, das volle Ausmaß der militärischen Katastrophe bestätigten und schließlich auch der Kaiser selbst der Kaiserin-Regentin telegrafisch seine Gefangennahme mitteilte, geriet die Lage in der Hauptstadt rasch außer Kontrolle. Noch am selben Abend forderte eine gewaltige Menge von vielleicht 100000 Menschen die Abschaffung des Kaisertums, dem man jetzt für alle militärischen Demütigungen und Rückschläge der letzten vier Wochen die Schuld gab.[3] Ungehindert von der Gendarmerie und den wenigen verfügbaren Bataillonen der Nationalgarde versammelten sich am nächsten Morgen erneut mehr als 100000 Einwohner der Hauptstadt. Schon um 8 Uhr waren die *Rue de Rivoli* und der *Place du Carrousel* unter den Fenstern des Louvre, dem Dienstsitz des Militärbefehlshabers von Paris, General Louis Trochu, nach den Worten seines Adjutanten, des jungen Grafen Hérisson, schwarz vor Menschen. Bei schönstem Sonntagswetter zog die Menge vor das mit

4. September 1870 vor dem Sitz des *Corps législatif* im alten Palais Bourbon: »Die Proclamierung der französischen Republik durch Gambetta«.

Säulen geschmückte Sitzungsgebäude des *Corps législatif*, dem ehemaligen *Palais Bourbon* am *Quai d'Orsay*, wo der 61-jährige Jules Farve, Führer der Republikaner, die Initiative an sich gerissen hatte. Gemäß einem von 27 Abgeordneten der Linken unterzeichneten Antrag sollte das gesamte Plenum den Sturz des Kaisertums und die Fortsetzung des Krieges *à outrance* beschließen. Es folgte eine heftige Debatte, ohne dass freilich eine Einigung erzielt werden konnte. Kurz nachdem am frühen Nachmittag die zum Schutz der Abgeordneten eingesetzten Linientruppen durch die Nationalgarde ersetzt worden waren, stürmte ein Teil der Demonstranten mit dem Ruf: »Nieder mit dem Kaiserreich, es lebe die Republik« den Sitzungssaal, um die dort seit der Nacht tagenden Abgeordneten zur sofortigen Ausrufung der Republik zu zwingen.[4]

Einem Teil der Parlamentarier mit Favre an der Spitze gelang es, sich durch das in den Straßen herrschende Chaos zum *Hotel de Ville* auf der anderen Seite der Seine durchzuschlagen, wo sie nach kurzer Debatte eine neue »Regierung der Nationalen Verteidigung« bildeten. Schnell waren die wichtigsten Ressorts an ein Kollegium ausnahmslos

Pariser Abgeordneter verteilt. Der politische Coup war tatsächlich ein doppelter Staatsstreich. Nicht allein das Kaisertum war abgeschafft, sondern mit ihm auch das gesamte *Corps législatif*.

Dass General Trochu ausgestattet mit der obersten militärischen Befehlsgewalt die Regierung führen sollte, verstand jeder als klares Zeichen für ihren Willen zur Fortsetzung des Krieges. Beifall brandete auf, als man die Namen der Mitglieder der neuen Regierung der draußen wartenden Menge verkündete. Etliche Passanten erkletterten die Sockel der Denkmäler, Hüte flogen in die Luft und am *Quai d'Orsay* reichten Soldaten den Frauen über die Brüstung hinweg grüne Zweige. Das alte Regime war geschlagen, seine Armeen in Gefangenschaft oder eingeschlossen, doch die Hauptstädter selbst fühlten sich noch längst nicht bezwungen. Der Mythos von 1792 schien in Paris nach wie vor lebendig und die neue Republik sollte jetzt wie damals alle Kräfte der Nation zur Abwehr der feindlichen Invasion mobilisieren.

Unter großem Jubel der Umstehenden passierte ein offener Wagen, der mit großen Fahnen geschmückt und von bärtigen Männern mit roten Nelken besetzt war, die *Rue de Rivoli*. In ihrer Mitte umarmte ein betrunkener »Turko« eine ebenfalls betrunkene Frau. Der 4. September war nicht wirklich eine Revolution, sondern ähnelte einem ausgelassenen Karneval. Entgegen ersten Befürchtungen war der Tag in der Hauptstadt ganz unblutig verlaufen. Es hatte nicht einmal Plünderungen gegeben und kaum ein Umstürzler schien sich um die Kaiserin-Regentin gekümmert zu haben. Mithilfe eines amerikanischen Arztes konnte die Gattin des Kaisers aus den *Tuilerien* entkommen, um schließlich in Großbritannien Exil zu finden. So benahmen sich die Pariser am Nachmittag nach den Worten des Grafen Hérisson wie eine »Gymnasiastenbande, deren Aufseher plötzlich verschwunden« war.[5] Kaum jemand, so glaubte Edmond de Goncourt, schien an diesem Nachmittag einen einzigen Gedanken daran zu verschwenden, dass die Deutschen nur noch drei oder vier Tagesmärsche von Paris entfernt waren.[6]

Der passionierte *Flaneur* der Straßen von Paris und gleichfalls Augenzeuge der Geschehnisse sah in den blaublusigen Aktivisten nicht mehr als eine »plärrende Plebs«, die wieder einmal »politischen Unfug« betrieb und in ihrer linken Brust für die großen Opfer, die man jetzt dem Vaterland zu erbringen hatte, nichts übrig hätte.[7]

Neben Jules Favre zählte der Delegierte der extremen Linken, Léon Gambetta, zu den neuen Machthabern, die sich »Regierung der Nationalen Verteidigung« nannten. Der erst 32-jährige Advokat aus Cahors im südfranzösischen Departement Lot, Sohn eines aus Italien eingewanderten Geschäftsmannes, war ein wortgewaltiger Redner mit natürlicher Autorität, die auch durch den entstellenden Verlust seines rechten Auges, verursacht durch einen Unfall in der Jugendzeit, nicht geschmälert wurde. Gleichwohl war der Politiker Gambetta stets darauf bedacht, sich nur mit seinem linken Profil darstellen zu lassen. Als Innenminister war Gambetta für die Ernennung der neuen Präfekten in den Provinzen zuständig. Der militärische Laie schreckte auch nicht vor der gewaltigen Aufgabe zurück, als Kriegsminister in Personalunion die Aufstellung der neuen Armeen zur Befreiung der Hauptstadt zu organisieren. Das Amt des Außenministers hatte Jules Favre übernommen, der noch zwei Jahre zuvor als Vertreter der Republikaner im *Corps législatif* Marschall Niels Heeresreform torpediert hatte. Jetzt hörte man aus dem Munde des Mannes mit der markanten weißen Löwenmähne, der damals Frankreich nicht zur Kaserne machen wollte, dass der Krieg nun bis zum Äußersten geführt werden müsse. Favres Ressort war zunächst Adolphe Thiers, dem Urgestein der französischen Politik, angetragen worden, doch der Mann, der 1840 als Ministerpräsident die Rheinkrise provoziert und sich noch im Juli gegen die Kriegserklärung gestellt hatte, lehnte ab. Immerhin erklärte sich Thiers bereit, die wichtigsten europäischen Hauptstädte aufzusuchen, um für die Sache der neuen Republik zu werben. Zum Vorsitzenden der Regierung konnte der noch von Napoleon am 17. August im Lager von Chalons ernannte Militärgouverneur von Paris, General Louis Trochu, gewonnen werden, der in der Hauptstadt anfangs große Popularität genoss. Der 55-jährige Bretone und Katholik war ein Vertrauter des verstorbenen Marschalls Niel gewesen und hatte nie zum engeren Kreis des Kaisers gezählt. Noch auf dem Weg vom Louvre zum *Hotel de Ville* hatte sich der General von den Umstürzlern versichern lassen, dass der Schutz von Religion, Familie und Eigentum unter den neuen Machthabern gewährleistet sein würde.[8]

Kaum jemals hat eine Regierung unter weniger günstigen Umständen ihre Arbeit aufnehmen müssen. Das Ausland hegte gegenüber ihren Vertretern tiefes Misstrauen. Seine einzige Legitimation im Inneren zog das neue Regime vorerst aus seiner demonstrativen Entschlossenheit, den Krieg um jeden Preis fortzuführen. Nicht einen Quadratmeter französischen Bodens und nicht einen Stein einer französischen Festung, so verkündete Jules Fravre vollmundig am 6. September den europäischen Mächten, solle den Preußen preisgegeben werden.[9] Der Beschluss der neuen Regierung, auch im Falle einer Einschließung durch die sich rasch nähernden deutschen Armeen in Paris zu verbleiben, erwies sich freilich schon bald als unzweckmäßig. Schon am 12. September gingen daher Marineminister Martin Fourichon, Justizminister Adolphe Crémieux sowie etliche Stellvertreter der in Paris verbleibenden Minister auf dem noch offenen Landweg nach Tours, um dort einen zweiten Regierungssitz zu etablieren. Innenminister Gambetta folgte ihnen drei Wochen später in einer spektakulären Flucht mit dem Fesselballon.[10]

Nach den Regeln der klassischen Strategie schien Frankreich bereits geschlagen. Da von seinem Feldheer nur noch Reste existierten und seine Hauptstadt kurz vor der Einschließung stand, musste jetzt das ganze Land mobilisiert werden. Eilig wurden die mobilen Garden in den Provinzen und der neue Rekrutenjahrgang in den noch unbesetzten Gebieten eingezogen. Erstaunlicherweise akzeptierten große Teile des Landes, selbst in ländlichen Regionen, wo Napoleon bisher den größten Rückhalt besessen hatte, den Umsturz in Paris. Ohne Bezugsperson löste sich das kaiserliche Regime auch in der Provinz sang- und klanglos auf. Viele vom Kaiser ernannte Präfekten räumten freiwillig ihren Platz, andere stellten sich sogar für eine Übergangszeit dem neuen Regime zur Verfügung.[11]

Wenn in einigen Städten die Lage zunächst außer Kontrolle geriet, so lag dies allein an der radikalen Linken, die im Sturz des Kaisertums ihre Chance witterten. In Lyon und Marseille wurden am 5. September die Zeughäuser von einem aufgehetzten Mob gestürmt, während der Marseiller Präfekt nur mit knapper Not nach Italien entkommen konnte. In Nantes und St. Etienne waren rote Flaggen anstelle der Trikolore über den Stadthäusern aufgezogen worden, und selbst in Cahors, der Heimatstadt Gambettas, wurde die Präfektur zweimal gestürmt.[12] Schließlich gelang es loyalen republikanischen Komitees, sich mit Unterstützung von Nationalgarde und Gendarmerie an den

Brennpunkten zu behaupten, die Rädelsführer zu verhaften und die neue Ordnung durchzusetzen. Das Versprechen der Republik, das Eigentum zu schützen und eine soziale Revolution zu bekämpfen, sicherte ihr jetzt überall die nötige Unterstützung. Schon Mitte September klangen die Berichte der neuen Präfekten optimistisch. Die Republik werde nun ohne Vorbehalte akzeptiert, hieß es etwa aus dem *Departement du Nord.* Vielerorts sei die Stimmung sogar enthusiastisch.[13]

An Waffen und Geld herrschte kein Mangel, die französische Marine kontrollierte unangefochten die Küsten und sicherte den Import von Kriegsmaterial aus Großbritannien und den Vereinigten Staaten. Gut ausgebildete Truppen waren jedoch kaum noch vorhanden, vor allem fehlten erfahrene Offiziere. Von der ehemaligen kaiserlichen Armee existierten außer den in Metz isolierten Truppen nur noch zwei Linienregimenter, die bisher den päpstlichen Stuhl in Rom geschützt hatten. Zusammen mit einigen Tausend aus Sedan entkommenen Soldaten bildeten sie nun das XIII. Armee-Korps. Aus den bei der Mobilisierung in den Standorten verbliebenen Depotbataillonen formierte Trochu ein zusätzliches XIV. Armee-Korps, das die Front im Süden der Stadt halten sollte. Dazu kamen 15 000 Marine-Infanteristen unter dem Befehl von Admiral Camile Clément de la Roncière, die mit ihrer guten Ausbildung und hohen Disziplin zweifellos das Rückgrat der Verteidigung von Paris bildeten. Ihr größter Teil gelangte als Besatzung der Forts im Osten und Süden der Stadt zum Einsatz. Die etwa 20 000 Gendarmen und Zöllner in der Stadt waren mit Schusswaffen vertraut und besaßen einen gewissen militärischen Wert. Auch zwei Bataillone der Fremdenlegion sollten, allerdings unter Zurücklassung ihrer deutschstämmigen Angehörigen, erstmals im Mutterland zum Einsatz kommen. Bisher hatte ein Gesetz dies verboten. Aus den Provinzen trafen in den ersten beiden Septemberwochen noch 71 Bataillone der neuen mobilen Nationalgarde in Paris ein, für deren Aufnahme allerdings wenig vorbereitet war, sodass sie zunächst in den Straßen der Hauptstadt lagern mussten.[14] Militärisch von geringem Wert waren die 17 000 Angehörigen der mobilen Nationalgarde des Departments *Seine,* die General Trochu wegen ihrer fortgesetzten Aufsässigkeit schon im August aus dem Feldlager von Chalons hatte abziehen müssen.[15] Sämtliche Probleme traten jedoch für wenige Stunden in den Hintergrund, als der General am 13. September im Zentrum der Stadt eine große Heerschau abhielt. Gefolgt von einer imposanten Gruppe höherer Offiziere und zahlreichen Adjutanten ritt Trochu auf einem prächtigen Pferd die lange Linie seiner Truppen von der *Bastille* bis zu den *Champs-Élysées* ab. Die Truppen hatten auf beiden Seiten der Straße Aufstellung genommen. Die vollständig ausgerüsteten Soldaten standen ganz vorn, während die Trottoirs hinter ihnen mit den Köpfen der Pariser »gepflastert« schienen. Selbst auf den Dächern hatten sich in Massen Zuschauer eingefunden und wetteiferten mit den Soldaten in betäubenden Bravo-Rufen. Die Hornisten bliesen, die *Tambours* trommelten und die Soldaten in der vorderen Linie präsentierten ihre Gewehre. Nach diesem glänzenden Schauspiel, so schloss Graf Hérisson seinen Bericht, glaubte sogar General Trochu eine Zeit lang an die Verteidigung von Paris.[16]

Auf deutscher Seite war der Sturz des Kaisertums mit mäßigem Interesse aufgenommen worden. Seit der Revolution von 1789 hatte Frankreich insgesamt sechs Systemwechsel erlebt. Politische Umstürze schienen offenbar zum Lebensrhythmus des Nachbarlandes zu gehören, und beim Anblick des nach Kassel abreisenden Kaisers bemerkte Moltke eher gelangweilt: Voilà! Eine Dynastie dankt ab.[17] Anders als sein Monarch, der noch am Abend von Sedan seine Entourage davor gewarnt hatte, auf ein rasches Ende des Krieges zu setzen,[18] rechnete der Generalstabschef nicht mehr mit größeren Kämpfen. Er hoffe, bereits in einem Monat wieder in Kreisau Hasen schießen zu können, schrieb Moltke am 22. September an seinen Bruder, als Paris bereits vollkommen von deutschen Truppen eingeschlossen war.

Auch Bismarck war von der Ausrufung der Republik nicht überrascht. Schon in der nächtlichen Kapitulationsverhandlung mit General Wimpffen in Donchery hatte er den Franzosen erwidert, dass er auch einer möglichen neuen Regierung in Paris nicht trauen könne. Gleichwohl sah der Kanzler im Sturz des Kaiserreiches, von dem das Große Hauptquartier erst am 6. September in Reims erfuhr, vor allem ein Ärgernis, das seine politische Aufgabe, den Krieg zu seinen Bedingungen zu beenden, unnötig erschwerte. Bismarck bezweifelte stark, dass die neue Junta der Pariser Advokaten überhaupt ein Mandat besaß, für ganz Frankreich zu sprechen. Dass er noch bis in den Herbst hinein an die Möglichkeit eines wiederhergestellten Napoleonischen Kaisertums glaubte und deswegen sogar mit dem in Metz eingeschlossenen Marschall Bazaine verhandelte, zeigte das Ausmaß seiner Ratlosigkeit. Von der republikanischen Regierung war ohne Wählervotum freilich kaum zu erwarten, dass sie die geforderten harten Friedensbedingungen akzeptierte. Anders als im Krieg gegen Habsburg gedachte der Bundeskanzler den so gründlich geschlagenen Gegner dieses Mal nicht zu schonen. Die bisherige Feindseligkeit der Österreicher hatte ihm auch wenig Veranlassung gegeben, sein Experiment von Nikolsburg jetzt zu wiederholen.[19]

Bei seinen Forderungen nach Gebietsabtretungen durfte Bismarck auf die Unterstützung fast aller politischen Kreise in Deutschland rechnen. Lediglich der Parteiausschuss der Eisenacher Sozialisten lehnte in einer am 3. September veröffentlichten Resolution Grenzveränderungen strikt ab und forderte stattdessen einen »ehrenvollen Frieden« mit Frankreich.[20] Die wieder einmal gegen seinen Kurs opponierende Königin und ihre britische Schwiegertochter brachte ein geharnischter Brief ihres Gatten, den Wilhelm auf Bismarcks Geheiß geschrieben hatte, vorläufig zum Schweigen.[21]

Dass Frankreich im Falle einer Niederlage neben einer ansehnlichen Kriegsentschädigung auch das Elsass und Teile Lothringens mit Metz verlieren müsse, hatte die *Berliner Börsen-Zeitung* schon in ihrer Ausgabe vom 13. Juli gefordert. Nach einem siegreichen Feldzug werde es keinem Deutschen noch möglich erscheinen, Straßburg eine französische Stadt bleiben zu lassen, hieß es in dem Artikel, und der *Schwäbische Merkur* sprach nur eine Woche später von den »alten Wunden am Leibe Germanias«.[22] Nach den ersten siegreichen Schlachten war der Ruf nach Annexionen bereits unüberhörbar geworden und Julius Verdy du Vernois gab wohl zutreffend die Stimmung im Großen Hauptquartier wieder, als er am 10. August forderte, der ganzen französischen Nation für längere Zeit die Lust auszutreiben, seinen friedlichen Nachbarn zum Kampf auf Leben und Tod herauszufordern.[23] General von Blumenthal sprach zweifellos für die Mehrheit der Generale, wenn er einige Tage nach dem Sieg von Sedan im Gespräch mit Bismarck erklärte, dass Frankreich wie ein geschlagener Gegner zu behandeln sei. Es dürfe in hundert Jahren nicht mehr zu

Atem kommen.[24] Eine neuerliche Schonung Frankreichs, wie es nach dem Sturz Napoleons 1814/15 geschehen war, schien angesichts der bisher auf deutscher Seite erbrachten großen Opfer kaum noch durchsetzbar, selbst wenn Bismarck sie gewollt hätte.

Unbeeinflusst von der öffentlichen Stimmung hatte Bismarck schon Anfang August den Gedanken geäußert, nach dem Krieg das Elsass und vielleicht auch einen Teil Lothringens mit Metz zu annektieren.[25] Er hütete sich freilich, die beabsichtigten Gebietserweiterungen mit historischen Besitzansprüchen zu begründen. Unter den neutralen europäischen Mächten durfte keine Unruhe entstehen. Schließlich hatten zum untergegangenen Alten Reich, auf dessen Wiedergeburt nun viele hofften, noch andere Gebiete im Westen gehört. Besonders Russland versuchte Bismarck auf seine Seite zu ziehen und vertrat gegenüber St. Petersburg die Position, dass ein weiterer Krieg mit Frankreich, gleich unter welchem Regime es gerade stehe, nur vermieden werden könne, wenn es jetzt fühlbar geschwächt würde. Frankreich habe bis jetzt das Bewusstsein gehabt, so schrieb er am 6. September in einer Instruktion an den preußischen Gesandten an der Newa, »aus jedem willkürlich angefangenen Krieg ohne Strafe und Schmälerung seines auf Kosten Deutschlands vergrößerten Territoriums herauszukommen. Ihm diese Gewissheit zu lassen und sie durch einen neuen Akt zu bekräftigen, hieße eine Prämie auf den Übermut und neue Kriegslust setzen.«[26] Unter den vorherrschenden politischen Kalkülen konnte Bismarck nicht anders handeln. Die Franzosen hätten den Preußen schon Sadowa nicht verziehen und werden es nach dem jetzigen Siege, ob großmütig behandelt oder nicht, noch weniger tun, bemerkte er am selben Tag zu seinem Legationsrat Robert von Keudell. Mit oder ohne seine beiden östlichen Provinzen würde Frankreich nach seiner Überzeugung die nächste sich bietende Gelegenheit zu einem Revanchekrieg nutzen und dabei vermutlich von Russland unterstützt werden. Dann aber war es besser, Metz und Straßburg in der Hand zu behalten.[27]

Dass die Mehrheit der Elsässer durchaus nicht bereit war, ihr Franzosentum aufzugeben, durfte Bismarck unter diesen Umständen nicht stören. Die Bevölkerung werde sich mit der Notwendigkeit abzufinden haben, versicherte er dem preußischen Gesandten in London, Albrecht Graf von Bernstorff, so wie sie es vor gar nicht langer Zeit

Frankreich gegenüber hat tun müssen. Die Zeit werde das Übrige tun.[28]

Über seine unnachgiebige Haltung ließ Bismarck auch gegenüber Jules Favre keinen Zweifel, als sich der Vertreter der neuen Regierung am 19. September zu Gesprächen im Großen Hauptquartier in Ferrières einfand. Ein baldiger Waffenstillstand sollte nach der Vorstellung des Franzosen seiner provisorischen Regierung in Paris die Möglichkeit geben, Neuwahlen im ganzen Lande abzuhalten. Monarch und Kanzler waren soeben im prunkvollen Palais des Barons Rothschild eingezogen, doch die luxuriöse Art seiner Unterbringung schien Bismarck keineswegs milder gestimmt zu haben. Seine Forderung nach Übergabe wichtiger Festungen wie Toul, Straßburg, Mézières und sogar einiger Pariser Forts als Faustpfand war für den Franzosen nicht akzeptabel. Als der Kanzler sodann auf Gebietsabtretungen bestand, war Favre den Tränen nah. Bismarck wolle Frankreich zerstören, rief er empört aus. Auch von seinem Angebot einer Kriegsentschädigung von beachtlichen fünf Milliarden Francs sowie den »pomphaften Friedensschwüren« des Franzosen ließ sich der Kanzler nicht umstimmen.[29] Die Gespräche endeten ohne Vereinbarung, doch wenigstens konnte Favre die Unnachgiebigkeit der Deutschen nutzen, um den Widerstandswillen der Pariser zu festigen. Jetzt erst recht, lautete die Parole.[30] Bismarck wiederum sah sich in seinem Urteil über die mangelnde Professionalität der neuen Pariser Machthaber bestätigt. Später machte er sich im Kreis der Generale über Favres lange Reden lustig. Der Franzose habe eigentlich nicht verhandelt, sondern zu ihm wie zu einer Volksversammlung gesprochen.[31]

Bismarck hatte gegenüber Favre den Eindruck erwecken wollen, aus einer Position der Stärke zu agieren. Obwohl er fließend Französisch sprach, hatte er erstmals sogar einen Dolmetscher hinzugezogen, um die Verhandlungen nicht in der Sprache der Besiegten führen zu müssen.[32] Gleichwohl war dem Kanzler bewusst, dass auch die deutschen Armeen mit wachsenden Schwierigkeiten zu kämpfen hatten. In den ersten vier Kriegswochen waren in acht Schlachten immerhin 80000 Soldaten getötet oder verwundet worden und weitere 150000 Mann der 2. Armee waren noch auf ungewisse Zeit zur Einschließung von Metz erforderlich. Nach Abzug aller Kräfte zur Bewachung der Gefangenen sowie zum Schutz der rückwärtigen

Verbindungen verblieben zur vollständigen Einschließung von Paris zunächst nur die 150 000 Soldaten der beiden bei Sedan siegreichen Armeen.[33] Die Versorgung dieser Truppen tief in Feindesland war zudem unsicher, da die beiden einzigen französischen Eisenbahnlinien von Metz und Straßburg durch die Festungen von Toul und Mézières vorerst blockiert waren. Auch nachdem Toul am 23. September kapituliert hatte, blieb die südliche Linie durch eine Tunnelsprengung bei Nantieul an der Marne, etwa 70 Kilometer westlich von Paris, nur begrenzt nutzbar. Dagegen bot der Transport von Nachschubgütern mit Pferdefuhrwerken kaum einen ausreichenden Ersatz und wurde zunehmend das Ziel irregulärer Kämpfer. Es konnte kein Zweifel daran bestehen, dass bei einer längeren Fortsetzung des Krieges das Problem der sogenannten *Franctireurs* den Einsatz weiterer Kräfte, die man nicht hatte, erforderlich machte. Während sich unter der diktatorischen Führung Gambettas an der Loire und an der Somme neue französische Armeen aus den Depottruppen sowie den rund 300 000 Eingezogenen der mobilen Nationalgarde bildeten, vermochte Moltke nur die von der norddeutschen Küste abgezogene 17. Division sowie einige Landwehrdivisionen als Verstärkung aufzubieten. Hinzu kamen im Verlauf des Septembers noch rund 50 000 Mann aus den heimischen Depotbataillonen, die aber nicht einmal die Hälfte der durch den hohen Krankenstand verursachten Ausfälle deckte. Das preußisch-deutsche Mobilisierungssystem war ausgeschöpft und Kriegsminister Albrecht von Roon weigerte sich vehement, wie die Franzosen halbfertige Verbände aus notdürftig ausgebildeten Zivilisten ins Feld zu stellen.[34] Der Entschluss der neuen französischen Regierung, den Krieg auch nach dem Untergang der kaiserlichen Feldarmee fortzusetzen, war somit keineswegs so verantwortungslos, wie es Moltke später beklagt hat.[35] Schon ein erster militärischer Erfolg der neuen Regierung konnte noch einmal alles wenden und im ganzen Land neue Kräfte freimachen.

Paris im Herbst 1870 – Eine Weltmetropole von der Welt abgeschnitten

»Abends Dué; dieser eingefleischte Pariser ist mir so recht der Typus für die große Mehrzahl der Herren und Frauen der kosmopolitischen haute volée: ihnen tut es um die Franzosen oder besser die Pariser leid als die Vertreter des eleganten Leichtsinns, des schön geschmückten Lasters. Immer noch können sie's nicht glauben, dass der Ernst des Lebens mit eiserner Faust diesen verzärtelten Epikuräern über den Nacken kommt, immer noch sehen sie deren Bestrafung als zu hart an, immer noch gönnen sie uns ›Barbaren‹ den Sieg nicht; das angebliche Marschieren der Franzosen ›à la tete de la civilisation‹ spukt ihnen allen noch im Kopfe.«

Tagebuch der Hildegard v. Spitzemberg, 8. November 1870[36]

»Heute geht die sechste Woche der Belagerung zu Ende und ich muss zugeben, dass sich hier innerhalb dieser Zeit bemerkenswerte Veränderungen ergeben haben. Als ich nur sechs Wochen zuvor mit Oberst Hoffmann und General Read eine Exkursion durch die Stadt und entlang der Bastionen gemacht hatte, war noch alles unvollständig und es herrschte ein unglaubliches Durcheinander. Hätten es die Preußen gewusst, so wären sie direkt in die Stadt marschiert.«

Elihu Washburne, Botschafter der Vereinigten Staaten in Paris, am 30. Oktober 1870[37]

Nur einen Tag nach der Flucht der Kaiserin-Regentin traf am Abend aus Brüssel nach 18-jährigem Exil Frankreichs damals berühmtester Dichter Victor Hugo in Paris ein. Dort hatte man den *Poeta laureatus* des republikanischen Frankreichs keineswegs vergessen. Zu Hugos Überraschung empfing ihn am *Gare du Nord* eine jubelnde Menschenmenge wie einen Messias. Unter Hochrufen und dem Singen der *Marseillaise* begleiteten die Pariser den 68-jährigen Verfasser von *Les Misérables* in sein neues Quartier in der *Rue Laval*, wo sogleich jeder vorzusprechen versuchte, der in Paris Rang und Namen besaß oder sich das wenigstens einbildete. In den folgenden Tagen entfaltete der

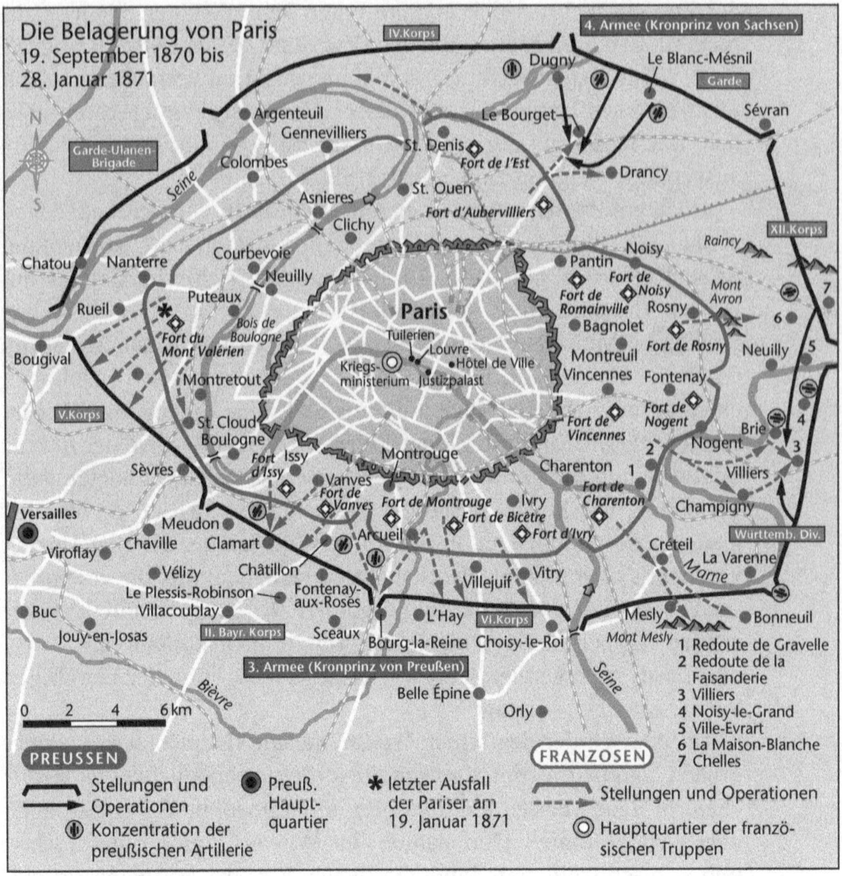

Karte der Belagerung von Paris.

Ankömmling eine emsige propagandistische Tätigkeit. Der Dichter sprach mit Ministern, den Chefredakteuren der bedeutendsten Pariser Zeitungen, Vertretern der Linken, gab lyrische Aufrufe an Franzosen wie Deutsche heraus und kündigte öffentliche Lesungen seiner *Chatiments* an. Mit jenem typischen Pathos, das bei den nüchtern veranlagten Deutschen immer wieder Kopfschütteln auslöste, verkündete der Zurückgekehrte: »Ich komme unter Deine heiligen Mauern zurück, Oh Paris, Oh Mutter, um auch ein Glied Deiner Kette zu tragen.« Paris werde siegen, denn Europa könne seine universale Hauptstadt nicht im Stich lassen. Seine zahllosen Verehrer glaubten es tatsächlich. Das Kaisertum der Franzosen war fortgewischt, nicht aber ihre ausgeprägte Neigung zum Selbstbetrug.[38]

Auch ein Preuße kehrte in diesen Tagen nach Paris zurück, das er genau zwei Monate zuvor mit einem der letzten Züge in Richtung Brüssel verlassen hatte. Am 19. September erreichte im Gefolge des Großen Hauptquartiers Alfred Graf von Waldersee, der ehemalige preußische Militärattaché in Paris, die Ortschaft Le Blanc Mesnil im Osten der Hauptstadt. Eine Anhöhe bot den hohen Ankömmlingen einen ausgezeichneten Blick auf Paris und seine Umgebung. Weit im Westen war die Kuppe des *Mont Valérien* zu erkennen, wo der *Bois de Boulogne* und die große Seineschleife die Stadtgrenze bildeten. Graf Waldersee, der bereits designierte Präfekt der noch zu erobernden gegnerischen Hauptstadt, durfte König Wilhelm, der gar nicht genug von dem sich ihm bietenden Panorama haben konnte, die erkennbaren Einzelheiten erläutern. Außer dem *Arc De Triomphe* und der glänzenden Kuppel des Invalidendomes waren auch Romainville, Noisy und Rosny zu erkennen, drei von insgesamt 22 Forts der gewaltigen Pariser Stadtbefestigung.[39]

Der Marsch der deutschen Armeen auf die Hauptstadt hatte einer großen Landpartie mit üppigen Requirierungsmöglichkeiten geglichen. In Reims hatten die Invasoren die Kathedrale besichtigt, auch dem weltberühmten Champagner der Witwe Cliquot zugesprochen und sich schließlich am landschaftlichen Reiz des Marnetals erfreut. Nirgendwo waren die Deutschen auf organisierten Widerstand gestoßen. Einzig in Laon war es am 10. September zu einem verlustreichen Zwischenfall gekommen, als durch eine vermutlich absichtliche Brandlegung das dortige Pulvermagazin in die Luft flog. Außer 300 französischen Soldaten fielen auch etwa 100 Mann der preußischen 6. Kavallerie-Division dem Anschlag zum Opfer.[40] Etliche Zerstörungen von Brücken und Straßen hatten die vorrückenden Truppen kaum aufhalten können und zeigten einmal mehr, dass die Franzosen ohne großen Plan agierten. So war auch eine Eisenbahnbrücke über die Marne bei Charenton ihrem unsachgemäßen Eifer zum Opfer gefallen.

Mit einem Augenzwinkern kommentierte Verdy du Venois den ungewollten Liebesdienst des Gegners. Tatsächlich wäre die Sprengung der Brücke Aufgabe der Deutschen gewesen, die sich hier vor Paris zur Verteidigung einzurichten gedachten.[41] Andere Zerstörungen hatten die Deutschen allerdings selbst übernommen. In vielen Dörfern und Städtchen verrieten etliche niedergebrannte Gebäude, dass deren Bewohner auf die »verhassten Preußen« geschossen hatten oder zumindest des bewaffneten Widerstands beschuldigt worden waren. Trotz dieser brutalen Praxis klagte General von Blumenthal, der Chef des Stabes der Kronprinzenarmee, in seinem Tagebuch über die Gutmütigkeit der eigenen Kavalleriepatrouillen, die es oft nicht über sich brächten, gefangene *Franctireurs* einfach zu erschießen oder zu erhängen.[42]

Nach dem Willen Moltkes sollte Paris nur von allen Seiten abgeriegelt werden. Ein direkter Angriff auf seine starken Befestigungen und die sich vermutlich anschließenden Straßenkämpfe erschienen dem Generalstabschef nach den bisher erlittenen starken Verlusten als unnötiges Risiko. Die Kapitulation der Millionenmetropole betrachtete er als eine Angelegenheit von nur wenigen Wochen. Waren erst einmal die auf höchstens acht Wochen veranschlagten Vorräte in der Stadt aufgebraucht, müssten auch die neuen Machthaber in der Stadt endlich einsehen, dass eine Fortsetzung des Krieges gänzlich sinnlos sei. Aus rein militärischer Sicht erschien seine Strategie stimmig. Allerdings irrte sich Moltke in der Durchhaltefähigkeit der Hauptstädter gründlich.

Die deutschen Truppenbewegungen zur Einschließung von Paris verliefen planmäßig und schnell. Während die Maas-Armee des sächsischen Kronprinzen die Hauptstadt von Norden umfasste, bildete der Kronprinz Friedrich Wilhelm mit seiner Armee den südlichen Teil des Belagerungsringes. Am 18. September hatte das preußische V. Armee-Korps die obere Seine bei Villeneuve-le-Roi überquert und war schon am folgenden Tag auf Versailles vorgerückt. Das bayerische II. Armee-Korps ging weiter südlich bei Corbeil über den Fluss und sollte die Bewegung gegen mögliche Vorstöße des Gegners von der Loire her absichern.

Tatsächlich aber bekamen es Bayern und Preußen zunächst mit Truppen aus der Hauptstadt zu tun. Am Vormittag des folgenden

Geschützstellungen auf dem Montmartre während der Belagerung von Paris.

Tages griffen die Franzosen unter Führung General Auguste Ducrots, der bei Sedan in deutsche Gefangenschaft geraten war, aber bei Pont à Mousson hatte entkommen können, mit zwei Divisionen des XIII. Armee-Korps aus dem Wald von Meudon die Schanze von Chatillon an. Nach Ducrots Ansicht war sie zu früh geräumt worden. Doch der Angriff schlug nicht durch. Schlimmer noch. Der erste Kampftag um Paris endete für die Franzosen in einem Desaster. Die Deutschen warfen die Angreifer über deren Ausgangsstellungen zurück und besetzten bis zum Abend das Plateau von Bicetre. Etliche französische Verbände, darunter auch die neu aufgestellten Zuaven, waren schon beim ersten Artilleriebeschuss fluchtartig in den Schutz der Stadtbefestigungen zurückgeströmt.[43] Edmond de Goncourt, der zusammen mit einigen Hundert Parisern am Tor von *Pont de Jour* auf die ersten Nachrichten aus der Schlacht gewartet hatte, war über die Haltlosigkeit der eigenen Truppen entsetzt. Ein kurzer Wortwechsel mit einem der geflohenen Zuaven offenbarte ihm das ganze Ausmaß der Misere: Es habe gar keinen Kampf gegeben, sondern nur ein »Rette sich, wer kann!« Der Soldat hatte an diesem Tag nicht eine Patrone verschossen. Goncourt registrierte den typischen Blick des Flüchtlings: »Vage, scheu, wässrig, nirgendwo haftend bleibend und stets in die Ferne ausweichend.«[44] Die weiten Hosen allein machte aus Neulingen noch keine Elitesoldaten, und es diente gewiss nicht der Hebung der Kampfmoral, als ein wütender Trochu am folgenden Tag etwa zwei Dutzend der unglücklichen Zuaven mit gewendeten Jacken und einem Schild mit der Aufschrift »Elender Feigling« um den Hals durch die Straßen von Paris ziehen ließ.[45] Bayerische Vorposten meldeten schließlich ihre Füsilierung vor den Mauern der Stadt.[46]

Das verlorene Gefecht von Chatillon kostete die Franzosen 660 Mann sowie 300 Gefangene und hatte nicht einmal den Vormarsch der Deutschen entlang der Südflanke der Stadt ernstlich unterbrechen können. Noch am selben Tag besetzten die Spitzen des preußischen V. Armee-Korps das nur halbherzig von Nationalgarden verteidigte Versailles und bis zum Einbruch der Dunkelheit konnte sogar die Verbindung mit der nördlich von Paris vorrückenden Maas-Armee bei St.-Germain-En-Laye hergestellt werden.[47] Damit war die gigantische Metropole für die kommenden fünf Monate von der Welt abgeschnitten. Außer ihren rund 400 000 Verteidigern befanden sich mehr als zwei Millionen Einwohner sowie zahlreiche aus dem Umland geflohene Franzosen in der Falle. Als letzte sichere Verbindung der Hauptstadt mit der Außenwelt kappten die Deutschen auf Moltkes Befehl am 27. September ein Telegrafenkabel, das sie zwei Tage zuvor auf dem Grund der Seine entdeckt hatten.[48] Allein durch Brieftauben und Heißluftballons, von denen jedoch etliche in die Hände der Deutschen fallen sollten, konnten danach noch Nachrichten aus der Stadt gelangen.[49]

Da die Belagerer ihre Stellungen außerhalb der Reichweite der in den Forts eingesetzten Artillerie bezogen hatten, erreichte ihr Einschließungsring eine Gesamtlänge von 100 Kilometern.[50] Die deutschen Linien waren so dünn besetzt, dass ein entschlossen vorgehender Gegner sie nach dem Urteil des Chefs des Stabes der Kronprinzenarme, General Leonhard von Blumenthal, jederzeit hätte durchbrechen können. Die Franzosen beschränkten sich jedoch in den ersten Tagen der Belagerung darauf, an verschiedenen Punkten des Einschließungsrings anzugreifen, ohne freilich irgendwo zu einem Erfolg zu kommen. So ließ etwa General Vinoy am 30. September frühmorgens drei seiner Brigaden nach einer Kanonade von anderthalb Stunden aus ihren Stellungen zwischen den Forts d'Ivry und Bicetre auf Villejuif und Chevilly angreifen. Truppen des preußischen VI. Armee-Korps wiesen die Attacke nach dreistündigem Kampf ab. Mit einem Verlust von beinahe 2000 Mann wurden die Franzosen in ihre Schanzen zurückgetrieben. Allerdings hatten auch die Belagerer an diesem Tag 450 Tote und Verwundete zu beklagen.[51] Ein gleichzeitig bei Vincennes im Osten von Paris unternommener Ausfall diente nur der Ablenkung, veranlasste aber General von Blumenthal zu dem verächtlichen Kommentar, der Feind verstehe einfach sein Metier nicht und handele wie »ein mit Blindheit Geschlagener«.[52]

In einigen abgefangenen Briefen aus der Hauptstadt fand sich inzwischen schon der Hinweis auf den einen oder anderen Pariser, der lieber die Deutschen in seiner Stadt sehen würde, als die bestehenden Zustände weiter zu ertragen.[53] Die meisten Hauptstädter schienen sich freilich mit ihrer Lage vorerst arrangiert zu haben und versuchten, Normalität zu demonstrieren. Am ersten Sonntag im Oktober, einem wunderschönen Herbsttag, flanierten sie zu Edmond de Goncourts Erstaunen und trotz des fernen Grollens der Geschütze herausgeputzt wie im tiefsten Frieden über die Straßen der Hauptstadt. Dass aber die Deutschen vor den Toren der Stadt standen und bereits viele gewohnte Dinge des Lebens in der dritten Woche der Einschließung nur noch unter Mühen zu beschaffen waren, war jedem Pariser an diesem Tag vollkommen bewusst. Einem am 28. September vor der Stadt aufgefangenen britischen Offizier zufolge waren Milch, Butter und Gemüse bereits Mangelware.[54] Hungern musste in Paris allerdings noch niemand, auch wenn die Preise für Fleisch rasch stiegen und die Qualität des Brotes inzwischen miserabel war. Zu umfassenden Rationierungen kam es tatsächlich erst Ende Oktober.[55]

Auch wenn die Deutschen vor Paris in der zweiten Oktoberwoche endlich Verstärkung durch die 17. Division und die Garde-Landwehr-Division erhielten,[56] war ihre Gesamtlage alles andere als günstig. Die Franzosen wollten nicht aufgeben und ihr Widerstand im ganzen Land nahm jetzt Konturen an. Überall in den besetzten Gebieten bedrohten inzwischen Freiwillige, die *Franctireurs*, die sich auf eigene Kosten ausgerüstet hatten und in Gruppen von bis zu 60 Mann operierten, die langen Nachschublinien. Meldungen der Kavallerie wiesen darauf hin, dass die Formierung neuer Feindgruppierungen an der Oise und an der Loire Fortschritte machte. Solange Bazaines Armee in Metz ausharrte, konnten die Kräfte zur Abwehr dieser neuen Gegner nur vom Einschließungsring vor Paris abgezogen werden.

Der Gedanke lag nahe, durch die Wegnahme einiger Forts näher an die Festung heranzukommen und so die Stellung um Paris zu verbessern. Damit ließen sich weitere Truppen für die neue Front an der Loire verfügbar machen. Vertreter der Artillerie um Generalinspekteur Gustav Eduard von Hindersin hatten nach gründlicher Erkundung aller Abschnitte einen Angriff auf die Forts von Issy und Montrouge im Süden von Paris für durchführbar gehalten. Allerdings mussten dazu etwa 400 schwere Geschütze in Stellung gebracht werden. Trotz aller Dringlichkeit schien die Sache aber nicht recht in Gang zu kommen und niemand konnte für die Verzögerung einen überzeugenden Grund nennen. Etliche Gerüchte machten die Runde und Graf von Waldersee äußerte Ende September gegenüber Bismarck sogar den Verdacht, dass Moltke und seine Leute an der Beschießung von Paris überhaupt kein Interesse hätten.[57] Der Kanzler selbst geriet deswegen in die Kritik. Etliche deutsche Zeitungen verbreiteten den Verdacht, dass vor allem Bismarck aus falscher Rücksichtnahme die Verzögerungen vor Paris zu verantworten habe.[58]

In Wirklichkeit war der Große Generalstab durchaus nicht tatenlos geblieben. Anfang Oktober befanden sich bereits 200 schwere Geschütze in einem gesonderten Areal bei Villacoublay, was angesichts der fortgesetzten Sperrung beider Haupteisenbahnlinien eine beachtliche logistische Leistung darstellte. In seiner Geschichte des Krieges machte Moltke später die nüchterne Rechnung auf, dass für den Transport der von den Artilleristen geforderten 400 schweren Geschütze nebst 200 000 Artilleriegranaten ab Nanteuil mindestens 4500 Wagen und 10 000 Zugpferde erforderlich gewesen seien.[59] Wenn nun gleichwohl der Artillerieeinsatz vorerst unterblieb, lag es nicht an einer, wie Bismarck argwöhnte, Intrige von »Weibern, Erzbischöfen und Gelehrten«,[60] sondern an Moltkes durch die jüngsten Ereignisse vor Straßburg gewonnenen Auffassung, dass ein einmal begonnenes Bombardement auch bis zur Kapitulation durchgehalten werden müsse.[61]

Dem Kanzler missfiel Moltkes phlegmatisch klingendes Urteil, dass der Hunger bisher noch jede größere Stadt bezwungen hätte. Das mochte richtig sein, doch es fehlte die Zeit zum Abwarten. Bismarck spürte die großen europäischen Mächte in seinem Nacken und klagte am 19. Oktober gegenüber dem Grafen von Waldersee, dass sich mit jedem ergebnislos vor Paris verstreichenden Tag ihr Druck erhöhe.[62] Vor allem in Großbritannien drohte die anfänglich noch preußenfreundliche Stimmung zu kippen. Premierminister William Gladstone hatte im Kabinett sogar den Vorschlag eingebracht, alle europäischen Großmächte aufzufordern, gegen die beabsichtigte Loslösung Elsass-Lothringens von Frankreich zu protestieren, und sprach von einer »grausamen Abtretung« und einer »tiefen Schuld gegenüber Frankreich«.[63]

Selbst auf das Stillhalten Russlands konnte der Kanzler vorerst nur deshalb zählen, weil Zar Alexander II. und sein leitender Minister Gortschakow sich nach Sedan entschlossen hatten, Frankreichs gegenwärtige Schwäche zur Kündigung der Schwarzmeerklausel von 1856 zu nutzen. Für Bismarck gab es keine Alternative. Paris musste um jeden Preis fallen, ehe eine Friedenskonferenz der europäischen Großmächte ihm die erhoffte Beute wieder entwinden würde.

Dass freilich seine Forderung nach einer allgemeinen Beschießung der französischen Hauptstadt kaum zu einer beschleunigten Kapitulation führen würde, sondern nur ganz Europa gegen Preußen aufbringen musste, wollte der Kanzler nicht einsehen. Bismarck und Moltke, der Erstere trotz seines Generalsranges und seiner hohen Kürassierstiefel ein militärischer Laie, der andere soeben in den Olymp der größten Feldherrn der Geschichte aufgenommen, verfolgten vor Paris falsche Strategien. Auch zwei Wochen nach der völligen Abriegelung mochte sich der Generalstabschef nicht dazu entschließen, einen nach den Regeln der damaligen Belagerungskunst geführten Angriff auf die Befestigungen in Gang zu setzen. Allein dies hätte die deutschen Armeen vor der prekären Situation bewahren können, in die sie spätestens mit dem Auftreten der neuen französischen Armeen an der Loire geraten mussten.

Exempel an einer alten Reichsstadt – Die Beschießung und Kapitulation von Straßburg

»Altdeutschland rief: Nun kann ich holen,
Was mir die Welschen einst gestohlen!
Gemach, ihr Kelten, schrien die Finnen,
Ihr stahlt es uns, trollt euch von hinnen!
Was habt ihr Finnen hier zu schaffen?
Das Land war unser, schrien die Affen.«

Georg Herwegh, Die Ureigentümerin, Herbst 1870[64]

Die ehemalige Reichsstadt Straßburg mit ihrem mittelalterlichen Münster war für deutsche Nationalisten bis zum Ausbruch des Krieges gegen Frankreich das aufreizende Symbol eines zweihundert Jahre alten Unrechts gewesen. Der in Dresden lebende Autor der *Gartenlaube*, Karl Andree, beschrieb, »Wehmut und ein unbeschreiblich schmerzliches Gefühl« habe ihn erfasst, als er an einem Abend im Sommer 1870 vom Fremersberg bei Baden-Baden seinen Blick über das weite Rheintal schweifen ließ und in der Ferne den Turm des Straßburger Münsters wie einen gewaltigen Mast in die Luft ragen sah. Durch »Schwäche und Verrat« sei die Festung einst verloren gegangen. König Ludwig XIV. hatte die Stadt im Jahre 1681 unter fadenscheinigen Gründen besetzt, während die Armeen des Kaisers die Südostgrenze des Reiches gegen die Türken verteidigen mussten, die damals Frankreichs Verbündete und zugleich die gefährlichsten Feinde des christlichen Europas waren. Der Friede von Rijswijk hatte schließlich 16 Jahre später dem Versailler Monarchen den »Raub des Elsass« samt Straßburg auch völkerrechtlich garantiert.

In der Großen Revolution war Straßburg die Hauptstadt des Departements *Bas-Rhin* geworden. Dort hatte der 32-jährige Leutnant Claude Joseph Rouget de Lisle am 24. April 1792 im Haus des Stadtbürgermeisters erstmals einem begeisterten Publikum sein Kampflied für die Rhein-Armee vorgetragen, das bald darauf im ganzen Land als *Marseillaise* bekannt werden sollte. In der postnapoleonischen Ära hatte sich Straßburg rasch zum Zentrum einer aufstrebenden elsässischen Maschinenbau- und Textilindustrie entwickelt. Eine Eisenbahnlinie verband seit 1852 die Stadt am Oberrhein mit der Metropole Paris. Der Rhein-Rhône-Kanal sorgte für die ökonomische Anbindung zum Süden Frankreichs, der Rhein-Marne-Kanal zu den nordwestlichen Regionen des Landes. Als General Helmuth von Moltke 1856 auf der Rückreise aus Paris auch der Stadt Straßburg einen Besuch abstattete, wunderte er sich, dass die meisten ihrer Bewohner zwar Deutsch sprachen, sich aber ohne Einschränkung als Franzosen fühlten.[65] Der verständliche Widerwille einer Mehrheit der Elsässer, erneut zum Spielball der großen Politik zu werden und noch einmal ihre Nationalität wechseln zu müssen, vermochte freilich kaum die seit Kriegsbeginn rechts des Rheins losgebrochene Welle von Forderungen nach einer Annexion des Grenzlandes zu dämpfen. Wenn die Elsässer und besonders die Bewohner Straßburgs partout keine Deutschen sein wollten, ließen sich ihre freundlichen Gefühle für Frankreich vielleicht ausbomben.

Nach der siegreichen Schlacht von Wörth wollte Moltke auch die Hauptstadt des Elsass möglichst rasch besetzen lassen. Mit der Einnahme der noch von Sébastian Le Preste de Vauban angelegten Festung samt ihrer Zitadelle hatte der Generalstabschef den Generalleutnant Karl Wilhelm von Werder beauftragt. Der 62-jährige Offizier war nach einer soliden militärischen Laufbahn, während der er auch als Oberleutnant unter russischem Befehl gegen kaukasische Bergstämme gekämpft hatte, bis 1866 zum Divisionskommandeur aufgestiegen. Im böhmischen Feldzug hatte sich General von Werder mit der 3. Infanterie-Division bei Gitschin und Königgrätz bewährt und den *Pour le Mérit* erhalten. Bei Ausbruch des Krieges gegen Frankreich waren jedoch seine Erwartungen, ein Armeekorps zu erhalten, zunächst nicht erfüllt worden. Das Kommando über die deutschen Belagerungstruppen vor Straßburg war dafür kein wirklicher Ersatz. Außer der Badischen Division, die im Mainfeldzug von 1866 wenig geleistet hatte und bei Wörth nicht mehr zum Einsatz gekommen war, erhielt er noch zwei preußische Landwehrdivisionen unterstellt, dazu trat immerhin ein stattlicher Belagerungstrain aus 200 schweren Geschützen und 88 Mörsern.[66]

Die Gegenseite befehligte der 68-jährige General Jean Jacques Uhrich, ein gebürtiger Elsässer, der unter Napoleon auf der Krim und in

Norditalien gekämpft hatte und dessen Sympathien voll und ganz Frankreich galten. Als Stadtkommandant von Straßburg verfügte Uhrich über eine Besatzung von insgesamt 23000 Mann. Diese Streitmacht setzte sich aus Truppen der Garnison, Versprengten aus der Schlacht von Wörth sowie etlichen Mobilgarden zusammen. Mehr als 1000 Geschütze, vielfach allerdings veraltet, standen den Verteidigern zur Verfügung. Obwohl der technisch längst veraltete Zustand der Befestigung eine reguläre Belagerung nach den klassischen Regeln des 18. Jahrhunderts nahelegte, erschienen General von Werder und dem Großen Hauptquartier dieses mühsame Verfahren zu zeitraubend. Die vor Straßburg versammelten Truppen sollten nach Moltkes Willen möglichst schnell für eine neue Verwendung frei werden und so entschied sich der General mit ausdrücklichem Einverständnis des Generalstabschefs für eine massive Beschießung der gesamten Stadt. Da die Festung nicht durch äußere Forts geschützt wurde, war dank der erhöhten Reichweite der Artillerie erstmals auch der Beschuss der bewohnten Bezirke im Inneren Straßburgs möglich. Der Druck der leidenden Bevölkerung, so begründete man deutscherseits das zynische Vorgehen, sollte den französischen Befehlshaber zu einer vorzeitigen Aufgabe zwingen. Die kurzzeitige Beschießung der Stadt Kehl auf der rechten Rheinseite durch die Straßburger Festungsartillerie am 19. August lieferte einen willkommenen Vorwand. Das Bombardement von Stadt und Festung begann am 23. August zunächst nur mit der verfügbaren Feldartillerie, zwei Tage später aber griffen auch die inzwischen aus den Festungen Wesel, Koblenz und Magdeburg herantransportierten schweren Geschütze in den Kampf ein. In der Nacht zum 26. August brannten große Teile der Stadt. Die Heimkehr der Straßburger ins Reich war durchaus kein freudiges Ereignis. Den deutschen Brandbomben fielen insgesamt 450 Häuser zum Opfer, 2000 Straßburger wurden getötet oder verwundet, 10000 Menschen, ein Achtel der Bewohner, waren ohne Obdach und mussten bis zum Ende der Belagerung und darüber hinaus in Kellern, Kirchen oder Schulen Zuflucht suchen. Die neue Straßburger Kirche, das Museum, die Bibliothek, das Theater sowie das städtische Gymnasium waren völlig zerstört.[67] Selbst das Münster wurde schwer beschädigt, nachdem Uhrich sich geweigert hatte, seine Beobachter vom Turm abzuziehen. Die Bitte des am nächsten Vormittag bei den deutschen

Straßburg: Die *Porte de Pierre* nach der Belagerung.

Vorposten erschienenen Bischofs von Straßburgs, Andreas Räß, die Bevölkerung der zukünftigen deutschen Stadt zu verschonen und wenigstens Frauen und Kinder abziehen zu lassen, wies der deutsche Befehlshaber brüsk zurück.[68] Wenn Moltke 17 Jahre später in seiner Darstellung des Krieges behauptete, dass der Stadt die Leiden nicht hatten erspart werden können, war dies eine aus seiner Feder höchst ungewohnte Beschönigung seiner Entscheidungen.[69]

Ob von Werders und Moltkes unmenschliche Maßnahme tatsächlich zu einer schnelleren Kapitulation geführt hätte, bleibt offen, denn schon nach vier Tagen zeigte sich, dass die Munition zu einer Fortsetzung des intensivierten Beschusses nicht reichte. Werder musste nun doch zu dem aufwendigen Verfahren einer Belagerung zurückkehren und befahl widerwillig am 29. August, die erste von insgesamt drei Parallelen vor der Nordwestecke der Festung anzulegen. Etwa zwei Wochen später hatten sich die Belagerer so weit an den Hauptwall herangearbeitet, dass mit dem Beschuss der Bastionen begonnen werden konnte. Von der Kapitulation der Chalons-Armee bei Sedan und der Ausrufung der Republik in Paris erhielten die Belagerten Kenntnis, als am 12. September eine Schweizer Delegation mit General von Werders Genehmigung die Linien passieren durfte, um humanitäre Hilfe zu leisten.

Obwohl keinerlei Aussicht mehr auf Entsatz von außen bestand, weigerte sich General Uhrich, den Widerstand einzustellen, und wies noch am 19. September die eindringliche Bitte der Straßburger Bürgerschaft, ihren Kriegsleiden endlich ein Ende zu machen, energisch zurück. Noch hatte die Festung genügend Vorräte und Munition. Jeder Tag, am dem die Belagerer vor Straßburg gebunden waren, würde der Republik helfen, ihre neuen Armeen aufzustellen. Am 24. September ließ General von Werder jedoch das Feuer aus der fertiggestellten dritten Parallele gegen die Bastionen 11 und 12 eröffnen, deren Mauerwerke nach rund 1000 Treffern zusammenfielen und eine gangbare Bresche hinterließen. Seine Möglichkeiten zur Abwehr des bevorstehenden Sturms schätzte Uhrich angesichts der Überlegenheit der deutschen Artillerie als gering ein. Jede Bereitstellung von Truppen hinter der Bresche wäre schon im Ansatz zerschlagen worden.[70] Nach den klassischen Regeln der Belagerungskriegführung war damit auch der letzte Moment gekommen, die Festung zu übergeben und

Leben sowie Besitz seiner Bürger zu schützen. Ob die Deutschen aus Straßburg wirklich ein zweites »Magdeburg« gemacht hätten, bleibt offen, denn Uhrich ließ rechtzeitig am Nachmittag des 27. September 1870 die weiße Fahne auf dem Turm des Straßburger Münsters emporziehen. Die enttäuschte Pariser Regierung warf dem General später vor, die Verteidigung zu passiv geführt zu haben, doch der Ablauf der Übergabe widerlegte schlagend die militärischen Fantasien der Hauptstadtpolitiker. Die anfangs noch geordnet marschierende Truppe zerfiel, nachdem sie das Haupttor passiert hatte, in demoralisierte Haufen betrunkener Soldaten, die ihre Offiziere beschimpften und ihre Waffen zerstörten. Die Sieger zählten 500 französische Offiziere sowie 17000 Unteroffiziere und Mannschaften als Gefangene. Zu den Offizieren, die schriftlich versicherten, nicht mehr gegen die Deutschen zu kämpfen, zählte auch General Uhrich, der nach einem kurzen Aufenthalt in Tours weiter in die Schweiz reiste, wo er sich gegen den bald aufkommenden Vorwurf des Verrats zur Wehr zu setzen versuchte.[71] Zur deutschen Kriegsbeute zählten auch 1200 Geschütze und 200000 Gewehre. Aufseiten der Belagerer waren 940 Mann getötet oder verwundet worden.

In Paris erließ Léon Gambetta am 2. Oktober 1870 einen pathetischen Aufruf, der von einer 50-tägigen heroischen Verteidigung der Stadt Straßburg sprach und noch einmal die Unteilbarkeit Frankreichs beschwor. Ausnahmsweise bewegte sich der Franzose nahe der Tatsachen, wenn er von einem »wahren Geschossregen« sprach, der die Verteidiger niedergezwungen habe.[72] Seine Ankündigung, dass der Fall von Straßburg alsbald gerächt würde, war jedoch nicht mehr als trotzige Rhetorik. General von Werders kleine Streitmacht, deren Kern bisher aus den drei badischen Brigaden bestanden hatte, wurde nunmehr durch Zuweisung je einer preußischen Infanterie- und Kavalleriebrigade zum XIV. Armee-Korps erweitert, von Werder selbst zum Kommandierenden General ernannt. Sein neuer Auftrag lautete, das südliche Elsass zu besetzen und gegen französische Angriffe aus der Burgundischen Pforte zu verteidigen.[73]

Die letzte Bastion des Kaiserreiches – Die Belagerung von Metz bis zur Übergabe nach 70 Tagen

»Ein Tag der Trauer und Verzweiflung. Alles ist vorbei. Armes Frankreich! Eine Armee von 100 000 Mann hat sich auf Gnade ergeben, ohne eine letzte Anstrengung unternommen zu haben. Auf wen wird dieses Verbrechen zurückfallen, wem wird es die Nachwelt zur Last legen? [...] Was würden die Helden von Austerlitz, Jena, Friedland und Wagram sagen, wenn sie sich aus ihren Gräbern erheben könnten? Wie würde ihr Urteil über ihre Nachkommen lauten? Ihr Urteil über eine verweichlichte Generation, die nicht fähig war, den Boden ihres Vaterlandes zu verteidigen und den Gegner davon zu jagen?«

Hauptmann Claude Lombard vom 67. Linien-Regiment am 28. Oktober 1870[74]

Marschall François-Achille Bazaine dürfte in der Reihe der Verhängnisgestalten des französischen Katastrophenjahrs 1870 gewiss einen vorderen Platz beanspruchen. Zwei Wochen zuvor noch als der große Retter Frankreichs gefeiert, hatte Bazaine den Untergang seiner eigenen Armee besiegelt, als er am Tag nach Vionville und Mars-la-Tour den Versuch unterließ, auf der noch freien nördlichen Route aus der Falle von Metz zu entkommen. Auch für das historische Desaster von Sedan trug der Marschall einen erheblichen Teil der Verantwortung. Denn gleich nach den Kämpfen um Gravelotte und St. Privat hatte der Marschall am 19. August der ahnungslosen Regierung in Paris telegrafiert, dass er beabsichtige, nach rascher Neuordnung seiner Korps den Marsch zur Maas wieder aufzunehmen. Über Thionville wolle er entlang der Nordgrenze auf die kleine Festung Montmédy vorstoßen. Bazaines entschlossen klingende Nachricht war für Graf Palikao wohl der entscheidende Grund, MacMahons sich in Chalons sammelnder Armee den fatalen Befehl zu erteilen, dem Marschall und seinen aus Metz ausbrechenden Truppen entgegenzumarschieren.

Im fernen Paris hatte niemand eine realistische Vorstellung davon, dass Bazaine mit seinem nächtlichen Rückzug in den vermeintlichen

Schutz der Forts von Metz bereits jede Operationsfähigkeit eingebüßt hatte. Seit dem 19. August saßen sämtliche fünf Armeekorps seiner *Armée du Rhin* unwiderruflich in einer gigantischen Falle, die sich beiderseits der Mosel in einer Breite von 15 Kilometern und in einer Tiefe von etwa zehn Kilometern ausdehnte. Die fünf äußeren Forts der Festung, St. Quentin und Plappeville auf dem linken sowie St. Julien, Bellecroix und Queulieu auf dem rechten Moselufer, waren noch in den Verlauf der Stellungen einbezogen worden. Um diesen Ring verliefen inzwischen in einem Abstand von durchschnittlich anderthalb Kilometern die deutschen Positionen vor Metz mit einem Gesamtumfang von fast 40 Kilometern. Moltke war kein Risiko eingegangen und hatte zur Abriegelung der Festung nicht weniger als sieben Armeekorps unter dem Befehl des Prinzen Friedrich Karl vor Metz zurückgelassen.

Tatsächlich hatte Bazaine, wie er es in seinem Telegramm angekündigt hatte, in den letzten Augusttagen einen Ausbruch durch die deutschen Linien vorbereiten lassen. Der Angriff sollte auf dem rechten Moselufer zwischen Failly und Servigny stattfinden, wo die Deutschen bisher nur ein Armeekorps in Stellung gebracht hatten. Nach dem Durchbruch auf St. Barbe und der Wiedererlangung der Operationsfreiheit würde der Weitermarsch zunächst auf dem rechten Moselufer über Thionville auf Montmédy erfolgen. Vier französische Armeekorps mit 100 000 Mann hatten bereits am 26. August auf drei Schiffsbrücken über die Mosel gesetzt, um im Schutz des Forts Julien ihre Ausgangsstellungen zu beziehen, als Bazaine schon tags darauf das Unternehmen wieder abblies. Schon die zahllosen Pannen und Verzögerungen während des Uferwechsels und der unablässige Regen, der ein späteres rasches Fortkommen auf Montmédy infrage stellte, hatten den Marschall am Gelingen des Unternehmens zweifeln lassen. Eine Besprechung, zu der er am 27. August die überraschten Befehlshaber in seinem Hauptquartier unweit des Forts St. Quentin versammelt hatte, führte endgültig zum Abbruch. Vor allem die Bedenken des Generals Marin Soleille, Bazaines Artilleriekommandeur, waren wohl ausschlaggebend für den Gesinnungswandel des Marschalls. Soleille hatte an diesem Vormittag klargestellt, dass die vorhandene Munition nur noch für eine größere Schlacht ausreiche. Ein Marsch von über 80 Kilometern, auf denen die Armee ständig deut-

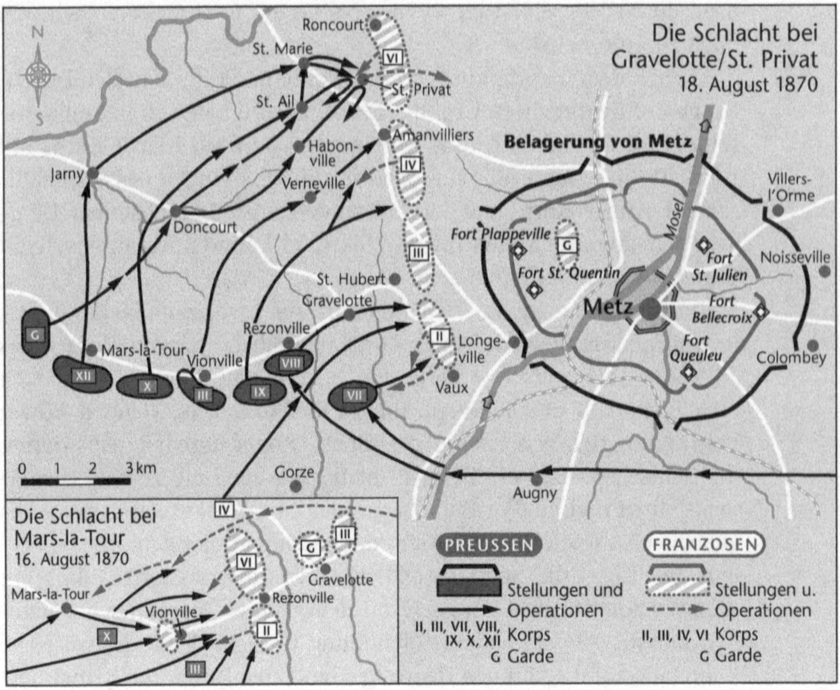

Karte der Einschließungsfront und der Belagerung von Metz.

schen Angriffen ausgesetzt sein würde, wäre aus seiner Sicht nicht zu verantworten. Auch die Befehlshaber aller fünf Korps hatten daraufhin zu dem Vorhaben schwere Bedenken geäußert. Die Moral ihrer Truppen würde keinen weiteren Rückschlag mehr aushalten, zudem bestände wegen der inzwischen unterbrochenen Telegrafenverbindung mit Paris überhaupt keine Gewähr, dass Marschall MacMahon ihnen tatsächlich schon entgegenmarschiere.[75]

Kaum war die Truppe unter erheblichen Mühen bei anhaltendem Regen in ihre Biwaks auf dem linken Moselufer zurückgekehrt, als am 30. August eine neue Nachricht über Thionville in die Festung gelangte. Sie bestätigte, dass MacMahon tatsächlich mit seiner Armee von Reims zur Maas aufgebrochen sei. Wenn dies zutraf, durfte Bazaine nicht tatenlos in Metz verharren. Widerstrebend rang er sich dazu durch, den drei Tage zuvor abgesagten Ausbruchsversuch nun doch zu unternehmen.

Gemäß dem ursprünglichen Plan wollte der Marschall den Durchbruch auf dem rechten Ufer der Mosel nördlich des alten Schlachtfeldes von Colombey-Noissy erzwingen. Vier französische Korps mit rund 100 000 Mann müssten dazu nur die Stellungen des ostpreußischen I. Armee-Korps und der 3. Reserve-Division durchstoßen. Deutsche Verstärkungen vom linken Moselufer konnten frühestens zwölf Stunden später verfügbar sein.

Doch einmal mehr agierten die Franzosen bestürzend langsam. Teile des französischen III. Armee-Korps vertrieben zwar am Morgen des 31. August die deutschen Vorposten aus Colombey, dann aber tat sich zum Erstaunen des verantwortlichen Befehlshabers, General Edwin von Manteuffel, erst einmal gar nichts. Kopfschüttelnd registrierten die Deutschen, dass die Gegner vor ihren Augen die Waffen zusammenstellten und in aller Ruhe begannen, ihre Mittagsverpflegung abzukochen. Allerdings signalisierten die langen Kolonnen, die im Verlauf des Tages die Stadt in östlicher Richtung passierten, dass ein größerer Angriff der Franzosen auf dem rechten Moselufer bevorstehen musste. Als am späten Nachmittag tatsächlich die französische Kanonade auf die von den Deutschen besetzten Dörfer Failly und Servigny einsetzte, hatte Friedrich Karl schon die 18. und 25. Division auf das rechte Moselufer in Marsch gesetzt.[76] Darüber hinaus beließ der Prinz zwei seiner Armeekorps, die Moltke zunächst für den Kampf gegen die Chalons-Armee angefordert hatte, dann aber doch nicht mehr brauchte, vorläufig außerhalb der Einschließungsfront, um den Gegner im Falle eines Durchbruchs im offenen Gelände zu stellen.[77] Da die entsandten Verstärkungen allerdings erst am nächsten Morgen auf dem rechten Moselufer eintreffen konnten, musste sich der angegriffene Manteuffel vorerst selbst behelfen. Als die Franzosen endlich mit zwei Armeekorps, aus dem Schutz des Fort Julien heraustretend, die beiden Ortschaften Failly und Servigny angriffen, erzielten sie rasch tiefe Einbrüche in die deutschen Stellungen. Die Verteidiger räumten nach kurzem Kampf Nouilly und Noisseville. Eine Front aus 60 Geschützen, die Manteuffel eilig vor Servigny aufgebaut hatte, musste, nachdem die Angreifer sie in der südlichen Flanke umgangen hatten, geräumt werden. Die Kämpfe ebbten erst eine Stunde vor Mitternacht ab, nachdem die Franzosen aus Servigny vertrieben worden waren, das sie zuvor im nächtlichen Bajonettangriff genommen hatten.[78] Wie schon in den beiden großen Schlachten westlich von Metz hatte sich Bazaine auch jetzt wieder weit von der Front aufgehalten und war, ohne die letzten Nachrichten vom Schlachtfeld abzuwarten, abends in sein Quartier zurückgekehrt. Seine am nächsten Morgen herausgegebenen Befehle mussten die Truppen, die am Vorabend so glänzend gekämpft hatten, zutiefst irritieren. Der Marschall sprach hierin von der Konsolidierung der eigenen Positionen und einem eventuellen Rückzug, falls der Feind doch zu stark sei. Wenig Zuversicht habe, so Moltke in seiner Geschichte des Krieges, aus dieser Weisung gesprochen.[79]

Auf der Gegenseite erwies sich von Manteuffel aus anderem Holz geschnitzt. Der stockkonservative General war ein Bruder des früheren Ministerpräsidenten Otto von Manteuffel und hatte zuvor den einflussreichen Posten eines Chefs des Militärkabinetts innegehabt. Obwohl Manteuffel auch nach dem Eintreffen der Verstärkungen nicht mehr als 36000 Mann gegen einen immer noch doppelt so starken Gegner zur Verfügung hatte, war er fest entschlossen, selbst zum Angriff überzugehen. Der gefährliche Einbruch südlich von Servigny musste um jeden Preis bereinigt werden. Nachdem erneute Attacken der Franzosen auf Failly und Coincy im Abwehrfeuer der deutschen Artillerie gescheitert waren, gelang es tatsächlich im Verlauf des Vormittags, den Gegner auf ganzer Front auf seine Ausgangsstellungen zurückzudrängen. Insbesondere das Scheitern des französischen III. Armee-Korps vor Failly bewog Bazaine gegen Mittag, den Ausbruchsversuch abzubrechen. Etliche französische Divisionen waren bisher überhaupt nicht zum Kampf gekommen. Auf der Gegenseite hatte freilich auch Friedrich Karl das letzte Risiko gescheut. Noch Ende August hatte der Prinz, dem sein mühevoller Auftrag vor Metz durchaus nicht behagte, mit dem Gedanken gespielt, die Franzosen über Failly auf St. Barbe durchbrechen zu lassen, um ihre Armee im offenen Gelände zu zerschlagen. Die sich noch fast zwei quälende Monate hinziehende Belagerung von Metz hätte so rasch beendet werden können. So blieb nur der bescheidene Abwehrerfolg von Failly und Servigny, der mit ausdrücklicher Billigung Friedrich Karls ganz auf das Konto Generals von Manteuffel ging.[80] Die deutschen Verluste in den zweitägigen Kämpfen, die von den Franzosen als

Schlacht von Servigny, von den Deutschen als Schlacht von Noisseville bezeichnet wurden, betrugen 3400 Tote und Verwundete. Die französischen Opferzahlen lagen etwas darunter.[81]

Unter den sich zurückziehenden Franzosen war die Stimmung denkbar schlecht. Viele Offiziere begannen jetzt erstmals an Bazaine zu zweifeln. Hauptmann Claude Lombart vom 67. Linien-Regiment notierte am 1. September voller Zorn in sein Tagebuch: »Wir werden von einem Idioten geführt, dessen Verhalten einfach unerklärlich ist. Alles widerspricht dem gesunden Menschenverstand. Arme Armee, armes Frankreich, welch eine Demütigung.«[82]

Die zweitägige Schlacht von Noisseville war Bazaines letzter Ausbruchsversuch. Spätere Ausfälle, wie etwa am 7. Oktober gegen Schloss Bellevue und Ladonchamps dienten nur noch der Einbringung von Verpflegung. Auch ohne zunächst Kenntnis von der am selben Tag erfolgten Einkesselung der Chalons-Armee bei Sedan zu haben, setzte der Marschall nun darauf, seine Streitmacht zu erhalten. Sollte das Kaiserreich stürzen, würde sie bei möglichen Waffenstillstandsverhandlungen mit den Deutschen ein gewichtiger politischer Faktor sein. Schon in der Besprechung am 27. August war der Gedanke aufgetaucht, das extreme Risiko eines Ausbruches zu vermeiden. Solange die Armee in Metz aushielt, so hatte General Soleilles damals argumentiert, würde sie sieben deutsche Armeekorps binden. Dies sei immerhin die Hälfte der in Frankreich stehenden gegnerischen Streitmacht.[83] Von allen verbliebenen Optionen war dies fraglos die realistischste. Allerdings hätte dazu sofort mit der Rationierung der vorhandenen Lebensmittel in der gesamten Stadt begonnen werden müssen. Die ersten Kürzungen befahl Bazaine jedoch erst Mitte September und noch bis Anfang Oktober durften Bäckereien in der Stadt Weißbrot backen.[84]

Für beide Armeen setzte nach der Schlacht von Noisseville eine Leidenszeit ein, geprägt von Untätigkeit und einer miserablen Witterung. Für Beschäftigung sorgten allein die gelegentlichen Ausfälle der Franzosen, die auf den Äckern im Niemandsland zwischen den Fronten nach Kartoffeln gruben oder versuchten, herrenloses Vieh in die Festung zu treiben.

Auf deutscher Seite verbesserten sich immerhin die Unterbringungsverhältnisse, nachdem besonders auf dem linken Moselufer durch den Abtransport der zahlreichen Verwundeten aus den beiden

Augustschlachten wieder feste Quartiere in den Ortschaften frei geworden waren. Für die Verletzten und Kranken innerhalb der Festung waren die Aussichten dagegen trübe. Ihre Zahl verdoppelte sich im Verlauf der Belagerung auf fast 40000 Soldaten, wovon rund 7000 bis zur Kapitulation verstarben.[85] Vor allem die ersten Rationierungsmaßnahmen ließen die Stimmung in der Festung rasch sinken. Mitte September war die tägliche Brotration je Soldat auf 500 Gramm gesenkt worden. Etwa zur selben Zeit begann man die Pferde zu schlachten, für die ohnehin kein Futter mehr vorhanden war.

Von der Kapitulation der Chalons-Armee bei Sedan wussten die Eingeschlossenen zeitnah durch einen am 6. September erfolgten Gefangenenaustausch. Damit war die letzte Hoffnung auf einen Entsatz von außen zunichtegemacht. Am Horizont stand jetzt für jeden Soldaten deutlich sichtbar die Kapitulation. Wie lange ließ sie sich hinauszögern? Außer der *Armée du Rhin*, deren Stärke inzwischen auf unter 130000 Mann gesunken war, mussten die 20000 Mann zählende Festungsbesatzung und dazu etliche Mobilgarden versorgt werden. Jeden Tag wurden 168000 Rationen benötigt. Als problematisch erwies sich auch die große Zahl der Flüchtigen aus dem Umland, welche die Zahl der Zivilisten in Metz auf 70000 Personen erhöht hatten. Fraglos hätte Bazaine durch eine umfassende Requisition der in zivilen Lagern befindlichen Lebensmittel und eine straffere Organisation ihrer Verteilung die Kapitulation um einige Wochen verzögern können, um damit indirekt die Operationen der neuen Loire-Armee zu unterstützen. Doch der Marschall zeigte wenig Interesse, den neuen Machthabern in Paris zu dienen. Die Nachricht vom Sturz des Kaiserreiches hatten ihm deutsche Offiziere im Auftrag Friedrich Karls schon am 7. September persönlich überbracht.[86] Sofern der Prinz gehofft hatte, damit die Kapitulation von Metz zu beschleunigen, hatte er sich gründlich getäuscht. Bazaine sah jetzt sogar eine Chance, der demütigenden Kapitulation zu entgehen. Falls sich die politischen Verhältnisse in Frankreich weiter destabilisierten, wäre seine Armee der einzige Ordnungsfaktor im Lande. Paris und seine neue Regierung konnten sich nach Bazaines Überzeugung nicht lange halten, und nach dem dann unvermeidlichen Waffenstillstand könnten seine Truppen mit Billigung der Deutschen die Ruhe im Lande wiederherstellen. Aus seiner Bereitschaft, französische Truppen unter Umständen auch gegen

Franzosen einzusetzen, machte der Marschall kein Geheimnis. In einem Tagesbefehl vom 16. September unterstellte sich Bazaine zwar mit klaren Worten der Regierung der Nationalen Verteidigung, sprach aber auch davon, notfalls die bestehende soziale Ordnung mit derselben Energie gegen alle zerstörerischen Leidenschaften zu verteidigen, mit der er bisher gegen den äußeren Feind gekämpft habe.[87]

Tatsächlich spielte Bazaines Armee als letzte Streitmacht des Kaiserreiches auch in Bismarcks politischen Kalkülen eine Rolle. In seinen Verhandlungen mit Jules Favre hatte der Kanzler einen denkbar schlechten Eindruck von den neuen Machthabern in Paris gewonnen. Mit einer durch nichts legitimierten Regierung ließe sich kaum ein gültiger Friedensvertrag schließen. Bismarck zeigte sich daher nicht abgeneigt, den in Metz eingeschlossenen Marschall für eine begrenzte Restitution des Kaiserreiches in Form einer Regentschaft zu benutzen. Selbst wenn der Versuch zu keinem Erfolg führte, hätte er damit doch die Franzosen gespalten. Dem deutschen Oberbefehlshaber vor Metz, Prinz Friedrich Karl, waren derartige Winkelzüge zwar vollkommen fremd. Wie Moltke betrachtete er die zu erwartende Kapitulation von Metz als eine rein militärische Angelegenheit. Doch Bismarck setzte sich in diesem Fall gegen die Generale durch. Zu ihrem Verdruss durfte General Charles Bourbaki, der Befehlshaber der kaiserlichen Garde, am 25. September die Festung verlassen, um die ehemalige Kaiserin in ihrem englischen Exil in Chislehurst aufzusuchen. Eugénie ahnte jedoch Bismarcks Absichten und bewies Größe. Dem General erklärte sie höflich, aber bestimmt, dass Sie nichts unternehmen werde, was den Kriegsanstrengungen der neuen Regierung schaden könne.[88] Unverrichteter Dinge kehrte Bourbaki ins deutsche Lager vor Metz zurück. Als ihm jedoch ein immer noch missgestimmter Friedrich Karl die Rückkehr in die Festung mit der Begründung verweigerte, dass er doch kein Portier sei, begab sich Bourbaki sogleich nach Tours, wo er sich am 7. Oktober in den Dienst der neuen Regierung stellte. Wenig später beauftragte der hocherfreute Gambetta den renommierten General mit der Aufstellung einer neuen Armee in der Picardie.

In Metz wurde die Zeit für die Eingeschlossenen inzwischen knapp. Anfang Oktober hatte Bazaine von seinem obersten Nachschuboffizier die ernüchternde Meldung erhalten, dass die Verpflegung in der Festung auch bei starker Streckung nur noch bis zum 25. Oktober reichen würde.[89] Täglich ergaben sich bereits viele Soldaten, angeblich auf der Suche nach Nahrung im Niemandsland, den Deutschen. Wenn er seine Armee unter Waffen halten wollte, musste der Marschall schnell handeln. Von Bismarck hoffte er, bessere Bedingungen zu erhalten als von den nur in militärischen Mustern denkenden Generalen. Bazaine schickte daher am 12. Oktober, nachdem der Kanzler beim König eine Passiergenehmigung erwirkt hatte, seinen obersten Adjutanten, den General Napoleon Boyer, zu ersten Verhandlungen nach Versailles. Immer noch klammerte sich Bazaine an die Idee, seine Armee könne auch nach der Übergabe von Metz eine Rolle als Ordnungskraft spielen, und hoffte jetzt auf eine Internierung seiner Truppen im Ausland oder in Nordafrika.[90] Bismarck tat gegenüber seinem Gast sehr geheimnisvoll, führte ihn in den Garten seines Quartiers und sprach von den Wänden, die Ohren hätten.[91] Obwohl der Kanzler überzeugt war, dass in »wirklich freier Abstimmung« aller Franzosen eine Majorität für das Kaiserreich auch jetzt noch möglich sei, maß er Bazaines halbherzigen Bemühungen wenig Bedeutung bei. Dem Geschäftsträger Preußens in London, Albrecht Graf von Bernstorff, klagte er unmittelbar im Anschluss an seine Unterredung mit General Boyer, dass die Bonapartistische Partei bisher keinerlei Lebenszeichen von sich gegeben habe. »Solange die Kaiserin [...] und alle anderen Anhänger des Kaisers nur sitzen, sich auf bloße Redensarten, Wünsche, Klagen und Hoffnungen beschränken und dabei erwarten, dass ihnen von außen her die Sachen entgegengebracht werden, solange können sie für uns keine Faktoren bilden, mit denen wir rechnen könnten.«[92]

Gleichwohl ließ Bismarck nach seiner Unterredung den General weiter nach Großbritannien reisen. Eugénie war zwar bereit, den wiederholten Loyalitätsbekundungen Bazaines zu vertrauen, sah aber noch keine tragfähige Basis zur Übernahme einer Regentschaft, deren erste Handlung nach dem Willen Bismarcks darin bestehen sollte, der Abtretung französischen Territoriums zuzustimmen.[93] Boyer kehrte am 23. Oktober mit leeren Händen nach Metz zurück, dessen Kapitulation jetzt nur eine Frage von Tagen war. Einem noch am Vormittag desselben Tages zusammengetretenen Kriegsrat der höchsten Offiziere legte Bazaine die Frage vor, ob die Armee kampflos kapitulieren oder noch einen letzten Ausbruch wagen sollte. Fast einhellig votierten die Generale für eine kampflose Übergabe. Der materielle und moralische Zustand der Armee nach zweimonatiger Einschließung ließ keine Alternative zu.[94] Die Nachricht, dass Bazaine mit den Deutschen Kapitulationsverhandlungen aufnehmen wollte, verbreitete sich vorzeitig in der ganzen Stadt und löste unter den Bewohnern von Metz, die vielfach Anhänger der Republik waren, große Empörung aus. Einige Zeitungen, die auch jetzt noch in der eingeschlossenen Festung erschienen, verbreiteten realitätsferne Durchhalteparolen: Metz sei unbesiegbar. Es sei der Boulevard Frankreichs. »Metz, die Jungfrau, müsse halten und werde halten!« Etliche Hundert Bürger rotteten sich zusammen und schrien »Verrat!« Einige Bewohner stürmten den Turm der Kathedrale und läuteten die Glocken, doch vor der Besetzung des Rathauses und des Hauptquartiers der Nationalgarde schreckte die Menge zurück. Mit Einbruch der Nacht kehrte Ruhe in der Stadt ein. Generale wie Nicolas Desvaux konnten dennoch keinen Schlaf finden. »Am Abend große Verzweiflung. Wir verrecken im Dreck und leiden seelische Qualen«, notierte der Nachfolger Bourbakis und letzte Kommandeur der kaiserlichen Garde in sein Tagebuch. Eine Gruppe von Offizieren um General Justin Clinchant, die auf eigene Faust einen Ausbruch plante, wurde im letzten Augenblick enttarnt und die beteiligten Truppen entwaffnet. Clinchant und vielen seiner Mitverschwörer gelang es jedoch, durch die deutschen Linien nach Belgien zu entkommen.[95]

Die Deutschen stellten den Franzosen dieselben Bedingungen wie zuvor der Chalons-Armee bei Sedan. Die *Armée du Rhin*, die Festungsbesatzung und die Mobilgarden durften zwar mit militärischen Ehren die Festung verlassen, doch danach mussten sämtliche Waffen und Feldzeichen den Siegern übergeben werden. Immerhin wurde es, trotz einiger schlechter Erfahrungen seit Sedan, den etwa 6000 französischen Offizieren freigestellt, gegen ihr schriftliches Ehrenwort in Freiheit zu gelangen.

Mit der Kapitulation von Metz verschwand die letzte Streitmacht des Zweiten Kaiserreichs von der Kriegsbühne. Léon Gambetta sprach in einer Proklamation vom 30. Oktober vom Verrat des Marschalls Bazaine, der gemeinsame Sache mit den Invasoren gemacht habe, und hoffte so, dem weithin schockierten Land das neuerliche Desaster erträglich zu machen.[96] Spätere Aussagen von geflohenen Offizieren schienen Gambettas Bannspruch zu bestätigen, ein allgemeiner Mobilisierungsschub im Lande kam jedoch nicht zustande.[97]

Der Marschall hatte sich sogar am Tag der Übergabe nicht zu seinen Truppen nach Metz getraut. In einer Vorstadtvilla wartete er bis zum Abend auf die Deutschen und war nach seiner Gefangennahme sogleich nach Kassel zu seinem ehemaligen Kaiser gereist.[98] Nach Kriegsende musste er sich einer Kommission des Parlaments stellen. Zwar konnte die penible Untersuchung den Verdacht des Hochverrats nicht erhärten, doch ein Militärgericht verurteilte den Marschall drei Jahre später zum Tode und zur Degradierung. Staatspräsident MacMahon änderte die Strafe in Kerkerhaft, aus der Bazaine aber nach Spanien entkommen konnte, wo er 1881 mittellos verstarb.

Die Verhandlungen hatten allen Beteiligten die kaum fassbare Unfähigkeit des einst hochdekorierten Offiziers deutlich gemacht und die Mängel eines kaiserlichen Regimes, das einen Achille Bazaine in höchste Positionen hatte aufsteigen lassen. Dass der Marschall mit seiner Armee länger in Metz hätte durchhalten können, um damit der Republik einen wertvollen Dienst zu erweisen, wurde auch durch deutsche Beobachtungen bestätigt. So wunderte sich Prinz Friedrich Karl am Tag der Kapitulation über die unvergleichlich gut aussehenden Regimenter der kaiserlichen Garde und meinte verachtungsvoll: Wer sich mit diesen Soldaten nicht schlagen oder durchschlagen wollte, müsse das selbst vertreten.[99] Als Generalleutnant Albrecht von Stosch, der Generalintendant und spätere erste Chef der Admiralität, kurz nach der Kapitulation in Metz eintraf, erstaunte ihn ebenfalls, dass der Zustand der gefangenen französischen Soldaten allgemein besser war als jener der deutschen Truppen vor der Stadt. Mangel an Nahrung habe überhaupt nicht existiert, so Stosch, und General August von Goeben, der Kommandierende General des preußischen VIII. Armee-Korps berichtete ihm, dass sich in einem der übergebenen Forts ein Lebensmittelvorrat befunden habe, von dem die Besatzung noch wenigstens vier Monate hätte leben können.[100] Umso größer war auf deutscher Seite die Erleichterung, dass die 70-tägige Belagerung endlich abgeschlossen war. Am 29. Oktober rückte nachmittags bei strömendem Regen die 26. Infanterie-Brigade als Vorauskommando in Metz ein. 173 000 französische Soldaten verließen »in nicht sonderlicher Ordnung« durch sechs Tore die Stadt. Die Kriegsbeute war gewaltig und soll einen Wert von 300 Millionen Francs gehabt haben.[101] Erst 48 Jahre und 13 Tage später kehrten die Franzosen nach Metz zurück.

Drei Schlachten um Orléans – Artenay, Coulmiers und Loigny-Poupry

»Die bayerischen Soldaten sind zu wüst, zu sehr der Plünderung ergeben, als dass man mit dieser verwilderten Gesellschaft besonders sympathisieren könnte.«

Rittmeister Alfred Graf von Schlieffen am 25. November 1870[102]

Mit seinen 60000 Einwohnern zählte Orléans im Jahre 1870 nicht zu den größten Städten des Landes. Aus der langen Geschichte Frankreichs war die Stadt an der Loire und Hauptstadt des Departements Loiret jedoch nicht wegzudenken. Orléans war der Schlüssel zu Zentralfrankreich. Vor seinen Mauern hatte sich im Juni 451 der Hunnenkönig Attila vor einem römisch-westgotischen Heer zurückziehen müssen, um wenige Tage später auf den Katalaunischen Feldern in der Champagne endgültig geschlagen zu werden. Auch die Engländer konnten 1000 Jahre später Orléans nicht bezwingen. Am 8. Mai 1429 befreite ein französisches Heer unter Führung eines lothringischen Mädchens aus einfachen Verhältnissen durch eine siegreiche Schlacht die belagerte Stadt vor dem damaligen Erbfeind und die charismatische junge Frau stieg als Jeanne d'Arc zur Nationalikone Frankreichs auf. Jedes Jahr am 8. Mai beging man in Orléans, der stolzen *Cité Jeanne d'Arc* mit einer aufwendigen Feier den Jahrestag ihres wundersamen Sieges vor den Toren der Stadt. Auch am 16. Juli 1870 hatten sich, nach der Bewilligung der Kriegskredite im Pariser *Corps législatif*, zahlreiche Bewohner der Stadt am Fuße des erst 1855 eingeweihten großen Reiterstandbildes der Nationalheldin auf der *Place de Martroi* versammelt, um patriotische Lieder zu singen und den Kaiser hochleben zu lassen.[103] Selbst der überraschende Untergang der Chalons-Armee nur wenige Wochen später und der Sturz des Kaiser-

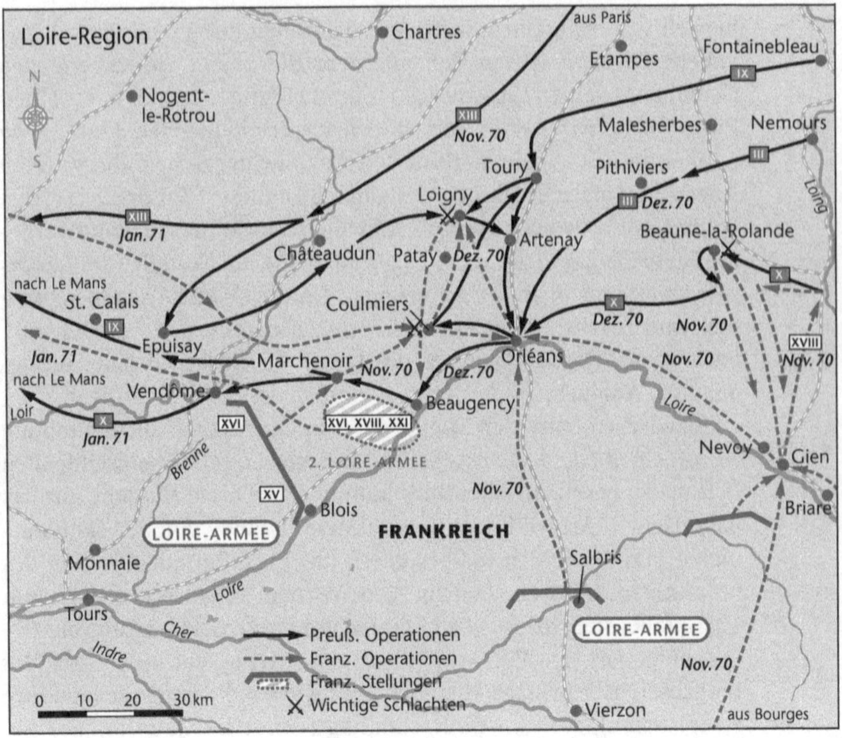

Karte der Operationen in der Loire-Region mit Tours, Blois und Orléans.

reiches schienen die Kriegsbereitschaft der Bürger von Orléans nicht erschüttert zu haben.

So wie im Hundertjährigen Krieg die Befreiung von Orléans nach einer beispiellosen Kette von Niederlagen der französischen Ritterschaft die Wende im Krieg gegen England gebracht hatte, so hoffte jetzt ganz Frankreich, dass vor Orléans auch der Ansturm der »barbarischen« Deutschen gebrochen werden könnte. Erste Zweifel an dem patriotisch geschönten Bild kamen jedoch unter den Bewohnern Orléans auf, als am 24. September die in der Umgebung der Stadt versammelten Truppen des neuen XV. Armee-Korps unter dem Kommando des Generals Joseph Edouard La Motte-Rouge, immerhin 60000 Mann, die Stadt fluchtartig räumten. Gerüchte über den Anmarsch von etwa einem Dutzend Eskadronen der preußischen 2. Kavallerie-Division hatten den aus dem Ruhestand zurückberufenen General zu seiner umstrittenen Entscheidung veranlasst.[104] Alfred Puget, der Chefredakteur des in Orléans erscheinenden *Journals du Loirets*, sprach in seiner erbitterten Anklage gegen den überstürzten Abzug von einer Entehrung des ganzen Landes.[105] Tatsächlich waren vorerst nur schwache deutsche Kavalleriekräfte bis zur Loire vorgedrungen, die gar nicht in der Lage waren, die am Nordufer des Stroms gelegene Stadt in Besitz zu nehmen. Noch vor Monatsende kehrten die französischen Truppen nach Orléans zurück und bezogen nun etwa zehn Kilometer jenseits der Loire, am Nordrand eines ausgedehnten Waldgebietes bei Artenay und Aydes, neue Stellungen.

Inzwischen hatte sich Moltke dazu durchgerungen, die Bedrohung in seinem Rücken auszuschalten und die Loirelinie einschließlich Orléans zu besetzen. Allerdings konnte er für diese Aufgabe nur das bayerische I. Armee-Korps unter General Ludwig von der Tann aufbieten, das er vorsichtshalber durch die 22. Infanterie-Division des tatkräftigen Generals Ludwig von Wittich verstärken ließ.[106] Am 10. Oktober stieß diese etwa 28000 Mann starke Gruppierung, die 160 Geschütze mit sich führte, nördlich von Artenay auf die Spitzen der Franzosen. Bereits nach kurzem Kampf wichen die Franzosen auf ihre Hauptstellung zurück. Am Nachmittag räumte La Motte-Rouges Armeekorps auch diese Position, nachdem es in der Flanke umgangen war, und zog sich, obwohl numerisch dem Angreifer immer noch doppelt überlegen, durch den Wald von Orléans auf seinen Brückenkopf an der Loire zurück. Gegen professionelle Truppen hatten die Franzosen, deren Streitmacht nur im Kern aus einigen nordafrikanischen Linienbataillonen bestand, kaum eine Chance. Die wenig ausgebildeten und schlecht bewaffneten Mobilgarden hielten dem vernichtenden Feuer der feindlichen Artillerie nur kurze Zeit stand. Um sein Armeekorps zu retten, blieb La Motte-Rouge keine andere Wahl, als Orléans erneut aufzugeben. Eine Nachhut aus etwa 15000 Mann sollte den Rückzug seiner Truppen über die Loire decken.

Gegen den hinhaltenden Widerstand der Franzosen stürmte das bayerische 1. Leibregiment am 11. Oktober die Orléaner Vorstadt Bannier und drang bis 19 Uhr in zwei Kolonnen zum *Martroi*, dem Hauptplatz der Stadt mit dem großen Reiterstandbild der Jeanne d'Arc vor.

Die zweitägigen Kämpfe und die Einnahme von Orléans hatten die Angreifer 900 Mann gekostet, 1800 französische Gefangene konnten eingebracht werden. Ganz Frankreich war geschockt, und der in Paris erscheinende *Figaro* forderte sogar die Rückgabe des Denkmals, da sich die Bewohner von Orléans ihrer nationalen Rolle als Heldenstadt nicht würdig erwiesen hätten.[107] Tatsächlich schien es kaum zu dem viel beschworenen heroischen Image der Stadt zu passen, dass sich viele ihrer begüterteren Bürger mit Kutschen hinaus auf das Schlachtfeld von Artenay begeben hatten, nur um beim Herannahen der Bayern so schnell wie möglich Bettlacken als Zeichen der Kapitulation aus den Fenstern zu hängen. Der erst zwei Tage zuvor in Tours eingetroffene Léon Gambetta war über das Desaster außer sich. Der Verlust von Orléans war ein noch härterer Schlag für die neue Republik als die vorzeitige Kapitulation von Straßburg. Selbst der Sitz der Ausweichregierung in Tours, das kaum 60 Kilometer südlich von Orléans lag, schien jetzt bedroht, auch wenn die deutsche Kavallerie vorerst nur bis in die Gegend von Blois streifte. Umgehend ersetzten Gambetta und sein Sekretär, der Ingenieur und spätere Kriegsminister der Dritten Republik Charles Freycinet, den glücklosen La Motte-Rouge. Der neue Mann an der Spitze der Loire-Armee hieß Louis d'Aurelle de Paladines, ein 66-jähriger Veteran des Krimkrieges. Als überzeugter Katholik war General d'Aurelle gegenüber der Republik und ihren doktrinären Vertretern sehr kritisch eingestellt. Schon nach der ersten Bestandsaufnahme gelangte er zu demselben Befund wie sein abgelöster Vorgänger. Ein zusammengewürfelter Haufen bewaffneter Männer war noch längst keine Armee. Den von Gambetta und Freycinet geforderten sofortigen Gegenstoß zur Wiedereroberung von Orléans lehnte der General mehrfach vehement ab. Stattdessen versammelte er die erschütterten Reste seiner Streitmacht zunächst etwa 40 Kilometer südlich der Loire bei Salbris. Trotz wiederholter Ermahnungen aus Tours nahm sich der General die Zeit, den Ausbildungsstand, die Disziplin und die Bewaffnung seiner zusammengestückelten Truppe auf ein halbwegs taugliches Maß zu verbessern. Als Oberbefehlshaber scheute Aurelle nicht den täglichen Kontakt mit der Truppe und reiste unermüdlich zu den einzelnen Verbänden. Verstöße gegen die militärische Ordnung wurden unter seinem Kommando konsequent und hart bestraft. Todesurteile waren keine Seltenheit.

Zur Hebung der Kampfmoral ließ der General sogar wie zu Zeiten des *Ancien Régime* katholische Priester Feldgottesdienste in den Lagern abhalten.[108] In der letzten Oktoberwoche war jedoch die Schonfrist für Aurelles Truppen endgültig abgelaufen. Mit der bevorstehenden Kapitulation von Metz würde den Deutschen schon bald eine neue Armee von fast 150 000 Mann an der Loire zur Verfügung stehen. Das Zeitfenster zur Befreiung von Orléans und Paris begann sich zu schließen, und die Republik brauchte nach einer Kette von ernüchternden Rückschlägen endlich einen Sieg. Den Beweis, dass sie es besser als das gestürzte Kaiserreich verstand, den Krieg mit Erfolg fortzuführen, war die Regierung der Nationalen Verteidigung der Nation bisher schuldig geblieben.

Nach einem von Freycinet entwickelten Plan wurde Aurelles inzwischen auf rund 110 000 Mann angewachsene Armee in zwei Gruppen aufgeteilt. Sobald sich die stärkere Gruppierung von rund 70 000 Mann bei Blois versammelt hatte, sollte durch einen intensiven Zugverkehr auf der von Tours nach Westen führenden Bahnlinie unter Aussetzung aller zivilen Transporte die Konzentrierung des XV. Armee-Korps bei Le Mans vorgetäuscht werden. Das wirkliche Ziel des Korps war jedoch der Bahnhof von Vendôme. Dort bildete es den linken Flügel von Aurelles Hauptmacht, die auf dem linken Ufer der Loire durch den Wald von Marchenoir auf die jetzt nördlich von Orléans vermuteten Stellungen der Bayern vorrücken sollte. Eine zweite Gruppierung in Stärke von 25 000 Mann unter dem Befehl von General Martin de Paillères hatte den Auftrag, zur selben Zeit die Loire etwa 25 Kilometer östlich von Orléans bei Gien zu überqueren, um von Osten aus die Rückzugslinie der Bayern auf Pithiviers und Fontainbleau abzuschneiden. Mit der Zerschlagung des bayerischen Armeekorps wäre der Weg nach Paris frei.

In einer Besprechung am 24. Oktober in Salbris setzte sich Freycinet mit seinem ambitionierten Plan gegen alle Bedenken General Aurelles durch, der es für ratsamer hielt, mit seiner jungen und unerfahrenen Truppe den Gegner in einer guten Verteidigungsstellung zu erwarten. Doch der von Trochu angekündigte große Ausbruch aus Paris duldete keine militärische Alternative. Nach dem Willen der Regierung mussten beide Offensivstöße unbedingt koordiniert werden, sollte der Ring der Deutschen um die Hauptstadt gesprengt werden. Spätestens am 1. November mussten alle Truppen ihre Ausgangsstellungen bezogen haben.[109]

Auf dem Papier erschien Freycinets Strategie keineswegs abwegig. Von Anfang an aber haperte es wieder einmal an der praktischen Umsetzung. Schon der Transport des für die Täuschung vorgesehenen XV. Armee-Korps mit zwei Kürassierregimentern und rund 100 Geschützen beanspruchte bei anhaltend starkem Regen mehr Zeit als vorgesehen.[110] Erst am Morgen des 29. Oktober verließ der letzte von 42 Truppenzügen den Bahnhof von Vierzon in Richtung Tours. Noch während Aurelles Truppen marschierten, verbreitete sich am 30. Oktober überall die schockierende Nachricht von Bazaines vorzeitiger Kapitulation. Gerüchte von einem Waffenstillstand machten die Runde, nachdem bekannt geworden war, dass Adolphe Thiers mit Bismarcks Einverständnis die deutschen Linien vor Paris hatte passieren dürfen. In allen drei Hauptstädten, die der Franzose in den zurückliegenden Wochen besucht hatte, war man der neuen und bisher unlegitimierten Republik mit großem Misstrauen begegnet. Die europäischen Regierungen warteten weiter ab und Russland hatte sogar, nur wenige Tage nach Thiers' Abreise aus St. Petersburg, Frankreichs momentane Schwäche genutzt und am 31. Oktober den Dardanellen-Vertrag von 1856 gekündigt. Freycinet entschloss sich, die angelaufene Operation gegen Orléans vorerst zu stoppen und in Tours neue Instruktionen anzufordern.

In der Hauptstadt war inzwischen die Lage eskaliert. Ein neuerlicher militärischer Rückschlag vor den Mauern von Paris hatte den Funken geliefert, der die explosive Melange aus nationaler Selbstüberschätzung, enttäuschten Hoffnungen und notorischem Argwohn gegenüber den Generalen zur Entzündung brachte. Auf eigene Initiative hatten Pariser Mobilgarden am 28. Oktober durch einen überraschenden Angriff Bourget im Norden der Festung genommen und 48 Stunden lang behaupten können. Erst zwei Tage später gelang neun preußischen Gardebataillonen unter empfindlichen Verlusten die Wiedereinnahme des umkämpften Vorortes. 1200 Franzosen gerieten dabei in Gefangenschaft. Der Schock von Metz war noch nicht verdaut, da machte einmal mehr die Parole vom Verrat der kaiserlichen Generale die Runde. In den Straßen der Hauptstadt rotteten sich die Menschen zusammen. Längst war auch das anfängliche Vertrauen der Pariser zu General Trochu geschwunden, der sich sogar angeblich geweigert hatte, den tapferen Verteidigern von Bourget Verstärkung zu schicken. Am 31. Oktober besetzte ein aufgebrachter Mob nachmittags das *Hotel de Ville* und nahm etliche Regierungsmitglieder als Geiseln, darunter auch Jules Favre und General Trochu. Die Rebellen lehnten den scheinbar in Aussicht stehenden Waffenstillstand vehement ab und forderten die Herrschaft der Kommune. Ein gewisser Georges Clemenceau, damals Bürgermeister des 18. Pariser Arrondissements, warf der gesamten Regierung Verrat vor.[111] Für mehrere Stunden war die Führung des Landes paralysiert. Verzweifelt versuchten einige entkommene Minister mithilfe loyaler Mobilgarden die Lage unter Kontrolle zu bekommen. Erst am frühen Morgen des 1. November zerstreuten sich die letzten Rebellen und zogen sich aus dem Rathaus zurück.[112] Dieser erste Aufstand der radikalen Linken war noch ohne Blutvergießen zu Ende gegangen, hatte aber der Regierung deutlich gemacht, wie brüchig das Eis war, auf dem sie sich bewegte. Die französische Offensive an der Loire musste nun unbedingt in Gang kommen. Freycinet hatte den Angriff zunächst vertagt, nachdem auch ihm Gerüchte von einem bevorstehenden Waffenstillstand mit den Deutschen zu Ohren gekommen waren. Mehrere Tage verstrichen ohne Klärung der Verhältnisse. Am 4. November forderte ein zunehmend nervös gewordener Freycinet von seinem Minister in Tours neue Instruktionen. Gambettas Antwort traf noch am selben Tag ein. Selbst wenn es Verhandlungen mit den Deutschen gegeben habe, wovon er angeblich nicht unterrichtet sei, dürfe dies den Beginn der vorbereiteten Offensive keineswegs verzögern. Alle militärischen Operationen seien unverzüglich wieder aufzunehmen. Gambetta schloss mit der kernigen Aufforderung an seinen Vertreter: »Verlieren Sie keine Minute und vorwärts!«[113]

Eigenartigerweise verstrichen jetzt noch weitere drei Tage, ehe sich am 7. November die französischen Korps wieder in Marsch setzten.

Auf der Gegenseite hatte General von der Tann genügend Zeit gehabt, sich über das Ausmaß der seinem Korps drohenden Gefahr im Klaren zu werden. Seine wiederholten Bitten um Verstärkung blieben jedoch in Versailles ungehört. Im Großen Hauptquartier tat man den Bayern sogar als »Schwarzseher« ab.[114] Von der Tann entschloss sich daher, alle seine Kräfte nordwestlich der Loire zu konzentrieren und näher an die 22. Division in Châteaudun heranzuziehen. In der Nacht zum 8. November ließ er die Stadt Orléans räumen und bezog mit seinen noch 15 000 Mann etwa 15 Kilometer nordwestlich der Stadt bei Coulmiers eine neue Stellung. Gestützt auf seine überlegene Artillerie hoffte er, den gegen seine westliche Flanke marschierenden Gegner zerschlagen zu können, ehe noch die bei Gien über die Loire gegangene Feindgruppierung heran war.[115]

Am 9. November gingen die Franzosen gegen 8 Uhr aus dem Wald von Marchenoir zum Angriff vor. Obwohl sie in der vorangegangenen Nacht kein Biwak hatten beziehen dürfen, rückten Aurelles Truppen mit überraschendem Elan vor. Erstmals setzte auch die französische Artillerie Geschosse mit Aufschlagszündern ein und jeder der Angreifer konnte mit eigenen Augen den Unterschied zur Schlacht von Artenay nur einen Monat zuvor feststellen. General von der Tann musste bald erkennen, dass er die Stärke der Franzosen weit unterschätzt hatte. Gegen den mehr als vierfach überlegenen Gegner konnte er mit Glück seine Stellung halten. Nach vierstündigem Kampf um die Ortschaft Coulmiers und das dazugehörige Schloss drohte den Bayern die Munition auszugehen. Da inzwischen auch fast alle Reserven eingesetzt waren und Hilfe von der 22. Division erst am nächsten Morgen zu erwarten war, gab von der Tann gegen 16 Uhr den Befehl zum Rückzug auf Artenay. Die einbrechende Dunkelheit und die Erschöpfung der Franzosen begünstigten das Absetzen der Bayern, die an diesem Nachmittag 1250 Mann verloren hatten. Die von Gien heraneilende Feindgruppierung konnte trotz eines Gewaltmarsches von 14 Stunden nicht mehr in das Gefecht eingreifen. Am Abend rückten Aurelles Truppen unter dem frenetischen Jubel der Bevölkerung wieder in Orléans ein, wo die Bayern rund 1000 nicht transportfähige Verletzte und Kranke in den Lazaretten zurückgelassen hatten.[116] Obwohl den Franzosen die erhoffte Einschließung des Gegners nicht geglückt war und sie zudem höhere Verluste als die Bayern erlitten hatten, feierte die Regierung in Tours das Gefecht von Coulmiers als den lang ersehnten großen Sieg. Berichte aus den Departements bestätigten den Stimmungsaufschwung im ganzen Land. Endlich sei die Wende des Krieges, wie sie die neue Republik stets versprochen hatte, eingetreten, und viele Franzosen hofften, dass »Coulmiers« die erste Etappe auf dem Weg nach Paris sein würde.[117]

Doch Aurelle war weniger optimistisch. Der General rechnete schon bald mit den von Metz anrückenden Truppen Friedrich Karls, fürchtete auch einen baldigen Gegenangriff der Bayern, die sich insgesamt in guter Ordnung zurückgezogen hatten, und befahl daher seinen erschöpften Regimentern, sich in den eroberten Positionen zu verschanzen.

Tatsächlich hatten die Spitzen der deutschen 2. Armee bereits am 14. November eine Linie zwischen Etampes und Fontainebleau erreicht. Obwohl Friedrich Karls Truppen rund 400 Kilometer in nur zwei Wochen zurückgelegt hatten, waren sie schon in der letzten Novemberwoche wieder operationsbereit. Der soeben zum Generalfeldmarschall beförderte Prinz bildete jetzt mit drei Armeekorps den linken deutschen Flügel und erhielt den Auftrag, möglichst rasch auf Orléans vorzustoßen. Aus General von der Tanns I. Armee-Korps entstand zusammen mit der 17. und 22. Division eine neue Armeeabteilung unter dem Befehl des Großherzogs Friedrich Franz von Mecklenburg-Schwerin mit dem Auftrag, über Châteaudun auf Tours vorzugehen. Für den bayerischen General war dies eine demütigende Zurücksetzung, die freilich keineswegs unbegründet war. Im großen Hauptquartier hatte man schon seine Untätigkeit seit der Einnahme von Orléans am 11. Oktober mit kritischen Augen betrachtet, und Paul Bronsart von Schellendorff wunderte sich, dass der Bayer bei angeblich nur geringen Verlusten überhaupt seine Stellung bei Coulmiers aufgegeben hatte.[118]

Angesichts der massiven Verstärkung der Deutschen vor seiner Front und des unfertigen Zustandes seiner Korps teilte Aurelle nach wie vor nicht die Zuversicht der Regierung in Tours. In einer kontroversen Unterredung mit Freycinet am 12. November hatte er sogar für eine neuerliche Aufgabe von Orléans plädiert. Gambetta war außer sich, als er von dieser Absicht erfuhr. In politischer Hinsicht hatte er recht. Ein Ausweichen über die Loire hinaus bedeutete das Ende des Krieges. Mit Rückzügen allein ließe sich die wiederholt beschworene totale Mobilisierung aller Franzosen kaum bewirken. Da der Kriegsminister jedoch unmöglich den einzigen siegreichen General Frankreichs ablösen konnte, einigte man sich zuletzt auf einen Kompromiss. Aurelle durfte seinen Truppen befehlen, befestigte Stellungen um Orléans anzulegen, um darin weitere Verstärkungen abzuwarten.

Im Gegenzug verzichteten Gambetta und Freycinet zunächst auf eine Fortsetzung des Angriffs auf Pithiviers und Fontainebleau.[119] Bis zum Monatsende gelang es den Franzosen, ihre Armee an der Loire auf rund 200000 Mann zu verstärken. Die westliche Flanke deckte jetzt das XVII. Armee-Korps, das sich zwischen Châteaudun und Vendôme unter General Louis Gaston Sonis formiert hatte. In der Mitte hielten das XV. und XVI. Armee-Korps den nördlichen Rand des Waldes von Orléans besetzt, während zwei weitere Korps (Nr. XVIII und XX) zwischen Châteauneuf und Gien den rechten französischen Flügel bildeten. Ein noch im Entstehen begriffenes XXI. Armee-Korps sollte zunächst in Orléans verbleiben.

Gegen Ende des Monats verdichteten sich die Nachrichten, dass die Pariser Besatzung unmittelbar vor einem großen Ausbruch durch den südlichen deutschen Einschließungsring stehe. Gambetta reagierte auf die vagen Nachrichten mit gewohntem Elan. Obwohl ein Angriff des rechten französischen Flügels auf die Stellungen des preußischen X. Armee-Korps bei Beaune-la-Rolande am 28. November zurückgeschlagen worden war, als sich 60000 Franzosen nicht gegen 10000 Deutsche hatten durchsetzen können, erließ er wenige Tage später einen neuen Aufruf. »Frankreichs Genius« sei endlich wieder erwacht. Die Preußen würden nun den Unterschied kennenlernen zwischen einem Despoten, der nur um Gebietsgewinne kämpfe, und einem Volk in Waffen, das fest entschlossen sei, nicht unterzugehen.[120] Die am 1. Dezember in Tours eingegangene Nachricht, dass General Ducrots Truppen die Ortschaft Épinay genommen hatten, schien Gambettas zuversichtliches Pathos zu bestätigen. Offenbar standen die Pariser Ausbruchskräfte demnach bereits ein Dutzend Kilometer südlich von Paris bei Épinay-sur-Orge an der oberen Seine. Somit schien es dem Kriegsminister höchste Zeit, auch der Orléans-Armee den Befehl zum Vormarsch auf Pithivers und Fontainebleau zu erteilen, wo man Ducrots Truppen am 6. Dezember die Hand zu reichen hoffte. Tatsächlich bezog sich die mit einem Fesselballon zunächst zur Atlantikinsel Belle-Île verschlagene Erfolgsmeldung aus Paris auf Épinay-sur-Seine. Das Dorf im Norden der Hauptstadt war nur das Ziel eines Ablenkungsangriffes gewesen, während General Ducrot am 30. November mit seiner Hauptmacht von 60000 Mann die Maas im Osten von Paris überquert hatte. Ducrots Angriff war jedoch bereits vor den Hauptstellungen der Württemberger und Sachsen liegen geblieben, als am 2. Dezember 80 Kilometer südlich der Hauptstadt General Antoine Eugène Chanzys XVI. Armee-Korps im ersten Tageslicht über Villepion auf die Stellungen der Armeeabteilung des Großherzogs von Mecklenburg-Schwerin vorrückte. Dessen Truppen hielten eine etwa fünf Kilometer lange Linie, die von den Ortschaften La Maladerie, Loigny, Lumeau und Poupry markiert wurde und in einem stumpfen Winkel von der Straße Orléans – Etampes nach Nordwesten abzweigte. Von der Tanns Bayern, die von den Franzosen erst am Vortag aus dem Weiler Villepion herausgedrängt worden waren und dabei fast 1000 Mann verloren hatten, bildeten zwischen La Maladerie und Loigny den rechten Flügel der Armeeabteilung, während sich Generalleutnant Tümplings 17. Division in der Mitte um Lumeau zur Verteidigung eingerichtet hatte. Den linken Flügel der Armeeabteilung schützte beiderseits von Poupry General von Wittichs 22. Division. Mit 35000 Mann waren die Deutschen den Angreifern numerisch deutlich unterlegen. Die drei Divisionen Chanzys wiesen nebst einer Kavalleriedivision eine Stärke von 45000 Mann auf.[121]

Angespornt von ihrem Erfolg vom Vortag bei Villepion besetzte Chanzys vordere Division die Ortschaft Loigny und drängte die Bayern, die dabei nochmals rund 600 Mann verloren, auf das etwa einen Kilometer hinter der Ortschaft liegende Schloss Goury zurück. Ein von Süden gegen das Schloss geführter Flankenangriff von Chanzys dritter Division brach jedoch zusammen, als Teile der deutschen 17. und 22. Division die Franzosen ihrerseits von Lumeau aus in der Flanke packten. Ein Angriff des französischen XV. Armee-Korps von Süden über Artenay auf Poupry hätte diesen Gegner binden können, erfolgte aber zu spät und auch nur mit einer Division. Auch das französische XVII. Armee-Korps, das Chanzys nördliche Flanke bei La Maladerie decken sollte, erreichte erst kurz vor Einbruch der Dunkelheit das Gefechtsfeld. Einmal mehr war es den Franzosen nicht geglückt, die Bewegungen ihrer Großverbände zu koordinieren. In beiden Flanken gepackt, musste Chanzys isoliertes Armeekorps am Abend auf seine Ausgangsstellungen zurückgehen, das Ausweichen seiner dritten Division steigerte sich sogar zur Flucht. Erst zwei Kilometer südlich bei Terminiers konnten die völlig demoralisierten Regimenter noch einmal gesammelt werden. Der fast achtstündige Kampf hatte die Franzosen 4000 Tote und Verwundete gekostet, zusätzlich waren bis zum Einbruch der Nacht 2500 Mann in deutsche Gefangenschaft geraten. Aufseiten der Sieger war eine etwa gleich hohe Zahl von Opfern zu beklagen. Allein das bayerische I. Armee-Korps hatte 2300 Mann verloren.[122] Anders als bei Wörth, Sedan oder Artenay hörte man jetzt auf deutscher Seite keinen Jubel und keinen Gesang, keine Abteilung grüßte die andere mit fröhlichen Zurufen.[123] Stattdessen zogen stumme, dunkle Kolonnen durch Nacht und Kälte in ihre neuen Stellungen. Die Sorge, die Franzosen könnten am nächsten Morgen noch einmal angreifen, erwies sich allerdings als unbegründet.[124] Obwohl auf französischer Seite das XV. und das XVII. Armee-Korps erst spät in den Kampf eingegriffen hatten, löste der Rückschlag von Loigny und Poupry unter den Franzosen einen moralischen Zusammenbruch aus. Selbst ohne die bei Metz frei gewordenen Truppen Friedrich Karls, die an diesem Tag tatenlos bei Pithiver und Beaune-la-Rolande verharrt hatten,[125] war es den stark dezimierten Deutschen gelungen, einen französischen Großangriff zu zerschlagen. Mit sicherem Instinkt erkannte Moltke, der in Versailles ständig über den Gefechtsverlauf bei Loigny und Poupry informiert worden war, dass der Zeitpunkt gekommen war, im Gegenangriff Aurelles gesamte Armee über die Loire zurückzutreiben und dabei einen möglichst großen Teil ihrer Kräfte zu zerschlagen. Schon am Mittag war der entsprechende Befehl an Prinz Friedrich Karl ergangen.[126]

Die Schlacht vom 2. Dezember markierte zusammen mit dem von General Ducrot am nächsten Tag bei Paris eingeleiteten Rückzug auf das Westufer der Maas den Wendepunkt in der Kriegführung der Republik. Gambettas Strategie, die sich auf die Rettung der Hauptstadt fokussiert hatte, war vollkommen gescheitert. Der koordinierte Durchbruch durch zwei etwa 80 Kilometer auseinanderliegende Fronten und der Schulterschluss mit der Pariser Besatzung war eine Aufgabe, an der selbst die kaiserliche Armee in ihren besten Tagen gescheitert wäre. Friedrich Karls Gegenoffensive setzte befehlsgemäß am nächsten Morgen ein. Innerhalb von zwei Tagen rückten die Deutschen mit ihren beiden Flügeln durch den Wald von Orléans nach Süden vor und stießen dabei nur noch auf sporadischen Widerstand. Aufgelöst in kleine Gruppen gingen das französische XVIII. und XX. Armee-Korps bei Gien über die Loire zurück. Noch am 4. Dezember hatte ein verzweifelter Gambetta versucht, mit einem Sonderzug von Tours nach Orléans zu gelangen, um Aurelle zum Halten der Stadt zu bewegen. Eine reitende Batterie der preußischen Kavallerie stoppte die Fahrt jedoch auf offener Strecke bei Chapelles St. Mesum und der Lokführer konnte gerade noch mit seiner Maschine nach Blois zurückstoßen.[127] Einen besseren Einblick in die katastrophale Lage an der Front hätte sich der Kriegsminister kaum wünschen können. Die stolze *Cité Jeanne d'Arc* war nicht mehr zu retten. General Pallières Soldaten, die eigentlich als Nachhut Orléans vorerst noch halten sollten, hatten sich größtenteils, hungernd und frierend, in den Seitenstraßen der Stadt zerstreut und Unterschlupf in den anliegenden Häusern gesucht. In der Nacht zum 5. Dezember zog Großherzog Friedrich Franz bei inzwischen eisigen Temperaturen an der Spitze der 17. Division in Orléans ein. Am großen Denkmal der Jeanne d'Arc auf der *Place Matroi* hingen immer noch Kränze, die an den Sieg von Coulmiers erinnerten und teils mit patriotischen Parolen versehen waren.[128] Etwa 9000 Kriegsgefangene mussten die Preußen zunächst in den Kirchen der Stadt unterbringen, wo die frierenden Franzosen bald genötigt waren, das Kirchengestühl zu verbrennen. Aurelles Loire-Armee, die in den zurückliegenden beiden Tagen noch einmal 20000 Mann verloren hatte, war in zwei Teile gespalten. Während sich General Chanzy mit den Resten seines XVI. Armee-Korps sowie dem XVII. Armee-Korps links der Loire auf Vendôme zurückzog, sammelten sich die beiden Armeekorps des rechten französischen Flügels unter General Bourbaki im Raum von Bourges. Aurelle hatte sein Kommando nach dem Verlust von Orléans niedergelegt, was es Gambetta und Freycinet leichter machte, den alten General zum Hauptschuldigen des neuerlichen Desasters zu erklären. Obwohl allmählich die harten Fakten im Lande durchsickerten und sich vereinzelt schon ganz offen Kriegsmüdigkeit artikulierte,[129] dachten beide Politiker nicht ans Aufgeben. Gambetta glaubte auch jetzt an die Möglichkeit einer neuen Offensive unter Chanzy und unterstrich am 11. Dezember in einer pathetischen Nachricht an Trochu und Favre, die sechs Tage später nach Paris gelangte, dass die Loire-Armee entgegen der preußischen Meldungen keineswegs vernichtet sei.[130]

Auch Faidherbe kann Paris nicht retten – Der Krieg an der Somme

»Todesverachtung fordere ich von Euch zu Eurem eigenen Wohl. Denn solltet Ihr den ruhmvollen Tod auf dem Schlachtfeld ablehnen, so werdet Ihr und Eure Familien unter dem unerbittlichen Joch der Fremden doch schließlich den Tod erleiden. Dass die Kriegsgerichte mit Feiglingen keine Gnade haben werden, brauche ich nicht zu erwähnen, denn ich bin überzeugt, dass sich unter Euch keine finden werden.«

Aus dem Tagesbefehl des Generals Léon Faidherbe vom 5. Dezember 1870[131]

Von St. Quentin im Osten bis zu ihrer Mündung in den Ärmelkanal bei St. Valery windet sich die Somme auf einer Länge von 250 Kilometern durch ein offenes, leicht hügeliges Land. Malerische Städte wechseln sich an ihrem Lauf mit kleinen Wäldchen und versumpften Uferwiesen ab. Doch das sich dem Reisenden bietende friedliche Bild täuschte. Eine Reihe von Festungen von Peronne über Ham bis Amiens im Westen dokumentierte, dass die Somme bis in die jüngste Vergangenheit auch eine militärische Barriere war. So hatte hier im März 1918 die alliierte Front gehalten, als das deutsche Westheer in einer letzten Kraftanstrengung auf Amiens vorstoßen wollte. Im Juni 1940 dagegen bot die Somme den Divisionen Hitlers kaum noch ein Hindernis, nachdem Guderians Panzer zuvor den Ärmelkanal bei St. Valery erreicht und damit die französisch-britischen Armeen gespalten hatten.

Auch im Krieg von 1870 war es entlang des Flüsschens zu wiederholten Kämpfen gekommen, damals allerdings mit völlig umgekehrter Front. Nach der Kapitulation von Sedan hatten die deutschen Armeen im September einen tiefen Keil bis nach Paris gebildet, der den Norden Frankreichs beinahe vom übrigen Land trennte. Nur ein schmaler Streifen zwischen Rouen und Le Havre bildete die vorerst verbleibende Verbindung zwischen den unbesetzten Teilen des Landes. Im Großen Hauptquartier in Versailles hegte man keinen Zweifel, dass sich nach der Ausrufung des Kampfes bis zum Äußersten durch

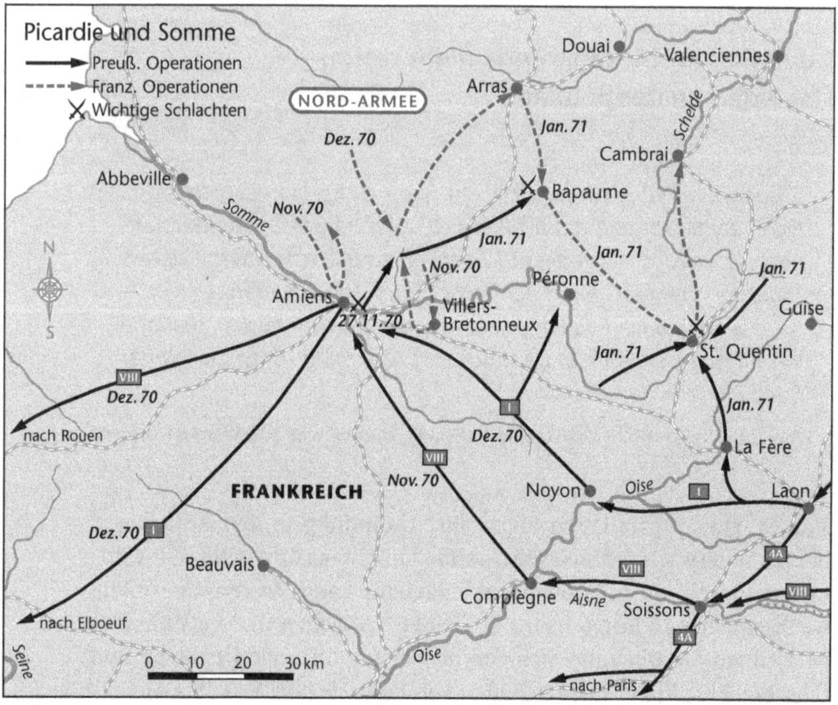

Karte der Operationen in der Picardie und entlang der Somme.

die Republik auch nördlich der Somme bald eine neue Gambetta-Armee bilden würde.

Tatsächlich hatte der französische Kriegsminister den General Bourbaki, dem die Rückkehr in das eingeschlossene Metz nicht gestattet worden war, mit dem Auftrag in die Picardie entsandt, eine Armee aus dem Boden zu stampfen. In erster Linie standen ihm dazu die noch vorhandenen Depotbataillone sowie etliche Mobilgarden zur Verfügung. Darüber hinaus gab es zahlreiche Versprengte und sogar etwa 5000 aus der deutschen Kriegsgefangenschaft Entkommene.[132] Gestützt auf etliche Festungen bildete die Somme den idealen Ausgangspunkt für eine französische Entlastungsoffensive in den Rücken der Deutschen vor Paris. Kräfte zur Abwehr dieser neuen Bedrohung besaßen die Deutschen vorerst nicht. Erst die Kapitulation von Metz befreite Moltke von der anhaltenden Sorge um seine Nordflanke. Mitte November erteilte er der nunmehr frei gewordenen 1. Armee unter dem energischen General Edwin von Manteuffel den Auftrag, die Festungen La Fère und Amiens zu nehmen und im Schutz der somit gesicherten Sommelinie auf Rouen an der unteren Seine und weiter auf Le Havre vorzustoßen. Damit wäre die Landverbindung nach Zentralfrankreich unterbrochen und was immer noch die Republik im Norden an Truppen aufzubieten vermochte, ließe sich entlang der Somme leichter unter Kontrolle halten. Nachdem Manteuffel bereits eines seiner drei Armeekorps zur Belagerung von Thionville und Mézières zurückgelassen hatte, erreichte er mit noch sechs Brigaden sowie der 3. Kavallerie-Division am 20. November die Oise. Während die 4. Brigade die kleine Festung La Fère einschloss, klärte Manteuffels Kavallerie bereits bis zu Somme auf, wo sie das nördliche Ufer des Flusses vom Feind besetzt vorfand.

Auf französischer Seite hatte General Bourbaki sein Kommando nach nur einem Monat wieder abgeben müssen. Das Misstrauen der stark republikanisch gesinnten Behörden gegenüber dem ehemaligen Befehlshaber der kaiserlichen Garde war zu groß gewesen. Auch betrachteten sie Bourbakis wiederholte Warnungen vor einem vorzeitigen Einsatz der noch unfertigen Truppen als Schwarzseherei. Gambetta musste reagieren und beschloss, den General durch Louis Léon Faidherbe, einem Nordfranzosen aus Lille, zu ersetzen. Doch bevor der aus Nordafrika abberufene Nachfolger sein neues Kommando übernehmen konnte, war es bereits am 27. November vor den Toren von Amiens zu einer ersten ernsthaften Schlacht mit den Deutschen gekommen. Drei französische Brigaden mit insgesamt 17 500 Mann waren unter dem Befehl von General Jean Farre, der als Generalstabschef zwischenzeitlich die Führung der Nordarmee übernommen hatte, auf dem südlichen Ufer der Somme beiderseits der Straße nach Péronne mit Front nach Osten in Stellung gegangen. Die Somme bildete knapp östlich von Amiens mit der von Süden kommenden l'Avre ein Flussdreieck, dessen östliche Sehne die Ortschaften Villers-Bretonneux im Norden und Hangard im Süden markierten. Eine Reserve von 8000 Mobilgarden hatte sich im Vorfeld von Amiens verschanzt. Auf deutscher Seite gebot General von Manteuffel über knapp 30 000 Mann.[133] Obwohl die preußische 1. Division noch nicht vollzählig versammelt war, entschloss sich der General zum sofortigen Angriff. Meldungen über eine große Zahl in Amiens eingehender Truppenzüge aus Richtung Rouen ließen ihm keine andere Wahl. Am späten Vormittag stießen die beiden Divisionen des preußischen VIII. Armee-Korps, die sich der Festung Amiens von Süden nähern sollten, auf den rechten Flügel der Franzosen, konnten ihn aber nicht zurückdrängen. Erst das Eingreifen der mittlerweile auf der Eisenbahn eingetroffenen 1. Division entschied am späten Nachmittag die Schlacht zugunsten der Deutschen. In beiden Flanken umfasst, gab die auf dem nördlichen französischen Flügel eingesetzte 3. Brigade ihre Stellungen in Villers-Bretonneux auf und ging unter Sprengung der Brücken über die l'Avre zurück. Wieder war die Überlegenheit der deutschen Artillerie ausschlaggebend gewesen. Auf beiden Seiten waren etwa 1300 Soldaten getötet oder verwundet worden. Die Franzosen hatten außerdem noch 1000 Mann als Gefangene eingebüßt, konnten aber – von den Deutschen nicht weiter behelligt – im Schutz der Nacht über Somme und l'Avre zurückgehen. Amiens war damit nicht mehr zu halten und wurde noch in derselben Nacht geräumt. Das zur Verteidigung der Stadt bestimmte Korps aus 8000 Mobilgardisten hatte sich ohne den geringsten Widerstand zerstreut und seine Waffen unbrauchbar gemacht. Die Zitadelle der Stadt hielt sich immerhin noch zwei Tage und kapitulierte am 29. November mit noch 400 Mann. Farre hatte derweil mit seinen ihm verbliebenen Truppen den Rückzug nach Norden auf Arras angetreten. Manteuffel verzichtete auf eine Verfolgung des geschlagenen Gegners, ließ sein VIII. Armee-Korps zum Schutz seiner nördlichen Flanke entlang der Somme stehen, zog die nach dem Fall von La Fère frei gewordene 4. Brigade an sich heran und stieß mit dem Rest seiner Truppen auf Rouen vor. Die Stadt fiel schon am 5. Dezember kampflos in die Hände der Deutschen. Somit hatte sich die Lage für die Franzosen bereits entschieden verschlechtert, als Anfang Dezember General Faidherbe als neuer Befehlshaber in Arras eintraf. Der 50-jährige vormalige Generalgouverneur des Senegal gehörte zu der besonderen Gruppe von Kolonialoffizieren, die Frankreich während des 19. Jahrhunderts in ungewöhnlich hoher Zahl hervorgebracht hatte und die in gleicher Weise über militärische wie auch hohe verwaltungstechnische Kompetenzen verfügten. Auch wenn eine alte Malariaerkrankung ihm die Ausübung seines neuen Kommandos erschwerte, sollte sich Faidherbe als ebenbürtiger Gegner der Deutschen erweisen.[134] Noch während Manteuffel bei Rouen stand, hatte sich der Franzose entschlossen, trotz des unfertigen Zustandes seiner Truppen einen Vorstoß auf Ham an der mittleren Somme zu unternehmen. Der nächtliche Angriff auf die kleine Festung, in der Louis Napoleon nach seinem gescheiterten Putsch sechs Jahre lang als Gefangener bis zu seiner Flucht nach England hatte verbringen müssen, wurde ein voller Erfolg. Die deutsche Garnison musste kapitulieren, und als Faidherbe mit seiner gesamten Armee am 9. Dezember an der Somme eintraf, schien sich mit einem Schlag die Lage im Norden zugunsten der Franzosen gewendet zu haben. Nicht allein die Eisenbahnlinie von Reims nach Amiens, Manteuffels einzige Versorgungslinie nach Rouen, war damit unterbrochen, auch Amiens selbst drohte wieder verloren zu gehen. An eine Fortsetzung des Vorstoßes auf Le Havre konnten die Deutschen vorerst nicht mehr denken. Noch ehe allerdings der deutsche Befehlshaber mit seiner Armee zur Somme zurückkehren konnte, hatte zu seinem Verdruss der Kommandeur der 3. Brigade Amiens bereits geräumt und nur eine Besatzung in der Zitadelle zurückgelassen. Faidherbe stand inzwischen mit seiner Armee von 40000 Mann, die er in zwei Armeekorps gegliedert hatte, an der Somme. An einen Vorstoß auf Paris, zu dem ihn Gambetta gedrängt hatte, war damit zwar nicht zu denken, wohl aber ließen sich vielleicht die Verbindungslinien der Deutschen im Osten unterbrechen. Zunächst rückte Faidherbe daher mit seiner Streitmacht ins Tal der Oise, fand dort seinen Weg jedoch durch die Festung La Fère blockiert und marschierte nach Zerstörung der Eisenbahnlinien in die entgegengesetzte Richtung auf Amiens. Dort hatte der deutsche Kommandant der sich noch behauptenden Zitadelle eine Anzahl führender Bürger der Stadt als Geiseln genommen, um so eine drohende Beschießung durch die Franzosen zu verhindern. Da inzwischen Manteuffel mit seiner Armee heranrückte, blieb Faidherbe ohnehin keine Zeit, die Sache weiterzuverfolgen. Statt den Rückzug nach Norden anzutreten, entschied sich der Franzose, nördlich von Amiens eine günstige Verteidigungsstellung entlang der Hallue, einem Seitenarm der Somme, mit Front nach Westen zu beziehen. An einen vollen Sieg gegen Manteuffel glaubte er wohl nicht, hielt aber einen Abwehrerfolg für möglich, was die Moral seiner Truppen stärken würde. Manteuffel hatte zwar nicht mehr als 25000 Mann und 108 Geschütze zur Verfügung, ergriff aber beherzt die vermeintliche Gelegenheit, den bisher nicht fassbaren Feind gründlich zu schlagen. Am Morgen des 23. Dezember 1870, einem kalten und klaren Tag, ließ er eine seiner beiden Infanteriedivisionen die französischen Stellungen frontal angreifen, während eine zweite Division gegen die vermutete nördliche Flanke des Gegners vorging. Als sie nach einem mehrstündigen Marsch am Nachmittag auf Höhe von Montigny gegen die Hallue einschwenkte, traf sie jedoch auf gut verschanzte französische Bataillone. Bis zum Einbruch der Dunkelheit war es den Deutschen zwar gelungen, einige Ortschaften im Vorfeld der französischen Front zu besetzen, doch ihre Angriffe auf die Hauptlinie waren sämtlich gescheitert. In seiner Euphorie befahl Faidherbe einen Gegenangriff, der auf wenige Punkte konzentriert sogar Erfolg hätte haben können, doch stattdessen auf ganzer Länge vorgetragen, seinerseits im Feuer der deutschen Artillerie liegen blieb. Gleichwohl verbuchten die Franzosen die Schlacht an der Hallue, die beide Seiten etwa 900 Tote und Verwundete gekostet hatte, als Erfolg. Faidherbe ließ seine Truppen als traditionelles Zeichen des Sieges auf dem Schlachtfeld biwakieren und sofort über Brüssel die Nachricht von seinem Erfolg verbreiten.[135] Am nächsten Tag kam es entlang der Hallue nur noch zu kleineren Gefechten, und als die inzwischen verstärkten Deutschen sich am 25. Dezember auf einen größeren Angriff der Franzosen vorbereiteten, hatte Faidherbe seine Truppen bereits im Schutz der Nacht in Richtung Arras abziehen lassen. Man habe den Preußen erfolgreich die Stirn geboten und Le Havre gerettet. Mehr sei im Augeblick nicht möglich gewesen, resümierte Faidherbe in seinem kurz nach dem Krieg erschienenen Bericht.[136] Angesichts der eisigen Temperaturen hätte eine weitere Nacht im Biwak die Moral der Truppe gefährdet. Aussagen französischer Gefangener schienen die angespannte Lage zu bestätigen. Erstmals sei auf der Gegenseite ein Mangel an Verpflegung eingetreten und die Qualität der Offiziere lasse inzwischen, so fasste Bronsart von Schellendorff die Meldungen aus dem Norden zusammen, erheblich zu wünschen übrig. Ihre Vorgesetzten schickten sie ins Feuer und liefen dann fort: »*Ce sont des sales!*«, würden die Franzosen klagen.[137] Gleichwohl verzichtete General von Manteuffel auf eine Verfolgung des Gegners und marschierte stattdessen unter Zurücklassung des VIII. Armee-Korps an der Somme wieder auf Rouen, wo inzwischen etliche Gruppen von *Franctireurs* in Erscheinung getreten waren.[138] Zum Jahreswechsel war es den Deutschen somit zwar gelungen, auch im Norden den Gegner weit von dem Einschließungsring um Paris abzudrängen und damit fast ein Drittel Frankreichs besetzt zu halten, doch an ein Nachstoßen in die Tiefe des vom Gegner noch gehaltenen Raumes war nicht zu denken. Die Tatkraft der eigenen Truppen, so hatte Bronsart von Schellendorff schon am 13. Dezember resignierend in seinem Tagebuch notiert, ließe oben wie unten nach. Man könne eben einen fünfmonatigen fast ununterbrochenen Feldzug nicht ohne Einbuße an innerem Halt ertragen.[139]

»Man muss mehr Rauch von brennenden Häusern sehen« – Der Krieg gegen Franctireurs und Zivilisten

> *»Es ist eine echt [sic] hohenzollernsche Idee, dass ein Volk ein Verbrechen begeht, wenn es sich fortfährt zu verteidigen, sobald sein stehendes Heer alle [sic] geworden ist.«*
>
> Schreiben von Karl Marx an Louis Kugelmann vom 13. Dezember 1870[140]

> *»Der Zweck der Parteien ist, die Bewohner des Landes zum Aufstand und Widersetzlichkeit gegen den Feind, welcher unser Land besetzt, zu reizen, aufzufordern, die Bewohner […] gegen den Feind zu bewaffnen und anzuführen. Es geht besonders dahin, wo der Feind nicht oder nur schwach ist, Truppen zu sammeln und von hier aus alle Zufuhren zu dem Feind zu hemmen, dessen Posten und Detachements aufzuheben und seine Konvois zu überfallen. Ein anderer Zweck ist, den Feind beständig zu beunruhigen, des Nachts in die Quartiere zu fallen und alles zu alarmieren.«*
>
> Denkschrift des Generalmajors August Graf Neidhardt von Gneisenau vom 8. August 1811[141]

Mit Betreten französischen Bodens wurden deutsche Truppen immer wieder von Zivilisten aus dem Hinterhalt beschossen. Schon in Weißenburg hatten bayerische Soldaten am 4. August etliche Bewohner aufgegriffen, als sie Seite an Seite mit den regulären französischen Truppen ihre Heimatstadt zu verteidigen versuchten.[142] Nur zwei Tage später waren nach der Schlacht von Wörth gleich 14 Männer aus der elsässischen Ortschaft Gunstett gefasst worden, darunter ein Lehrer und der Sohn des Bürgermeisters. Deutsche Soldaten beschworen, dass die Franzosen aus Kellern auf sie geschossen und sogar Verwundete auf dem Schlachtfeld getötet hätten. Die Verdächtigen, von ihren empörten Bewachern bereits erkennbar misshandelt, hörten nicht auf, ihre Unschuld zu beschwören. Mithilfe der Fürsprache des hinzugerufenen Pfarrers Klein aus dem benachbarten Fröschweiler glückte es den Gunstettern, zumindest ihrer sofortigen Erschießung zu entgehen. Von den weinerlichen Gefangenen ebenso angewidert wie von den ungeheuerlichen Tatvorwürfen entschied sich der verantwortliche Regimentskommandeur, die Aufgegriffenen schließlich zur weiteren Aburteilung zum Hauptquartier der Kronprinzenarmee nach Sulz abzuschieben.[143] Dort hat man sie offenbar für schuldig befunden und erschossen.[144]

Die Motive französischer Zivilisten, die spontan in die Gefechte regulärer Truppen eingriffen, waren vielfältig. Oft wollten Bürger und Bauern nur ihr Eigentum gegen Plünderung oder Requisitionen verteidigen, gelegentlich war indes auch einfach nur eine unkontrollierte Wut auf die Eindringlinge die Ursache. Der in Frankreich weitverbreitete Besitz von Schusswaffen begünstigte den zivilen Widerstand, der in seinem Ausmaß freilich nicht überschätzt werden darf. Weil sie zivile Kleidung trugen, als militärisch Unterlegene naturgemäß aus dem Hinterhalt agierten und sich gewöhnlich schon nach den ersten Schüssen zurückzogen, um wieder in ihre biedere bürgerliche Existenz zu schlüpfen, waren Widerstand leistende Zivilisten den deutschen Soldaten ein Gräuel. Man tat sich auf deutscher Seite bis zum Kriegsende schwer, eine Grenze zwischen diesen Gelegenheitskämpfern und dauerhaft formierten Freischärlereinheiten zu ziehen. Ausgerechnet Bismarck, der 1866 mit der Entsendung des Streifkorps »Klapka«, das in Ungarn einen antihabsburgischen Volksaufstand entfachen sollte, selbst die Grenzen der regulären Kriegführung überschritten hatte, drohte anlässlich seiner ersten Unterredung mit Jules Favre in Ferrières, dass französische Freischärler nicht als Soldaten behandelt, sondern als Gesetzlose erschossen würden. Als ihn der

Franzose schlagfertig auf die preußischen Edikte von 1813 ansprach, fiel Bismarck nichts Besseres ein, als theatralisch an die Generale Napoleons zu erinnern, die damals Deutsche wegen ihres Widerstandes erbarmungslos aufgeknüpft oder erschossen hätten. Bis heute könne man an manchen Bäumen in Deutschland die Spuren der Hinrichtungen sehen.[145]

Tatsächlich hatten nur ein halbes Jahrhundert zuvor hohe preußische Offiziere wie Gerhard von Scharnhorst oder August Graf Neidhardt von Gneisenau ihrem Monarchen die Methoden der spanischen Guerilla gegen die napoleonische Militärmaschinerie ausdrücklich empfohlen. Anfangs hatte Friedrich Wilhelm III. noch bezweifelt, ob seine Untertanen überhaupt die Intelligenz und Gewitztheit zum Guerillakrieg aufbrächten. Nur zwei Jahre später, im April 1813, war jedoch die vom Monarchen unterzeichnete Preußische Landsturmverordnung publik gemacht worden, die in ihrem ersten Artikel jeden Staatsbürger bis zum 60. Lebensjahr ausdrücklich verpflichtete, sich dem eindringenden Feind mit allen greifbaren Waffen zu widersetzen.[146] Was damals auf preußischer Seite noch durch allerhöchste Verordnung den Untertanen befohlen werden musste, taten im Sommer 1870 viele Franzosen spontan.

Die anfänglich unter deutschen Offizieren noch vielfach vorhandene Bereitschaft, gegen bewaffnete französische Zivilisten Milde walten zu lassen, verflüchtigte sich rasch, nachdem besonders die Berichte von der »Heimtücke« der Bewohner von Bazailles gegen die Bayern in der ganzen Armee die Runde gemacht hatten. Schon während des Vormarsches der Kronprinzenarmee auf Paris registrierte General Leonhard von Blumenthal mit Befriedigung, dass bereits etliche Dörfer niedergebrannt worden seien, aus denen zuvor französische Bauern auf deutsche Soldaten geschossen hätten.[147] Mit seiner Ermahnung, dass man mehr Rauch von brennenden Dörfern sehen müsse, um mit den Franzosen fertigzuwerden, rannte der amerikanische General Philip Sheridan bei den Deutschen ganz offensichtlich offene Türen ein.[148]

Das sofortige Erschießen von Heckenschützen sowie das Anzünden von Häusern oder Ortschaften, aus denen Widerstand geleistet worden war, entwickelten sich rasch zu deutschen Standartrepressalien. Man müsse hier überhaupt mit Schrecken wirken und das Übel im Keim ersticken, befand Graf Alfred von Waldersee, sonst würde die Sache noch sehr unbequem.[149] Selbst das Große Hauptquartier billigte ausdrücklich eine harte Vorgehensweise. So empfahl Generalstabschef Moltke am 12. Oktober 1870 dem Kommandanten von Reims, auf besonders bedrohten Bahnstrecken Honoratioren aus den umliegenden Orten als Geisel vorne in den Lokomotiven mitzuführen. Dem Oberkommando der 2. Armee riet er wiederum nur einen Monat später, im Falle von Bahnzerstörungen mit »äußerster Strenge« vorzugehen. Es habe sich erfahrungsgemäß herausgestellt, dass als wirksamstes Mittel die Zerstörung des betreffenden Gehöfts oder bei größerer Beteiligung die der gesamten benachbarten Ortschaft anzuwenden ist.[150]

Eine international verbindliche Rechtsgrundlage zur Behandlung von Freischärlern und Gelegenheitskriegern existierte damals nicht. Wer unter den deutschen Offizieren tatsächlich Muße und Interesse gehabt hatte, die Kriegsartikel des 1863 im Auftrag von Unionsoberbefehlshaber Henry Halleck verfassten *Lieber-Codes* zu studieren, hätte in dem Werk des in Berlin geborenen und 1826 in die Vereinigten Staaten ausgewanderten Franz Lieber sogar eine unverhoffte Bestätigung selbst der rabiatesten Maßnahmen gefunden. Der Preuße Lieber, der 1815 selbst als junger Soldat gegen die Franzosen gekämpft hatte und bei Ligny schwer verwundet worden war, billigte zwar den Angehörigen von Freikorps im Falle ihrer Gefangennahme den Status von regulären Soldaten zu. Zivilpersonen allerdings, die sich nur spontan und sporadisch an Kämpfen beteiligten, seien wie Straßenräuber oder Piraten zu behandeln.[151]

Auch das Niederbrennen von Ortschaften, aus denen Freischärler Widerstand geleistet hatten, war für Lieber eine legale Kriegshandlung, wenn sie als vorbeugende Maßnahme der Vermeidung weiterer Überfälle und nicht der persönlichen Bereicherung einzelner Soldaten diente. Der Artikel 28 seines Codes forderte einzig eine genaue Untersuchung der Umstände und der Motive der begangenen »Untaten«.[152]

Bald nach der Kapitulation von Sedan registrierten die deutschen Armeen vermehrt das Auftreten von *Franctireurs*-Verbänden, die versuchten, in den besetzten Gebieten eine Guerillakriegführung zu etablieren. Noch die kaiserliche Administration hatte am 12. August 1870, wenige Tage nach den Anfangsniederlagen von Wörth und Spichern, im ganzen Land zur Bildung von *Francitreurs*-Kompanien aufgerufen. Deren Basis waren die erst zwei Jahre vor dem Krieg durch das französische Kriegsministerium angeregten örtlichen Schützengesellschaften, in denen vor allem die nicht dienstpflichtigen jungen Männer des Landes den Umgang mit Schusswaffen erlernen sollten.[153] Außer den bereits bestehenden Gruppen bildeten sich im Verlauf der ersten Kriegswochen überall in den besetzten Gebieten auch aufgrund privater Initiative Freischärlergruppen, die sich selbst ausrüsteten und meist eigene Waffen benutzten. Drei oder vier beherzte Männer aus jedem französischen Dorf, so hieß es in einem Aufruf des Präfekten des Departements *Cote d'Or*, sollten sich in ihrer Umgebung eine gute Stellung aussuchen, aus der sie ohne größeres Risiko das Feuer auf die Preußen eröffnen konnten.[154] Dass in den Reihen der *Franctireurs* gelegentlich auch Frauen an der Seite ihrer Ehemänner kämpften oder sogar selbst eine Kampfgruppe führten,[155] dürfte den Abscheu der biederen deutschen Besatzer vor dem Volkskrieg noch erhöht haben.

Gewöhnlich richteten sich die Aktionen der Franzosen gegen kleinere deutsche Requirierungstrupps oder Kavalleriepatrouillen. Die Verbreitung von Unsicherheit und Schrecken war das Hauptziel dieser schwachen Verbände, die wie etwa die *Franctireurs de Neuilly-sur-Seine* unter Führung des Grafen René von Bellevalle im November 1870 eine Stärke von nur drei Offizieren, einem Truppenarzt, acht Unteroffizieren sowie 55 Mannschaften aufwies.[156] Die Deutschen dürften sich im besetzten Gebiet nicht mehr frei bewegen oder zur Ruhe kommen. Stärkere Gruppen sollten auch versuchen, Eisenbahnen und Telegrafenverbindungen zu unterbrechen und sogar Brücken zu sprengen. Besonders aktiv zeigten sich die *Franctireurs* in den nördlichen Grenzgebieten, in den Argonnen sowie in den Vogesen, wo ihnen die vorläufig noch von den Franzosen gehaltenen kleineren Festungen eine ideale Rückzugsbasis boten. Obwohl ihre meist unkoordinierten Aktionen weit davon entfernt waren, zu einer wirklichen Bedrohung für die Besatzungsmacht zu werden, und ihren Attacken bis Kriegsende insgesamt wohl nicht mehr als 1000 Soldaten zum Opfer fielen, fühlten sich die Deutschen von den *Franctireurs* entschieden herausgefordert. Praktisch an jedem Kriegstag kam es irgendwo in dem weiten besetzten Raum zu Verlusten. Die Armeeoberkommandos drohten, jeden mit einer Waffe in der Hand angetroffenen Franzosen sofort zu erschießen, sofern er sich nicht durch ein behördliches Dokument als Soldat ausweisen konnte.[157] Proklamationen wie die des radikalen republikanischen Ministers für das Post- und Telegrafenwesen, François Steenackers, der unter Verweis auf die frühere spanische Guerilla die *Franctireurs* aufforderte, Gefangene gleich an Ort und Stelle aufzuknüpfen, lieferten den Deutschen eine willkommene Rechtfertigung für ihre Repressalien.

Abgesehen von martialischen Aufrufen unternahm die Regierung der Nationalen Verteidigung in Tours freilich nur wenig, um die insgesamt 400 sehr heterogenen Gruppen wirksam zu unterstützen oder ihre Aktionen zu koordinieren. Ihre Gesamtstärke dürfte knapp 60 000 Mann betragen haben. Da Gambetta und Freycinet ganz auf den Erfolg ihrer neuen Armeen setzten, mussten die *Franctireurs* im Hinterland der Deutschen meist isoliert und auf eigene Faust agieren. Schlecht geführt und ausgerüstet, ohne geregelte Versorgung und oft durchsetzt mit kriminellen Existenzen, entwickelten sich ihre Banden bald zu einer Plage nicht nur für die Deutschen. Wiederholt baten sogar französische Bürgermeister die Kommandeure der Besatzungstruppen, ihre Gemeinden vor den Umtrieben und Erpressungen der eigenen Landsleute zu schützen. So beeilten sich etwa die Behörden von Chartres am 20. Oktober 1870, ihre Stadt der 22. Division des Generalleutnants Ludwig von Wittich zu übergeben, nachdem erst zwei Tage zuvor das benachbarte Châteaudun in stundenlangen Kämpfen in Schutt und Asche gelegt worden war. Eine rund 1200 Mann starke Freischärlertruppe aus *Franctireurs* und Mobilgarden unter der Führung von Joseph Antoine Lipowski, eines regulären Armeeoffiziers, hatte sich am 18. Oktober in der Stadt verschanzt und musste in einem Nachtgefecht Haus für Haus niedergekämpft werden. General von Wittich hatte Châteaudun am folgenden Tag mit einer beträchtlichen Kontribution belegt, da etliche Einwohner der Stadt die Verteidiger unterstützt haben sollen, ließ aber die rund 150 Freischärler, die nach dem Rückzug des Haupttrupps in die Hände seiner Soldaten gefallen waren, nach den Vorschriften der Genfer Konvention von 1864 zum Umgang mit Gefangenen behandeln.[158] Weniger Glück hatte indes ein Dutzend Männer desselben Freikorps, das drei Tage zuvor bei Varize unweit von Orléans von bayerischen Truppen gefangen genommen und sogleich vor ein Peloton gestellt worden war.[159] Die Ortschaft wurde von den Bayern niedergebrannt.[160] Dass der Kommandierende General Ludwig von der Tann im Krieg gegen Dänemark 1848 selbst einmal ein Freikoprs geführt hatte, konnte ihn jetzt nicht milder stimmen. Gambetta und Freycinet versuchten, die sich häufenden Verfehlungen der verschiedenen *Franctireurs*-Gruppen unter Kontrolle zu bekommen, und verfügten schließlich am 4. November 1870 ihre Unterstellung unter die jeweils für ihr Operationsgebiet zuständigen Armeekorps oder Divisionen.[161]

Im Verlauf des Krieges gegen die Republik schliffen sich jedoch Unterschiede zwischen den einzelnen deutschen Kontingenten ab und erreichten schließlich ein einheitliches Niveau der Härte. So bezeichnete Graf von Blumenthal, Stabschef der Kronprinzenarmee und einer der rabiatesten preußischen Generale, *Franctireurs*, die im Januar 1871 deutsche Proviantkolonnen bei Montargis und Limours überfallen hatten, als Räuber und forderte ihre sofortige Erschießung.[162] Badische Soldaten des XIV. Armee-Korps konnten nur durch einen Offizier davon abgehalten werden, französische Zivilisten, die man am 20. Dezember 1870 bei der Durchsuchung einer burgundischen Ortschaft in Verstecken aufgegriffen hatte, sogleich vor dem nächsten Scheunentor zu erschießen. Die Truppe wollte sich offenbar die Mühe ersparen, die Verdächtigen auf die Wache zu führen.[163] Als am 22. Januar 1871 etwa 100 französische Freischärler die Eisenbahnbrücke bei Fontenoy-sur-Moselle sprengten, wurde der gesamte Ort vom preußischen 57. Infanterie-Regiment in einer dreitägigen Gewaltorgie verwüstet und niedergebrannt. Beim Frühstück in Versailles freute sich der Chef des Kanzleramtes, Rudolf Delbrück, mit seinen Tischgenossen, »dass doch endlich einmal wieder eine ordentliche Strafe stattgefunden habe.«[164] Auf französischer Seite schienen die rabiaten Appelle von Minister Steenackers weitgehend ignoriert worden zu sein. Die dauerhaft formierten *Franctireurs*-Verbände ließen ihre Gefangenen gewöhnlich am Leben. Von dieser Haltung profitierte auch Theodor Fontane, als er am 3. Oktober 1870 ohne Begleitung im Niemandsland zwischen den Fronten das lothringische Dorf Domremy aufsuchte, den Geburtsort der von ihm verehrten Jeanne d'Arc. Nachdem die Dorfbewohner einen Revolver im Gepäck des Dichters gefunden hatten, brachte man ihn nach Neufchâteau und später weiter nach Besançon, wo er als preußischer Spion angeklagt werden sollte. Der Intervention des dortigen Bischofs verdankte es Fontane, dass die Franzosen den Vorwurf der Spionage schließlich fallen ließen, ihren Gefangenen als feindlichen Offizier einstuften und ihn – wie viele andere deutsche Kriegsgefangene – auf die Atlantikinsel Oléron bei Rochefort verlegten. Schon Ende November wurde Fontane im Austausch freigelassen und durfte nach Berlin zurückkehren. In seinem kurz darauf in der *Vossischen Zeitung* erschienenen Bericht über seine Gefangenschaft zeichnete der Nachfahre französischer Hugenotten ein von der offiziellen Darstellung abweichendes günstiges Bild seiner »Kerkermeister«. Obwohl der Einsatz der *Franctireurs*-Verbände an der militärischen Gesamtlage kaum etwas zu ändern vermochte und sie die auf sie gesetzten Hoffnungen selten erfüllten, glückte es ihnen doch, den verlorenen Krieg mit einem Achtungserfolg abzuschließen. Unter Führung Garibaldis behauptete sich ein Freischärlerkorps am 20. und 22. Januar 1871 in Dijon gegen den zweimaligen Angriff einer deutschen Infanteriebrigade. Die Kämpfer des in Nizza geborenen Italieners erbeuteten dabei sogar eine deutsche Fahne, die sie zusammen mit einem triumphalen Gefechtsbericht nach Bordeaux schickten.[165]

Das Kaiserreich und die Dritte Republik – Geburt zweier Staaten

»Die deutsche Einheit ist gemacht, und der Kaiser auch« – Bismarcks Reichsgründung in Versailles

»Ich kann Dir gar nicht beschreiben, wie unendlich weh und schmerzlich es mir während jener Zeremonie zumute war, wie sich jede Faser in meinem Innern sträubte und empörte gegen all das, was ich mit ansah. Lief es doch dem gerade entgegen, für was ich tief innerlich glühe [...]. Welchen wehmütigen Eindruck machte es mir, unsere Bayern sich da vor dem Kaiser neigen zu sehen [...]. Mein Herz wollte zerspringen. Alles so kalt, so stolz, so glänzend, so prunkend und großtuerisch und herzlos und leer.«

Prinz Otto am 18. Januar 1871 an seinen Bruder, König Ludwig II. von Bayern[1]

»Wodurch hat man die Gnade Gottes verdient, so große und mächtige Dinge erleben zu dürfen? Und wie wird man nachher leben? Was zwanzig Jahre der Inhalt alles Wünschens und Strebens gewesen, das ist nun in so unendlich herrlicher Weise erfüllt! Woher soll man in meinen Lebensjahren noch einen neuen Inhalt für das weitere Leben nehmen.«

Der Historiker Heinrich von Sybel am 27.1.1871 an Hermann Baumgarten[2]

Als Bismarck sich im Frühjahr 1870 entschloss, das kaiserliche Frankreich zum Krieg zu provozieren, war nicht die Reichseinigung sein primäres politisches Ziel gewesen. Trotz der vielerorts zu verzeichnenden nationalen Begeisterung, die Frankreichs anmaßendes Auftreten gegen König Wilhelm I. ausgelöst hatte, blieb der nüchtern kalkulierende Kanzler des Norddeutschen Bundes allein auf die Verteidigung seiner Gewinne aus den beiden vorangegangenen Konflikten gegen Dänemark und Österreich fixiert. Ein sofortiger Krieg gegen ein vorläufig noch isoliertes Frankreich ersparte Preußen, so Bismarcks Rechnung, einen erheblich riskanteren späteren Waffengang gegen eine schon im Ansatz erkennbare Koalition der Verlierer von 1866.

Ebenso wenig wie Bismarck hatten die beiden süddeutschen Königreiche im Juli 1870 einen politischen Anschluss an den Norddeutschen Bund auf ihrer Agenda gehabt. Das Gegenteil war sogar der Fall. Bayern und Württemberg waren bei Kriegsausbruch – anders als das Preußen seit Langem zuneigende Großherzogtum Baden – allein deshalb an die Seite Preußens und des Norddeutschen Bundes getreten, um ihre Souveränität zu wahren.[3] Das politische Kalkül der Kabinette in München und Stuttgart war einfach und durchaus plausibel. Blieben sie im bevorstehenden Krieg mit Frankreich neutral, würde ein siegreiches Preußen sie vor der deutschen Öffentlichkeit als Verräter brandmarken. Im Falle einer Niederlage aber mussten sie damit rechnen, von Bismarck kaltherzig Napoleons rheinischen Expansionsgelüsten geopfert zu werden.[4] Allein durch ihre Kriegsteilnahme konnten sie ihr politisches Gewicht bei einem späteren Friedensschluss einbringen.

Der überraschende deutsche Siegeslauf der ersten sechs Wochen machte jedoch Bismarcks Überlegungen ebenso wie die der Kabinette in München und Stuttgart zu Makulatur. Dass breite Kreise in Deutschland jetzt vehement die politische Einheit und das Ende der kaiserlosen Zeit seit 1806 forderten, beeindruckte Bismarck nicht sonderlich. Der Bundeskanzler hatte sich nie von öffentlichen Stimmungen leiten lassen. Er folgte wie immer ganz eigenen Erwägungen, gelangte jetzt aber zu demselben Resultat. Auch für Bismarck war die deutsche Einheit in ihrer kleindeutschen Variante inzwischen alternativlos. Eine Rückkehr zum Status quo ante war ausgeschlossen. Frankreich war geschlagen wie nie zuvor und gegen die unvermeidlichen Revanchegelüste einer von ihrem Sockel gestürzten Großmacht konnte zukünftig nur noch der politische Zusammenschluss aller deutschen Staaten eine wirksame Barriere bilden. Nach den ersten militärischen Erfolgen im August und seinem früh gefassten Entschluss, das Elsass und vielleicht auch einen Teil Lothringens zu annektieren, sah der Bundeskanzler jetzt in einem Zusammenschluss mit den süddeutschen Staaten die wesentliche Voraussetzung für einen vorteilhaften Frieden mit dem Gegner. Nicht an Preußen, Baden oder Bayern konnte Frankreich die inzwischen als Sicherung gegen mögliche zukünftige Angriffe beanspruchten Grenzgebiete abtreten, sondern nur an ein neues Deutsches Reich. So war es keineswegs die patriotische Begeisterung in Deutschland, die Bismarck dazu bewog, schon am Tag nach der Kapitulation von Sedan den Chef seines Kanzleramtes, Rudolf Delbrück, zur Erörterung der ersten Einigungsschritte aus Berlin ins Große Hauptquartier nach Vendresse zu beordern. Im Zentrum der Überlegungen des Bundeskanzlers stand zunächst Bayern, das bisher mit größter Entschiedenheit auf seiner Eigenstaatlichkeit bestanden hatte. Würde der exzentrische bayerische Monarch und sein mehrheitlich widerstrebendes Kabinett für das zukünftige Reich gewonnen, war der Beitritt Württembergs ebenfalls gewiss.[5] Baden ebenso wie Hessen-Darmstadt waren – trotz seines preußenfeindlichen leitenden Ministers Reinhard Freiherr von Dalwigk zu Lichtenfels – aus unterschiedlichen Erwägungen längst dazu bereit. Bismarck wollte jedoch in der Frage der Einigung keineswegs offen als die treibende Kraft hervortreten. Der Eindruck einer Vereinnahmung der Süddeutschen durch Preußen musste unbedingt vermieden werden, schon um den Zaren wegen seiner engen verwandtschaftlichen Beziehungen zum Stuttgarter Hof nicht zu verstimmen. Daher bemühte er sich im Laufe des Spätsommers immer wieder, Bayern zum ersten Schritt zu veranlassen. Dem bayerischen Vertreter im Großen Hauptquartier, Karl Graf von Tauffkirchen zu Guttenburg, versicherte der Kanzler am 8. September in Reims, dass der Eintritt Bayerns in die Verhandlungen in »freiester Selbstbestimmung« erfolgen solle. Warnend fügte Bismarck sogleich hinzu, dass dieser Schritt freilich schon bald erfolgen müsse, wenn die bayerische Regierung sich nicht isolieren wolle. Seine Bemerkung stieß in München durchaus nicht auf taube Ohren. Kaum zwei Wochen später erbat sich jedenfalls Ministerpräsident von Bray-Steinburg von Bismarck die Entsendung Delbrücks zu einer für den 22. September in der bayrischen Hauptstadt anberaumten Ministerkonferenz der süddeutschen Regierungen. Die hoch gespannten Erwartungen an das Münchener Treffen blieben jedoch unerfüllt. Eine Einigung mit Bismarcks Vertreter kam vorerst nicht zustande. Zu weit waren die Vorstellungen beider Seiten noch auseinander. Bismarck lehnte vor allem die ihm von Delbrück übermittelte Kernforderung Bayerns nach einer vorhergehenden Auflösung des Norddeutschen Bundes entschieden ab. Bray-Steinburg wiederum sah sich darauf veranlasst, eine dem Kanzler noch weniger zusagende Option ins Spiel zu bringen. Bayern und Württemberg sollten sich zunächst zu einem Südbund zusammenschließen, der dann gleichberechtigt neben den Norddeutschen Bund treten würde und mit Letzterem nur diplomatisch verbunden sein sollte.[6] Bismarck war natürlich auch gegen diese Lösung, die Frankreich, das vielleicht einmal wieder von einer geschickter agierenden Regierung geführt würde, einen willkommenen Hebel der Spaltung in die Hand gegeben hätte. Es könne keinen anderen Weg geben als den eines direkten Beitritts der Süddeutschen zum Norddeutschen Bund, ließ Bismarck seine Verhandlungspartner wissen. Allerdings war er bereit, der besonders widerstrebenden Münchener Regierung den Schritt so gut es ging zu versüßen. Bei Post-, Telegrafie- und Eisenbahnrechten war der Kanzler kompromissbereit und selbst in der umstrittenen Frage des militärischen Oberbefehls im Frieden zeigte er sich zum großen Verdruss von König und Kriegsminister zum Nachgeben bereit. In der zweiten Oktoberhälfte hatten sich schließlich alle süddeutschen Delegationen in Versailles eingefunden und der letzte Akt der Reichseinigung schien seinen Weg zu nehmen. Wie es Bismarck erwartet hatte, verstanden es seine Verhandlungspartner auch hier nicht, eine geschlossene Front zu bilden. Dankbar für seinen erweiterten Handlungsspielraum befasste er sich daher mit jeder Delegation separat und arbeitete dabei mit unterschiedlichen Zugeständnissen.

Gleichwohl kamen die Verhandlungen mit München nicht voran und ein zu großes Eingehen auf bayerische Sonderwünsche musste die Württemberger brüskieren. Für Bismarck überraschend zog König Karl von Württemberg auf Drängen Minister Bray-Steinburgs am 11. November die zuvor bereits erteilte Vollmacht an seine beiden Minister in Versailles zurück, notfalls auch ohne Bayern dem Norddeutschen Bund beizutreten.[7] Gegenüber dem preußischen Kronprinzen, der anders als sein noch am alten Preußen hängender Vater an Reich und Kaiserkrone ein starkes Interesse hatte, zeigte sich Bismarck am 16. November leicht resigniert. Was solle man denn gegen die Süddeutschen tun? Ob man ihnen wohl drohen sollte, fragte der Kanzler eher rhetorisch, was der Kronprinz sogleich lebhaft bejahte.[8] Die aggressive Haltung des Kronprinzen und zukünftigen Kaisers dürfte Bismarck irritiert haben. Das neue Reich durfte nicht als Großpreußen empfunden werden, sondern als freie Entscheidung der Nation und ihrer Fürsten. Als Gegengewicht zu der im Reichstag angelegten Demokratisierungstendenz konnte er auf das föderative Element nicht verzichten.[9] Gleichwohl sah Bismarck die Zeit gekommen, den Bayern doch endlich die Daumenschrauben anzulegen. Der Kanzler vollzog jetzt einen Strategiewechsel. Gelang es, die Verhandlungen mit den anderen süddeutschen Regierungen voranzutreiben, müsste München zwangsläufig nachziehen. Schon einen Tag vor Bismarcks Unterredung mit dem Kronprinzen hatten Baden sowie Hessen-Darmstadt ihren vorbehaltlosen Beitritt zum Norddeutschen Bund erklärt und der neuen Reichsverfassung zugestimmt. Zugleich hatte der Kanzler die erste Debatte im Norddeutschen Bundestag über das Einigungswerk bereits auf den 24. November ansetzen lassen. Damit stand der politische Fahrplan unwiderruflich fest und München drohte in Deutschland die Isolation. Eine wohlorchestrierte Pressekampagne tat ein Übriges. Schon am 19. November erschien die bayerische Delegation erneut in Versailles. Von Bray-Steinburgs Projekt eines Doppelbundes war plötzlich keine Rede mehr.[10] Im sicheren Gefühl des Erfolges zeigte sich Bismarck großmütig. Sein Versprechen, Bayern den Vorsitz in einem zukünftigen Bundesratsausschuss für auswärtige Angelegenheiten zu überlassen, war der wohlfeile Kotau des Kanzlers vor dem so oft verspotteten Souveränitätsschwindel deutscher Duodezfürsten. Der Ausschuss sollte nie zusammentreten.[11] Am 23. November feierte ein sichtlich aufgekratzter Kanzler in der Runde seiner Vertrauten den Abschluss, den er zu dem Wichtigsten rechnete, was in diesen Jahren erreicht worden sei. Die Einheit sei gemacht und der Kaiser auch, fasste er das Ergebnis des Abends zusammen. Nach einigen Augenblicken der Stille erbat sich Moritz Busch die Feder, mit welcher der Vertrag unterzeichnet worden war. Man hatte aber drei Federn benutzt, die Bismarcks oberster Pressemann neben zwei geleerten Champagnerflaschen als Überbleibsel der dreistündigen Verhandlungen auf dem Tisch im Nebenraum vorfand. Bei einer rasch herbeigeorderten dritten Champagnerflasche erläuterte Bismarck seinen Vertrauten seine Verhandlungsphilosophie. Die Zeitungen werden nicht zufrieden sein, orakelte der »Chef«, und wohl schreiben, man hätte mehr fordern können und es gewiss auch erhalten. Ihm aber war daran gelegen, dass die Leute mit der Sache innerlich zufrieden seien, und er wisse, dass sie vergnügt fortgegangen seien.[12]

Der wohl brisanteste Teil des Abkommens mit den Bayern war eine Vereinbarung, nach der König Ludwig II. den preußischen König offiziell zur Annahme der Kaiserkrone auffordern sollte. Bismarck wollte auch hier nichts dem Zufall überlassen und hatte den bayerischen Oberst-Stallmeister Max Graf von Holnstein mit einem vorformulierten Schreiben sowie zwei schmeichelnden Begleitschreiben auf den Weg nach Hohenschwangau geschickt, wohin sich der Märchenkönig, eine Krankheit vortäuschend, zurückgezogen hatte.[13] Als Staatssekretär Delbrück, der seinen reiseunwilligen Chef in Berlin vertrat, während der Bundestagsdebatte vom 5. Dezember das von König Ludwig unterzeichnete Dokument nach einigem Wühlen aus seiner Aktentasche hervorkramte, um es den Abgeordneten mit tonloser Stimme vorzutragen, war der Unmut im Saal groß. Schon Bismarcks weitgehende Zugeständnisse an die Bayern waren für viele Abgeordnete nur schwer zu akzeptieren gewesen, Delbrücks Ungeschicklichkeit auf hoher parlamentarischer Bühne verstärkte jedoch die Kritik an den Verhandlungskünsten des Kanzlers. Der Kronprinz klagte sogar über die »arme deutsche Kaiserkrone«, die der Staatssekretär in Zeitungspapier gewickelt aus seiner Tasche gezogen habe, und auch Bismarck musste bei allem Wohlwollen für Delbrück zugeben, dass die ganze Sache einen geschickteren Regisseur verdient gehabt hätte.[14] Dass der Bundeskanzler dem bauwütigen bayerischen Monarchen seine Unterschrift auf dem Kaiserbrief durch eine großzügige Dotation aus dem Welfenfonds vergoldet hatte, konnte vorerst noch geheim gehalten werden.[15] Der nationalliberale Abgeordnete Eduard Lasker brachte die gedämpfte Stimmung unter den Parlamentariern wohl am besten auf den Punkt, als er erklärte, die Braut sei zwar hässlich, aber geheiratet werden müsse trotzdem. Offenbar mit Erfolg. Am 9. Dezember nahm der Norddeutsche Bundestag die Vorlage mit 195 gegen 32 Stimmen an. Unter den Befürwortern befanden sich überraschenderweise auch die Abgeordneten der Fortschrittspartei. Sozialisten, hannoverische Welfen und Vertreter der katholischen Fraktion hatten dagegen ihre Zustimmung verweigert. Eine Delegation aus 30 Abgeordneten des Bundestages unter Führung des Abgeordneten Eduard Simson machte sich schon am Tag nach der Abstimmung auf den Weg nach Versailles, um König Wilhelm in einer Audienz am 18. Dezember zur Annahme der Kaiserkrone aufzufordern. Parlamentspräsident Simson, der schon mit 26 Jahren Professor für Römisches Recht in seiner Heimatstadt Königsberg geworden war, hatte mit derart heiklen Missionen Erfahrung. Im April 1849 war er Mitglied der Delegation des Frankfurter Paulskirchenparlaments gewesen, die dem damaligen preußischen Monarchen die Kaiserkrone angeboten hatte. Der Nachfolger Friedrich Wilhelms IV. durfte sich inzwischen mit Ludwigs Kaiserbrief in der Hand auf jenes Votum der Fürsten stützen, worauf sein älterer Bruder 21 Jahre zuvor nicht einmal hatte hoffen dürfen. Als Wilhelm sich nach zwei Tagen entschloss, die Parlamentarier endlich zu empfangen, war auch nicht mehr vom »Ludergeruch der Revolution« und einer »Krone aus Dreck und Letten« die Rede. Simson hielt nach Ansicht des Kronprinzen eine sehr gute Rede und der König zeigte sich so bewegt, dass er seine Antwort nur mit stockender Stimme verlesen konnte. Gleichwohl war der Empfang der Delegation in der Versailler Präfektur im Beisein vieler hoher Offiziere, die darum gebeten hatten, nicht mehr als eine parlamentarische Akklamation.[16] Obwohl der »alte Herr« über das Schreiben des bayerischen Monarchen, dessen schockierende Hintergründe er wohl nicht einmal ahnte, hocherfreut gewesen war, fand er hinter den Kulissen an dem ihm offerierten Kaisertitel keinen Gefallen. Kaiser von Deutschland wollte er sein, nicht »Deutscher Kaiser«, wie es von Bismarck souffliert König Ludwig in seinem Brief formuliert hatte. Verächtlich sprach er von einem »Charakter-Major«. Bismarck wiederum, selbst von hohem Adelsstolz geprägt, waren derartig kleingeistige Unterscheidungen höchst gleichgültig. Ihm ging es allein um das Kaisertum als einigende Klammer des zukünftigen Reiches. Verzweifelt klagte er seiner Frau über die Fürsten und vor allem über seinen Monarchen, deren Vorurteile und kindische Vorlieben für »Kinkerlitzchen« ihn jeden Tag plagten.[17]

Das Tauziehen um das zukünftige Deutsche Reich vor den Toren der noch unbezwungenen Hauptstadt des »Erzfeindes« hatte etwas Sonderbares. Als ob die französische Republik, die weiterhin drei große Armeen im Feld hielt, gar nicht existieren würde, hatte man wie Berliner Droschkenkutscher um Sonderrechte gefeilscht, von denen sich die meisten bald als belanglos herausstellen sollten. Noch am Morgen des symbolträchtigen 18. Januar, an dem 170 Jahre zuvor das preußische Königtum im entlegenen Königsberg aus der Taufe gehoben worden war und an dem nun, im Machtzentrum des alten Bourbonenstaates, das neue deutsche Kaisertum ausgerufen werden sollte, bestand Wilhelm hartnäckig auf seiner Version des Titels. Wenige Stunden vor der Zeremonie versuchte er gemeinsam mit dem Kronprinzen, seinen Schwiegersohn, Friedrich von Baden, auf seine Seite zu ziehen. In Abwesenheit der Könige von Sachsen, Württemberg und Bayern sollte der Großherzog die im Spiegelsaal des Versailler Schlosses anberaumte Zeremonie mit einem Hoch auf den neuen Kaiser beschließen. Da auch Bismarck noch im letzten Moment versuchte, auf den Großherzog Einfluss zu nehmen, blieb die Lösung zunächst offen. Staatsrechtlich bestanden Reich und Kaisertum schon seit dem Beginn des neuen Jahres. Eine würdige, das hieß militärische Zeremonie sollte das Ganze nunmehr bekräftigen. Das neue Reich nahm symbolisch im Kreis von Uniformierten seinen Anfang, und so hatte sich das kleine Versailles an diesem unfreundlichen und nasskalten Morgen in ein Heerlager verwandelt. Von der nahen Pariser Belagerungsfront war das Grollen der Artillerie gut zu vernehmen. Über dem Schloss des »Sonnenkönigs«, das unter König Louis-Philippe zum Nationalmuseum umgewidmet worden war, wehte anfangs noch die preußische Fahne. Später wurde jedoch die schwarz-rot-weiße Flagge des Norddeutschen Bundes aufgezogen, mit den Farben, die zukünftig auch die des neuen Reiches sein sollten. Etwa 2000 Militärs aller Dienstgrade waren gegen 14 Uhr in den 73 Meter langen Spiegelsaal eingerückt, der bisher als Lazarett benutzt worden war. Eine bewusste Demütigung Frankreichs war mit der Wahl der Räumlichkeit durchaus nicht intendiert. Es war schlicht der einzige Saal in Versailles, der so viele Menschen aufnehmen konnte.[18] Die Stimmung unter den Erschienenen war sehr gehoben, denn am Morgen waren günstige Nachrichten von der Niederlage Bourbakis an der Lisaine eingetroffen. Unter den zahlreichen Generalen, Obersten und ausgesuchten Trägern des Eisernen Kreuzes befand sich auch der 23-jährige Premierleutnant Paul von Hindenburg als Abgeordneter des Potsdamer 3. Garde-Regiments. Weder damals als junger Offizier noch später als prominenter Memoirenschreiber vermochte Hindenburg der

18. Januar 1871: »Die Proklamierung des Deutschen Kaiserreiches«. Gemälde (1885) von Anton von Werner.

Veranstaltung, die er als »Kaiserkrönung« bezeichnete, etwas Besonderes abzugewinnen. In aller Kürze sandte er an diesem Tag viele Grüße nach Hause und erwähnte eher verdrießlich, dass er abends noch zur Tafel befohlen sei.[19] Dass er selbst einmal fast ein halbes Jahrhundert später als Chef der Dritten Obersten Heeresleitung dem Enkel des soeben proklamierten Kaisers die Gefolgschaft verweigern und ihn ins niederländische Exil zwingen würde, stand an diesem Januartag noch in den Sternen.

Dem Feldgottesdienst folgte die nach dem Geschmack Bronsarts von Schellendorff zu lange und belanglose Predigt des Schlossgeistlichen Bernhard Rogge, einem Schwager des wegen Krankheit abwesenden Kriegsministers. Dann verlasen König und Kanzler ihre Ansprachen. Auffällig war der emotionslose und geschäftsmäßige Ton, mit dem Bismarck seine »Proklamation an das deutsche Volk«, das an diesem Tag nicht einmal in seinen parlamentarischen Vertretern präsent war, herunterlas. Seine vorsichtige Bezugnahme auf das 60 Jahre zuvor erloschene alte Reich war eine politische Gratwanderung.[20] Alle, die das neue Reich nur als ein Großpreußen empfanden, wollte er damit beschwichtigen, lief damit freilich auch Gefahr, das prekäre Verhältnis zu Wien durch die darin enthaltene Perspektive eines zukünftigen Anschlusses der Deutsch-Österreicher zu belasten.

Großherzog Friedrich von Baden hingegen verstand es, sich mit Geschick aus seiner Klemme herauszuwinden, indem er zum Schluss einfach das Hoch auf »Seine kaiserliche und königliche Majestät, Kaiser Wilhelm« aussprach, das sechsmal begeistert von der gesamten Versammlung erwidert wurde.[21] Die Versammlung habe »viel Erhebendes« gehabt, resümierte Bronsart von Schellendorff, obwohl er den aktuellen Moment als unpassend empfand.[22] Als der neue Kaiser sein Podest verließ, um den versammelten Fürsten und Kommandeuren die Hand zu schütteln, brachte er es fertig, wortlos an dem Architekten dieses ein Jahr zuvor noch für unmöglich gehaltenen Erfolges vorbeizugehen. Später zeigte sich Wilhelm in bester Stimmung. Alles sei sehr gut gewesen, einfach und würdig, aber freilich ganz militärisch, meinte der zufriedene Monarch während des abendlichen Diners zu Legationsrat Heinrich Abeken.[23]

Bismarck dagegen muss der beispiellose Affront vor aller Augen tief getroffen haben. Gegenüber Großherzog Friedrich äußerte er am selben Abend sogar Rücktrittsgedanken. Er halte es körperlich nicht mehr aus und der König möge suchen, ob er denn einen treueren Diener als ihn findet.[24] Erst drei Tage später raffte er sich zu einem Brief an seine Frau auf und sprach, wieder einigermaßen gefasst, von der schwierigen Kaisergeburt und den wunderbaren Gelüsten der Könige in solchen Zeiten, die wie die Frauen der Welt nicht hergeben wollen, was sie doch nicht behalten können. Als *Accoucheur* habe er mehr als einmal das dringende Bedürfnis verspürt, eine Bombe zu sein und zu platzen, um den ganzen Bau in Trümmer zu legen.[25]

Tröstlich für den neuen Reichskanzler war immerhin, dass noch am selben Tag auch der bayerische Landtag, begünstigt durch die

Abwesenheit dreier unversöhnlicher Abgeordneter der Patriotenpartei, mit der notwendigen Zweidrittelmehrheit den Einigungsvertrag gebilligt hatte.[26] Auch diese an Bismarcks Nerven zehrende Verspätung ließ sich ohne Weiteres als Ausdruck der zukünftigen Sonderrolle Bayerns im Reich deuten. Die Reichsgründung war geschafft und ihr wohl wichtigstes Fundament bestand darin, dass sie – abgesehen von dem zweimal besiegten Frankreich – mit der Billigung der großen europäischen Mächte geglückt war. Dass sich Bayern auch nach dem Ende des Kaiserreiches und dem Untergang des schließlich zur Diktatur mutierten Reiches weiterhin zum deutschen Gesamtstaat bekennen würde, war damals nicht unbedingt zu erwarten gewesen.

Hunger, Kälte und Bombenterror – Paris zwischen Siegesfantasien und Verzweiflung

»Guter Moltke, gehst so stumm
Immer um das Ding herum.
Bester Moltke, sei nicht dumm,
Mach doch endlich: Bumm! Bumm! Bumm!
Herzens-Moltke, denn warum?
Deutschland will das: Bumm! Bumm! Bumm!«

Aus einer deutschen Zeitung im Dezember 1870,
zitiert nach Bronsart von Schellendorff[27]

Als Oberstleutnant Paul Bronsart von Schellendorff, Chef der Operationsabteilung im Großen Generalstab, am Morgen des 5. Januar 1871 in seinem Versailler Quartier von seinem Burschen geweckt wurde, erkundigte er sich sogleich, wie das Wetter sei. Die Antwort lautete günstig. Auch wenn die Sicht immer noch nicht völlig klar war und über dem Tal der Seine der Nebel zunächst ziemlich dick lag, konnte die allseitig geforderte Beschießung von Paris mit einem Tag Verspätung endlich beginnen.[28] Die ersten Schüsse fielen gleich bei Tagesanbruch gegen 8.13 Uhr und bis Mittag hatten 17 deutsche Batterien mit knapp 100 schweren Geschützen aus ihren Stellungen zwi-

»Batterie d'Orgemont«: Deutsche Geschützstellung auf den Schanzwerken vor Paris im Herbst 1870.

schen St. Cloud und Schloss Meudon das Feuer auf die südlich der Hauptstadt gelegenen Forts von Issy, Vanves und Montrouge eröffnet.[29] Die Franzosen waren vollkommen überrascht. Die Besatzung von Issy stellte schon nach zweistündigem Beschuss ihr Feuer ein und suchte für den Rest des Tages den Schutz der Bunker auf, nachdem die deutschen Granaten fast ein Drittel ihrer 90 Geschütze zerstört hatten.[30]

Dem Bombardement war ein monatelanges und zuletzt zunehmend erbittertes Tauziehen zwischen Bismarck und Moltke vorausgegangen. Nur wenig vermochte die Contenance des »großen Schweigers« so sehr zu erschüttern wie Bismarcks wiederholter Vorwurf, dass die Armee nach der Kapitulation von Sedan ohne strategisches Ziel gegen Paris vorgerückt sei und nun schon seit Monaten untätig vor der feindlichen Hauptstadt verharren müsse.[31] Verdruss verursachten im Großen Hauptquartier auch die Bemühungen des Bundeskanzlers, die Verzögerung des finalen Aktes eines Krieges, den auf deutscher Seite alle längst satthatten, dem mangelnden Willen Moltkes und seiner vertrauten Offiziere anzulasten. Allein seine Hartnäckigkeit gegenüber dem Großen Generalstab habe schließlich, so Bismarck noch in seinen Memoiren, die Beschießung der feindlichen Hauptstadt erzwungen. Die Veröffentlichung des geheimen Kriegstagebuches Bronsarts von Schellendorff im Jahre 1954 entkräftete teilweise das feindselige Verdikt des Reichsgründers, der auch nach einem Vierteljahrhundert die Versuche des Generalstabschefs und seiner Halbgötter, ihn von ihren militärischen Entschließungen gänzlich fernzuhalten, nicht vergessen wollte.

Tatsächlich hatte sich auch der Große Generalstab zu einer umfassenden Beschießung der Pariser Befestigungen durchgerungen, freilich erst, nachdem sich Anfang November Moltkes ursprüngliche Prognosen über die Durchhaltefähigkeit der Pariser und die mangelnde Schlagkraft der republikanischen Armeen an der Loire als zu optimistisch herausgestellt hatten. Endgültig schien die Skepsis militärischer Kreise gegenüber einer Beschießung von Paris überwunden, als am 27. Dezember 1870 der Mont Avron im Norden der Hauptstadt durch ein wirkungsvolles Bombardement sturmreif geschossen und sodann im raschen Zugriff besetzt werden konnte.[32] Selbst ein entschiedener Gegner der Beschießung wie General von Blumenthal räumte danach ein, dass nun wohl der richtige Zeitpunkt gekommen sei, bei dem ein Bombardement der Forts und eines Teils der Stadt von Erfolg sein könne.[33]

Ein klares militärisches Ziel verfolgte der Generalstab mit der Beschießung allerdings nicht. Moltke blieb bei seiner wohl zutreffenden Ansicht, dass eine anschließende Erstürmung der Pariser Außenforts zu hohe Verluste gekostet hätte. Eine Beschießung der südlichen Innenbereiche der französischen Hauptstadt, wie es die Zeitungen in Deutschland und auch Bismarck seit Monaten vehement gefordert hatten, war wiederum wegen der zu hohen Schussentfernung zunächst nicht in Betracht gezogen worden.[34] So war das große Bombardement von Paris tatsächlich nicht mehr als ein symbolischer Akt, der nur dazu diente, den drängenden Kanzler sowie die heißesten Gemüter in der Heimat ruhigzustellen. Allerdings hatte selbst dazu eine Vielzahl logistischer, technischer und taktischer Probleme in langen Wochen mühsamer Arbeit und Planung überwunden werden müssen. Zwar ermöglichte die Wiederinbetriebnahme des Tunnels von Nanteuil am 22. November 1870 der Eisenbahn die Heranschaffung von 1000 Schuss je Geschütz. Für den Transport dieser von den Artillerieexperten geforderten Menge Munition auf den noch verbleibenden 20 Kilometern von Lagny bis zu den Stellungen vor Paris fand sich allerdings erst eine Lösung, als Bismarck den kränkelnden Kriegsminister Albrecht von Roon drängte, die Sache persönlich zu organisieren. Für den Ankauf der benötigten Pferde sagte er ihm aus der Bundeskasse jede erforderliche Summe zu.[35] Die Geschütze, darunter 40 schwere Exemplare vom Kaliber 15 Zentimeter, hatten auch nicht zu früh in die Schanzen gebracht werden dürfen, um den Überraschungseffekt zu gewährleisten. Schließlich mussten vorgeschobene Gräben für die Sicherungstruppen in den tiefgefrorenen Boden angelegt werden, um zu verhindern, dass die Franzosen die Batterien im Gegenangriff zerstörten.

Am Abend des ersten Tages der Beschießung zeigten sich auf deutscher Seite alle Beteiligten mit dem Resultat zufrieden und aus Berlin gratulierte Marie Prinzessin Carl von Preußen, eine Freundin der Familie, dem Bundeskanzler zum Eisernen Kreuz 1. Klasse. Bismarcks Unwohlsein, so hieß es aufmunternd in ihrem Telegramm, würde durch den Beginn des Bombardements gewiss bald überwunden sein.[36] Der Adressat freute sich tatsächlich darüber, dass es Prinz Hohenlohe-Ingelfingen, dem verantwortlichen Artilleriekommandeur, schon am ersten Tag gelungen war, mit zwei Geschützen Bomben über 10 000 Schritt auch ins Stadtgebiet südlich der Seine zu schleudern. In bester Stimmung schloss er seinen Brief an die Gattin mit herzlichen Grüßen an die Kinder.[37] Die Beschießung der Pariser Wohngebiete fügte sich vollkommen in das auch von Moltke vertretene Konzept, dass die Franzosen und besonders die Pariser den Krieg endlich selbst zu schmecken bekommen mussten, um ihre Regierung zum Frieden zu drängen.[38]

Um allerdings Paris selbst zu treffen, waren nicht nur die Geschossladungen erhöht worden. Auch die Lafetten mussten erheblich modifiziert werden, sodass eine Erhöhung der Geschützrohre auf die erforderlichen 30 Grad möglich wurde.[39] Mit Stolz entnahmen die Deutschen aus den Pariser Zeitungen, die ausländische Diplomaten nach Versailles gesandt hatten, dass schon am ersten Tag der Beschießung etliche Granaten im Garten des *Palais Luxembourg* eingeschlagen seien. In den nächsten Tagen war in der Pariser Presse von einzelnen zerstörten Häusern und kleineren Feuersbrünsten die Rede und schon am 8. Januar beschlossen Moltke und Prinz Hohenlohe-Ingelfingen, insgesamt zwölf Geschütze für die Beschießung des Stadtgebietes einzusetzen und mit Brandgeschossen zu bestücken.[40] Dadurch erhöhte sich die Zahl der täglich auf zivile Ziele abgefeuerten Granaten auf rund 400.[41] Trotz des beträchtlichen Aufwandes schien die Terrorbeschießung der Bevölkerung noch nicht die erhoffte Wirkung zu erzielen, wie Oberstleutnant Julius von Verdy du Vernois am 12. Januar enttäuscht in seinem Tagebuch vermerkte. Damit lag er richtig. Erstaunt registrierte Edmond de Goncourt, dass unter den Hauptstädtern trotz der in großer Zahl auf die Wohngebiete niedergehenden Geschosse »weder Schrecken noch Aufregung« aufkomme. Mit bewundernswerter Kaltblütigkeit ersetzten Kaffeehausbesitzer jeden Tag die zerbrochenen Spiegel in ihren Gasträumen und die Besichtigung der bombardierten Stadtviertel sei jetzt für die Pariser an die Stelle des abendlichen Theaterbesuchs getreten.[42] Die Militärs verdross es besonders, wenn die aus der Stadt herausgebrachten Zeitungen stolz verkündeten, dass sich die Menschen noch regelmäßig auf den *Trocadéros* versammelten, um das feurige Spektakel aus der Nähe betrachten zu können. Den deutschen Vorurteilen über die Frivolität der Hauptstädter lieferte das willkommene neue Nahrung und etliche Artilleristen machten keinen Hehl aus ihrem grimmigen Ehrgeiz, ihre Schüsse möglichst auch über die Umwallung in die Pariser Wohngebiete zu jagen.[43] Man lebte und schlief inzwischen in der Hauptstadt unter dem Donner der Geschütze und Goncourt wunderte sich an jedem Abend, wenn er unter den grässlich pfeifenden Geräuschen der niedergehenden Geschosse nach Hause kam, dass seine Wohnung noch ohne Treffer geblieben war.[44]

Er sei mit den Menschen, die täglich sterben, verkündete Victor Hugo voller Pathos und klagte die Belagerer an, mit den Königen zu sein, die töteten. Gelegentlich sprach der eingefleischte Republikaner sogar davon, allein vor die Mauern der Stadt zu treten und den feindlichen Kugeln seine Brust darzubieten. Würden die Preußen dann nicht endlich das Ausmaß ihrer Schuld einsehen? Der Krieg wäre mit einem Schlag beendet. Doch wohl nur für ihn, lautete der ernüchternde Einwand eines seiner Mitstreiter. So beschränkte sich Hugo lieber darauf, aus den beträchtlichen Erlösen seiner Dichterlesungen in den Pariser Theatern drei Geschütze anzuschaffen, von denen er einem seinen Namen verlieh.[45]

Auch wenn etliche Pariser es vorzogen, vor dem Bombardement auf das sichere Nordufer der Seine auszuweichen, forderten in der letzten Phase der Einschließung nicht die deutschen Granaten, sondern Hunger und Kälte die meisten Opfer unter den Hauptstädtern. So waren schon im Dezember 1870 fast 12000 Einwohner in Paris verstorben, was gegenüber den vor der Einschließung verzeichneten normalen Monatswerten eine Steigerung um 150 Prozent bedeutete. Im Januar erhöhte sich die Zahl der Zivilopfer durch Hunger, Kälte, Pocken und Typhus noch einmal auf 19233 Menschen. Es kann davon ausgegangen werden kann, dass durch die Entbehrungen der Belagerung mehr als 40000 Pariser, darunter viele Kinder und Alte, ihr Leben verloren haben.[46] Im Vergleich dazu forderte das dreiwöchige deutsche Bombardement, während dem bis zu 7000 Granaten im Stadtgebiet niedergegangen waren, nicht mehr als 107 Tote und knapp 300 Verletzte.[47] Die provisorische Regierung in Paris zögerte jedoch keinen Augenblick, die Preußen vor aller Welt als »Barbaren« anzuprangern. Hospitäler, Schulen, Gefängnisse und Kirchen seien von ihnen absichtlich beschossen worden, Kinder und Frauen sogar in ihren Betten verbrannt, hieß es in einer am 9. Januar veröffentlichten Tatarenmeldung, die sich innerhalb nur einer Woche auch im unbesetzten Frankreich verbreitete und den erodierende Widerstandswillen der Franzosen noch einmal anheizen sollte.[48] Um den Behauptungen Glaubwürdigkeit zu verleihen, übermittelte General Trochu zwei Tage später den Belagerern sogar einen schriftlichen Protest. Moltke wies in seiner Antwort die Vorwürfe zwar scharf zurück, mochte aber Zufallstreffer auf Lazarette nicht gänzlich ausschließen und bestritt auch keineswegs, dass Wohnbezirke beschossen würden. Man werde aber, so schloss er, mit Besserung der Witterung genauer zielen können.[49]

Die Presse in Großbritannien und den Vereinigten Staaten nahm die Beschießung ziviler Ziele anfangs mit Gleichmut hin und glaubte an die von den Deutschen in Versailles verbreitete Version von den gelegentlichen Fehlschüssen. Eine Festung sei eben eine Festung, meinte die in London erscheinende *Daily News*, und die New Yorker *Herald Tribune* erinnerte ihre Leser an die noch nicht vergessenen Leiden der Einwohner von Vicksburg und Petersburg. Als die ausländischen Zeitungen in der dritten Januarwoche kritischer zu berichten begannen, liefen bereits die Kapitulationsverhandlungen.[50]

In Paris stand General Trochu inzwischen unter wachsendem Druck. Die unter dem dichter werdenden Bombenhagel unruhiger werdenden Hauptstädter erwarteten jetzt vom Pariser Militärgouverneur mehr als nur Protestnoten an das Große Hauptquartier in Versailles. Schon verglich man den General mit dem »Verräter« Bazaine. Mit jedem Tag der Beschießung wurde in der Hauptstadt der Ruf nach einem erneuten großen Ausfall der Besatzung lauter. Niemals dürfe Paris wie Metz kampflos kapitulieren. Als dann auch noch nach beinahe dreiwöchiger Unterbrechung des Nachrichtenflusses am 8. Januar die elektrisierende Meldung in Paris einging, dass bei Le Mans General Chanzy mit seiner Loire-Armee zur Befreiung von Paris angetreten sei, standen alle Zeichen auf Sturm.[51] Seit Beginn der Einschließung hatten die Bataillone der Nationalgarde kaum einen Feind zu sehen bekommen, jetzt drängten die jungen Leute geradezu darauf, endlich gegen die verhassten Preußen kämpfen zu dürfen. Auch Trochu geizte nicht mit markigen Worten und versicherte den Parisern, dass er niemals aufgeben werde. Ebenso wirklichkeitsfremd wie sein vollmundiges Versprechen war auch die Wahl des Angriffsziels. Der Ausbruch sollte sich dieses Mal gegen Versailles richten, dem Sitz des Großen Generalstabes und politisches Zentrum der deutschen Besatzungsmacht. So groß auch der propagandistische Effekt einer Vertreibung der Deutschen aus der Stadt des Sonnenkönigs sein würde, so gering waren freilich die Aussichten der Pariser Armeen, auch nur in die Nähe ihres Zieles zu gelangen. Wie üblich war auf französischer Seite wenig vorbereitet und unter großer Hast wurden in der Nacht zum 19. Januar rund 90 000 Mann, gegliedert in drei Kolonnen, im Westen der Stadt zwischen Buzenval und Montretout am Fuße des Mont St. Valérien versammelt. Der Angriff der Franzosen begann um kurz nach 6 Uhr. Tatsächlich glückte es den Angreifern, den ersten von drei deutschen Gräben zu überrennen und die überraschte kleine Besatzung gefangen zu nehmen. Dann aber versteifte sich der deutsche Widerstand besonders um das Schloss von Buzenal, dessen Außenmauer die Franzosen nicht überwinden konnten. Am Nachmittag war klar, dass auch dieser Ausbruch gescheitert war. Die preußische 9. Division nahm im Gegenangriff die Schanze von Montretout und trieb die Franzosen, die ihre Ordnung völlig verloren hatten, auf ihre Ausgangsstellungen zurück. Gegen 5.30 Uhr befahl Trochu den Abbruch der Schlacht. In Versailles vermerkte Verdy du Vernois mit Genugtuung in seinem Tagebuch, dass das neue Kaiserreich an diesem Tag seine erste Feuertaufe bestanden habe.[52] Die Franzosen hatten ihren verzweifelten Versuch mit 4000 Toten, Verwundeten und Gefangenen bezahlt, auf der Gegenseite betrugen die Einbußen des preußischen V. Armee-Korps im Laufe des Tages knapp 600 Mann. Der Anblick der in die Stadt zurücktrottenden geschlagenen Truppen, mürrisch, verschmutzt und mutlos, zerstörte die letzten Hoffnungen jener noch unverzagten Hauptstädter, die wie Edmond de Goncourt bis zum Abend an der *Porte La Chapelle* ausgeharrt hatten.[53] Wer wiederum unter den Parisern die Verschleierungstechniken der amtlichen Bulletins zu durchschauen gelernt hatte, verstand es zu deuten, wenn einmal mehr verlautbart wurde, dass die eigenen Verluste noch nicht bekannt seien, die des Gegners jedoch nach Aussagen von Gefangenen sehr beträchtlich gewesen sein müssen.[54] Intern aber erklärte Trochu noch am selben Abend den zu seinem Gefechtsstand auf dem *Mont St. Valérien* geeilten Kabinettsmitgliedern, dass eine Fortsetzung des Angriffes nicht möglich sei und zur Übergabe der Stadt jetzt keine Alternative mehr bestehe. Wie zur Bekräftigung seiner nüchternen Einschätzung verbreitete sich noch am selben Abend in ganz Paris die niederschmetternde Nachricht von der vollständigen Niederlage der 1. Loire-Armee bei Le Mans.[55] Nach dreitägiger Schlacht hatte General Chanzy bereits am 12. Januar die Stadt an der Sathe mit einem Verlust von mehr als 6000 Mann räumen müssen. Auf dem Rückzug nach Allencon verlor seine Armee bei extremer Witterung nochmals 20000 Mann und war zuletzt kaum noch als kampffähiger Verband zu betrachten.[56] Während das jeden Tag heftiger werdende deutsche Bombardement die Pariser nicht mehr zum Schlafen kommen ließ,[57] legte Trochu unter dem Druck der übrigen Minister am 21. Januar seine militärischen Ämter nieder und übergab seine Vollmachten an General Vinoy.[58] An der aussichtslosen Lage der Hauptstadt ändert das allerdings wenig.

Der Untergang der Armee Bourbakis – Frankreichs zweites »Sedan«

»Das ganze Verhalten Bourbakis [...] scheint zu beweisen, dass er jedes Vertrauen zu seinen Truppen und infolgedessen auch jedes Vertrauen zu sich selbst verloren hatte. [...] Es wiederholte sich die alte Geschichte der Augustkampagne. Und es ist merkwürdig, dass dieses sonderbare Zögern sich wieder bei einem vom Kaiserreich übernommenen General zeigt ...«

Friedrich Engels am 1. Februar 1871 in der *Pall Mall Gazette*[59]

Das Kriegsjahr 1870 hatte Frankreich eine fast ununterbrochene Kette von Niederlagen gebracht. Mitte Dezember musste die Regierung der Nationalen Verteidigung sogar ihren Sitz aus dem bedrohten Tours nach Bordeaux verlegen, was die bisher durch Brieftauben und Fesselballons mühsam aufrechterhaltene Kommunikation mit der Hauptstadt praktisch unmöglich machte. Der Durchhaltewille selbst der unerschütterlichsten Patrioten sah sich auf eine harte Probe gestellt und mit Ausnahme einiger republikanischer Hochburgen wie etwa Lyon oder die *Cote d'Or* hatten große Teile der französischen Bevölkerung den Krieg längst satt.[60]

Gleichwohl war die militärische Lage für Frankreich zum Jahreswechsel keineswegs hoffnungslos. Noch immer hatte die Republik mehr als 400 000 reguläre Soldaten unter Waffen, und selbst wenn sich die Deutschen bisher in sämtlichen Gefechten als überlegen erwiesen hatten, fehlten ihnen allmählich die Kräfte, die geschlagenen Armeen des Gegners energisch zu verfolgen. Zum Teil mangelte es auch am Willen. So hatte etwa am 20. Dezember General Constantin von Voigts-Rhetz aufgrund einer Falschmeldung den Vorstoß zweier Brigaden seines X. Armee-Korps auf Tours unmittelbar vor den Toren der Stadt abbrechen lassen. Angeblich seien größere Truppenmassen des Gegners im Anmarsch gewesen. Ein Angriff auf den nunmehr bedeutungslos gewordenen ehemaligen Regierungssitz der Republik hätte freilich keinem strategischen Zweck mehr gedient und nach Ansicht des Generals nur hohe Verluste gebracht.[61] Nach vier verlustreichen Kriegsmonaten begannen die Truppenführer auf deutscher Seite, mit dem Leben ihrer Soldaten zu knausern. Die meisten Verbände verfügten bei Einbruch des Winters bestenfalls noch über die Hälfte ihrer Sollstärke. Kämpfe und Krankheiten hatten einen erschreckend hohen Tribut gefordert. So wies das bayerische I. Armee-Korps am 10. Dezember 1870 nach der dreitägigen Schlacht von Beaugency nicht einmal mehr ein Drittel seiner Ausrückstärke auf.[62] Zur »Schlacke ausgebrannt« schien es nach Ansicht Prinz Friedrich Karls nur noch als Etappentruppe in Orléans gut zu sein.[63] Schließlich durften General von der Tanns Bayern das preußische II. Armee-Korps in der Zernierungslinie vor Paris ablösen.

Mit Sorge sah Generalstabschef von Moltke, dass inzwischen auch keine Fühlung mehr zu der bei Vierzon vermuteten Armee Bourbakis bestand. Für den Prinzen Friedrich Karl dürfte es kaum schmeichelhaft gewesen sein, als das Große Hauptquartier seiner Armee am 22. Dezember den Auftrag erteilte, durch Gefechtsaufklärung südlich der Loire endlich die »nötige Klarheit« zu verschaffen.[64] Alle Hoffnungen der Deutschen richteten sich inzwischen auf die Kapitulation von Paris. Nach dem Scheitern des großen Ausbruchs von Anfang Dezember schien der Fall der Hauptstadt jetzt nur noch eine Frage von Wochen. Die Lebensmittel reichten je nach Schätzung noch bis Mitte Januar, vielleicht sogar bis Ende des Monats.[65]

Solange jedoch die Hälfte des deutschen Heeres vor Paris gebunden blieb, bot sich den Armeen der Republik südlich der Loire weiterhin Raum für gefährliche Unternehmungen. Auch wenn es vorerst aussichtslos schien, die unvermindert gut geführten und diszipliniert kämpfenden Deutschen in der direkten Konfrontation zu schlagen, war es vielleicht möglich, durch eine rasch durchgeführte Flankenoperation das nur unzulänglich geschützte Hinterland der Invasoren anzugreifen. Den Plan, die lebenswichtigen Etappenlinien des Gegners durch einen Stoß in die Tiefe zu unterbrechen, hatte schon Napoleon I. im Feldzug von 1814 gegen die numerisch weit überlegenen Armeen der Sechsten Koalition verfolgt. Auch General Faidherbe war Anfang Dezember mit derselben Absicht gegen die Oise vorgerückt, allerdings vor der Festung La Fère vorerst gescheitert.

Nach dem Verlust von Orléans Anfang Dezember hatten Gambetta und Freycinet zunächst an ihrer alten Strategie festgehalten. Weiter-

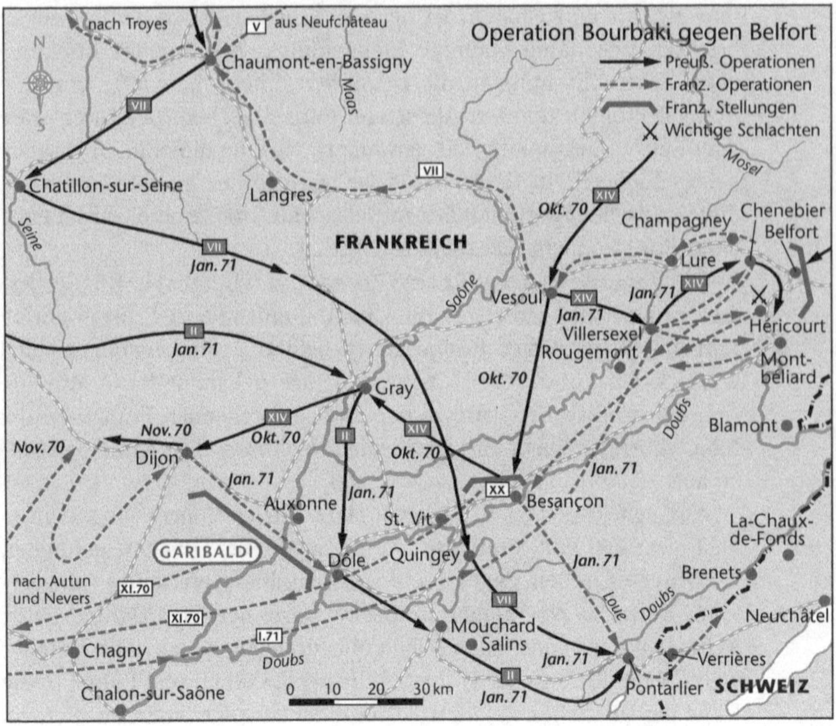

Karte der Operationen um Belfort.

hin war die Hauptstadt das Ziel aller ihrer militärischen Anstrengungen. An General Chanzy ging daher der Auftrag, möglichst starke Kräfte des Prinzen Friedrich Karl über Orléans nach Westen zu ziehen, sodass für Bourbaki der Weg nach Paris geöffnet wäre. Bald nach der entscheidungslosen Schlacht von Beaugency hatte Freycinet jedoch eine strategische Alternative ins Spiel gebracht, die großes Potenzial zu haben schien. Gambettas rechte Hand glaubte nicht mehr daran, dass Bourbaki mit seinen nur 60000 Mann überhaupt in die Nähe der Hauptstadt gelangen könnte. Glückte es aber, zwei seiner Armeekorps unbemerkt und vor allem rasch im Tal der Saône zu versammeln und über die Festung Besançon auf das noch von den Franzosen gehaltene Belfort vorzustoßen, so ließe sich vielleicht das Elsass wieder besetzen und damit wichtige Etappenlinien des Gegners unterbrechen. Jedenfalls müssten die Deutschen erhebliche Kräfte von den übrigen Fronten und vor allem von Paris abziehen. Der Krieg wäre damit auf unbestimmte Zeit verlängert, was die ohnehin wachsende Kriegsmüdigkeit in Deutschland weiter forcieren musste. Auch ein diplomatisches Eingreifen der europäischen Großmächte war im Falle eines Erfolges nicht mehr auszuschließen.

Die Voraussetzungen für eine Rochade von Bourbakis 1. Loire-Armee schienen auf den ersten Blick nicht ungünstig. Da Prinz Friedrich Karl mit seiner Armee in den ersten beiden Dezemberwochen noch westlich der Loire gegen Chanzys Armee gekämpft hatte, drängte sich den südlich der Loire in der Solonge stehenden Franzosen die Möglichkeit zu einem überraschenden Neuansatz ihrer Kräfte geradezu auf.

Auf dem östlichen Kriegsschauplatz war es General von Werder nach dem Fall von Straßburg am 27. September zunächst gelungen, bei Bruyères in den Vogesen ein rasch zusammengestelltes französisches Korps zu zerschlagen und seine Reste über den Ognon, einen Nebenlauf der Saône, nach Süden abzudrängen. Bis zum 12. Oktober waren darauf in rascher Folge Mühlhausen, Colmar und Épinal in die Hand der Deutschen gefallen.[66] Drei Wochen später konnten Werders Truppen sogar die Stadt Dijon besetzen. Allerdings blieb die Festung Langres auf dem gleichnamigen Plateau in französischer Hand und bot einem kleinen Korps aus Mobilgarden und wenigen Regulären, das von dort aus Werders rechte Flanke bedrohte, einen wichtigen Rückhalt.

Die rückwärtigen Verbindungen der Deutschen bedrohte inzwischen auch ein internationales Freiwilligenkorps von anfangs 6000 Kämpfern unter dem Kommando des legendären, aber schon greisenhaften Italieners Giuseppe Garibaldi. Die Truppe des vormaligen geschworenen Gegners des Zweiten Kaiserreiches operierte von der Stadt Autun aus und war in Wahrheit ein wild zusammengewürfeltes, pittoreskes Sammelsurium abenteuerlicher Existenzen aus allen Winkeln Europas. Das einzige verbindende Merkmal bildeten ihre sozialrevolutionäre Weltanschauung und ihr glühender Hass auf Monarchie und Kirche.[67] Im offenen Kampf gegen reguläre Truppen hatten Garibaldis Gefolgsleute keine Chance. Bismarck hätte, wie er im kleinen Kreis versicherte, ihre sofortige Füsilierung im Falle einer Gefangennahme wohl keinerlei Gewissensbisse bereitet.[68]

Obwohl Anfang November auch das preußische VII. Armee-Korps zur Einschließung von Belfort herangezogen worden war, kam der vom Großen Hauptquartier wiederholt geforderte Vorstoß auf Lyon nicht zustande. Größtenteils machten Moltke und seine Abteilungschefs General von Werders zögerliche Operationsführung für den Stillstand verantwortlich.[69] Nach einem unentschiedenen Gefecht bei Nuits St. George an der Bahnlinie von Dijon nach Chagny hatte sich Werder am 19. Dezember wieder nach Norden zurückgezogen und sogar Dijon aufgegeben. Derweil häuften sich im Großen Hauptquartier die Indizien, dass sich Bourbakis Armee im Raum von Bourges und Nevers auf einen größeren Eisenbahntransport vorbereitete. Die Franzosen hatten wie in diesen Fällen üblich den zivilen Eisenbahnverkehr ausgesetzt und aus Frankreich nahestehenden Kreisen in Wien waren bestätigende Meldungen in Versailles eingegangen. Auch solle sich Léon Gambetta inzwischen in Lyon aufhalten.[70] Unbemerkt von den Deutschen hatten am 24. Dezember – zwei Tage später als beabsichtigt – die französischen Truppenverladungen auf den Bahnhöfen von Bourges und Nevers begonnen. Bis zum Ende des Monats hoffte Freycinet, zwei von Bourbakis drei Armeekorps bei Chalons-sur-Saône versammeln zu können und zusätzlich das neue XXIV. Armee-Korps des Generals Bressolles aus Lyon heranzuziehen. Wieder einmal scheiterte jedoch ein aussichtsreicher militärischer Plan an der notorischen Unfähigkeit der französischen Stäbe, das Transportmittel Eisenbahn sachgemäß zu nutzen. Es blieb eines der großen Versäumnisse des Marschalls Lebœuf, nicht für eine zivil-militärische Schnittstelle gesorgt zu haben, die, wie die Linienkommissionen auf deutscher Seite, die militärischen Anforderungen mit den tatsächlichen Gegebenheiten auf den beanspruchten Strecken hätte in Einklang bringen können. Schon an den Verladebahnhöfen in Bourges und Nervers mussten die Soldaten zwei Tage lang bei eisigen Temperaturen warten, da die Eisenbahngesellschaften nicht in der Lage waren, in der geforderten kurzen Frist das nötige Betriebsmaterial zusammenzubringen. Auch die Zugfahrt bei eisigen Temperaturen entwickelte sich für die Soldaten wegen zahlloser Halte zu einer Tortur. Offiziere wie Soldaten seien nach fast 70 Stunden zu hilflosen und apathischen Tieren geworden, die zu keinem Gedanken und zu keiner Tat mehr fähig waren, schrieb der Leutnant Paul Déroulède, als er am 4. Januar 1871 mit seinen »Turkos« endlich in Dijon sein rollendes Gefängnis verlassen durfte.[71] Auf Anordnung Freycinets wurde schließlich auch das XV. Armee-Korps, das bisher die große Verschiebung vor den Deutschen verschleiert hatte, mit der Bahn auf Besançon nachgeführt. Gerade dieser letzte Transport sollte das Eisenbahnfiasko auf dem nördlichen Abschnitt zwischen Dole und Besançon vollständig machen. Im letzten Moment hatte Freycinet die Entladung des Korps auf den 30 Kilometer weiter nördlich gelegenen Bahnhof von Clerval verlegt. Da dort jedoch die Rampen zur Entladung einer so großen Zahl von Truppen und Fahrzeugen bei Weitem nicht reichten, stauten sich die folgenden Truppenzüge bis zurück nach Dijon. Ein Infanteriebataillon mit 1000 Soldaten, das am 8. Januar in Bourges mit Verpflegung für zwei Tage verladen worden war, konnte den Zug erst eine Woche später an der Station Baume-les-Dames zwölf Kilometer südlich von Clerval verlassen. Andere Einheiten hatte die lange Transportzeit ohne Versorgung sogar etliche eingegangene Pferde gekostet.[72]

Am nachteiligsten aber war, dass durch die Überbelegung der eingleisigen Strecke auch die notwendigen Nachschubgüter nicht mehr rechtzeitig nach vorne gelangten.[73] Als Augenzeuge des Desasters war Bourbaki weit davon entfernt, den Optimismus Gambettas und Freycinets zu teilen. Obwohl er Anfang Januar mehr als 100 000 Soldaten und 400 Geschütze um Besançon versammelt hatte, während ihm General von Werder zunächst kaum 15 000 Mann entgegenstellen konnte, scheute er vor einem direkten Angriff zurück. Anstatt schon zu Beginn der Operation einen Rückschlag zu riskieren, wollte er die Deutschen in ihrer linken Flanke umfassen und durch Manövrieren von Belfort abdrängen.[74] Bourbaki durfte noch von Glück reden, dass die Deutschen das volle Ausmaß der Bedrohung erst spät realisierten. Noch am 30. Dezember vermutete das Große Hauptquartier seine Armee bei Bourges und Nevers in der Reorganisation. Als jedoch von Werders Vorposten am 5. Januar südlich von Vesoul auf eine größere Truppenmasse des Gegners stießen und Aussagen von Gefangenen die Präsenz des französischen XVIII. und XX. Korps bestätigten, reagierte Moltke schnell und zog General von Manteuffel von der Front an der Somme ab.[75] Dessen Auftrag lautete, mit den ihm unterstellten II. und VII. Armee-Korps über das Plateau von Langres die linke Flanke Bourbakis bei Gray zu bedrohen und den Franzosen möglichst den Rückzug nach Lyon abzuschneiden. Währenddessen sollte General von Werder mit seinem Korps, das durch Belagerungstruppen von Belfort zu verstärken war, den Gegner bereits im Vorfeld der Festung frontal binden.

Am 9. Januar gewann die preußische 4. Reserve-Division den Wettlauf nach Villersexel, wo die Straße von Vesoul nach Belfort über eine Steinbrücke den Ognon passierte. Doch dem Angriff des gesamten französischen XX. Armee-Korps konnten die Deutschen nicht standhalten. Am späten Nachmittag erteilte General Udo von Tresckow seiner Division den Befehl zum Rückzug, den von Werder jedoch sofort wieder aufhob, da er den Gegner nicht zu nah an Belfort herankommen lassen wollte. Die Folge seines Gegenbefehls war ein nächtlicher Häuserkampf, der bald Villersexel und das Schloss der Grafen von Grammont in Flammen aufgehen ließ. Viele der Franzosen, die noch das obere Stockwerk hielten, kamen ebenso wie etliche Deutsche im Untergeschoss im Feuer um. Aus den Trümmern barg man später etwa 200 verkohlte Leichen.[76] Eine Besetzung des gesamten Ortes glückte nicht mehr, und so mussten sich die Deutschen nach Mitternacht mit einem Verlust von 580 Mann zunächst auf eine provisorische Stellung um Aillevans zurückziehen. Obgleich die Franzosen durch ihren Sieg euphorisiert waren, unterblieb eine scharfe Verfolgung. Unbedrängt konnte von Werder sein Korps am 11. Januar in einer neuen Stellung entlang der Lisaine mit dem Rücken zur Festung Belfort postieren. Das Flüsschen selbst, ein Nebenlauf des Doubs, der nördlich von Belfort in den Vogesen entspringt, war zwar zugefroren, bildete aber aufgrund seiner bewaldeten Uferböschungen für jeden Angreifer ein erhebliches Hindernis. Die Deutschen hatten zudem genug Zeit, durch Stauung der Lisaine die Eisdecke aufzusprengen und die vereisten Zufahrtswege auf ihrer Seite mit Sand zu bestreuen. Auf der Gegenseite hatte Bourbaki am 12. Januar erste Meldungen vom Anmarsch der Armee Manteuffels gegen seine linke Flanke erhalten und war zunächst unschlüssig, ob er sich diesem Gegner zuerst zuwenden sollte. Dann aber hatte er entschieden, unter schwacher Flankenbedeckung weiter auf Belfort vorzurücken. Gelang es ihm, die

Festung rasch zu entsetzen und weiter ins südliche Elsass vorzustoßen, würden die von Westen heranrückenden Deutschen keine Gefahr mehr sein. Vielleicht würden sie auch umkehren müssen, sobald General Chanzy von Le Mans aus zu einem erneuten Vorstoß auf Paris antrat.[77] Dazu wäre ein energisches Vorrücken auf Belfort erforderlich gewesen, was freilich aus verschiedenen Gründen unterblieb. Hinter der Verzögerung steckte die übliche französische Melange aus schwacher Stabsarbeit und energieloser Führung. Behindernd wirkten freilich auch die extrem kalte Witterung und schlechte Wegverhältnisse. So kam es, dass die Franzosen erst am 15. Januar, sechs Tage nach der Schlacht von Villersexel, zum Angriff auf die deutschen Stellungen antreten konnten. Bourbakis Plan war einfach. Bei frontaler Bindung des Gegners im Süden zwischen Hèricourt und Montbèliard sollte General Jean Baptist Billots XVIII. Armee-Korps die rechte Flanke der Deutschen im Norden umfassen, die Lisaine bei Chenebier überschreiten und die Verbindung mit der Besatzung von Belfort herstellen. Aus Sorge, zwischen zwei Fronten zu geraten, hatte General von Werder noch am selben Tag nach Versailles gemeldet, dass er die Belagerung von Belfort aufheben müsse, um so besser das Elsass verteidigen zu können. Moltkes Antwort fiel eisig aus: Werder habe dort stehen zu bleiben und den Feind zu schlagen, wo er ihn findet.[78] Das war ein großes Wort. Gegen Werders 45 000 Mann boten die Franzosen immerhin rund 120 000 Kombattanten auf. Trotz ihrer fast dreifachen Überlegenheit gelangten Bourbakis Truppen aber am ersten Tag an keiner Stelle über den Fluss. Nach einer eisigen Nacht mit Temperaturen um die 18 Grad, welche die Franzosen ohne Schutz und ohne Verpflegung hatten verbringen müssen, gelang es den Angreifern auf dem Nordflügel endlich, die Deutschen aus einigen Dörfern westlich der Lisaine zu vertreiben. Für kurze Zeit war sogar der Weg nach Belfort frei. Der erhoffte Durchbruch kam freilich nicht zustande, da die französischen Befehlshaber vor Ort über ihre unmittelbaren Aufträge hinaus keine Initiative entwickelten und zudem die angeforderten Verstärkungen nicht rechtzeitig eintrafen. Als auch am 17. Januar, dem dritten Kampftag an der Lisaine, keine Besserung der Lage eintrat und der miserable Zustand seiner Truppen wesentliche Erfolge nicht mehr erwarten ließ, entschloss sich Bourbaki nach Rücksprache mit seinen Befehlshabern, eine neue Stellung wenige Kilometer westlich zu beziehen. Auf dem Schlachtfeld an der Lisaine blieben 8000 tote und verwundete Franzosen zurück. Die deutschen Verluste beliefen sich auf rund 1650 Mann.[79] Mit etwas Glück, so begründete Bourbaki seine Entscheidung in einer Meldung an Freycinet, könne er sich in der jetzigen Position gegen die Deutschen halten, falls diese ihm den Gefallen erwiesen, ihrerseits anzugreifen.[80] Nur 24 Stunden später war auch dieser Plan schon Makulatur. General von Manteuffels VII. Armee-Korps hatte am 19. Januar nach einem Gewaltmarsch von 50 Kilometern die Stadt Gray erreicht und die dortigen Brücken über die Saône unverteidigt gefunden.[81] Dass gleichzeitig seine linke Flügelbrigade unter General von Kettler bei Dijon zweimal von Garibaldis Freikorps mit einem Verlust von insgesamt 700 Mann zurückgeschlagen worden war und dabei sogar eine Truppenfahne verloren ging, hatte die Gesamtoperation sogar begünstigt. Die Konzentration der Franzosen um Dijon machte für Manteuffel den Weg in Bourbakis Rücken vollends frei. Schon am 21. Januar erreichten die Deutschen mit einem für französische Generale unvorstellbaren Vorwärtsdrang den Doubs nördlich von Dole. Damit blieb für Bourbakis Armee, die sich mit ihrer Masse um Besançon versammelt hatte, nur noch die östliche Ausweichroute über Arbois und Lons-le-Saunier. Als jedoch eine französische Division des XV. Armee-Korps am 23. Januar auf halbem Wege nach Lons bei Quingey auf deutsche Voraustruppen stieß, wich sie in Panik zurück. Inzwischen hatte auch General von Werder an der Lisaine seinen Vormarsch begonnen und Bourbakis Nachhut zur Räumung von Baume-les-Dames gezwungen. Den Franzosen dämmerte inzwischen, dass ihnen eine neuerliche Katastrophe vom Ausmaß der Kapitulation von Sedan bevorstand. Die Truppe zeigte kaum noch Widerstandswillen, wenn sie angegriffen wurde, und ergab sich – wie etwa am 23. Januar bei Quingey – in Scharen. Das Thermometer war wieder auf 17 Grad Kälte gefallen. Allein die Aussicht auf Verpflegung hielt die meisten Soldaten noch bei der Stange.[82] Am nächsten Tag schickte Bourbaki ein verzweifeltes Telegramm an Freycinet. Er fürchte, dass die Verantwortung seine Kraft übersteige, und würde gerne einem der Korpsbefehlshaber Platz machen, den Freycinet für fähiger halte. Außerstande, die beiden Hauptrouten nach Süden gewaltsam zu öffnen, wie es von Bordeaux gefordert wurde, entschloss sich Bourbaki am 25. Januar, seine erschöpften und demoralisierten Korps quer durch das Juragebirge in Richtung Pontarlier zu dirigieren. Das neue Ziel lag kurz vor der Schweizer Grenze, wie Freycinet entsetzt in seiner Antwort vermerkte. Die Armee verlöre ihre Versorgung und würde vollends untergehen, so warnte er.[83] Von Pontarlier führte allerdings noch eine brauchbare Straße nach Süden auf Lons-le-Saunier. Der ehemalige Kommandeur des stolzen Gardekorps hatte gleichwohl inzwischen nur noch wenig Hoffnung, der Einschließung zu entkommen. Am Abend des 26. Januar unternahm der verzweifelte General einen Suizidversuch. Die Kugel streifte nur den Schädel. Bourbaki überlebte, aber Freycinet hatte schon zuvor entschieden, den bisherigen Kommandeur des XX. Armee-Korps, General Justin Clinchant, mit dem Oberbefehl über die Ostarmee zu betrauen. An ihrer katastrophalen Lage änderte dies wenig. Clinchant blieb keine andere Option, als den nun einmal begonnenen Marsch nach Pontarlier fortzusetzen. Eine Kavallerievorhut unter General Camille Crémer fand am 29. Januar die Pässe von Les Planches und St. Laurent, etwa 30 Kilometer südlich von Pontarlier, noch unbesetzt. Ein Entkommen war somit vielleicht noch möglich.[84] Aber die Infanterie konnte der Kavallerie im tiefen Schnee nicht rasch genug folgen, um die beiden wichtigen Punkte zu besetzen. Von Onglieres kommend, das sie am Vortag besetzt hatten, vertrieben die Spitzen von General Eduard von Franseckys II. Armee-Korps Crémers Kavallerie aus Les Planches sowie St. Laurent und ließen den Franzosen jetzt nur noch einen schmalen Bergweg zum Entkommen. Am selben Tag kapitulierte die Hälfte einer Division des französischen XV. Armee-Korps bei Sombacourt, wenige Kilometer westlich von Pontarlier, vor einem einzigen deutschen Bataillon. Zwei Generale, 50 Offiziere und 2700 Mann gerieten in Gefangenschaft. In dem benachbarten Ort Chaffois stießen die Deutschen jedoch auf heftigen französischen Widerstand, der bis in den Abend anhielt, als schließlich die Nachricht vom Waffenstillstand bei den kämpfenden Parteien eintraf.[85] Während aber General von Manteuffel den vollständigen Text des Abkommens übermittelt erhielt, erfuhr Clinchant zunächst nichts von der zwischen Favre und Bismarck vereinbarten Klausel, durch die das Kampfgebiet zwischen Dijon und dem Jura ausdrücklich von der Waffenruhe ausgenommen war. Die Verantwortung hierfür traf fraglos Außenminister Jules Favre, der im Beisein Bismarcks den Text der Waffenstillstandsvereinbarung nur unvollständig nach Bordeaux telegrafiert hatte.[86] Gambetta und Freycinet nutzten später Favres Irrtum, um ihm die Verantwortung für den Totalverlust der Ostarmee zu geben. Ob allerdings ihre Rettung am Abend des 29. Januar überhaupt noch möglich war, ist mehr als fraglich. Über die letzte verbleibende Route urteilte General Clinchant selbst, dass sie stellenweise mehr ein Pfad als eine Straße gewesen sei.[87] Dem Franzosen blieb nur noch die Wahl zwischen der Kapitulation vor den Deutschen oder einer Internierung seiner Armee in der Schweiz. General Clinchant entschied sich für die letzte Option und nahm am 31. Januar Verbindung mit den Behörden des Nachbarlandes auf. Am Tag darauf überschritten noch 80 000 Franzosen bei Les Verrières die Schweizer Grenze, einen riesigen Berg von weggeworfenen Waffen und sonstiger Ausrüstung auf der Straße von Pontarlier zurücklassend. Nur Resten von Bourbakis Armee, darunter einige Hundert Mann des XXIV. Armee-Korps sowie General Crémers Kavallerie, glückte die Flucht durch die Berge.[88] Es war Frankreichs zweites »Sedan« in diesem Krieg, und dieses Mal ein »Sedan«, das den Krieg tatsächlich beendete.

Waffenstillstand und Wahlen – Frankreich stimmt für das Ende des Krieges

»Die Friedensbedingungen scheinen mir so drückend, so niederschmetternd, so tödlich für Frankreich, dass ich fürchte, der Krieg beginnt von neuem, bevor wir noch auf ihn vorbereitet sind.«

Edmond de Goncourt, Tagebuch vom 5. März 1871[89]

Trotz der niederschmetternden Fakten konnte sich das Pariser Kabinett auch nach dem Scheitern des Ausfalls vom 19. Januar nicht dazu durchringen, den längst fälligen Schritt der Kapitulation zu vollziehen. Monatelang hatten die Minister wie auch die meisten Bewohner der Hauptstadt bis zuletzt die Möglichkeit einer Niederlage aus ihren Gedanken verbannt und der ununterbrochenen Kette von Rückschlägen ihre Hoffnung auf ein Wunder entgegengesetzt. Doch das Pariser

Mirakel hatte sich nicht einstellen wollen. Stattdessen sah sich die Regierung einer neuerlichen Revolte der extremen Linken gegenüber, die am 22. Januar das Gefängnis von Mazas stürmte, um ihre dort einsitzenden Gesinnungsgenossen zu befreien. Der neue Militärgouverneur, General Joseph Vinoy, ließ die Meuterei von loyalen Linientruppen niederschießen und etliche ihrer Rädelsführer als Gefangene in das Fort von Vincennes einliefern. Die Debattierklubs wurden geschlossen und linke Zeitungen verboten. Niemand glaubte jedoch, dass damit die Gefahr vonseiten der Extremisten gebannt war. Mit jedem weiteren Kriegstag drohte die Linke an Stärke zu gewinnen.

Noch in der Nacht nach dem Putsch ergriff Außenminister Jules Favre nach einer weiteren ergebnislosen Kabinettssitzung die politische Initiative. Lieber hatte der Franzose die Preußen in der Stadt als die rote Republik. In einem Brief an den neuen Reichskanzler Bismarck, den er am 23. Januar frühmorgens den deutschen Vorposten an der Sèvres-Brücke übergeben ließ, bot Favre den Deutschen auf eigene Faust Gespräche über die Kapitulation der Hauptstadt an.[90] Noch am selben Abend kam es in Bismarcks Quartier zu einer ersten, fast dreistündigen Unterredung der beiden Politiker. Wie schon vier Monate zuvor in Ferrières bat Favre um einen dreiwöchigen Waffenstillstand, um endlich die landesweite Wahl einer Gesetzgebenden Versammlung zu ermöglichen. Dafür offerierte der Franzose die Kapitulation von Paris und die Zahlung einer noch zu vereinbarenden Kontribution. Allerdings sollten die Deutschen nur die Forts und die Umwallung besetzen dürfen. Die Garnison aus Linientruppen und mobiler Garde würde zwar kriegsgefangen sein, aber vorerst in Paris interniert bleiben. Nur die Nationalgarde sollte zur Aufrechterhaltung der Ordnung in der Stadt ihre Waffen behalten dürfen. Favre bat außerdem um die sofortige Aufnahme von Lebensmitteltransporten. Dass die Vorräte in der Stadt höchstens noch bis zum Ende des Monats reichten, hatte er zunächst nicht zugeben wollen. Bismarck wiederum ließ mit keiner seiner Regungen durchblicken, dass er mit Favres Angebot im Kern höchst zufrieden war, stimmte aber sogleich weiteren Gesprächen zu. Erst eine Woche zuvor hatte er selbst in abendlicher Runde erklärt, dass Paris unbesetzt bleiben sollte, wenn »wir es endlich mit Gottes Hilfe haben«. Hinein werde jeder gelassen, aber niemand heraus. »Ein großes Gefängnis also, bis sie wegen des Friedens klein beigeben.«[91] Noch in der Nacht begab sich der Kanzler mit einem von Favre niedergeschriebenen Konzept zum Kaiser und pfiff bei seiner Rückkehr ein vergnügtes Jäger-Halali. Er denke, die Sache sei »gemacht«, erklärte er erleichtert seinem Cousin Karl Graf von Bismarck-Bohlen.[92] Ein am nächsten Vormittag im kaiserlichen Quartier zusammengetretener *Conseil* aus Generalstabschef, Kronprinz und mehreren Reichsfürsten erteilte Bismarck nach eingehender Debatte schließlich die Ermächtigung, in offizielle Verhandlungen mit den Franzosen einzutreten.[93] Besonders der Verzicht auf einen triumphalen Einzug in die Stadt war dem Monarch und den Generalen äußerst schwergefallen. Der Reichskanzler aber hatte das Heft gegenüber den Militärs völlig in der Hand und war insgeheim erfreut, dass sich auf französischer Seite zunächst kein General bereit erklärt hatte, Favre zu den weiteren Verhandlungen zu begleiten. So konnte er in den beiden folgenden Tagen mit dem Franzosen auch über militärische Fragen wie etwa den Verlauf der Demarkationslinie verhandeln, ohne dass ihm Moltke und seine Halbgötter in die Quere gerieten. Beide Parteien kamen auch, freilich aus höchst gegensätzlichen Gründen, darin überein, dass eine weit abgesteckte Zone um die Städte Dijon und Besançon vom zukünftigen Waffenstillstand ausgeschlossen bleiben sollte. Während die provisorische Regierung in Paris noch auf einen Erfolg Bourbakis vor Belfort hoffte, wusste Bismarck, dass sich der General mit seiner Armee inzwischen im vollen Rückzug auf Besançon befand und dass zwei deutsche Armeekorps bereits die linke Flanke der Franzosen bedrohten. Die Gefangennahme der Bourbaki-Armee oder ihre Internierung in der Schweiz würde Frankreich einer weiteren Armee berauben und die Gefahr beseitigen, dass nach Ablauf der 21-tägigen Waffenruhe der Krieg fortgesetzt würde. Selbst wenn Favre in Versailles keine Garantie abgeben mochte, dass sich auch Gambetta in Bordeaux an die Vereinbarungen halten würde, war Bismarck entschlossen, den Waffenstillstand sobald wie möglich in Kraft treten zu lassen.

Nach einer starken Schlusskanonade am Vorabend verstummte am 27. Januar frühmorgens plötzlich der Geschützlärm um Paris. Zwei Tage später besetzten deutsche Verbände sämtliche Außenforts der Stadtbefestigung mit Ausnahme von Vincennes und begutachteten

Kapitulation von Paris am 28. Januar: Preußische Infanterie im Fort Double Couronne in Saint-Denis vor Paris nach Abzug der französischen Besatzung.

die durch den Beschuss angerichteten Schäden. Sein Artilleristenherz sei angesichts der »Verwüstungen« in Issy und Vanves hocherfreut gewesen, schrieb der Leutnant Friedrich Clauson von Kaas am 29. Januar nach Hause.[94]

Die Regierungsdelegation in Bordeaux reagierte wie von Bismarck und Favre befürchtet. Gegenüber den angereisten Vertretern der Pariser Regierung hatte ein entrüsteter Gambetta unverblümt seinen Widerstand gegen das Abkommen angekündigt. In einem höchst kämpferischen Wahlaufruf, den er sogleich im unbesetzten Frankreich verbreiten ließ, verlangte er, dass alle Bonapartisten von der Wahl ausgeschlossen bleiben sollten, und endete mit dem widersinnigen Ruf *»Aux armes! Aux armes!«* Bismarck protestierte bei Favre, der sich jedoch hilflos gab. Gambetta schien zu mächtig. Erst als in Bordeaux die Nachricht eintraf, dass Bourbakis Armee, insgesamt noch 80 000 Mann, vom Rückzug nach Lyon abgeschnitten, bei Pontarlier am 31. Januar die Grenze zur Schweiz passiert habe, um in Les Verrières interniert zu werden, gab der Kriegsminister auf. Drei Armeen waren verloren und Chanzys 1. Loire-Armee bestand nur noch aus Trümmern. An eine Wiederaufnahme des Kampfes nach Ablauf des Waffenstillstandes war nicht mehr zu denken. Am 6. Februar 1871 trat Gambetta von seinen Ämtern zurück. Seine politische Laufbahn war damit längst nicht beendet, doch die Abwicklung der Niederlage wollte er anderen überlassen. Militärisch hatte sein »Krieg bis zum Äußersten« nur eine Kette demütigender und scheinbar unnötiger Niederlagen zur Folge gehabt, politisch aber ersparte er Frankreich eine Dolchstoßlegende und trug damit wohl zum Überleben der Dritten Republik entscheidend bei. Léon Gambetta sei als Kriegsminister groß gewesen, urteilte der spätere Feldmarschall Colmar von der Goltz. Das gewaltige Heer, das er aufstellte, bewaffnete, bekleidete und organisierte, sei ein beredtes Denkmal seines Geistes. »Mit dieser Riesenarbeit wurde er in kürzester Frist fertig, als jemals ein Organisator.« Man habe Gambetta spottweise den »Carnot der Niederlage« genannt. Ein »Carnot« sei er tatsächlich gewesen und seine Heere würden unzweifelhaft gesiegt haben, hätten sie ihren Bonaparte gefunden.[95] Auch Paul von Hindenburg, der im Mai 1919 als Chef der III. Obersten Heeresleitung den militärischen Widerstand gegen die Versailler Friedensbedingungen zwar als aussichtslos bezeichnet hatte, aber aus Gründen der nationalen Ehre gegenüber Reichspräsident Friedrich Eber dafür eingetreten war, zollte noch nach einem halben Jahrhundert dem »französischen Diktator« großen Respekt: »Ich glaube heute noch, dass Frankreich mit einem Versagen seines Widerstandswillens den größten Teil seiner völkischen Würde und damit die Aussichten auf eine bessere Zukunft preisgegeben hätte.« (Hindenburg, Aus meinem Leben, S. 38f.)

Zwei Tage nach Gambettas Demission überraschte der Ausgang der Nationalwahlen Franzosen wie Deutsche. Auf den ersten Blick waren die Monarchisten mit fast 500 der vorläufig zu besetzenden 650 Mandate als Sieger aus der Abstimmung hervorgegangen. Tatsächlich aber hatten die Franzosen nicht gegen die Republik votiert, sondern vor allem für das Ende des Krieges.[96] Der neue Präsident der Republik, Adolphe Thiers, hatte daher auch wenig Mühe, die am 15. Februar erstmals in Bordeaux zusammengetretene Nationalversammlung, darunter auch der neue Abgeordnete Victor Hugo, auf den geforderten Frieden mit Gebietsabtretungen festzulegen. Schon am 21. Februar konnte er in Versailles die Verhandlungen über einen Vorfrieden mit Bismarck beginnen. Strittig war zuletzt noch der genaue neue Grenzverlauf, doch gegen das französische Zugeständnis einer zeitweiligen militärischen Besetzung von Paris konnte Bismarck die Militärs und den Kaiser zum Verzicht auf Belfort bewegen. Die Kapitulation der Festungsbesatzung gegen freien Abzug am 18. Februar bildete die letzte Kriegshandlung in dem siebenmonatigen Waffengang der beiden Großmächte.

Schon am 26. Februar unterzeichneten Thiers und Bismarck den Präliminarfrieden, der Frankreich die Abtretung der beiden Departments *Bas-* und *Haut-Rhin* (ohne Belfort) sowie etwa 60 Prozent des Departments *Meurthe et Moselle* einschließlich Metz auferlegte. Von den rund 1,6 Millionen betroffenen Bewohnern lehnten die meisten ihre neue Nationalität vehement ab, was sich schon an der überdurchschnittlich regen Beteiligung an den Nationalwahlen vom 8. Februar gezeigt hatte.[97] Rund ein Viertel von ihnen wanderte in den folgenden Jahren – wenn auch nicht auf Dauer – nach Frankreich aus. Eine Kriegsentschädigung von fünf Milliarden Francs, umgerechnet vier Milliarden Reichsmark, musste innerhalb von drei Jahren beglichen werden, wobei die erste Rate von 500 Millionen Francs bereits einen Monat nach Wiederherstellung der staatlichen Autorität in Paris fällig sein sollte. Vom Gesamtbetrag abgezogen waren die in den abgetretenen Gebieten vorhandenen Eisenbahnanlagen mit einem geschätzten Wert von 325 Millionen Francs. Der Rücktransport der Gefangenen sollte sofort nach der Ratifizierung des Vorfriedens durch die noch in Bordeaux tagende Nationalversammlung beginnen. Das geschah bereits am 1. März 1871, da vertragsgemäß mit der offiziellen Bestätigung des Vertrages auch die militärische Präsenz der Deutschen in der Hauptstadt beendet sein sollte. Mit der Ratifizierung des Vorfriedens waren die beiden Kriege gegen das Kaiserreich und die Republik beendet. Ein dritter Waffengang, dieses Mal der Krieg der Franzosen gegen Pariser, stand unmittelbar bevor.

Ersatzrevanche einer geschlagenen Armee – Die Vernichtung der Pariser Kommune

»So hat die Armee ihr Selbstbewusstsein wieder gewonnen. Das Blut der Kommunarden ist der beste Beweis für ihre Kampffähigkeit.«

Edmond de Goncourt am 28. Mai 1871[98]

»Und daher war auch die Kommune das Grab der Proudhonschen Schule des Sozialismus. Diese Schule ist heute aus den französischen Arbeiterklassen verschwunden; hier herrscht jetzt unbestritten [...] die Marxsche Theorie.«

Friedrich Engels 1891 über die Pariser Kommune[99]

Monatelang hatten deutschen Soldaten in Regen, Dreck und Kälte vor Paris gelegen. Als die französische Kapitale sich Ende Januar 1871 endlich ergab, blieb den Belagerungstruppen jedoch der Einmarsch in die Stadt als sichtbares Symbol ihres mühevoll errungenen Sieges zunächst versagt. Der Vorfriede vom 28. Februar erlaubte dann als Kompensation für die Rückgabe von Belfort an Frankreich zumindest eine Besetzung der beiden westlichen Pariser Arrondissements. Auch diese Minimallösung mit beschränkter Truppenzahl sollte nur ein Intermezzo bleiben. Bismarck hatte mit Berechnung und Kenntnis der französischen Befindlichkeiten den Verbleib der deutschen Truppen in Paris an die Ratifizierung des Vorfriedens durch die neue Nationalversammlung in Bordeaux geknüpft. Langwierige Debatten des von ihm mit Thiers und Favre ausgehandelten Vertrages sollten um jeden Preis vermieden werden. Tatsächlich beeilten sich die französischen Abgeordneten mit ihrer Zustimmung, um wenigstens diese letzte »Demütigung« der Nation so kurz wie möglich zu halten. Vor allem aber sollte den in der Hauptstadt immer noch einflussreichen Protagonisten der roten Republik kein Vorwand zu neuen Ausschreitungen geboten werden. Die Gefahr des Umsturzes war nach der zuletzt niedergeschlagenen Revolte vom 22. Januar keineswegs gebannt. Das Gespenst der Revolution hatte sich nur in die brodelnden Arbeiter-

Die Ermordung der Generale Clément Thomas und Claude Lecomte am Abend des 18. März durch einen aufgebrachten Pariser Mob.

viertel im Nordosten der Stadt, nach Belleville, Montmartre und La Villette zurückgezogen, wo man den »Verrat« Trochus beklagte und auf seine Stunde hoffte.

Viele linke Extremisten, Anhänger des untergetauchten Auguste Blanquis oder des 1865 verstorbenen Pierre Joseph Proudhons, hatten trotz der Kapitulation vom 28. Januar gehofft, dass Frankreich den Krieg nach Auslaufen des Waffenstillstandes fortsetzen würde. Das Ergebnis der Wahlen vom 8. Februar war für sie daher ein Schock gewesen. Man fürchtete jetzt sogar die Wiederherstellung der verhassten Monarchie und die Rückkehr der unfähigen bonapartistischen Generale. Zudem hatte die neue Regierung in Bordeaux das Sakrileg begangen, den verhassten Feind doch noch in Frankreichs Hauptstadt zu lassen. Selbst gemäßigten Männern wie Edmond de Goncourt bereitete der Anblick der »kauderwelschenden Deutschen« in den Pariser Straßen beinahe körperlichen Schmerz.[100] Überall kam es zu Pöbeleien, Steine flogen und Kaffeehäuser, die für Deutsche geöffnet blieben, wurden demoliert. General Vinoy, der Befehlshaber der regulären

Truppen in Paris, hatte sich zum Erstaunen Bronsarts von Schellendorff sogar außerstande erklärt, die Sicherheit deutscher Offiziere, die außerhalb der Besatzungszone den Invalidendom mit dem Grab Napoleons besuchen wollten, zu gewährleisten.[101]

Als die Truppen der preußischen Garde und des bayerischen II. Armee-Korps am 3. März nach einer großen Parade vor den Augen des Kaisers in Longchamps vertragsgemäß der feindlichen Hauptstadt wieder den Rücken kehrten, hatten sich zeitgleich Radikale aus 14 Pariser Arrondissements zu einem Zentralkomitee zusammengeschlossen.[102] Das aus 42 Männern bestehende Gremium beanspruchte zunächst nur die Kontrolle über die Pariser Nationalgarden, die immer noch eine Stärke von rund 200000 Mann aufwiesen und sich gegen die ihnen drohende Entwaffnung sträubten. Viele Männer waren vor dem Krieg Arbeiter gewesen, denen sich in der belagerten Stadt keine andere Erwerbsmöglichkeit mehr geboten hatte als der Eintritt in die gut besoldete Nationalgarde.

Noch vor dem Einmarsch der Deutschen waren einzelne Bataillone dazu übergegangen, Armeedepots zu besetzen oder sogar Polizeistationen zu stürmen. General Vinoy hatte schon am 28. Februar seine Verbände aus den beiden nördlichen Arrondissements Belleville und La Vilette zurückziehen müssen. Jetzt forderte er Verstärkungen von General Chanzys Loire-Armee, da er inzwischen den eigenen Truppen misstraute. Viele seiner Soldaten sympathisierten offen mit den Nationalgarden und waren zum Teil auch schon übergelaufen.

Die Lage in der Hauptstadt geriet ganz außer Kontrolle, als Regierungstruppen und Polizeikräfte auf Befehl Thiers' am 18. März den Versuch unternahmen, in einem morgendlichen Überraschungscoup die Geschützparks der Nationalgarden auf dem Montmartre, dem Buttes-Chaument und dem Faubourg-Saint-Antoine zu räumen. Die örtlichen Führer des Komitees schlugen beim Anmarsch der Truppen Alarm und innerhalb einer Stunde hatten sich die Straßen in Belleville und um den Montmartre mit Tausenden von Menschen gefüllt, die überall Barrikaden errichteten. Die Regierungstruppen mussten sich unverrichteter Dinge zurückziehen, nachdem die Pferdegespanne zum Abtransport der Geschütze nicht rechtzeitig erschienen waren. Es gab keine Toten, aber am Abend wurden auf dem Montmartre zwei Generale, die in die Hände der Nationalgarde geraten waren, vom Straßenmob aus Wut über ihre Beteiligung an den Kämpfen vom Juni 1848 erschossen und ihre Leichen geschändet.[103]

Gegen den Protest von Bürgermeister Jules Ferry befahl Thiers nach dem blamablen Scheitern der Entwaffnungsaktion die vollständige Räumung des nördlich der Seine gelegenen Teils der Stadt. Die Führer des Zentralkomitees besetzten daraufhin das *Hotel de Ville* und riefen einmal mehr in der Hauptstadt aller Revolutionen die wahre Republik aus. In Erinnerung an die Pariser Revolte vom 10. August 1792 sprach man von der Kommune und bezeichnete sich selbst als Kommunarden oder *Fédérés*. Die Namen der neuen Machthaber waren freilich den wenigsten bekannt. Ein gewisser Edouard Moreau aus dem IV. Arrondissement wurde als *homme de lettres* bezeichnet, ein Mann namens Émile Eudin aus dem XX. Arrondissement bekleidete jetzt sogar das Amt eines Kriegsdelegierten. Als die Namen aller Regierungsmitglieder am *Boulevard Montmartre* angeschlagen wurden, waren sie den meisten Parisern so unbekannt, dass der ganze Vorgang Edmond de Goncourt wie eine »Mystifikation« erschien. Mit diesen Leuten, die nach seiner Ansicht noch schlimmer waren als die Umstürzler des 4. September, würde man den »schönen Traum« der Republik endgültig beerdigen müssen.[104] Erinnerungen an den 24. Februar 1848 wurden wach. Damals hatte König Louis-Philippe seinen Ministerpräsidenten Adolphe Thiers gefragt, was er angesichts der Unruhen in der Hauptstadt tun sollte. Der Befragte hatte ihm geraten, die Stadt sofort zu verlassen, um mit Marschall Bugeaud und 50 000 Soldaten wiederzukehren.[105] Nach demselben Muster gedachte Thiers, der dieses Mal keinen ängstlichen Monarchen zu überzeugen hatte, mit der neuerlichen Pariser Revolte umzugehen.

Es kam ihm entgegen, dass die Deutschen nach der Ratifizierung des Vorfriedens ihre Quartiere in Versailles geräumt und sich vertragsgemäß nach Osten auf das rechte Ufer der Seine zurückgezogen hatten. Das Große Hauptquartier mit Kaiser und Reichskanzler, das noch einmal kurz in Ferrières Quartier genommen hatte, war von dort am 13. März nach Deutschland abgereist. Nur eine Besatzungsarmee unter dem Befehl von General Edwin von Manteuffel verblieb vorerst in Nordfrankreich. Der Rücktransport der übrigen Truppen geriet jedoch nach Eingang der Meldungen aus Paris ins Stocken. Aus Amiens schrieb Rittmeister Alfred Graf von Schlieffen am 22. März an seine

Frau, dass inzwischen die Möglichkeit eines Marsches auf die Hauptstadt durchaus nicht mehr ausgeschlossen würde.[106] Der Reichskanzler sperrte sich sogleich dagegen, jetzt noch einen Mann aus Frankreich herauszuziehen, was Bronsart von Schellendorff mit genüsslicher Häme kommentierte. Bismarck, Thiers und Favre dürften es nun wohl bedauern, so glaubte er, nicht die volle Okkupation von Paris gestattet zu haben, wie es der Generalstab stets gefordert hatte.[107]

Trotz des Pariser Umsturzes und der offenbar gewordenen Unzuverlässigkeit der eigenen Truppen hatte die französische Regierung am 22. März im nahen Versailles Quartier bezogen. Thiers versuchte, mit den wenigen Soldaten, die General Vinoy verblieben waren, die Aufständischen in der Hauptstadt zunächst zu isolieren und ein Übergreifen der Revolte auf das ganze Land zu verhindern. Zum Glück boten die verlassenen Stellungen der Deutschen vor der Hauptstadt den demoralisierten Truppen einen gewissen Rückhalt. Als vorteilhaft erwies sich auch, dass der die westlichen Stadtausgänge beherrschende *Mont St. Valérien* am 18. März nicht geräumt worden war. Dem Rückzug der Armee folgte eine zweiwöchige Phase gegenseitiger Beobachtung. Die Kommunarden ließen inzwischen ein neues Stadtparlament wählen, was allerdings aufgrund geringer Wahlbeteiligung ein Übergewicht für die Linke ergab. Zu den Gewählten zählte auch der Jakobiner und ehemalige Herausgeber des *Le Réveil*, Charles Delescluze, der zu den Anführern des gescheiterten Putsches vom 22. Januar gehört hatte und seither im Fort von Vincennes gefangen gehalten worden war.[108] 19 Abgeordnete gehörten zur Ersten Internationale. 21 gewählte Deputierte lehnten jedoch als entschiedene Gegner der Kommune ihre Wahl ab und verließen wie viele andere Bürger in den kommenden Tagen die Stadt.

Zu ersten Gefechten kam es erst, als am 2. April Regierungstruppen einige Erkundungsvorstöße unternahmen, um herauszufinden, ob die Kommune tatsächlich einen Angriff auf Versailles vorbereitete. Mehrere Dutzend Kommunarden, die im Verlauf dieser ersten Gefechte in die Hände der Regierungstruppen fielen, wurden von den Offizieren als Deserteure eingestuft und sofort vor ein Peloton gestellt. Ein Oberst mit Namen Georges Boulanger, dessen Laufbahn 16 Jahre später als forscher Kriegsminister der Dritten Republik und gefeierter *General Revanche* einen bizarren Höhepunkt erreichen sollte, brüstete sich mit der Zuverlässigkeit seiner Männer. Angeblich hatten sie sich darum gerissen, fünf in ihre Hände gefallenen »Schurken« auf der Stelle zu erschießen.[109] Nur einen Tag später bestätigte General Vinoy ausdrücklich diese Maßnahme und forderte in einem Erlass, dass alle Soldaten, Mobilgardisten und Marine-Infanteristen, die in den Reihen der Aufständischen aufgegriffen würden, nach Kriegsrecht sofort zu liquidieren seien.[110] Schärfere Anweisung im Umgang mit gefangenen *Franctireurs* hätte auch ein deutscher General nicht erteilen können.

Die Erschießungen von Gefangenen durch Soldaten der Regierung sorgten in Paris für große Aufregung und erwartungsgemäß waren die dort kursierenden Opferzahlen weit übertrieben. Ein spontan von den Kommunarden schon für den 3. April angesetzter großer Ausfall mit 30 000 Nationalgardisten in Richtung Versailles scheiterte nach Anfangserfolgen an den fehlenden Führungsqualitäten der Offiziere. Regierung und Nationalversammlung, die schon Sorge hatten, ihren Sitz notfalls nach Tours verlegen zu müssen, durften aufatmen. Es blieb jedoch das Problem, dass Thiers für einen erfolgreichen Generalangriff auf Paris, wie ihn Alfred Fürst von Windisch-Graetz im Oktober 1848 auf das revolutionäre Wien unternommen hatte, die geeigneten Truppen fehlten. Die kampfwilligen Kräfte auf der Gegenseite schätzte man auf rund 55 000 Mann. Zwar wies die reguläre Armee unter dem Kommando von General Vinoy ebenso viele Bewaffnete auf, aber schon kleinere Gefechte mit den Kommunarden offenbarten regelmäßig die Unzuverlässigkeit der eigenen Truppen. Selbst Artilleristen hatten am 2. April von General Gaston de Gallifet und den Offizieren seines Stabes mit gezogener Pistole wieder zu ihren Geschützen getrieben werden müssen. Außer militärischem Können fehlte den meist noch jungen und zu schnell beförderten Offizieren und Unteroffizieren auch die Bereitschaft, in einem Bürgerkrieg auf Franzosen zu schießen, während die Deutschen immer noch große Teile des Landes besetzt hielten. Anfangs hatte die Regierung in Versailles auf die Rückkehrer aus deutscher Kriegsgefangenschaft gehofft und sogar Schiffe nach Hamburg entsandt, um ihr Eintreffen zu beschleunigen. Es zeigte sich freilich bald, dass die alten Soldaten weder an Quantität noch an Qualität die in sie gesetzten Erwartungen erfüllten. Die Niederlage und der harte Winter in Deutschland hatten ihre

Moral angegriffen. Uniformen und Stiefel waren verschlissen und neue Waffen vorerst nicht vorhanden. Viele Rückkehrer waren zudem Reservisten und drängten jetzt vehement auf ihre Entlassung, während selbst unter den Längerdienenden die Neigung, auf Landsleute zu schießen, nicht sehr ausgeprägt war. Etliche dieser Kapitulanten mussten sogar wegen Verbreitung subversiver Parolen in Strafkompanien nach Algerien verbannt werden.[111]

Lediglich zwei schwache neue Armeekorps ließen sich schließlich mit den ehemaligen Gefangenen auffüllen. Den Kern der im Laufe des April entstehenden »Armee von Versailles« bildeten dagegen die Truppen der alten Loire-Armee. Zu ihrem Oberbefehlshaber ernannte Thiers am 6. April den inzwischen nach Frankreich zurückgekehrten Patrice MacMahon. Der Marschall war zwar bei Sedan in Gefangenschaft geraten, doch weil er bereits zu Beginn der Schlacht verwundet sein Kommando hatte abgeben können, wurde sein Name jetzt kaum noch mit der schimpflichen Kapitulation verknüpft. Auch die übrigen Spitzenpositionen der Armee ließ Thiers mit ehemaligen kaiserlichen Generalen besetzen, sofern sie nicht an Louis Bonapartes Staatsstreich vom 18. Dezember 1851 beteiligt gewesen waren.[112]

Das Klima in der neuen Armee war schwierig. Viele junge Offiziere, die unter Kriegsminister Gambetta rasch in hohe Ränge aufgestiegen waren, betrachteten ihre aus der Gefangenschaft zurückkehrenden Vorgänger mit äußerstem Misstrauen und befürchteten jetzt, von den Alten aus ihren Kommandos verdrängt zu werden.

Dass schließlich aus einer Masse verunsicherter und wenig motivierter Bewaffneter, die für die neue Versailler Republik nur geringe Sympathien hegten, innerhalb eines Monats eine Armee erstand, die wieder auf die Befehle ihrer Offiziere hörte, war weniger der drakonischen Disziplinierung zu verdanken als vielmehr einer intensiven propagandistischen Bearbeitung der Truppe. Unterstützt von einigen ihr eng verbundenen Redakteuren wie Hector Pessard von der Zeitung *Le Soir*, von der inzwischen eine gesonderte Versailler Ausgabe erschien, tat die Regierung Thiers alles, um die Führer der Pariser Kommune und ihre Motive zu verunglimpfen. Die regierungstreue Zeitung *Le Gaulois* brachte jeden Tag unter der Überschrift »*Ces Messieurs de la Commune*« wenig schmeichelhafte Lebensbeschreibungen der Pariser Protagonisten heraus. Erlasse und Ansprachen der Generale sollten in der Truppe den Eindruck erwecken, dass es sich bei ihren zukünftigen Gegnern keineswegs um Franzosen handelte, sondern um notorische Unruhestifter, Kriminelle und ausländische Abenteurer. Als neue Machthaber ließen sie keine Gelegenheit aus, sich schamlos an öffentlichem und privatem Besitz zu bereichern. Sogar von preußischen Provokateuren, die sich unter die Aufständischen gemischt hätten, war die Rede. Der bevorstehende Angriff auf Paris sei demnach keineswegs ein Bürgerkriegsakt, sondern nur eine Polizeiaktion, um in der Hauptstadt wieder geordnete Zustände herzustellen. Paris werde in Zukunft wie Lyons, Marseille oder andere französische Städte regiert, forderte Thiers im April in einem Zirkular. Die Macht der Hauptstadt und ihr Stolz müsse endlich gebrochen werden.[113] Die Möglichkeit einer Verhandlungslösung entschwand damit in weite Ferne.

Gleichwohl zögerte Thiers noch mit dem Generalangriff auf Paris. Ein spektakuläres Scheitern wie am 18. März würde die radikalsten Konsequenzen haben und könnte sogar das Ende der neuen Regierung bedeuten. Ein militärisches Eingreifen der Deutschen wäre dann kaum noch zu verhindern, auch wenn Bismarck einen Einmarsch deutscher Truppen in Paris bisher nur als allerletzte Option betrachtet hatte. Für den Reichskanzler war es eine Gratwanderung. Er brauchte die Versailler Regierung für den endgültigen Friedensschluss. Ihre Armee sollte daher stark genug sein, um dem Pariser Spuk endlich ein Ende zu bereiten. Sie durfte freilich nicht zu einer Streitmacht anwachsen, mit der eine mögliche neue Regierung, die sich vielleicht nicht mehr an den Vorfrieden gebunden fühlte, den Krieg fortsetzen konnte.[114] Zwar war die Versailler Armee mit seiner Zustimmung inzwischen auf fast 120000 Mann angewachsen, doch Thiers' Bitte um Freilassung weiterer 25000 von den in Metz und Sedan Gefangenen lehnte Bismarck vorerst ab. Erstaunt zeigte sich der Kanzler auch, dass die Versailler Regierung nur wenig unternahm, um den Parisern die Lebensmittelzufuhr abzuschneiden.[115] War die Kommune am Ende nur eine Inszenierung, um die Deutschen hinters Licht zu führen? Um sich selbst ein Bild zu machen, ließ Bismarck sogar Verbindung mit den Revolutionären in Paris aufnehmen. Am 30. April kam es zu einem Treffen seines Staatssekretärs, Graf Paul von Hatzfeld, mit General Gustav Paul Cluseret, einem ehemaligen Hauptmann der kaiserlichen

Die letzten Tage der Pariser Kommune: Barrikadenbau auf den Champs Élysées zur Verteidigung der Stadt gegen die Versailler Regierungstruppen.

Armee mit bewegter Vergangenheit. 1859 hatte sich der Franzose Garibaldis Zug nach Sizilien angeschlossen, war während des Amerikanischen Bürgerkrieges zum Brigadegeneral der Unionstruppen ernannt worden und hatte am 28. September 1870 in Lyon einen Aufstand der Kommunisten gegen den neuen republikanischen Präfekten angeführt. Jetzt bekleidete Cluseret das Amt eines Kriegsdelegierten der Kommune. Die Unterredung in der Nähe von Fort Aubervilliers erwies sich durchaus nicht als Fehlschlag. Zu Hatzfelds Überraschung akzeptierte der General im Namen der Kommune die Bestimmungen des Vorfriedens vom 28. Februar und bot sogar an, anstelle der Versailler die erste Rate der Kriegsentschädigung von 500 Millionen Francs termingerecht aufzubringen. Cluserets Bitte um Waffenlieferungen musste Hatzfeld allerdings ablehnen. Ein weiteres Treffen scheiterte daran, dass der General inzwischen von der Kommune verhaftet worden war, da man ihm den Verlust von Fort Issy anlastete.[116]

Bismarck wurde mit jedem Tag ungeduldiger. Seine harsche Drohung gegenüber Versailles, er werde darauf bestehen, dass sich die Armee von Versailles gemäß dem Vorfrieden bis auf 40 000 Mann hinter die Loire zurückziehen müsse, bewirkte jetzt wahre Wunder.

Am 6. Mai traf Favre im noblen Frankfurter Hotel zum Schwan ein, um die letzten Hürden für den Friedensschluss zu überwinden. Binnen vier Tagen wurde der Vertrag mit zehntägiger Ratifikationsfrist unterzeichnet und selbst der stets kritische Bronsart von Schellendorff musste anerkennen, Fürst Bismarck habe dabei mit hoher Geschicklichkeit agiert.[117]

Unterdessen eskalierte die Lage in Paris. Das Geschützfeuer der Versailler Belagerungsarmee auf die westlichen Stadtbezirke hatte sich seit Monatsbeginn intensiviert und lieferte wie im Januar die martialische Geräuschkulisse für das Leben in der belagerten Stadt. Die Kommune hatte inzwischen alle männlichen Bewohner von Paris bis zum 40. Lebensjahr für dienstpflichtig erklärt und ließ überdies Häuser und Wohnungen nach Waffen und Lebensmitteln durchsuchen. Im I. und XX. Arrondissement wurden die Bewohner aufgefordert, Barrikaden zu errichten. Arbeiter sollten dafür einen stattlichen Tageslohn von vier Francs erhalten.

Die roten Machthaber unternahmen jedoch keine besonderen Anstrengungen, um zu verhindern, dass immer mehr Pariser aus der Stadt flohen. An jeder Ecke von Paris begegnete man inzwischen, so Edmond de Goncourt, Männern und Frauen, die mit Reisetaschen oder einem kleinen Paket die Hauptstadt verließen. Im Restaurant Brébant zählte er zuletzt nur noch vier Mittagsgäste. General Alexander von Pape, der preußische Ortskommandant von St. Denis im Norden der Hauptstadt, meldete Ende April rund 15000 Pariser, die sich in der kleinen Stadt zusammendrängten.

Den gebliebenen Parisern hofften die Kommunarden durch das Niederlegen der 34 Meter hohen Napoleonsäule auf dem Vendôme-Platz ein ungewöhnliches Schauspiel bieten zu können. Dazu war eigens ein Gerüst errichtet worden, und als die umfangreichen Vorbereitungen am 16. Mai endlich abgeschlossen werden konnten, standen sogar Stühle für die Besucher des Spektakels bereit. Nach dem Zeugnis des amerikanischen Botschafters Elihu Benjamin Washborne hatten viele der Erschienenen jedoch bis zum letzten Augenblick gehofft, dass das herrliche »Kunstwerk« weiterhin allen Zerstörungsversuchen bis zur Ankunft der Versailler Truppen widerstehen würde.[118] Weniger Aufwand bereitete dagegen die Zerstörung des Hauses von Adolphe Thiers am Saint-Georges-Platz. Bibliothek und Kunstsamm-

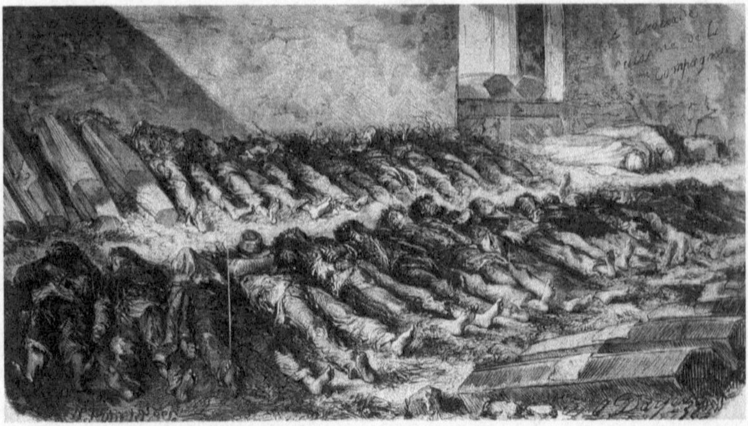

Ende Mai 1871: Leichen erschossener Kommunarden in der Ambulance de la Presse.

lung des Ministerpräsidenten, der das Haus 1833 anlässlich seiner Heirat erworben hatte, wurden unter den Augen der zahlreich erschienenen Zuschauer in den Louvre verbracht.[119]

Inzwischen verschlechterte sich die militärische Lage der Kommunarden mit jedem Tag. Am 30. April hatten die Nationalgarden Fort Issy endgültig räumen müssen, nur drei Tage später war die Schanze von Moulin-Saquet gefallen. Die Versailler Truppen massakrierten bei dieser Gelegenheit 250 Kommunarden und nahmen 300 andere gefangen.[120] Weitere Vorposten der Kommune fielen. Bis zum 10. Mai hatten sich die Belagerer auf ganzer Linie an die Stadtbefestigung herangearbeitet. Der Sturm auf Paris begann jedoch erst am 22. Mai, nachdem sich am Vortag herausgestellt hatte, dass ein Teil der Umfassungsmauer im Bereich des Versailler Tores nicht mehr besetzt war. Unter den Augen von Ministerpräsident Thiers und Oberbefehlshaber MacMahon, die mit Ferngläsern das Geschehen von *Mont St. Valérien* beobachteten, drangen Soldaten des 37. Marsch-Batallions auf einer Behelfsbrücke über den Befestigungsgraben zum Tor von St. Cloud und weiter in die Stadt vor. Ein Gegenangriff kam nicht mehr zustande. Bis zum Abend des 22. Mai hatten die Angreifer bei nur sporadischem Widerstand der Kommunarden bereits den Pariser Südwesten auf einer Linie zwischen *Gare St. Lazaire* und *Gare Montparnasse* besetzt.[121] Die kommunistischen Machthaber geboten über kaum noch 20000 Kämpfer, die nicht einmal mehr genügten, sämtliche Barrikaden in der Stadt zu besetzen. Einen politischen Sinn hatte ihr Widerstand inzwischen nicht mehr. Gleichwohl waren die Kommunarden entschlossen, den Kampf bis zum Äußersten auszutragen. Kriegsdelegierter Delescluze ließ Aufrufe verbreiten, deren verzweifeltes Pathos den rapiden Machtverfall der Kommune kaschieren sollte. Pardon hatten sie von den Angreifern nicht zu erwarten. Truppen des II. Armee-Korps, die unter dem Befehl des Generals Courtot de Cissey standen, erschossen vom ersten Tag der Offensive an den größten Teil der ihnen in die Hände gefallenen Kommunarden. Jeder Pariser, der mit einer Schusswaffe in der Hand aufgegriffen wurde oder Schwarzpulverspuren an den Händen aufwies, wurde sofort liquidiert. So erschossen Soldaten des 22. Chasseurs-Bataillons, die hinter der kämpfenden Truppe in die Stadt eingerückt waren, im Verlauf des 23. Mai rund 900 Gefangene im Hof der Dupleix-Kaserne. Andere Gefangene wurden immerhin einem der insgesamt 20 Schnellgerichte überantwortet. Die brutale Praxis fand die stillschweigende Billigung des Oberbefehlshabers MacMahon und selbst der Regierung in Versailles. Deren halbherzige Bemühungen, die Gewaltexzesse zu unterbinden oder wenigstens einzudämmen, dienten lediglich dazu, die ausländische Presse zu beschwichtigen.

Auf der Gegenseite blieben die Kommunarden keine Antwort schuldig. Im großen Stil legten sie Brände oder ließen Geiseln erschießen. So wurde der Pariser Erzbischof Georges Darboy am Abend des 24. Mai zusammen mit fünf anderen Geiseln im Gefängnis La Roquette ermordet, während das bereits mit Petroleum getränkte Tuilerienschloss als verhasstes Symbol der alten französischen Monarchie noch am selben Tag vollkommen niedergebrannt wurde. Die Kommunarden setzten den Widerstand selbst dann noch fort, als Charles Delescluze, eine rote Schärpe über seinem Anzug tragend, an der großen Barrikade auf der *Place du Château d'Eau* getötet wurde. Der letzte Widerstand konnte erst am Nachmittag des 28. Mai überwunden werden, als auf verschiedenen Barrikaden im Stadtteil Belleville insgesamt rund 4500 Kommunarden die Waffen streckten. Die Einnahme einer Barrikade in der Rue de Tourtille durch Soldaten des 30. Chasseurs-Bataillons unter Führung des jungen Hauptmanns Paul Déroulède beendete gegen 18 Uhr endgültig die 72-tägige Herrschaft der Pariser Kommune und war zugleich der Schlusspunkt des Krieges, der zehn Monate zuvor begonnen hatte.[122] Die Erschießungen von gefangenen Kommunarden setzten sich noch in der ersten Juniwoche fort. Die Gesamtzahl der dabei Getöteten kann nur geschätzt werden. Sie dürfte den oft genannten 17 000 recht nahekommen. Zusammen mit den im Kampf umgekommenen Kommunarden wird die Opferzahl aufseiten der Aufständischen die Marke von 20 000 deutlich überschritten haben. Fast 40 000 Bewohner der Hauptstadt, darunter etwa 1000 Frauen und 500 Kinder, wurden nach dem Ende der Kämpfe nach Versailles verschleppt. Auch 60 Deutsche waren in die Hände der Regierungstruppen gefallen. Einen großen Teil von ihnen brachte man schließlich auf Gefängnisschiffen in Brest, Cherbourg oder Rochefort unter, wo innerhalb eines Jahres rund 700 Menschen den schweren Haftbedingungen erlagen. Gegen 36 000 Gefangene wurde schließlich Anklage erhoben. 4500 von ihnen traf das harte Urteil der Deportation nach Guyana oder Neukaledonien, einer Insel 1400 Kilometer östlich von Australien. Weitere 10 000 Angeklagte kamen mit leichten Haftstrafen davon. Der Rest wurde ohne Verfahren freigelassen. Von den 111 verhängten Todesurteilen gegen führende Vertreter der Kommune konnten allerdings nur 23 vollstreckt werden. Die meisten der Todeskandidaten hatten sich ins Ausland absetzen können, ebenso wie Tausende von Mitläufern.

Der Kampf gegen die Pariser Kommune entpuppte sich somit als genozidale politische Säuberungsaktion, die der revolutionären Hauptstadt auf Jahre hinaus das Rückgrat gebrochen hatte. In seinem Londoner Exil vergoss Karl Marx, der die Kommune zunächst noch entschieden abgelehnt hatte,[123] über die Vernichtung der Aufständischen reichlich Krokodilstränen. Die Pariser Kommune adelte er jetzt sogar als den »ruhmvollen Vorboten einer neuen Gesellschaft« und nannte die Pariser Arbeiter die Vorhut des ganzen modernen Proletariats.[124] Insgeheim dürfte er sich jedoch darüber die Hände gerieben haben, dass mit der blutigen Maiwoche Blanquisten und Proudhonisten, die er zuvor aufs Messer bekämpft hatte, fürs Erste in der politischen Bedeutungslosigkeit verschwunden waren.

Die Armee von Versailles hatte um den Preis von 900 Toten und Verwundeten gesiegt. Ihr verlorenes Ansehen schien sie dadurch jedoch nicht wiedergewonnen zu haben. Über die jubelnden Generale in den Pariser Cafés spottete Louise Colet, die ehemalige Geliebte Gustave Flauberts: »Von Orden übersät lassen sie sich feiern. Ovationen, Umarmungen, Bekränzungen – als hätten sie Berlin erobert.«[125]

»Nur Faust, kein Kopf, und dennoch siegen wir«

> *»Von allen schlimmen Folgen aber, die der letzte mit Frankreich geführte Krieg hinter sich dreinzieht, ist vielleicht die schlimmste ein weitverbreiteter, ja allgemeiner Irrtum: der Irrtum der öffentlichen Meinung und aller öffentlich Meinenden, dass auch die deutsche Kultur in jenem Kampfe gesiegt habe und deshalb jetzt mit Kränzen geschmückt werden müsse, …«*
>
> Friedrich Nietzsche, Unzeitgemäße Betrachtungen[126]

Der zweifache Sieg der verbündeten deutschen Heere über die Großmacht Frankreich bleibt in seiner Unerwartbarkeit bis heute ein kaum auflösbares Rätsel. Das Ausmaß des doppelten Scheiterns von Kaiserreich und Republik übertraf bei weitem den Untergang der *Grande Armée* rund 60 Jahre zuvor und überraschte die siegreichen Deutschen nicht weniger als das neutrale Europa. Innerhalb weniger Monate waren im direkten Duell zweier benachbarter Nationen eine moderne Industriemacht niedergezwungen, seine Hauptstadt monatelang eingeschlossen und sämtliche seiner neu ins Feld geschickten Heere zu Paaren getrieben worden. Es schien auf den ersten Blick, als hätte es der deutsche Gegner nur mit einem afrikanischen oder asiatischen Kolonialvolk zu tun gehabt. Dass die sich ungläubig die Augen reibenden Sieger bald begannen, ihren beispiellosen militärischen Triumph auch als einen Erfolg der deutschen Kultur über alles Französische zu betrachten, kann im Rückblick kaum überraschen.

Dabei war das Zweite Kaiserreich den deutschen Staaten in vielerlei Hinsicht ebenbürtig, wenn nicht sogar überlegen gewesen. Nach Russland war es das bevölkerungsreichste Land Europas, und die französische Industrie hatte bis zum Krieg von 1870 einen bedeutenden Überschuss an Fertigwaren in das Gebiet des deutschen Zollvereins exportieren können. Umgekehrt bezog Frankreich von jenseits des Rheins hauptsächlich landwirtschaftliche Erzeugnisse und Rohstoffe.[127] Der französische Kredit schien unbegrenzt und ein modernes Bankensystem hatte dafür gesorgt, dass seine gewaltige Kriegsanleihe von 750 Millionen Franc in nur wenigen Tagen auf den Märkten platziert werden konnte. Auch in technischer Hinsicht stand das Land in der ersten Reihe Europas.

So verfügte das Zweite Kaiserreich über mehr doppelgleisige Eisenbahnen als der Gegner und die komfortablen Lebensumstände vieler Franzosen verursachten auf Seiten der deutschen Invasoren immer wieder Erstaunen. Nach Großbritannien besaß Frankreich mit rund 400 Schiffen, darunter etliche moderne Panzerschiffe, die zweitstärkste Kriegsflotte in Europa, womit es nicht nur seine Versorgung über See sichern, sondern auch die Häfen des Gegners nach Belieben blockieren konnte.

Sein Berufsheer war den Deutschen zwar numerisch unterlegen, besaß aber mit dem neuen Chassepot-Gewehr eine überlegene Infanteriewaffe, mit der Napoleon und seine Generale ebenso siegreich zu bleiben hofften wie die Preußen dank ihres Zündnadelmodells nur vier Jahre zuvor auf den Schlachtfeldern Böhmens. Die Mängel der eigenen Artillerie glaubte man durch die neue *Mitreilleuse* ausgleichen zu können, und von der Überlegenheit der französischen Truppen über die Preußen war selbst die Presse in der Londoner Fleetstreet überzeugt. Hatten sich doch die Soldaten des Kaiserreiches auf den Kampfplätzen in aller Welt, auf der Krim, in Algerien, in Italien, in Mexiko und sogar in China bewährt.

Gleichwohl brach diese stolze und vielleicht etwas zu stolze Streitmacht unter dem Ansturm der Deutschen in wenigen Wochen zusammen, um bis auf geringe Reste in den Gefangenenlagern jenseits des Rheins zu verschwinden. Napoleons militärisches Desaster in nur sechs Wochen und der verzweifelte, aber erfolglose Kampf der von der Republik improvisierten Armeen brachte Zeitgenossen wie den Historiker Ernest Renan sogar dazu, in den Deutschen eine neue, eine überlegene Rasse zu sehen. Selbst in Großbritannien lebten schon kurz nach dem Ende des Krieges alte Invasionsängste wieder auf. Die Deutschen erschienen dort plötzlich sogar als militärische Magier, wie die kurz nach Kriegsende erschienene Kurzgeschichte über eine fiktive Schlacht bei Dorking aus der Feder eines britischen Stabsoffiziers bewies (»The Battle of Dorking«, 1871). In wenigen Wochen fand sie mehr als 100 000 Leser.

Doch war die militärische Überlegenheit der Deutschen tatsächlich so groß, wie es der rasche Zusammenbruch des Zweiten Kaiserreiches und das verzweifelte Anrennen der republikanischen Armeen gegen den Einschließungsring um Paris nahelegten?

Bismarck jedenfalls bezweifelte nach den verlustreichen Siegen im August 1870, dass die Deutschen überhaupt nach Paris gelangen würden, und stellte sogar die Qualität etlicher preußischer Generale infrage. »Nur Faust, kein Kopf, und dennoch siegen wir«, schrieb der Kanzler des Norddeutschen Bundes fassungslos am Tag nach der Schlacht von Mars-La-Tour und Vionville aus dem Großen Hauptquartier an seine Frau. Selbst König Wilhelm sah sich angesichts der erschreckenden Höhe der deutschen Kriegsverluste genötigt, in einem Armeebefehl vom 23. August 1870 an die »Intelligenz seiner Offiziere« zu appellieren, weitere Siege in Zukunft mit geringeren Opfern zu erkaufen. Tatsächlich war es weniger die »Führungskunst« deutscher Generale als vielmehr die numerische Überlegenheit ihrer Truppen und die drückende Überlegenheit ihrer Artillerie, welche die Deutschen in den Anfangsschlachten siegen ließ. Man folgte schlicht dem Donner der Kanonen und tat damit genau das, was der Gegner erwartete.

Dass der von Marschall Edmond Leboeuf vollmundig verkündete offensive Aufmarsch der Franzosen an organisatorischen Mängeln und falscher Planung gescheitert war, sahen die meisten Generale Napoleons durchaus nicht als Nachteil. Das noch an den Feldzügen des ersten Napoleon orientierte Selbstbild des Kaiserreichs stand längst im scharfen Widerspruch zu den defensiven Anschauungen seiner professionellen Militärs. Man bevorzugte eine gute Position mit ausreichendem Schussfeld und setzte darauf, dass sich die Preußen selbst schlagen würden.[128] Fraglos hätten MacMahons und Frossards Stellungen bei Wörth und Spicheren am 6. August viel länger gehalten werden können, wenn die benachbarten Verbände rasch genug zum Einsatz gekommen wären. Als französische Generale ein einziges Mal dem Beispiel ihrer Gegner folgten und bei Colombey-

Nouilly am 14. August dem Kanonendonner entgegen marschierten, endete die Schlacht im Vorfeld von Metz immerhin mit einem Patt, das sich allerdings als nutzlos herausstellte. Französische Offiziere und Soldaten kämpften in den Grenzschlachten nicht schlechter als ihre deutschen Gegner. Auflösungserscheinungen traten jedes Mal erst dann ein, wenn nach stundenlangem Kampf die eigenen Verstärkungen ausblieben, während der Gegner ständig neue Kräfte heranführen konnte. In den beiden Schlachten westlich von Metz blieb den Deutschen sogar ein eindeutiger taktischer Erfolg versagt. Die Schlacht von Vionville und Mars-La-Tour endete am 16. August ohne Entscheidung, und bei Gravelotte gelangten die Deutschen zwei Tage später kaum über ihre Ausgangsstellungen hinaus. St. Privat im Norden fiel erst am Abend, nachdem bereits ein Viertel der preußischen Garde das Schlachtfeld bedeckte und sich auf französischer Seite der Kommandeur der kaiserlichen Garde geweigert hatte, seine bereits auf Sichtweite an den Kampfplatz herangerückte vorderste Division in die Waagschale zu werfen.

Das bis heute gültige Bild des späten Kaiserreiches als politisches Kartenhaus verdankt sich vor allem der Kapitulation von Sedan und der Gefangennahme Kaiser Napoleons III. Im Untergang der Armee von Chalons schienen sich alle Mängel des französischen Systems noch einmal in gesteigerter Form zu manifestieren, und Moltkes Diktum von den »dummen Kerlen«, die nun endlich ihre Strafe erhalten sollten, klang nur allzu berechtigt. Ohne Frage war der Marsch von Frankreichs letzter regulärer Armee zur Maas ein schwerer Fehler, bedingt durch eine unklare Nachrichtenlage und eine Unterschätzung der deutschen Kräfte. Doch auch Moltke unterschätzte die Franzosen, als er nach dem Triumph von Sedan auf den baldigen Fall von Paris setzte und lange nicht sehen wollte, dass Gambettas neue Armeen an der Loire und an der Somme eine gefährliche Bedrohung für die Deutschen vor der Hauptstadt darstellten. Sein später geäußerter Degout von der angeblichen Verantwortungslosigkeit der Pariser Advokaten mag daher auch dazu gedient haben, seine eigenen Irrtümer zu kaschieren. Tatsächlich war Gambettas Strategie einer Befreiung der Hauptstadt durchaus kein Hazardspiel, solange die Hälfte der deutschen Armee vor Metz gebunden war und viele deutsche Verbände kaum noch die Hälfte ihrer Sollstärke aufwiesen. Die erhoffte Wende des Krieges blieb jedoch aus, da Bazaine zu früh kapitulierte und Gambettas Armeen gegen den Rat der Generale unfertig in den Kampf geworfen werden mussten.

Mit ihrer aktionistischen Rhetorik, die einmal mehr die militärischen Mythen der großen Revolution von 1792/3 wiederbeleben sollten, hatte die Regierung der nationalen Verteidigung alles auf die Befreiung von Paris gesetzt und sich damit selbst unter Druck gebracht. Freilich wäre die Aussicht auf einen langen und mühsamen Krieg, der auch nach dem Fall der Hauptstadt noch weitergegangen wäre, den meisten Franzosen nur schwer zu vermitteln gewesen. Der Strategiewechsel nach der verlorenen Schlacht von Loigny-Poupry und dem erneuten Verlust von Orléans erfolgte jedenfalls zu spät. Den Versuch, über Belfort in den Rücken der Deutschen vorzudringen, musste Bourbaki mit Truppen unternehmen, die durch ihre vorangegangenen Niederlagen und Rückzüge bereits demoralisiert waren, sich aber gleichwohl nach einem strapaziösen Bahntransport und bei extremer winterlicher Kälte beachtlich schlugen.

Es war eine gewaltige und auch von deutscher Seite gelegentlich anerkannte Kraftanstrengung der französischen Republik, in wenigen Monaten neue Armeen in einer Stärke von fast 600000 Mann aus dem Boden zu stampfen, zu bewaffnen und auszubilden. Mit ihnen hätte sich bei kluger Verwendung der Krieg wohl bis in den nächsten Sommer fortsetzen lassen. Mehrmals hatte auch nicht viel an einem französischen Sieg gefehlt, während die Deutschen wiederum längst nicht mehr die Kraft besaßen, ihren Gegnern in die Tiefe des Landes zu verfolgen. Ob die europäischen Mächte auch nach dem Mai 1871 einem sich scheinbar endlos hinziehenden Krieg weiter tatenlos zugesehen oder nicht stattdessen auf eine internationale Friedenskonferenz gedrängt hätten, bleibt Theorie. Unwahrscheinlich wäre es nicht gewesen, gewiss aber war es der ständige Alptraum Bismarcks. Am Ende gingen die Deutschen mit Glück als Sieger aus der gigantischen Konfrontation hervor, während sich die Franzosen durchaus nicht grundlos als unter Wert geschlagen fühlen durften.

Bismarcks Reichsgründung – Ein europäischer Glücksfall

»Dieser Krieg bedeutet die deutsche Revolution, ein größeres politisches Ereignis als die Französische Revolution des vergangenen Jahrhunderts. [...] Nicht ein einziger Grundsatz unserer Außenpolitik, der noch vor sechs Monaten als Leitfaden anerkannt wurde, ist weiterhin gültig. Es gibt keine einzige diplomatische Tradition, die nicht hinweg gefegt worden ist.«

Rede des konservativen Oppositionsführers, Benjamin Disraeli, im britischen Unterhaus am 9. Februar 1871[1]

»Mit dem deutschen [Nationalstaat] ist es aber doch etwas anderes. Seine Verwirklichung [...] brachte Probleme mit sich, die nie gut gelöst wurden bis zum heutigen Tag. Deswegen aber auf das verzichten, was im 19. Jahrhundert machtpolitisch, wirtschaftlich und geistig so sehr natürlich schien und was gleichzeitig in Italien, in Skandinavien, in Amerika geschah, das wäre mehr selbstverleugnende Weisheit gewesen, als man einer Nation von der Dichte und dem Tätigkeitsdrang wie der deutschen zumuten durfte.«

Golo Mann, Deutsche Geschichte des 19. und 20. Jahrhunderts[2]

Die Entscheidung der französischen Nationalversammlung in Bordeaux vom 1. März 1871, für die Ratifizierung des Vorfriedens mit dem Deutschen Reich zu stimmen, bewog den Abgeordneten Victor Hugo, sein erst drei Wochen zuvor gewonnenes Mandat demonstrativ niederzulegen. Hugos letzte Rede vor dem hohen Plenum geriet zu einem flammenden Plädoyer für Frankreichs große Revanche gegen den siegreichen Nachbarn. Von morgen an, so der eingefleischte Republikaner voller Pathos, werde das ganze Land nur noch einen Gedanken haben. Frankreich werde seine Kräfte sammeln, seinen Kindern in der Schule den heiligen Zorn lehren und es werde Kanonen gießen. Volk und Armee würden eins werden und die Wissenschaft sich in den Dienst des Krieges stellen. Eines Tages dann werde die Nation bereit sein und ihr Losschlagen wäre wahrhaft furchtbar. Lothringen und das Elsass würden zurückgewonnen und sogar über Trier, Mainz, Köln und Koblenz sollte wieder die Trikolore wehen.[3] Als bei der Nennung der letzten Ziele aus verschiedenen Richtungen des Plenums ein lautes »Nein!« ertönte, verstand es Hugo mit beachtlicher Chuzpe, seine Eroberungsgelüste im Rheinland rasch in eine Befreiung der »deutschen Brüder« von der preußischen Militärdespotie umzudeuten. Sein Kampf gelte nicht Deutschland, so schloss er beschwichtigend, sondern allein seiner tyrannischen Monarchie.[4]

Gleichwohl schienen sich mit Victor Hugos unversöhnlichem Appell an seine Landsleute die ärgsten Befürchtungen aller damaligen Kritiker der Annexion von Elsass-Lothringen zu bewahrheiten: Frankreich werde nicht ruhen, bis es seine Niederlage gerächt habe und die beiden verlorenen Provinzen wieder mit dem Vaterlande vereint seien. Metz und Straßburg, so vor allem das Mantra der deutschen Sozialisten, seien zu Stolpersteinen auf dem Weg zu einer echten Aussöhnung mit Frankreich geworden und eine schwere Hypothek für Europa und das neue Reich. Die ewigen Besserwisser Marx und Engels sahen am Horizont bereits eine antideutsche Allianz der französischen Republik mit dem autokratischen Zarenreich heranreifen und beschworen sogar einen »Racekrieg« der Deutschen gegen die dann »verbündeten Racen der Slawen und Romanen«.[5] Die Saat für die Katastrophe von 1914 sei demnach bereits 1871 gelegt worden, und von Bismarcks Frankfurter Diktatfrieden führe, so Hans Ulrich Wehler, eine direkte Linie zum Ersten Weltkrieg.[6] Das den Nachgeborenen so peinliche »Löwengebrüll der deutschen Patrioten« sei demnach nur das Prelude zum Zusammenbruch von 1945 gewesen und Bismarcks autoritäre Reichseinigung ein von Anfang an zum Scheitern verdammtes Projekt.

Fraglos musste Bismarcks Werben um das Vertrauen der übrigen Großmächte in seine politische Schöpfung anfangs unglaubwürdig erscheinen. Zur Rolle einer zukünftigen Bewahrerin des Friedens in Europa wollte es nicht recht passen, dass das neue Reich gewaltsam die Annexion zweier französischer Provinzen gegen den Willen einer Mehrheit ihrer Bevölkerung erzwungen hatte. Besonders der zum politischen Moralisieren neigenden viktorianischen Gesellschaft erschien die Aneignung der beiden französischen Provinzen ohne Volksbefragung als einseitiger, ja machiavellistischer Akt. Auch die Mehrheit der britischen Diplomaten verabscheute die durch Bismarck repräsentierte »Herrschaft von Blut und Eisen«, hoffte jedoch, wie Londons langjähriger Botschafter in Berlin, Lord Odo Russell, auf das leuchtende Beispiel der Freiheit und auf die pazifizierende Wirkung von Handel und Wettbewerb, was Großbritannien dem Kontinent und vor allem Deutschland seit Langem böte, und setzte im Übrigen auf die Stärke der eigenen Kriegsflotte.[7]

Tatsächlich legte sich die britische Skepsis gegenüber der neuen kontinentalen Großmacht, für die besonders der Oppositionsführer Benjamin Disraeli stand, recht schnell. Selbst Bismarcks unglückliches Agieren in der sogenannten Krieg-in-Sicht-Krise von 1875, als sich Großbritannien und Russland demonstrativ auf die Seite des scheinbar bedrohten Frankreichs gestellt hatten, bewirkte in London keine dauerhafte Frontstellung gegen Deutschland. Man rechnete es dem Reichskanzler grundsätzlich als hohes Verdienst an, dass er mit seiner kleindeutschen Lösung in drei vergleichsweise kurzen Kriegen Europa vermutlich vor einem viel größeren Konflikt bewahrt hatte. Je mehr sich unter britischen Politikern die Erkenntnis durchsetzte, dass Bismarck mit seiner Version einer Einheit der Deutschen tatsächlich nur das akzeptable Minimum dessen zustande gebracht hatte, was 1848/50 drohend auf der politischen Agenda Europas erschienen war, neigte man schließlich dazu, in seiner erstaunlichen Schöpfung einen wichtigen Stabilitätsfaktor zu sehen.

Seit dem Ausbruch des deutsch-dänischen Konfliktes um Schleswig-Holstein im Jahre 1848 war man in Großbritannien durchaus nicht blind gewesen gegenüber den ausschweifenden politischen Fantasien der Frankfurter Nationalliberalen und ihrem kaum kaschierten Militarismus. Selbst zu einem Krieg gegen Russland schienen die Paulskirchenleute bereit gewesen zu sein.[8] Sie wollten die Freiheit, mehr noch aber die Macht. Nur durch die Macht könne der »gärende Freiheitstrieb der Deutschen befriedigt und gesättigt« werden, hatte etwa am 19. Januar 1849 der Historiker Friedrich Christoph Dahlmann, einer der »Göttinger Sieben«, im Frankfurter Parlament erklärt und von einem donnernden Eintritt Deutschlands in die Reihe der

Großmächte des Weltteils geträumt.[9] Sein liberaler Kollege Julius Fröbel, der im Oktober 1848 in Wien nur knapp der Füsilierung durch Fürst Windisch-Graetz' siegreiche Truppen entgangen war, klagte während des italienischen Krieges von 1859, dass »die deutsche Nation der Prinzipien und Doktrinen der literarischen Größe und der theoretischen Existenz« satt sei und endlich nach Macht verlange. »Wer ihr die Macht gibt, dem wird sie Ehre geben, mehr Ehre, als er sich ausdenken kann.«[10] Den Griff der Nationalliberalen nach den beiden Herzogtümern Schleswig und Holstein hatte schließlich Großbritannien im Zusammenwirken mit Russland unterbinden müssen und im Londoner Protokoll von 1852 den ungeliebten Status quo ante wiederhergestellt.

So stark die Sympathien britischer Politiker für das Streben deutscher Liberaler nach größeren parlamentarischen Rechten auch waren, so schien doch deren außenpolitische Einbindung durch Bismarcks halbautoritäres System unübersehbare Vorteile für das Stabilitätsbedürfnis einer maritimen Weltmacht mit starken transatlantischen Interessen zu bieten.[11]

Großdeutschen Ambitionen, wie sie etwa Julius Fröbel oder Heinrich von Gagern vertraten, hatte der Reichskanzler sogleich nach dem Frankfurter Friedensschluss eine entschiedene Absage erteilt. Die Regierung in Wien ließ er wissen, dass ein Anschluss der deutschen Erblande des Habsburgerreiches an das neue Reich nicht zu den Zielen seiner Politik gehöre. Dies war durchaus kein taktisches Manöver, sondern Bismarcks authentischer Wille. Nachdem Graf von Beust schon im November 1870 den Artikel IV des Prager Vertrages dispensiert hatte, der einen Anschluss der Süddeutschen an Preußen ausschloss, war es im August des nächsten Jahres zu einem ersten Treffen der beiden Kaiser in Salzburg und Bad Ischl gekommen. Die Annäherung der alten und der neuen europäischen Großmacht fand im Oktober 1873 einen vorläufigen Abschluss im Schönbrunner Abkommen. Da auch Russland auf Drängen Zar Alexanders II. in die Vereinbarung einbezogen worden war, blieben die Zielsetzungen zunächst sehr vage. Man wollte den Frieden, aber auch die konservative Gesellschaftsordnung bewahren. Obwohl das Zarenreich seit 1864 den Aufstieg Preußens in wohlwollender Neutralität begleitet hatte, erwies sich die Gestaltung der Beziehungen zu St. Petersburg nach der Reichsgründung als weitaus schwieriger als mit dem ehemaligen Kriegsgegner von 1866. Für den Rest seiner Kanzlerschaft musste Bismarck den Drahtseilakt bewältigen, Russland so weit auf Distanz zu halten, dass keine Gefahr bestand, in dessen Orientpolitik hineingezogen zu werden, zugleich aber auch ein Zusammengehen des östlichen Riesenreiches mit Frankreich verhindert werden konnte. Dies gelang freilich nach dem von Bismarck moderierten Berliner Kongress immer weniger, als Russland 1878 fast seine gesamte Beute aus dem Krieg gegen die Türkei wieder herausgeben musste. Der Zerfall des alten Osmanischen Reiches, der von Deutschland tief enttäuschte russische Panslawismus und die neu erwachten Nationalismen der vier Jahrhunderte von den Türken unterjochten Balkanvölker bildeten jene brisante Mischung, aus der die beiden Balkankriege von 1912/13 und schließlich die europäische Katastrophe von 1914 hervorgehen sollten.

Dagegen blieb das deutsch-französische Verhältnis seit 1871 gespannt, aber stabil. Auch wenn sich Frankreich allmählich wieder außenpolitischen Spielraum verschaffen konnte, sprachen im Vergleich beider Staaten die harten Fakten für Deutschland. Nach dem Krieg von 1870/71 war Frankreichs militärisches Rückgrat auf Jahre hinaus gebrochen. Léon Gambetta hatte mit seinem »Krieg bis zum Äußersten« die Ressourcen des Landes innerhalb weniger Monate bis zur Neige aufgebraucht. Seit Kriegsbeginn waren 140000 französische Soldaten getötet worden oder galten als vermisst, noch einmal dieselbe Zahl an Männern hatte im Verlauf der siebenmonatigen Kampfhandlungen Verwundungen oder gar Verstümmelungen erlitten.[12] Fast die gesamte Armee aber war durch eine beispiellose Kette von Niederlagen, durch monatelange deutsche Gefangenschaft oder Internierung in der Schweiz innerlich gebrochen. Das Vertrauen der Überlebenden in ihre Offiziere und die politische Führung war auf lange Zeit verloren. Unabhängig von dem Verlust von anderthalb Millionen Elsässern und Lothringern war die Zahl der französischen Zivilpersonen im Verlauf des Krieges um 350000 zurückgegangen. Allein 25000 Pariser waren in der blutigen Maiwoche 1871 dem größten Genozid des 19. Jahrhunderts auf europäischem Boden zum Opfer gefallen. Gegenüber dem Bevölkerungsstand von 1866 hatte Frankreich, wie eine Zählung nach dem Krieg ergab, insgesamt 2,1 Millionen Menschen verloren. Franzosen in Nord- und Ostfrankreich hatten die Härten des Krieges persönlich erleben müssen, hatten Einquartierung, Requisitionen oder gar die völlige Zerstörung ihres Besitzes durch Kampfhandlungen oder deutsche Repressalien erduldet und sich in den Wahlen vom 8. Februar 1871 mehrheitlich für den Frieden ausgesprochen. Stimmen wie die von Victor Hugo, Léon Gambetta oder Louis Blanqui, der den Verlust Elsass-Lothringens als eine der Nation zugefügte Wunde bezeichnete, die immer offengehalten werden müsse, blieben die Ausnahme. In einem Gespräch mit Außenstaatssekretär Herbert von Bismarck nannte Frankreichs Botschafter in Berlin, Jules Gabriel Herbette, Leute wie Paul Déroulède, den Gründer und Vorsitzenden der Patriotischen Liga, die immer nur von Frankreichs Ostgrenze redeten, krankhafte Tagediebe, welche die Regierung davon abhielten, sich mit wichtigen Angelegenheiten zu befassen.[13] Der bekannte Pariser Publizist Rémy de Gourmonts sprach sogar von Elsass und Lothringen als den »vergessenen Ländern«, für die er nicht einmal den kleinen Finger seiner linken Hand hergeben würde.[14] Selbst der kompromisslose Prophet des »Krieges bis zum Äußersten«, Léon Gambetta, der bei der Erwähnung der beiden 1871 verlorenen Provinzen gelegentlich in Tränen ausbrechen konnte, hatte in einem Gespräch mit dem britischen Politiker Grant Duff 1876 starke Zweifel geäußert, dass es nach dem Scheitern seiner Armeen im Winter 1870/71 je einen zweiten Revanchekrieg geben werde.[15]

Angesichts des mit jedem Jahr erstarkenden Bismarckreiches zweifelte kaum ein Politiker der Dritten Republik daran, dass jeder weitere Versuch einer militärischen Revanche unweigerlich in eine erneute Katastrophe münden musste. Dass sich sogar Gambetta in seinen letzten Lebensjahren in die Reihe der Protagonisten einer forcierten französischen Kolonialpolitik in Afrika stellte und dazu erklärte, dass Frankreich nun nicht mehr nur zwischen Atlantik und Alpen, Vogesen und Mittelmeer liege, sondern überall wo Frankreichs Industrie und Handel tätig seien,[16] dürfte Bismarck mit Befriedigung erfüllt haben. Gerade diesen Schritt einer außereuropäischen Kompensation für den Verlust von Elsass-Lothringen hatte er immer wieder angeregt und die Dritte Republik 1881 sogar beim Erwerb von Tunesien unterstützt. Dass die französische Presse deswegen dem Reichskanzler vorwarf, Komplikationen zwischen Paris und London schüren zu wollen, war sogar ausnahmsweise einmal nicht aus der Luft gegriffen.[17]

Der »Vater der Reichsgründung« auf einem Foto um 1895.

Zugleich mutierte die Rhetorik von der Wiedergewinnung Elsass-Lothringens mit jedem tatenlos verstreichenden Jahr zum therapeutischen Notbehelf einer zutiefst gekränkten Nation im Umgang mit ihrer totalen Nierderlage. In einer Sphäre des Imaginären gehörten die beiden verlorenen Provinzen zwar immer noch zu Frankreich und ihre Bewohner blickten darin trauernd zur Trikolore empor. In der Praxis aber war das Ziel längst aufgegeben, auch wenn es kein französischer Politiker wagen durfte, dies offen einzuräumen. Unstreitig erfülle der Wunsch nach einer Wiedervereinigung wohl jeden Franzosen, berichtete der deutsche Botschafter in Paris, Georg Graf von Münster, am 14. Oktober 1886 nach Berlin, aber seine Verwirklichung hätten doch die meisten innerlich auf eine ferne und nebelhafte Zukunft vertagt. Wer dagegen von der Revanche als einem nahe bevorstehenden Ereignis spreche, ernte in politischen Kreisen entweder Kopfschütteln oder bekäme dringende Warnungen zu hören.[18] Dass gleichwohl der französische Revanchegedanke unter dem neuen Kriegsminister, General Georges Boulanger, im Frühjahr 1886 eine überraschende Intensivierung erfuhr, hatte vor allem mit dem wachsenden Unmut an der allzu großen Nähe der Regierung Jules Ferry zum Deutschen Reich zu tun. Der General verstand es als ein begnadeter Selbstdarsteller, der sich gerne auf einem Schimmel reitend der Öffentlichkeit präsentierte, viele Zeitgenossen in einen Zustand fiebriger Begeisterung zu versetzen. Der greise Moltke zeigte sich freilich weniger über das neuerliche Kriegsgeschrei der Franzosen beunruhigt, als vielmehr über Boulangers Wehrgesetz und seinen Plan, sogar zwei grenznahe Armeekorps probeweise zu mobilisieren. Anfang 1887 wusste der Generalstabschef nicht zu sagen, ob er wegen dieses Herrn Boulanger überhaupt noch einmal in Frieden sein Gut Kreisau würde besuchen können.[19]

Boulangers Annahmen und Behauptungen erwiesen sich jedoch rasch als irreführend oder sogar falsch. Sein einjähriges Wirken als französischer Kriegsminister sollte nicht mehr als ein bizarres Intermezzo bleiben, das im Frühjahr 1887 in tragischer Weise mit einer Verurteilung wegen Hochverrats und dem Suizid des flüchtigen Generals vor dem Brüsseler Grab seiner Geliebten endete.[20] Frankreichs Militärdoktrin blieb defensiv, selbst nachdem 1894 die ersehnte Allianz mit Russland geschlossen werden konnte. In den vier Dekaden vor Ausbruch des Ersten Weltkrieges entwickelte der französische Generalstab in Folge insgesamt 17 aufeinander fußende Aufmarschpläne, nur der letzte von ihnen hatte einen offensiven Charakter.[21]

Bismarck blieb genug Zeit, die Konsolidierung des Reiches voranzutreiben. Eine glückliche Hand hatte er dabei nicht immer. Lothar Gall sprach sogar von einer »Entzauberung« des Kanzlers durch die Mühen der Tagespolitik.[22] Gegen den politischen Katholizismus, organisiert in der neuen Zentrumspartei, sowie die mit jeder neuen Wahl erstarkenden Sozialisten führte Bismarck einen verbissenen Kampf, den er nicht gewinnen konnte und der schließlich auch im März 1890 zu seiner Entlassung führen sollte. Die vielfach geäußerte Begeisterung seiner Zeitgenossen über die glückhafte Erfüllung aller nationalen Sehnsüchte verdeckte freilich, dass Bismarcks Schöpfung kein wirklicher Nationalstaat war. Während etwa zehn Millionen Deutsch-Österreicher zumindest auf längere Sicht vom neuen Reich ausgeschlossen waren, bildeten zwei Millionen Polen in den beiden Provinzen Posen und Westpreußen ebenso wie die 200 000 Dänen in Nordschleswig kaum zu integrierende Minderheiten. Dazu trat jetzt noch das Problem Elsass-Lothringen. Auch wenn anfangs vieles für die Erwartung sprach, dass Metz und Straßburg einmal genauso deutsch sein würden, wie Hannover, Kassel und selbst Frankfurt in erstaunlich kurzer Zeit preußisch, tat sich das Kaiserreich bis zu seinem Ende schwer, der gegenüber ihren neuen Herren überwiegend kritischen Bevölkerung der »Reichslande« eine attraktive politische Perspektive aufzuzeigen. Elsässer und Lothringer erwarteten einen Vertrauensvorschuss als Preis für ihre Loyalität, den Berlin wiederum nur gewähren wollte, sobald es klare Belege für die Reichstreue der Neudeutschen erkennen konnte. So drehten sich beide Seiten jahrzehntelang im Kreis und das Problem blieb ungelöst, bis Frankreich die beiden Provinzen im November 1918 wieder in Besitz nehmen konnte.[23]

Golo Mann nannte im Rückblick die Mischung aus bürokratischem Obrigkeitsstaat und halbherzigem Parlamentarismus eine »gewalttätige Verrenkung«.[24] Helmuth Plessner wiederum beklagte, dass Bismarcks Schöpfung eine Großmacht ohne »Staatsidee« gewesen sei. Es habe für nichts außer für sich selbst gestanden und hätte daher unter seinen Nachbarn kaum Sympathie geweckt.[25] Gleichwohl erwies sich das unfertige Kaiserreich in 43 Friedensjahren nicht nur als außergewöhnlich stabil, es erlebte auch einen beispiellosen Modernisierungsschub. So staunte Wolfgang Mommsen darüber, dass am Ende, vielleicht sogar begünstigt durch die strikte Begrenzung einer parlamentarischen Willensbildung, das Reich in seiner Sozialpolitik, mit seinen Schulen und Universitäten sowie mit seiner modernen Industrie bis 1914 und noch darüber hinaus internationale Maßstäbe setzen konnte und selbst auf kulturellem Gebiet bis zum Erscheinen der modernen Kunst Beachtliches zustande gebracht hatte.[26]

Im Rückblick und im Wissen um die deutsche Katastrophe von 1933 bis 1945 ist die Reichsgründung von 1871 durch den militärischen Triumph über Frankreich oft als uneinlösbare Hypothek oder gar als großes Verhängnis für Europa beurteilt worden. Der Rolle Bismarcks in diesem Prozess wird der kritische Befund nachgeborener Historiker jedoch kaum gerecht. Unstrittig war es ihm bis zum Ende seiner Kanzlerschaft geglückt, das Reich mit seiner wachsenden wirtschaftlichen und militärischen Machtfülle in das Gefüge der europäischen Mächte einzuordnen und spätestens seit dem Berliner Kongress das Vertrauen der meisten ihrer Politiker zu gewinnen. Was jenseits dieser von Bismarck so wesentlich gestalteten Zeitspanne folgte, kann nicht Teil einer Bewertung seiner Reichsgründung werden. Dass gerade bürgerlich-liberale Kräfte, die Bismarck stets zu kontrollieren und einzubinden bemüht war, schon in der letzten Phase seiner Kanzlerschaft und erst recht nach seinem Abgang in wahnhafter Selbstüberschätzung den Weg zur Weltpolitik beschreiten wollten, war eine vielleicht wahrscheinliche, aber keineswegs notwendige Folge der Reichsgründung von 1871. Bismarck hatte die Franzosen geschickt auf das Feld der Kolonialpolitik verwiesen. Dass es ihnen die Deutschen, die selbst keinerlei Kompensationsbedarf hatten, schließlich gleichtun wollten, könnte man als paradoxes Scheitern einer politischen Strategie durch ihren übermäßigen Erfolg bezeichnen.

Jedenfalls waren es koloniale Rivalitäten, die seit den beiden Marokkokrisen von 1905 und 1911 fast 40 Jahre nach dem Frieden von Frankfurt zu einer deutlichen Verschärfung des deutsch-französischen Verhältnisses führten und in Frankreich eine Welle des Patriotismus auslösten. In zahlreichen Veranstaltungen versuchte eine neue Generation von Politikern wie der im Jahre 1860 geborene Raymond Poincaré die Erinnerung an den Krieg von 1870/71 wieder zu beleben. Als Ministerpräsident führte der Lothringer sogar die dreijährige Dienstzeit ein. Eine akute Kriegsgefahr folgte daraus jedoch noch nicht. Das Konzept der »Nation in Waffen« verstand sich nach einer quälenden Dekade der politischen Instabilität, ausgelöst vor allem durch die Dreyfus-Affäre, vornehmlich als Aufruf und Mahnung zur nationalen Einheit und zur allgemeinen Wehrbereitschaft angesichts eines schier übermächtig gewordenen Deutschen Reiches.[27] Trotz dessen aggressiven Auftretens in den beiden Marokkokrisen blieb immer noch Raum genug für bilaterale Lösungen in kolonialen Fragen. So hatten sich noch im Juni 1914 London und Berlin über die zukünftige

Aufteilung des portugiesischen Besitzes in Afrika geeinigt und die leidige Flottenrivalität war zu diesem Zeitpunkt längst zugunsten der Briten entschieden. Selbst das weiterhin eisige Klima zwischen Frankreich und Deutschland hätte wohl noch vier weitere Dekaden ohne Krieg fortbestehen können.

Trotz allem Beleidigtsein der französischen Eliten[28] stand der Rückgewinn Elsass-Lothringens bis zum Ausbruch des Krieges von 1914 nie auf der Tagesordnung. Ein offenes Festhalten daran hätte den außenpolitischen Spielraum Frankreichs zu sehr beschränkt und paradoxerweise die Rückgewinnung seines Status als Großmacht entschieden erschwert. Für drei Dekaden war daher Kolonialpolitik die neue Agenda am Pariser *Quai d'Orsay.*

Nicht die heute so verpönten Nationalstaaten mit ihren damals international akzeptierten Grenzen und ihren sich im Zeichen einer Protoglobalisierung rasant verdichtenden wirtschaftlichen und wissenschaftlichen Verflechtungen bildeten zu Beginn des 20. Jahrhunderts den größten Risikofaktor der europäischen Politik. Diesen Platz nahmen ohne Zweifel die Rivalitäten der uralten Vielvölkerstaaten Habsburg und Russland an der südöstlichen Peripherie des Kontinents ein. Ob sich ein Preußen, das 1866 und 1870/71 sieglos geblieben wäre, wieder in die Rolle des britischen und österreichischen »Prügeljungen« hätte fügen müssen, wie es ihm schon einmal während des Krimkrieges 1854/55 gedroht hatte, bleibt natürlich Spekulation. In dem seit 1890 zur Weltpolitik mutierten Spiel der Diplomaten, Militärs und Geschäftsleute wäre jedenfalls der alte Deutsche Bund, hätte er tatsächlich über 1866 hinaus fortbestanden, nur noch ein wehrloser Spielball der neuen Supermächte gewesen.

Von 1871 nach 1914 führte somit keine direkte Bruchlinie. Fraglos hätte der große europäische Krieg von 1914 bereits viel früher ausbrechen können, vielleicht sogar schon 1848. Im Rückblick hatte Bismarck 1871 nicht die Büchse der Pandora geöffnet, sondern im Gegenteil den erstaunlich erfolgreichen Versuch unternommen, sie wenigstens für seine Epoche verschlossen zu halten. Auch wenn seiner Lösung etwas Verkrampftes und Provisorisches anhaftete, so war ihr nach dem Urteil Golo Manns doch die leidliche Ordnung zu verdanken, die vier Dekaden lang in Mittel- und Osteuropa herrschen sollte.[29] Sieht man von den drei Balkankonflikten (1877, 1912 und

1913) ab, hielt nach dem deutschen Sieg über Frankreich der Friede in Europa immerhin 43 Jahre. Keine einzige der europäischen Krisen führte in diesem Zeitraum auch nur in die Nähe eines Krieges. Unter diesem Gesichtspunkt muss man auch heute noch Bismarcks Version der Reichsgründung als einen bemerkenswerten, wenn auch nicht ungetrübten Glücksfall werten. Dass die große Chance von seinen Epigonen nicht genutzt würde, dürfte der 78-jährige Kanzler im Ruhestand geahnt haben, als er drei Jahre nach seiner Entlassung in abendlicher Runde in Friedrichsruh von der Möglichkeit einer zweiten Zerfallszeit Deutschlands sprach, der vielleicht aber ein neuerlicher Aufstieg als Republik folgen könnte.[30]

Anhang

Anmerkungen

Einleitung

1 Kessel (Hrsg.), Alfred Graf von Schlieffen, Briefe, S. 207.
2 Michelet, La France devant l'Europe, S. IX.
3 Howard, Franco-Prussian War.
4 Eindeutig in der Schuldzuweisung ist Otto Pflanze, Bismarck. Der Reichsgründer, S. 462; Lothar Gall, Bismarck. Der weiße Revolutionär hält dagegen das Aufwerfen der Schuldfrage für wenig zielführend, S. 417.
5 Hildebrand, Das vergangene Reich, S. 18.
6 Germaine de Staël, Über Deutschland, S. 29: Man habe viel Mühe, sich an die Langsamkeit und Trägheit des deutschen Volkes zu gewöhnen.
7 Tagebuch der Brüder Goncourt, Eintrag v. 6.9.1870, S. 27.
8 Schivelbusch, Die Kultur der Niederlage, S. 125.
9 La France nouvelle, Paris 1868, S. 388, zitiert nach: ebd., S. 126.
10 Förster/Nagler (Hrsg.), On the Road to Total War, Vorwort, S. 8.
11 Rede im Reichstag v. 14.5.1890, in: Förster (Hrsg.), Moltke. Vom Kabinettskrieg zum Volkskrieg, S. 638f.
12 Gespräch v. 8.9.1870 in Reims, zusammengefasst bei Busch, Graf Bismarck und seine Leute, Bd. 2, S. 144.
13 Blumenthal, Tagebücher, S. 97, Eintrag v. 4.9.1870.
14 Immediatbericht v. 14.12.1870, in: Bismarck, Gesammelte Werke, Bd. 6b, S. 632ff.
15 Blumenthal, Tagebücher, S. 222, Eintrag v. 8.1.1871.
16 Verdy du Vernois, Im Großen Hauptquartier, S. 269f.
17 Tombs, The Wars against Paris, S. 549.
18 Blumenthal, Tagebücher, S. 105, Eintrag v. 16.9.1870: »unsere Leute sind gut wie kleine Kinder und können es sich gar nicht denken, dass wir so hinterlistige Feinde haben.«
19 Kühlich, Die Deutschen Soldaten, S. 135f.
20 Tombs, The Wars against Paris, S. 564.
21 Brief Moltkes an seinen Bruder v. 23.11.1870, in: Moltke, Gesammelte Schriften und Denkwürdigkeiten, Bd. IV, S. 207.
22 Zur Rolle Preußens als militärischer Vorreiter der allgemeinen Wehrpflicht siehe auch Walter, Preußische Heeresreformen, S. 98ff.

Bis zum ersten Schuss

1 Michelet, La France devant l'Europe, S. 12.
2 Barth, Mensch versus Welt, S. 80f.
3 Gouttman, La grande défaite, S. 45.
4 Brief Schlieffens an seine Mutter v. 4.5.1867, in: Kessel (Hrsg.), Alfred Graf von Schlieffen. Briefe, S. 206.
5 Tagebuch der Baronin von Spitzemberg, S. 78, Eintrag v. 5.6.1867.
6 Barth, Mensch versus Welt, S. 77.
7 Brief Schlieffens an seine Verlobte v. 14.6.1867, in: Kessel (Hrsg.), Alfred Graf von Schlieffen. Briefe, S. 209.
8 Paulmann, Pomp und Politik, S. 334.
9 Barth, Mensch versus Welt, S. 66.
10 Paulmann, Pomp und Politik, S. 65.
11 Brief Schlieffens an seine Verlobte v. 14.6.1867, in: Kessel (Hrsg.), Alfred Graf von Schlieffen. Briefe, S. 209.
12 Brief Bismarcks v. 5.7.1862 an seine Gattin, in: Bismarck, Gesammelte Werke, Bd. 14/II, S. 599.
13 Hildebrand, Das vergangene Reich, S. 17.
14 Lutz, Österreich-Ungarn und die Gründung des Deutschen Reiches, S. 87.
15 Ebd., S. 87f.
16 Gouttman, La grande défaite, S. 83.
17 Willms, Napoleon III., S. 236.
18 Friedrich von Holsteins geheime Papiere, Frauendienst (Hrsg.), Bd. 1, S. 40.
19 Allmeyer-Beck, Der stumme Reiter, S. 217.
20 Ebd.
21 Oncken, Die Rheinpolitik, Bd. 3, S. 329.
22 Allmeyer-Beck, Der stumme Reiter, S. 217.
23 Lutz, Österreich-Ungarn und die Gründung des Deutschen Reiches, S. 82f.
24 Howard, Franco-Prussian War, S. 46.
25 Becker, Zum Problem der Bismarckschen Politik in der spanischen Thronfrage, S. 538.
26 Engelberg, Bismarck, Bd. 1, S. 679.
27 Gruner, Die Rolle der deutschen Mittelstaaten, in: Heinemann u. a. (Hrsg.), Der Preußisch-Österreichische Krieg 1866, S. 271.

28 Ebd., S. 263.

29 Nur so lässt sich sein Vorschlag deuten, dass neben einer Armee des Norddeutschen Bundes auch eine Südarmee entstehen sollte, die unter dem Oberbefehl des bayerischen Monarchen stehe sollte, in: Bundesversammlung, 24. Sitzung v. 10.6.1866, zitiert bei Gruner, ebd., S. 251.

30 Schreiben an den preußischen Gesandten in Bayern, Georg Frh. v. Werthern, v. 26.2.1869, in: Bismarck, Gesammelte Werke, Bd. 6b, Nr. 1327.

31 Howard, Franco-Prussian War, S. 47f.

32 Gouttman, La grande défaite, S. 144.

33 Wetzel, Duell der Giganten, S. 93.

34 Pflanze, Bismarck, Bd. 1, S. 453.

35 Ebd., S. 464, Bismarck »steuerte diesen Kollisionskurs, weil er Frankreich entweder zum Krieg provozieren oder diplomatisch schwer demütigen wollte.«

36 Rede im Norddeutschen Bundestag am 24.2.1870, in: Bismarck, Werke in Auswahl, Bd. 4, S. 400ff.

37 Becker, Zum Problem der Bismarckschen Politik in der spanischen Thronfrage, S. 544.

38 Stern, Gold und Eisen, S. 190.

39 Bismarck, Gesammelte Werke, Bd. 6b, Nr. 1521.

40 Wetzel, Duell der Giganten, S. 79.

41 Dittrich, Bismarck, Frankreich und die spanische Thronkandidatur, S. 15f.

42 Ebd., S. 18: »[Friedrich] besaß keinen politischen Ehrgeiz und wollte sein bequemes Leben nicht einer abenteuerlichen Zukunft opfern.«

43 Ebd., S. 24.

44 Wetzel, Duell der Giganten, S. 100.

45 Dittrich, Bismarck, Frankreich und die spanische Thronkandidatur, S. 22.

46 Ebd., S. 23f.

47 Pflanze, Bismarck, Bd. 1, S. 464.

48 Ollivier, L'Empire libéral, Bd. 13, S. 608.

49 Gouttman, La grande défaite, S. 148.

50 Tombs, The War against Paris, S. 157.

51 Oncken, Die Rheinpolitik, Bd. 3, No. 698.

52 Pflanze, Bismarck, Bd. 1, S. 467.

53 Ebd., S. 468.
54 Wetzel, Duell der Giganten, S. 163.
55 Howard, Franco-Prussian War, S. 51.
56 Ebd., S. 167.
57 Pflanze, Bismarck, Bd. 1, S. 471.
58 Dittrich, Bismarck, Frankreich und die spanische Thronkandidatur, S. 290 u. 295.
59 Gouttman, La grande défaite, S. 162.
60 Roth, La Guerre de 1870, S. 38.
61 Gouttman, La grande défaite, S. 163.
62 Audoin-Rouzeau, 1870. La France dans la guerre, S. 51.
63 Kürschner (Hrsg.), Der Große Krieg 1870–71 in Zeitberichten, S. 55.
64 Waldersee, Denkwürdigkeiten, Bd. 1, S. 82.
65 Tagebuch der Baronin von Spitzemberg, S. 93, Eintag v. 14.7.1870.
66 Graf Bray im Gespräch mit Sir Henry Howards, dem britischen Gesandten in München, zitiert bei Valentin, Bismarcks Reichsgründung im Urteil englischer Diplomaten, S. 418.
67 Siehe etwa die Liste der gängigen Vorwürfe bei Busch, Graf Bismarck und seine Leute, Bd. 2, S. 166.
68 Fontane, Der Krieg gegen Frankreich, Bd. 1, S. 37f.
69 Audoin-Rouzeau, 1870. La France dans la guerre, S. 47.
70 Fontane, Tagebücher 1870, in: Erinnerungen, Ausgewählte Schriften, Kritiken, Bd. 3.2, S. 1110.
71 Droysen. Briefwechsel, Bd. 2, S. 893.
72 Seyferth, Heimatfront, S. 24.
73 Zitiert bei Ladenmacher, Rheinische Geschichte, Bd. 2, S. 571.
74 Telegramm v. 16.7.1870 im Politischen Archiv des AA, zitiert bei Kolb, Der Weg aus dem Krieg, S. 116.
75 Forbes, My Experiences, Bd. 1, S. 5.
76 Busch, Graf Bismarck und seine Leute, Bd. 2, S. 3.
77 Brief vom 7.8.1870, vollständig zitiert bei Beike, Die deutsche Arbeiterbewegung, S. 98–100.
78 Aschoff, Welfische Bewegung und politischer Katholizismus, S. 86f. Da der Vorsitzende, Frhr. Alexander v. Münchhausen, zugleich jedoch auch versicherte hatte, nach dem Krieg die Opposition gegen Preußen wieder aufzunehmen, hatte ihn der Generalgouverneur für die Küstenlande, General Eduard Vogel v. Falckenstein, in Haft nehmen lassen.

79 Frankfurter Zeitung v. 26.7.1870, zitiert bei Schneider, Die Reaktion der deutschen Öffentlichkeit, S. 113.
80 Resolution der Braunschweiger Volksversammlung v. 16.7.1870, vollständig bei Beike, Die deutsche Arbeiterbewegung, S. 86f.
81 Fenske, Die Deutschen und der Krieg, S. 175.
82 Audoin-Rouzeau, 1870. La France dans la guerre, S. 47.
83 Ebd., S. 48.
84 Ebd., S. 51.
85 Seyferth, Heimatfront, S. 41.
86 Ebd.
87 Hohenlohe-Ingelfingen, Aus meinem Leben, Bd. 4, S. 4. Hauptmann v. Roon durfte schließlich doch noch »ins Feld ziehen« und erhielt bei Sedan am 1.9.1870 einen Schuss in den Unterleib, an dem er zwei Tage später verstarb.
88 Kühlich, Die deutschen Soldaten, S. 168.
89 Pietsch, Von Berlin bis Paris, S. 3f.
90 Seyferth, Heimatfront, S. 25.
91 Forbes, My Experiences, Bd. 1, S. 9.
92 Pfälzischer Kurier v. 28.7.1870, zitiert bei Schneider, Die Reaktion der deutschen Öffentlichkeit, S. 112.
93 Bericht des Koblenzer Regierungspräsidenten v. 26.10.1870, zitiert bei Seyferth, Heimatfront, S. 33.
94 Ebd., S. 77.
95 Kolb, Der Weg aus dem Krieg, S. 119.
96 Seyferth, Heimatfront, S. 295.
97 Ebd., S. 27.
98 Roth, La Guerre de 1870, S. 40.
99 Soldat Birkmeyer aus Neuffen, S. 44.
100 Audoin-Rouzeau, 1870. La France dans la guerre, S. 48.
101 Forbes, My Experiences, Bd. 1, S. 6f.
102 Gruner, Die Rolle der deutschen Mittelstaaten, in: Heinemann u. a. (Hrsg.), Der Preußisch-Österreichische Krieg 1866, S. 271.
103 Blumenthal, Tagebücher, S. 67f.
104 Bericht des Magdeburger Regierungspräsidenten v. 22.7.1870, zitiert bei Seyferth, Heimatfront, S. 43.
105 Schneider, Die Reaktion der deutschen Öffentlichkeit, S. 118f.
106 Ebd., S. 42.

107 Fenske, Die Deutschen und der Krieg, S. 176.
108 Schneider, Die Reaktion der deutschen Öffentlichkeit, S. 130.
109 Rohkrämer, Militarismus der ›Kleinen Leute‹, S. 90f.
110 Seyferth, Heimatfront, S. 39f.
111 Bericht vom 1.8.1870, zitiert bei Audoin-Rouzeau, 1870. La France dans la guerre, S. 56.
112 L. de Narcy, Journal d'un officier de Turcos, zitiert bei Lecaillon, Été 1870, S. 23f.
113 Ebd., S. 53.
114 Ebd., S. 55.
115 Roth, La Guerre de 1870, S. 25.
116 Ebd., S. 44f.
117 Zitiert nach du Barail, Mes Souvenirs, Bd. 3, S. 155.
118 Stoffel, Militärische Berichte 1866–1870, S. 31.
119 Howard, Franco-Prussian War, S. 18.
120 Blicke auf die Armeen der Großmächte Europas im Jahre 1864, als Übersetzung erschienen in der Österreichischen Militärischen Zeitschrift III, 1864, S. 197–204.
121 Rede v. 3.4.1867, in: Moltke, Gesammelte Schriften und Denkwürdigkeiten, Bd. 7, S. 99.
122 Craig, Königgrätz, S. 16.
123 Zitiert nach Clark, Preußen, S. 583.
124 Reiners, Roman der Staatskunst, S. 241.
125 Jany, Preußische Armee, Bd. 4, S. 220.
126 Brief Dunckers an Baumgarten, zitiert bei Pflanze, Bismarck, Bd. 1, S. 188.
127 Rede v. 3.12.1850, in: Fenske (Hrsg.), Der Weg zur Reichsgründung, Bd. 5, S. 58f.
128 Ebd., S. 206.
129 Hildebrand, No Intervention, S. 355ff.
130 Jany, Preußische Armee, Bd. 4, S. 261.
131 Dostojewski, Tagebuch eines Schriftstellers, Bd. I, 2, S. 236.
132 Jany, Preußische Armee, Bd. 4, S. 262.
133 Waldersee, Denkwürdigkeiten, Bd. 1, S. 50.
134 Kühlich, Die deutschen Soldaten, S. 329.
135 Moltke, Der Deutsch-Französische Krieg in: Förster (Hrsg.), Moltke, Vom Kabinettskrieg zum Volkskrieg, S. 327.

136 Kühlich, Die deutschen Soldaten, S. 366 (Anm. 196).
137 Sheridan, Personal Memoirs, Bd. 2, S. 449.
138 Kühlich, Die deutschen Soldaten, S. 341.
139 Gespräch vom 8.9.1870, in: Tagebuch der Brüder Goncourt, S. 28.
140 Michael Schmid, Der Eiserne Kanzler und die Generale. Deutsche Rüstungspolitik in der Ära Bismarck (1871–1890), Paderborn / München 2003, S. 4f.

Der Krieg gegen das Kaiserreich

1 Hérisson, Tagebuch, S. 13f.
2 Gouttman, La grande défaite, S. 149.
3 Schneider, Der Krieg aus französischer Sicht, in: Groote/Gersdorf (Hrsg.), Entscheidung 1870, S. 176.
4 Howard, Franco-Prussian War, S. 34.
5 Barth, Mensch versus Welt, S. 77.
6 Gouttman, La grande défaite, S. 126.
7 Serman, French Mobilization, S. 286.
8 Gouttman, La grande défaite, S. 149.
9 Serman, French Mobilization, S. 283.
10 Howard, Franco-Prussian War, S. 57.
11 Roth, La Guerre de 1870, S. 23f.
12 Audoin-Rouzeau, La France dans la guerre, S. 85.
13 Serman, French Mobilization, S. 285.
14 Audoin-Rouzeau, La France dans la guerre, S. 84.
15 Holmes, Road to Sedan, S. 24f.
16 Ebd., S. 86.
17 Ebd., S. 85.
18 Roth, La Guerre de 1870, S. 25.
19 Howard, Franco-Prussian War, S. 80.
20 Ebd., S. 47.
21 Forbes, My Experiences, Bd. 1, S. 3.
22 Howard, Franco-Prussian War, S. 78.
23 Blumenthal, Tagebücher, Eintrag v. 22.7.1870, S. 63.
24 Howard, Franco-Prussian War, S. 77.
25 Denkschrift vom Winter 1868/69, in: Förster (Hrsg.), Moltke. Vom Kabinettskrieg zum Volkskrieg, S. 215.

26 Der Eisenbahn-Aufmarsch zum deutsch-französischen Kriege, S. 38f.
27 Meisner (Hrsg.), Kaiser Friedrich III., Kriegstagebuch, S. 19.
28 Schlesinger (Hrsg.), William Russells Kriegstagebuch, S. 5.
29 Blumenthal, Tagebücher, Eintrag v. 22.7.1870, S. 63.
30 Soldat Birkmeyer aus Neuffen, S. 45.
31 Helvig, Das I. Bayerische Armee-Corps, S. 10.
32 Denkschrift vom Winter 1868/69, in: Förster (Hrsg.), Moltke. Vom Kabinettskrieg zum Volkskrieg, S. 214.
33 Kessel, Moltke, S. 546.
34 Der Eisenbahn-Aufmarsch zum deutsch-französischen Kriege, Übersicht, Anhang I.
35 Busch, Graf Bismarck und seine Leute, Bd. 2, S. 2f.
36 Der Eisenbahn-Aufmarsch zum deutsch-französischen Kriege, S. 71.
37 Kessel, Moltke, S. 165.
38 Bismarck, Erinnerung und Gedanke, in: Bismarck. Werke in Auswahl, Bd. 8, Tl. A, S. 360.
39 Es hatte darüber sogar eine Personaldebatte unter Vorsitz König Wilhelms gegeben, siehe dazu: Meisner (Hrsg.), Kaiser Friedrich III., Kriegstagebuch, S. 5.
40 Howard, Franco-Prussian War, S. 60.
41 Zum Verlauf der Fahrt siehe: Blumenthal, Tagebücher, S. 66f.
42 Moltke, Militärische Korrespondenz, S. 131.
43 Ansprache am 29.7.1870 vor seinen Bataillonskommandeuren und Kompaniechefs, zitiert bei Kühlich, Die deutschen Soldaten, S. 348 (Anm. 117).
44 Howard, Franco-Prussian War, S. 81.
45 Roth, La Guerre de 1870, S. 44f.
46 Audoin-Rouzeau, La France dans la guerre, S. 94.
47 Brief an die Gattin v. 5.8.1870, in: Bismarck, Gesammelte Werke, Bd. 14/2, S. 781.
48 Howard, Franco-Prussian War, S. 100.
49 Klein, Fröschweiler Chronik, S. 49f.
50 Roth, La guerre de 1870, S. 40.
51 Gouttman, La grande défaite, S. 193.
52 Roth, La Guerre de 1870, S. 46.
53 Tagebuch der Baronin v. Spitzemberg, S. 96, Eintrag v. 4.8.1870.
54 Artikel v. 8.8.1870, in: MEW, Bd. 17, S. 29.

55 Klein, Fröschweiler Chronik, S. 62f.
56 Howard, Franco-Prussian War, S. 107.
57 Ebd., S. 111f.
58 Gouttman, La grande défaite, S. 204.
59 Pietsch, Von Berlin bis Paris, S. 29.
60 Großer Generalstab, Der Deutsch-Französische Krieg, Tl. 1, Bd. 1, S. 62.
61 Jacqmin, Les chemins de fer pendant la guerre, S. 137.
62 Howard, Franco-Prussian War, S. 91, spricht von »bull-headed enthusiasm«.
63 Moltke, Der Deutsch-Französische Krieg, in: Förster (Hrsg.), Moltke. Vom Kabinettskrieg zum Volkskrieg, S. 261.
64 Howard, Franco-Prussian War, S. 93.
65 Ebd., S. 98.
66 Moltke, Der Deutsch-Französische Krieg, in: Förster (Hrsg.), Moltke. Vom Kabinettskrieg zum Volkskrieg, S. 263.
67 Roth, La Guerre de 1870, S. 57.
68 Tagebuch der Brüder Goncourt v. 6.8.1870, S. 18.
69 Kürschner (Hrsg.), Der Große Krieg 1870–71 in Zeitberichten, S. 191.
70 Howard, Franco-Prussian War, S. 120.
71 Schreiben Gladstones an Granville v. 7.8.1870, zitiert bei Kolb, Der Weg aus dem Krieg, S. 46f.
72 Zur exakten Rekonstruktion des Vorganges siehe Alain Corbin, das Dorf der Kannibalen, Stuttgart 1992, S. 77.
73 Tagebuch der Baronin v. Spitzemberg v. 6.8.1870, S. 97.
74 Howard, Franco-Prussian War, S. 121.
75 Tagebuch der Baronin von Spitzemberg, Eintrag v. 19.8.1870, S. 100.
76 Jacqmin, Les chemins de fer pendant la guerre, S. 135.
77 Howard, Franco-Prussian War, S. 125f.
78 Ebd., S. 143.
79 Ebd., S. 144.
80 Brief v. 14.8.1870, in: Bismarcks Briefe an seine Gattin, S. 19.
81 Moltke, Der Deutsch-Französische Krieg, in: Förster (Hrsg.), Moltke. Vom Kabinettskrieg zum Volkskrieg, S. 271.
82 Bazaine, Épisodes de la guerre, S. 49.
83 Gouttman, La grande défaite, S. 216.
84 Roth, La Guerre de 1870, S. 73.

85 Moltke, Der Deutsch-Französische Krieg, in: Förster (Hrsg.), Moltke. Vom Kabinettskrieg zum Volkskrieg, S. 280.
86 Ebd., S. 281.
87 Howard, Franco-Prussian War, S. 153.
88 Roth, La Guerre de 1870, S. 80.
89 Ebd.
90 Großer Generalstab, Krieg gegen Frankreich, Tl. 1, Bd. 1, Anhang S. 156 u. 167.
91 Lehautcourt, Histoire de la guerre de 1870–1871, Metz II, S. 605. Demnach verloren die Franzosen am 16. August 13 800 Mann, wobei das II. und VI. Armee-Korps mit je 4000 Toten und Verwundeten die höchsten Ausfälle hatten.
92 Howard, Franco-Prussian War, S. 153.
93 Moltke, Der Deutsch-Französische Krieg, in: Förster (Hrsg.), Moltke. Vom Kabinettskrieg zum Volkskrieg, S. 283.
94 Ebd., S. 287.
95 Hohenlohe-Ingelfingen, Aus meinem Leben, Bd. 4, S. 88.
96 Sheridan, Personal Memoirs, Bd. 2, S. 385f.
97 Kessel, Moltke, S. 558.
98 Großer Generalstab, Deutsch-Französischer Krieg, Tl. 1, Bd. 2, S. 884f.
99 Hindenburg, Lebensbild, S. 38.
100 Großer Generalstab, Deutsch-Französischer Krieg, Tl. 1, Bd. 2, S. 893f.
101 Howard, Franco-Prussian War, S. 177f.
102 Lehautcourt, Histoire de la guerre de 1870–1871, Bd. 1, S. 297.
103 So etwa Guttmann, La grande défaite, S. 218.
104 Roth, La Guerre de 1870, S. 92.
105 Moltke nennt zwar für die ersten 14 Tage des Feldzuges nur 50 000 Mann als Gesamtverlust, weicht aber damit von der Summe seiner Einzelangaben ab. Moltke, Der Deutsch-Französische Krieg, in: Förster (Hrsg.), Moltke. Vom Kabinettskrieg zum Volkskrieg, S. 296.
106 Brief v. 17.8.1870, in: Bismarcks Briefe an seine Gattin, S. 22f.
107 Kessel, Moltke, S. 562.
108 Zitiert nach Roth, La Guerre de 1870, S. 107.
109 Tagebuch der Baronin von Spitzemberg, S. 102, Eintrag v. 3.9.1870.
110 Großer Generalstab, Krieg gegen Frankreich, Tl. 1, Bd. 2, Anhang 31.
111 Kessel, Moltke, S. 561.
112 Großer Generalstab, Krieg gegen Frankreich, Tl. 1, Bd. 2, Anhang 31.

113 Kessel, Moltke, S. 564.
114 Lehautcourt, Histoire de la guerre de 1870–1871, Bd. 1, S. 323.
115 Roth, La Guerre de 1870, S. 107.
116 Ebd.
117 Lehautcourt, Histoire de la guerre de 1870–1871, Bd. 1, S. 337.
118 Howard, Franco-Prussian War, S. 197f.
119 Brief v. 31.8.1870, in: Bismarcks Briefe an seine Gattin, S. 33.
120 Moltke, Der Deutsch-Französische Krieg, in: Förster (Hrsg.), Moltke. Vom Kabinettskrieg zum Volkskrieg, S. 307ff.
121 Howard, Franco-Prussian War, S. 205.
122 Schreiben Bismarcks an den preußischen Gesandten in Brüssel, in: Bismarck, Gesammelte Werke, Bd. 6b, Nr. 1771.
123 Moltke, Der Deutsch-Französische Krieg, in: Förster (Hrsg.), Moltke. Vom Kabinettskrieg zum Volkskrieg, S. 316.
124 Kühnhauser, Kriegserinnerungen, S. 74.
125 Stoneman, The Bavarian Army and the French Civilians, S. 275. Eine 1871 durchgeführte Untersuchung der Vorfälle durch französische Behörden zählte insgesamt 39 zivile Opfer, darunter acht Menschen, die in den Flammen umgekommen waren.
126 Brief v. 2.9.1870, in: Bismarcks Briefe an seine Gattin, S. 34.
127 Howard, Franco-Prussian War, S. 211.
128 Ebd., S. 208.
129 Ebd., S. 215f.
130 Roth, La Guerre de 1870, S. 140.
131 Ebd., S. 122f.
132 Hohenlohe-Ingelfingen, Aus meinem Leben, Bd. 4, S. 197.
133 Oberst Gustav v. Schobert, Lebenserinnerungen, zitiert bei Kühlich, Die deutschen Soldaten, S. 339.
134 Blanchard Jerrold, The Life of Napoleon III, Bd. IV, S. 520f., zitiert bei Willms, Napoleon III., S. 260.
135 Verdy du Vernois, Im Großen Hauptquartier, S. 151.
136 Bericht des Hauptmanns d'Orcet, in: Lehautcourt, Histoire de la guerre de 1870–1871. L'armée de Chalons, Bd. III, S. 250ff.
137 Ebd., S. 258.
138 Brief v. 3.9.1870, in: Bismarcks Briefe an seine Gattin, S. 36.
139 Darstellung der Begegnung bei Waldersee, Denkwürdigkeiten, Bd. 1, S. 93.

140 Ebd., S. 94.
141 Bronsart v. Schellendorff, Geheimes Kriegstagebuch, S. 63. Beide Monarchen seien sehr bewegt gewesen.
142 Willms, Napoleon III., S. 263.
143 Kühnhauser, Kriegserinnerungen, S. 88.
144 Französische Quellen sprechen sogar von rund 10000 Mann, die noch Anschluss an General Vinoys XIII. Armee-Korps in Mézières finden konnten. Siehe auch Howard, Franco-Prussian War, S. 320.
145 Roth, La Guerre de 1870, S. 128.
146 Kessel, Moltke, S. 566.
147 Großer Generalstab, Krieg gegen Frankreich, Tl. 1, Bd. 2, Anhang 50.
148 Laßberg, Mein Kriegstagebuch, S. 80.
149 Hindenburg, Aus meinem Leben, S. 39: Die Mannschaften der preußischen Garde seien nicht mehr in Reih und Glied zu halten gewesen, als der König erschien.
150 Brief v. 3.9.1870 an Königin Augusta, zitiert bei: Scheibert, Der Krieg zwischen Frankreich und Deutschland, S. 183.
151 Kessel, Moltke, S. 569.

Hungrig, frierend, ahnungslos – Die Soldaten im Feld

1 Journal eines Offiziers der »Turkos«, zitiert in: Lecaillon, Été 1870, S. 15.
2 Bauriedel, Meine Erlebnisse, S. 8.
3 Großer Generalstab (Hrsg.), Zur Orientierung über die französische Armee, S. 32.
4 Ebd., S. 8.
5 Kühnhauser, Kriegserinnerungen, S. 27: »Der Eindruck, den die Gefangenen machten, war ein schlechter und der übergroße Glaube an den französischen Elan begann zu schwinden.«
6 Heinrich Fritsch, 1870/71. Erinnerungen und Betrachtungen, Bonn 1914, S. 23.
7 Bauriedel, Meine Erlebnisse, S. 17.
8 Laßberg, Kriegstagebuch, S. 23.
9 Kühlich, Die deutschen Soldaten, S. 155; siehe auch Pietsch, Von Berlin nach Paris, S. 21: »Man denke sich also diese malerische Ungezieferbrut in unseren Quartieren als siegreiche Feinde.«

10 Journal eines Offiziers der Rheinarmee, Eintrag v. 19.7.1870. »Bis hinunter zum jüngsten Unterleutnant gab es niemanden, der nicht davon träumte, eine Schlacht zu gewinnen und General zu werden.« Zitiert nach Lecaillon, Été 1870, S. 15.
11 Leutnant Henri Gastineau, Journal de marche, zitiert in: Lecaillon, Été 1870, S. 42f.
12 Ebd., S. 10.
13 Klein, Fröschweiler Chronik, S. 32.
14 Ebd., S. 34.
15 Hérisson, Tagebuch, S. 30.
16 Waldersee, Denkwürdigkeiten, Bd. 1, S. 62.
17 Aufruf Napoleons v. 28.7.1870 in Metz, zitiert bei Howard, Franco-Prussian War, S. 78.
18 Holmes, Road to Sedan, S. 189.
19 Bamberger, Bismarcks großes Spiel, S. 188.
20 Stoffel, Militärische Berichte 1866–1870, S. 16.
21 Brief v. 17.8.1870, in: Bismarcks Briefe an seine Gattin, S. 23.
22 Kühlich, Die deutschen Soldaten, S. 433f: Die Erkenntnis, dass der umsorgte Soldat der militärisch effektivere sein könne, war dem damaligen militärischen Denken fremd.
23 Ebd., S. 82f.
24 Bauriedel, Meine Erlebnisse, S. 19.
25 Kühlich, Die deutschen Soldaten, S. 380.
26 Soldat Birkmeyer aus Neuffen, S. 70.
27 Kühlich, Die deutschen Soldaten, S. 79ff.
28 Pfeil, Vor vierzig Jahren, S. 91.
29 Kühlich, Die deutschen Soldaten, S. 99.
30 Laßberg, Kriegstagebuch, S. 36.
31 Hindenburg, Aus meinem Leben, S. 30.
32 Liebermann von Sonnenberg, Aus der Glückszeit, S. 59.
33 Laßberg, Kriegstagebuch, S. 55.
34 Ebd., S. 168.
35 Journal des Leutnants Henry Gastinieau, Eintrag v. 24.7.1870, zitiert bei Lecaillon, Été 1870, S. 21f.
36 Busch, Graf Bismarck und seine Leute, Bd. 2, S. 102.
37 Bauriedel, Meine Erlebnisse, S. 22.
38 Kühlich, Die deutschen Soldaten, S. 282f.

39 Kühnhauser, Kriegserinnerungen, S. 66.
40 Laßberg, Kriegstagebuch, S. 21.
41 Van Creveld, Supplying War, S. 92.
42 Ebd., S. 93ff.
43 Sheridan, Personal Memoirs, Bd. 2, S. 391.
44 Kühnhauser, Kriegserinnerungen, S. 27.
45 Kühlich, Die deutschen Soldaten, S. 337: »Die französische Artillerie war in den Gefechten ohne große Bedeutung.«
46 Ebd., S. 391.
47 Ebd., S. 357.
48 Brief eines französischen Soldaten aus der Gefangenschaft, zitiert bei: Kürschner (Hrsg.), Der Große Krieg 1870–71 in Zeitberichten, Spalte 917.
49 Laßberg, Kriegstagebuch, S. 16.
50 Pfeil, Vor vierzig Jahren, S. 29.
51 Kürschner (Hrsg.), Der Große Krieg 1870–71 in Zeitberichten, Sp. 388.
52 Aufstellung bei Krocker, Die staatlich-militärische und die internationale Krankenpflege, S. 358.
53 Kühnhauser, Kriegserinnerungen, S. 38.
54 Bauriedel, Meine Erlebnisse, S. 22.
55 Ebd., S. 42.
56 Klein, Fröschweiler Chronik, S. 123f.
57 Bauriedel, Meine Erlebnisse, S. 43: »Schmerzlich war der Gegensatz zwischen dem Jubel der teilweise furchtbar gelichteten Regimenter und den stillen, bleichen Toten ringsum am Schlachtfeld.«
58 Pietsch, Von Berlin bis Paris, S. 20.
59 Meisner (Hrsg.), Kaiser Friedrich III., Kriegstagebuch, S. 97.

Finanzmisere, Frauenvereine und Friedenssehnsucht

1 Schreiben v. 8.8.1870, zitiert bei: Seyferth, Kollekten für den Krieg, S. 35.
2 Tagebuch der Baronin v. Spitzemberg, Eintrag v. 5.11.1870, S. 109f.
3 Norman Angell, Die falsche Rechnung. Was bringt ein Krieg ein? Berlin o. J., S. 24.
4 Seyferth, Heimatfront, S. 1.
5 Moltke, Gesammelte Schriften und Denkwürdigkeiten, Teil II, Bd. 2, S. 173.

6 GPStA, I. HA, Rep. 89, Nr. 15928, Regierungspräsidium Erfurt, Bl. 225.
7 Loewe, Die unmittelbare wirtschaftliche Einwirkung des Krieges, S. 15.
8 Publicist v. 23.7.1870, zitiert bei Meteling, Ehre, Einheit, Ordnung, S. 127.
9 Seyferth, Heimatfront, S. 177.
10 Ebd., S. 185.
11 Loewe, Die unmittelbare wirtschaftliche Einwirkung des Krieges, S. 31.
12 Ebd., S. 32.
13 Rede Bebels v. 26.11.1870 im Norddeutschen Bundestag, in: Fenske (Hrsg.), Der Weg zur Reichsgründung, S. 433.
14 Stern, Gold und Eisen, S. 197.
15 GPStA, I. HA, Rep. 89, Nr. 16344, Regierungspräsidium Trier, Bl. 68 u. Nr. 15881, Regierungspräsidium Wiesbaden.
16 Schreiben an das bayrische Innenministerium v. 20.7.1870, zitiert bei Seyferth, Heimatfront, S. 293.
17 Ebd., S. 191.
18 Ebd., S. 185.
19 GPStA, I. HA, Rep. 89, Nr. 16271, Regierungspräsidium Koblenz, Bl. 17 v. 26.10.1870.
20 GPStA, I. HA, Rep. 120, Regierungspräsidium Düsseldorf, Bl. 130.
21 Bericht der Centralstelle für Gewerbe und Handel betr. den derzeit herrschenden Mangel an Steinkohle v. 18.12.1870, in: HStA Stuttgart, E 271, Bü 959, Bl. 959f.
22 Preußische Statistik, S. 49.
23 Kürschner (Hrsg.), Der Große Krieg 1870–71 in Zeitberichten, Sp. 57f.
24 Briefe des Grafen Hatzfeld an seine Frau. Geschrieben aus dem Großen Hauptquartier, zitiert bei Quataert, German Patriotic Women's Work, in: Förster/Nagler (Hrsg.), On the Road to Total War, S. 464.
25 Berliner Börsen-Zeitung v. 29.7.1870, zitiert bei Beike, Die Deutsche Arbeiterbewegung, S. 27.
26 Seyferth, Heimatfront, S. 277.
27 Ebd., S. 280.
28 Meteling, Ehre, Einheit, Ordnung, S. 128.
29 Seyferth, Kollekten für den Krieg, S. 50.
30 Zweiter Rechenschaftsbericht des Kölner Hilfsvereins v. 31.12.1870, in: HptStA Stuttgart, E 40/72.
31 Ebd., S. 44ff.
32 Ebd., S. 50.

33 StA Münster, Oberpräsidium Westfalen, Nr. 646, Schreiben des VII. Armeekorps an das Oberpräsidium Westfalen v. 3.11.1870.
34 GPStA, I. HA, Rep. 89, Nr. 15928, Regierungspräsidium Erfurt, Bl. 215.
35 Vollständiger Text des Manifestes bei Beike, Die Deutsche Arbeiterbewegung, S. 101–107.
36 Lüdtke, The Permanence of Internal War, in: Förster/Nagler (Hrsg.), On the Road to Total War, S. 378f.
37 Schreiben v. 28.9.1870 an den Oberpräsidenten v. Königsberg, in: Bismarck, Gesammelte Werke, Bd. 6b, Nr. 1836.
38 Seyferth, Heimatfront, S. 312.
39 Ebd., S. 321.
40 Ebd., S. 322.
41 Kürschner (Hrsg.), Der Große Krieg 1870–71 in Zeitberichten, Sp. 1213.

Der Kampf gegen die Republik

1 Hérisson, Tagebuch, S. 81.
2 Howard, Franco-Prussian War, S. 224.
3 Audoin-Rouzeau, La France dans la guerre, S. 143.
4 Hérisson, Tagebuch, S. 77f.
5 Ebd., S. 81.
6 Tagebuch der Brüder Goncourt, S. 23.
7 Ebd., S. 26.
8 Hérisson, Tagebuch, S. 99.
9 Audoin-Rouzeau, La France dans la guerre, S. 180.
10 Roth, La Guerre de 1870, S. 192.
11 Ebd., S. 152.
12 Audoin-Rouzeau, La France dans la guerre, S. 149.
13 Roth, La Guerre de 1870, S. 214.
14 Ebd., S. 96.
15 Ebd., S. 185.
16 Hérisson, Tagebuch, S. 175f.
17 Kessel, Moltke, S. 569.
18 Maximilian Graf von Berchem in einem Bericht v. 11.1.1871, in: Geheimes Staatsarchiv München, zitiert bei Kolb, Der Weg aus dem Krieg, S. 196 (Anm. 3).

19 Busch, Graf Bismarck und seine Leute, Bd. 2, S. 81.
20 Parteiausschuss der »Eisenacher« v. 3.9.1870, zitiert bei Engelberg, Bismarck, Bd. 1, S. 737.
21 Waldersee, Denkwürdigkeiten, Bd. 1, S. 99.
22 Fenske, Die Deutschen und der Krieg, S. 197f.
23 Verdy du Vernois, Im Großen Hauptquartier, S. 67f.
24 Gespräch des Generals von Blumenthal mit Bismarck am 8.9.1870, in: ders., Tagebücher, S. 99.
25 Bamberger, Bismarcks großes Spiel, S. 150.
26 Erlass an den Fürsten Reuss v. 6.9.1870, in: Bismarck, Gesammelte Werke, Bd. 6b, S. 478.
27 Vgl. dazu Gall, Das Problem Elsass-Lothringen, S. 378: Der Gedanke, dass die Abtrennung des Elsass und Lothringens für die Sicherheit des deutschen Nationalstaates unerlässlich sei, zog sich wie ein roter Faden durch alle seine diesbezüglichen Äußerungen.
28 Erlass an den Grafen v. Bernstorff v. 16.9.1870, in: Bismarck, Gesammelte Werke, Bd. 6b, S. 498.
29 Brief Bismarcks vom 23.9.1870 an seinen Sohn Herbert, in: Bismarcks Briefe an seine Gattin, S. 47.
30 Howard, Franco-Prussian War, S. 232.
31 Verdy du Vernois, Im Großen Hauptquartier, S. 196.
32 Blumenthal, Tagebücher, Eintrag v. 22.9.1870, S. 111.
33 Moltke, Der Deutsch-Französische Krieg, in: Förster (Hrsg.), Moltke. Vom Kabinettskrieg zum Volkskrieg, S. 339.
34 Kessel, Moltke, S. 575.
35 Brief an seinen Bruder Adolf v. 23.11.1870, in: Förster (Hrsg.), Moltke. Vom Kabinettskrieg zum Volkskrieg, S. 228f.
36 Tagebuch der Baronin von Spitzemberg, S. 111, Eintrag v. 8.11.1870.
37 Washburne, Diary, S. 72.
38 Roth, La Guerre de 1870, S. 188.
39 Waldersee, Denkwürdigkeiten, Bd. 1, S. 97.
40 Moltke, Der Deutsch-Französische Krieg, in: Förster (Hrsg.), Moltke. Vom Kabinettskrieg zum Volkskrieg, S. 343.
41 Verdy du Vernois, Im Großen Hauptquartier, S. 188.
42 Blumental, Tagebücher, Eintrag v. 16.9.1870, S. 105.
43 Moltke, Der Deutsch-Französische Krieg, in: Förster (Hrsg.), Moltke. Vom Kabinettskrieg zum Volkskrieg, S. 349f.

44 Tagebuch der Brüder Goncourt, S. 35f.
45 Gouttman, La grande défaite, S. 275.
46 Pfeil, Vor vierzig Jahren, S. 115.
47 Howard, Franco-Prussian War, S. 230.
48 Blumental, Tagebücher, Eintrag v. 17.9.1870, S. 114.
49 Verdy du Vernois, Im Großen Hauptquartier, Eintrag v. 9.10.1870, S. 202: »Wir sind alle augenblicklich eifrig mit dem Durchlesen von Briefen beschäftigt, welche mittels eines Ballons aus Paris gekommen, in unsere Hände fielen. Ich schätze sie auf 30 000.«
50 Roth, La Guerre de 1870, S. 193.
51 Moltke, Der Deutsch-Französische Krieg, in: Förster (Hrsg.), Moltke. Vom Kabinettskrieg zum Volkskrieg, S. 362f.
52 Blumental, Tagebücher, Eintrag v. 30.9.1870, S. 117.
53 Verdy du Vernois, Im Großen Hauptquartier, Eintrag v. 9.10.1870, S. 202.
54 Ebd., S. 115.
55 Audoin-Rouzeau, La France dans la guerre, S. 273f.
56 Moltke, Der Deutsch-Französische Krieg, in: Förster (Hrsg.), Moltke. Vom Kabinettskrieg zum Volkskrieg, S. 364.
57 Waldersee, Denkwürdigkeiten, Bd. 1, S. 99.
58 Brief v. 28.10.1870, in: Bismarcks Briefe an seine Gattin, S. 56.
59 Moltke, Der Deutsch-Französische Krieg, in: Förster (Hrsg.), Moltke. Vom Kabinettskrieg zum Volkskrieg, S. 345.
60 Brief v. 28.10.1870, in: Bismarcks Briefe an seine Gattin, S. 56f.
61 Kessel, Moltke, S. 576.
62 Waldersee, Denkwürdigkeiten, Bd. 1, S. 104.
63 Reiners, Roman der Staatskunst, S. 281f.
64 Zitiert bei Klaus Wiede, Der deutsch-französische Krieg, Bd. 2, Augenzeugenberichte und Zeitdokumente, München 1970, S. 136f.
65 Stadelmann, Moltke und der Staat, S. 185.
66 Moltke, Der Deutsch-Französische Krieg, in: Förster (Hrsg.), Moltke. Vom Kabinettskrieg zum Volkskrieg, S. 354.
67 Fischbach, Le siège et bombardement de Strasbourg, S. 206.
68 Ebd., S. 354.
69 Ebd., S. 359.
70 Howard, Franco-Prussian War, S. 275f.
71 Ebd., S. 276.

72 Favre, Gouvernement de la défense nationale, S. 257f.
73 Moltke, Der Deutsch-Französische Krieg, in: Förster (Hrsg.), Moltke. Vom Kabinettskrieg zum Volkskrieg, S. 360.
74 Dokument im Service Historique in Vincennes, zitiert bei Audoin-Rouzeau, La France dans la guerre, S. 224.
75 Howard, Franco-Prussian War, S. 261.
76 Moltke, Der Deutsch-Französische Krieg, in: Förster (Hrsg.), Moltke. Vom Kabinettskrieg zum Volkskrieg, S. 335.
77 Foerster, Prinz Friedrich Karl von Preußen, Bd. 2, S. 271.
78 Howard, Franco-Prussian War, S. 264f.
79 Moltke, Der Deutsch-Französische Krieg, in: Förster (Hrsg.), Moltke. Vom Kabinettskrieg zum Volkskrieg, S. 335.
80 Foerster, Prinz Friedrich Karl von Preußen, Bd. 2, S. 272.
81 Moltke, Der Deutsch-Französische Krieg, in: Förster (Hrsg.), Moltke. Vom Kabinettskrieg zum Volkskrieg, S. 337.
82 Dokument im Service Historique in Vincennes, zitiert bei Audoin-Rouzeau, La France dans la guerre, S. 220.
83 Howard, Franco-Prussian War, S. 261.
84 Roth, La Guerre de 1870, S. 256.
85 Ebd., S. 255.
86 Ebd., S. 256f.
87 Bazaine, Épisodes de la guerre, S. 178.
88 Howard, Franco-Prussian War, S. 271.
89 Ebd., S. 277.
90 Foerster, Prinz Friedrich Karl von Preußen, Bd. 2, S. 294.
91 Bazaine, Épisodes de la guerre, S. 219.
92 Erlass an Bernstorff v. 15.10.1870, in: Bismarck, Gesammelte Werke, Bd. 6b, Nr. 1869, S. 548.
93 Ebd., S. 279.
94 Roth, La Guerre de 1870, S. 263.
95 Tombs, The War against Paris, S. 16.
96 Text der Proklamation bei Freycinet, La guerre en province, S. 84.
97 Roth, La Guerre de 1870, S. 272.
98 Howard, Franco-Prussian War, S. 282.
99 Foerster, Prinz Friedrich Karl von Preußen, Bd. 2, S. 301.
100 Stosch (Hrsg.), Denkwürdigkeiten, Eintrag vom 31.10.1870.
101 Ebd., Eintrag v. 3.11.1870.

102 Brief v. 25.11.1870 an die Schwester, in: Kessel (Hrsg.), Graf Alfred von Schlieffen. Briefe, S. 254.
103 Meteling, Ehre, Einheit, Ordnung, S. 149.
104 Roth, La Guerre de 1870, S. 231.
105 Meteling, Ehre, Einheit, Ordnung, S. 154.
106 Moltke, Der Deutsch-Französische Krieg, in: Förster (Hrsg.), Moltke. Vom Kabinettskrieg zum Volkskrieg, S. 365.
107 Ebd., S. 156.
108 Howard, Franco-Prussian War, S. 288.
109 Freycinet, La guerre en province, S. 81f.
110 Jacqmin, Les chemins de fer pendant la guerre, S. 166f.
111 Lehautcourt, Histoire de la guerre de 1870–1871, Bd. 7, S. 31.
112 Roth, La Guerre de 1870, S. 267f.
113 Gambettas Antwortschreiben zitiert bei Freycinet, La guerre en province, S. 88f.
114 Waldersee, Denkwürdigkeiten, Bd. 1, S. 106.
115 Ebd., S. 296f.
116 Moltke, Der Deutsch-Französische Krieg, in: Förster (Hrsg.), Moltke. Vom Kabinettskrieg zum Volkskrieg, S. 400.
117 Audoin-Rouzeau, La France dans la guerre, S. 235f.
118 Bronsart v. Schellendorff, Geheimes Kriegstagebuch, Eintrag v. 11.11.1870, S. 176.
119 Audoin-Rouzeau, La France dans la guerre, S. 235.
120 Howard, Franco-Prussian War, S. 310.
121 Ebd., S. 312.
122 Großer Generalstab (Hrsg.), Der Deutsch-Französische Krieg, Bd. 2,1, Anlage 93.
123 Laßberg, Kriegstagebuch, S. 250.
124 Blumenthal, Tagebücher, S. 176: »Gegen Morgen wieder Telegramm von (General) Tümpling, der erwartete, angegriffen zu werden. Es zeigte sich aber bald, dass der Feind gar nicht daran dachte, sondern alles nach Osten zieht.«
125 Wittich, Aus meinem Tagebuche 1870–71, S. 253. Der Kommandeur der 22. Division hoffte vergebens während des Kampfes um Poupry auf Unterstützung durch das IX. Armee-Korps.
126 Moltke, Der Deutsch-Französische Krieg, in: Förster (Hrsg.), Moltke. Vom Kabinettskrieg zum Volkskrieg, S. 414.

127 Bericht Gambettas an Trochu v. 5.12.1870, in: Reinach (Hrsg.), Dépeches, Circulaires, Décrets de Léon Gambetta, Bd. 1, S. 174.
128 Erinnerungen des Major Krulle vom Feldartillerieregiment Nr. 5, zitiert bei Meteling, Ehre, Einheit, Ordnung, S. 172.
129 Roth, La Guerre de 1870, S. 306.
130 Reinach (Hrsg.), Dépeches, Circulaires, Décrets de Léon Gambetta, Bd. 1, S. 182.
131 Faidherbe, Campagne de l'armée du Nord, S. 85.
132 Lehautcourt, Histoire de la guerre de 1870–1871. L'armée du Nord, Anhang I, 28.
133 Großer Generalstab (Hrsg.), Der Deutsch-Französische Krieg, Bd. 4, Anhang S. 305f.: Gemäß Rapport v. 21.11.1870 verfügte das preußische VIII. Armee-Korps nur noch über knapp 21 000 Mann, die 3. Kavallerie-Division bestand noch aus 2200 Reitern.
134 Howard, Franco-Prussian War, S. 391.
135 Bronsart von Schellendorff, Geheimes Kriegstagebuch, S. 250.
136 Faidherbe, Campagne de l'armée du Nord, S. 41f.
137 Bronsart von Schellendorff, Geheimes Kriegstagebuch, S. 250.
138 Howard, Franco-Prussian War, S. 395.
139 Bronsart von Schellendorff, Geheimes Kriegstagebuch, S. 224.
140 Marx/Engels, Werke (MEW), Bd. 33, S. 163.
141 Denkschrift zur Vorbereitung eines Volksaufstandes, zitiert in: Walter, Preußische Heeresreformen, S. 261.
142 Tanera, Der Krieg von 1870/71, Bd. 1, Weißenburg, Wörth, Spichern, S. 98.
143 Klein, Fröschweiler Chronik, S. 162f.
144 In einem Brief vom 16.8.1870 erwähnt der Leutnant bei der Gardeartillerie Friedrich Clauson von Kaas die Erschießung von »1 Mann und 11 Bauern«, die Verwundete misshandelt hatten. Loch/Vette (Hrsg.), Friedrich Clauson von Kaas, S. 73.
145 Favre, Gouvernement de la défense nationale, Bd. 1, S. 163.
146 Walter, Preußische Heeresreformen, S. 293.
147 Blumenthal, Tagebücher, S. 97, Eintrag v. 5.9.1870.
148 Waldersee, Denkwürdigkeiten, Bd. 1, S. 100f.
149 Ebd., S. 100.
150 Moltke, Militärische Korrespondenz. Dienstschriften 1870/71, S. 327 u. 368.
151 Art. 81 u. 82 des Lieber-Codes, zitiert bei Brenet, La France et l'Allemagne devant le droit international, S. 5f.

152 Der in Heidelberg lehrende Schweizer Völkerrechtler Johann Caspar Bluntschli hatte den Lieber-Code (General Order No. 100) als Anhang in sein 1868 veröffentlichtes Werk »Das moderne Völkerrecht« aufgenommen. Zu den Repressalien und den Artikeln 27 u. 28 siehe auch Best, Humanity in Warfare, S. 170.
153 Meier-Welcker, Der Kampf mit der Republik, S. 110f.
154 Brenet, La France et l'Allemagne devant le droit international, S. 30.
155 So am 13.10.1870 in Rambersvilliers in den Vogesen, siehe Lebrun, Les Prussiens en France, S. 33.
156 René de Bellevalle, Journal d'un capitain de francs-tireurs, S. 221ff.
157 Schneider, Der Krieg in französischer Sicht, S. 194.
158 Großer Generalstab (Hrsg.), Der Deutsch-Französische Krieg, Tl. 2, Bd. 1, S. 249f.
159 Schneider, Der Krieg in französischer Sicht, S. 195.
160 Helvig, Das I. Bayerische Armee-Corps, S. 157.
161 Freycinet, La guerre en province, S. 388.
162 Blumenthal, Tagebücher, S. 241f., Eintrag v. 26.1.1871. Es ist davon auszugehen, dass der General der gegen die Franctireurs entsandten 6. Infanterie-Brigade entsprechende Befehle erteilt hat.
163 Zitiert nach Langewiesche / Buschmann, »Dem Vertilgungskrieg Grenzen setzen«, in: Beyran u. a. (Hrsg.), Formen des Krieges, S. 176.
164 Busch, Graf Bismarck und seine Leute, Bd. 2, S. 285.
165 Howard, Franco-Prussian War, S. 426f.

Das Kaiserreich und die Dritte Republik

1 Zitiert nach Michael Doeberl, Bayern und die Bismarcksche Reichsgründung, München 1925, S. 174f.
2 Zitiert nach Heyderhoff (Hrsg.), Die Sturmjahre der preußisch-deutschen Einigung, Bd. 1, S. 494.
3 Bayern trat sogar ohne formale Kriegserklärung an Frankreich in den Krieg ein, siehe Pflanze, Bismarck, S. 494.
4 Rede Kriegsministers Sigmund v. Pranck v. 16.7.1870 im bayerischen Landtag: »[...] würden wir neutral bleiben, dann mag es gehen, wie es will, ob gut oder schlimm, die Selbständigkeit Bayerns geht zugrunde«, zitiert bei Gruner, Die süddeutschen Staaten, das Ende des Deutschen Bundes und der steinige Weg in das Kaiserreich, S. 281.

5 Kolb, Der Weg aus dem Krieg, S. 207.
6 Pflanze, Bismarck, Bd. 1, S. 496.
7 Bosl, Die Verhandlungen über den Eintritt der süddeutschen Staaten, S. 159.
8 Meisner (Hrsg.), Kaiser Friedrich III., Kriegstagebuch, Eintrag v. 16.11.1870, S. 119.
9 Gall, Bismarck, S. 444f., Die süddeutschen Königreiche zu gewinnen und »damit in den inneren Aufbau des neuen Staates zusätzliche Kräfte gegen die parlamentarischen und demokratischen Kräfte einzubauen, [...] war nach dem Triumph von Sedan sein Hauptgeschäft.«
10 Bosl, Die Verhandlungen über den Eintritt der süddeutschen Staaten, S. 159.
11 Ebd., S. 160.
12 Busch, Graf Bismarck und seine Leute, Bd. 2, S. 25f.
13 Begleitschreiben bei Kohl (Hrsg.), Die Begründung des Deutschen Reiches, S. 68.
14 Pflanze, Bismarck, S. 505.
15 Vorgesehen war eine jährliche Zahlung in Höhe von 300000 Reichsmark, die auch tatsächlich bis zum rätselhaften Freitod des Monarchen im Jahre 1886 gezahlt wurde. Das Schweigen des Grafen von Holnstein ließ sich Bismarck weitere 400000 Reichsmark kosten. Vgl. Engelberg, Bismarck, Bd. 1, S. 754.
16 Bronsart von Schellendorff, Geheimes Kriegstagebuch, S. 238.
17 Brief v. 12.12.1870, in: Bismarcks Briefe an seine Gattin, S. 67.
18 Schulze, Versailles, S. 410.
19 Hindenburg, Lebensbild, S. 62.
20 Proklamation an das deutsche Volk, in: Kohl (Hrsg.), Die Begründung des Deutschen Reiches, S. 93.
21 Oncken (Hrsg.), Großherzog Friedrich von Baden, S. 321f.
22 Bronsart von Schellendorff, Geheimes Kriegstagebuch, S. 298.
23 Abeken, Ein schlichtes Leben in bewegter Zeit, zitiert bei Kohl (Hrsg.), Die Begründung des Deutschen Reiches, S. 110.
24 Oncken (Hrsg.), Großherzog Friedrich von Baden, S. 326.
25 Brief v. 21.1.1871, in: Bismarcks Briefe an seine Gattin, S. 78.
26 Pflanze, Bismarck, Bd. 1, S. 507.
27 Bronsart v. Schellendorff, Geheimes Kriegstagebuch, S. 227.
28 Ebd., S. 273f.
29 Hohenlohe-Ingelfingen, Aus meinem Leben, Bd. 4, S. 391f.

30 Ebd., S. 394.
31 Ein Versuch des Kronprinzen, beide Persönlichkeiten miteinander zu versöhnen, war am 13. Januar völlig fehlgeschlagen, nachdem Bismarck zu Moltkes Verdruss seine alte Idee vom Stehenbleiben nach Sedan wieder erneuert hatte. Siehe Engelberg, Bismarck, Bd. 1, S. 746f.
32 Waldersee, Denkwürdigkeiten, Bd. 1, S. 119: »Leute, die vorgestern noch alles Schießen für Unsinn erklärt hatten, behaupten nun seit unserem Erfolg auf dem Avron, sie hätten immer gesagt, es müsse bombardiert werden.«
33 Blumenthal, Tagebücher, S. 213, Eintrag v. 1.1.1871.
34 Bronsart v. Schellendorff, Geheimes Kriegstagebuch, S. 215, Eintrag v. 7.12.1870.
35 Bismarck, Erinnerung und Gedanke, in: Bismarck. Werke in Auswahl, Bd. 8, Tl. A, S. 375.
36 Brief v. 9.1.1871 mit beigefügtem Telegramm, in: Bismarck, Briefe an die Gattin, S. 76.
37 Ebd., Brief v. 9.1.1871 an die Gattin.
38 Meisner (Hrsg.), Kaiser Friedrich III., Kriegstagebuch, S. 247, Eintrag v. 3.1.1871.
39 Hohenlohe-Ingelfingen, Aus meinem Leben, Bd. 4, S. 392, spricht allerdings von nur zwei Geschützen, die am ersten Tag zur Beschießung des Stadtgebietes eingesetzt wurden.
40 Blumenthal, Tagebücher, S. 222, Eintrag v. 8.1.1871.
41 Großer Generalstab (Hrsg.), Der Deutsch-Französische Krieg, Tl. 2, Bd. 2, S. 1149.
42 Tagebuch der Brüder Goncourt, S. 88f., Einträge v. 12. u. 13.1.1871.
43 Verdy du Vernois, Im Großen Hauptquartier, S. 269f.
44 Tagebuch der Brüder Goncourt, S. 90, Eintrag v. 15.1.1871.
45 Decaux, Victor Hugo, S. 939ff.
46 Audoin-Rouzeau, La France dans la guerre, S. 273.
47 Roth, La Guerre de 1870, S. 356.
48 Audoin-Rouzeau, La France dans la guerre, S. 287, Anm. 177 mit Auszügen der Proklamation.
49 Großer Generalstab (Hrsg.), Der Deutsch-Französische Krieg, Tl. 2, Bd. 2, Anlage 149.
50 Tombs, The Wars against Paris, S. 548f.
51 Roth, La Guerre de 1870, S. 356.

52 Verdy du Vernois, Im Großen Hauptquartier, S. 271.
53 Tagebuch der Brüder Goncourt, S. 93, Eintrag v. 20.1.1871.
54 Francisque Sarcey, Le siège de Paris, zitiert nach Roth, La Guerre de 1870, S. 358.
55 Favre, Gouvernement de la défense nationale, Bd. 2, S. 334.
56 Moltke, Der Deutsch-Französische Krieg, in: Förster (Hrsg.), Moltke. Vom Kabinettskrieg zum Volkskrieg, S. 497f.
57 Tagebuch der Brüder Goncourt, S. 91, Eintrag v. 18.1.1871: »Jetzt sind's nicht verirrte Granaten mehr wie in den vergangenen Tagen, es ist ein Regen von Blei ...«
58 Roth, La Guerre de 1870, S. 359.
59 MEW, Bd. 17, S. 264.
60 Audoin-Rouzeau, La France dans la guerre, S. 261.
61 Großer Generalstab (Hrsg.), Der Deutsch-Französische Krieg, Tl. 2, Bd. 2, S. 704f.
62 Helvig, Das I. Bayerische Armee-Corps, S. 314 u. 318. Die 2. Inf.-Div. hatte zwar am Abend des 8.12.1870 rund 1000 Mann als Ersatz erhalten, doch diese Verstärkung reichte gerade, um die Verluste der Division am ersten Gefechtstag auszugleichen.
63 Bronsart v. Schellendorff, Geheimes Kriegstagebuch, S. 218f.
64 Moltke, Der Deutsch-Französische Krieg, in: Förster (Hrsg.), Moltke. Vom Kabinettskrieg zum Volkskrieg, S. 468.
65 Freycinet, La guerre en province, S. 218f.
66 Roth, La Guerre de 1870, S. 228f.
67 Howard, Franco-Prussian War, S. 253f.
68 Busch, Graf Bismarck und seine Leute, Bd. 2, S. 8. »Das wäre ja wahrhaft betrübend. 13 000 Franctireurs, die nicht einmal Franzosen sind, zu Gefangenen gemacht – warum erschießt man denn gar nicht?«
69 Bronsart v. Schellendorff, Geheimes Kriegstagebuch, S. 273.
70 Ebd., S. 252.
71 Roth, La Guerre de 1870, S. 350.
72 Lehautcourt, La Campagne de l'Est en 1870/71, Bd. 1, S. 7f.
73 Freycinet, La guerre en province, S. 226.
74 Moltke, Der Deutsch-Französische Krieg, in: Förster (Hrsg.), Moltke. Vom Kabinettskrieg zum Volkskrieg, S. 526.
75 Howard, Franco-Prussian War, S. 418.
76 Lehautcourt, La Campagne de l'Est en 1870/71, Bd. 1, S. 225.

77 Lehautcourt, La Campagne de l'Est en 1870/71, Bd. 2, S. 67.
78 Meisner (Hrsg.), Kaiser Friedrich III., Kriegstagebuch, Eintrag v. 15.1.1871, S. 134: »Moltke schien mir über alles Lob bewunderungswürdig, in einer Sekunde hatte er die ganze Angelegenheit erledigt.«
79 Großer Generalstab (Hrsg.), Der Deutsch-Französische Krieg, Tl. 2, Bd. 2, S. 1132.
80 Freycinet, La guerre en province, S. 248.
81 Moltke, Der Deutsch-Französische Krieg, in: Förster (Hrsg.), Moltke. Vom Kabinettskrieg zum Volkskrieg, S. 558.
82 Howard, Franco-Prussian War, S. 429.
83 Freycinet, La guerre en province, S. 265
84 Moltke, Der Deutsch-Französische Krieg, in: Förster (Hrsg.), Moltke. Vom Kabinettskrieg zum Volkskrieg, S. 570.
85 Howard, Franco-Prussian War, S. 430.
86 Kolb, Der Weg aus dem Krieg, S. 346.
87 Ebd., S. 347. Die letzte, einigermaßen passierbare Straße nach Mourthe war bereits am 29.1. von den Deutschen gesperrt worden.
88 Moltke, Der Deutsch-Französische Krieg, in: Förster (Hrsg.), Moltke. Vom Kabinettskrieg zum Volkskrieg, S. 577.
89 Tagebuch der Brüder Goncourt, S. 108.
90 Kolb, Der Weg aus dem Krieg, S. 333.
91 Busch, Graf Bismarck und seine Leute, Bd. 2, S. 242, Eintrag v. 17.1.1871.
92 Ebd., Eintrag v. 23.1.1871, S. 259.
93 Kolb, Der Weg aus dem Krieg, S. 338.
94 Loch/Vette (Hrsg.), Friedrich Clauson von Kaas. »Potsdam ist geschlagen«. Briefe aus dem Deutsch-Französischen Krieg, S. 173.
95 Von der Goltz, Léon Gambetta und seine Armeen, S. 220f.
96 Kolb, Der Weg aus dem Krieg, S. 358f.
97 Roth, La Guerre de 1870, S. 460.
98 Tagebuch der Brüder Goncourt, Bd. 2, S. 453.
99 Einleitung zu Marxens »Bürgerkrieg in Frankreich«, in: MEW 17, S. 623.
100 Ebd. v. 1.3.1871, S. 106.
101 Bronsart von Schellendorff, Geheime Tagebücher, Eintrag v. 2.3.1871, S. 373.
102 Rougerie, Paris libre, S. 96f.
103 Serman, La Commune, S. 208f. Es handelte sich um die Generale Clément Thomas und Claude Lecomte.

104 Tagebuch der Brüder Goncourt v. 19.3.1870, S. 110.
105 Aussage Thiers' vor dem parlamentarischen Untersuchungsausschuss zum Aufstand v. 18.3.1871, zitiert bei Rougerie, Paris libre, S. 102.
106 Brief v. 22.3.1871 an seine Frau, in: Kessel (Hrsg.), Alfred Graf von Schlieffen. Briefe, S. 258.
107 Bronsart von Schellendorff, Geheime Tagebücher, Eintrag v. 23.3.1871, S. 391.
108 Roth, La Guerre de 1870, S. 359.
109 Bericht Boulangers im Kriegsarchiv Paris, zitiert bei Tombs, The War against Paris, S. 78.
110 Befehl v. 4.4.1871, Kriegsarchiv Paris, zitiert bei Tombs, ebd., S. 79.
111 Ebd., S. 88.
112 Ebd., S. 92f.
113 Zirkular v. 12.4.1871, zitiert bei Tombs, The Wars against Paris, S. 552.
114 Erlass an Fabrice-Soisy v. 18.4.1871, in: Bismarck, Werke in Auswahl, Bd. 5, Tl. 1, S. 14f.
115 Waldersee, Denkwürdigkeiten, Bd. 1, S. 130, Eintrag v. 18.4.1871.
116 Tombs, The War against Paris, S. 136.
117 Bronsart von Schellendorff, Geheime Tagebücher, Eintrag zu Mai 1871, S. 406.
118 Washborne, Diary, Bericht v. 16.5.1871, S. 342.
119 Münchhausen, 72 Tage, S. 308f.
120 Serman, La Commune, S. 468.
121 Tombs, The War against Paris, S. 145f.
122 Ebd., S. 161.
123 Hoffmann, Der Volkskrieg in Frankreich in der Sicht von Marx und Engels, S. 213: »Aus einem erklärten Gegner wurde ein überzeugter Anhänger der Kommune.«
124 Karl Marx, »Bürgerkrieg in Frankreich«, in: MEW 17, siehe auch Karl Marx, Der Bürgerkrieg, Berlin 1919, S. 72.
125 Schivelbusch, Die Kultur der Niederlage, S. 138.
126 Friedrich Nietzsche, Werke I, Unzeitgemäßte Betrachtungen, hrsg. v. Karl Schlechta, Berlin 1980, S. 137.
127 Raymond Poidevin/Jacques Bariéty, Frankreich und Deutschland. Die Geschichte ihrer Beziehungen 1815–1975, München 1982. S. 79f.
128 Showalter, Wars of German Unification, S. 253.

Bismarcks Reichsgründung

1 Ritter (Hrsg.), Das Deutsche Kaiserreich 1871–1914, S. 181.
2 Mann, Deutsche Geschichte, S. 387.
3 Hugo, Œuvres complètes. Bd. 4, Politique, S. 755.
4 Schivelbusch, Die Kultur der Niederlage, S. 153f.
5 Zweite Adresse der Internationalen über den Deutsch-Französischen Krieg v. 8.9.1870, in: MEW 17, S. 275f.
6 Wehler, Das Reichsland Elsaß-Lothringen 1870–1879, S. 435: »Mit der Annexion Elsaß-Lothringens schuf Bismarck selber eine der Hauptbedingungen für den Untergang seines Reiches im Ersten Weltkrieg.«
7 Botschafter Russell am 30.10.1872 an das *Foreign Office*, zitiert bei Hildebrand, No Intervention, S. 409.
8 Hildebrand, Das vergangene Reich, S. 865.
9 Zit. ebd.
10 Julius Fröbel, Deutschland und der Friede von Villafranca, Frankfurt a. M. 1859, S. 14.
11 Hildebrand, No Intervention, S. 406. »Wie bereits 1848/50 der Ehrgeiz Preußens in London viel weniger gefürchtet wurde als die patriotischen Wünsche und Zukunftsfantasien der demokratisch-liberalen Volksbewegung.«
12 Roth, La Guerre de 1870, S. 509f.
13 Aufzeichnung eines Gespräches mit dem französischen Botschafter in Berlin, Jules Gabriel Herbette, durch Graf Herbert v. Bismarck am 18.10.1886, in: Lepsius u. a. (Hrsg.), Die Große Politik der europäischen Kabinette, Bd. 6, S. 144.
14 Schivelbusch, Die Kultur der Niederlage, S. 188.
15 Ebd., S. 178, Anm. 108.
16 Zitiert nach Schivelbusch, ebd., S. 215.
17 Gespräch mit Herbette, aufgezeichnet durch Graf Herbert v. Bismarck am 18.10.1886, in: Lepsius u. a. (Hrsg.), Die Große Politik der europäischen Kabinette, Bd. 6, S. 144.
18 Ebd., S. 143ff.: »Einen allgemeinen Beifall findet die Deutschenhetze eigentlich nur dann, wenn das Wort Krieg dabei nicht ausgesprochen wird.«
19 Brief an seinen Neffen Wilhelm v. 26. März 1888, zitiert bei Kessel, Moltke, S. 728.

20 Schivelbusch, Die Kultur der Niederlage, S. 178.

21 Corvisier, Histoire Militaire, Bd. 3, S. 7ff.

22 Gall, Bismarck, S. 454.

23 Wehler, Das Reichsland Elsaß-Lothringen 1870–1879, S. 438.

24 Mann, Deutsche Geschichte, S. 386.

25 Plessner, Die verspätete Nation, S. 47f.: »Das neue Reich appellierte nicht wie Frankreich und England an die Phantasie der Völker, ihre Zukunftserwartung, ihren Menschheitsglauben. Es diente keinem werbenden Gedanken. Es stand für nichts, von dem es überragt wurde.«

26 Mommsen, Das Ringen um den nationalen Staat, S. 23f.

27 Vogel, Nationen im Gleichschritt, S. 196ff.

28 Siehe etwa die von Harry Graf Kessler berichtete Episode, als eine Dame aus großem französischen Haus sich indigniert abwandte, als man ihr einen deutschen Botschaftsrat vorstellen wollte: »Sie wagen es, mir einen Deutschen vorzustellen?« Zitiert bei Jeismann, Vaterland der Feinde, S. 170 (Anm. 19).

29 Mann, Deutsche Geschichte, S. 394.

30 Tagebuch der Baronin von Spitzemberg, S. 308, Eintrag v. 19.3.1893: »Es kann ja sein, dass Gott für Deutschland noch eine zweite Zeit des Zerfalls und darauf eine neue Ruhmeszeit vorhat, auf einer neuen Basis der Republik, das aber berührt uns nicht mehr.«

Literatur

Quelleneditionen

Bismarcks Briefe an seine Gattin aus dem Kriege 1870/71, Stuttgart, Berlin 1903.

Otto von **Bismarck**, Die gesammelten Werke, 15 Bde., Berlin 1924–32.

Otto von **Bismarck**, Werke in Auswahl, hrsg. von Gustav Adolf Rein u. a., 8 Bde., Darmstadt 2001.

Hans **Fenske** (Hrsg.), Der Weg zur Reichsgründung 1850–1870. Quellen zum politischen Denken der Deutschen im 19. und 20. Jahrhundert, Bd. 5, Darmstadt 1977.

Eberhard **Kessel** (Hrsg.), Graf Alfred Schlieffen. Briefe, Göttingen 1958.

Horst **Kohl** (Hrsg.), Die Begründung des Deutschen Reiches in Briefen und Berichten der führenden Männer, Leipzig 1912.

Jean François **Lecaillon**, Été 1870. La guerre racontée par les soldats, Paris 2002.

Johannes **Lepsius** / Albrecht M. **Bartholdy** / Friedrich **Thimme** (Hrsg.), Die Große Politik der europäischen Kabinette, 1871–1914 , Bd. 6, Kriegsgefahr in Ost und West. Ausklang der Bismarckzeit, Berlin 1922.

Otto **Meisner** (Hrsg.), Kaiser Friedrich III. Das Kriegstagebuch 1870/71, Berlin/Leipzig 1926.

Helmuth von **Moltke**, Gesammelte Schriften und Denkwürdigkeiten, 8 Bde., Berlin 1891–1893.

Helmuth von **Moltke**, Militärische Korrespondenz. Aus den Dienstschriften des Krieges 1870/71, hrsg. vom Großen Generalstab, Berlin 1897.

Hermann **Oncken**, Die Rheinpolitik Kaiser Napoleons III. von 1863–1870 und der Ursprung des Krieges von 1870/71, 3 Bde., Osnabrück 1963.

Preußische Statistik, Bewegung der Bevölkerung im preußischen Staate während des Zeitraumes vom Jahre 1816 bis zum Jahre 1874, Berlin 1879.

Joseph Reinach (Hrsg.), Dépeches, Circulaires, Décrets de Léon Gambetta, 2 Bde., Paris 1886.

Ältere Literatur und Memoiren

Paul **Bauriedel**, Meine Erlebnisse während des Feldzuges im Jahre 1870/71, Nürnberg 1895.

François Achille **Bazaine**, Épisodes de la guerre de 1870 et le blocus de Metz, Madid 1883.

Johannes **Birkmeyer**, Soldat Birkmeyer aus Neuffen. Erinnerungen aus den Jahren 1863–1871, Nürtingen 1985.

Albrecht Graf von **Blumenthal** (Hrsg.), Tagebücher des Generalfeldmarschalls Graf von Blumenthal aus den Kriegen 1866 und 1870/71, Stuttgart/Berlin 1902.

Amédée **Brenet**, La France & l'Allemagne devant le droit international pendant les opérationes militaires de la guerre de 1870–71, Paris 1902.

Paul **Bronsart von Schellendorff**, Geheimes Kriegstagebuch 1870/71, hrsg. von Peter Rassow, Bonn 1954.

Moritz **Busch**, Graf Bismarck und seine Leute während des Krieges mit Frankreich, 2 Bde., Leipzig 1878.

Fjodor M. **Dostojevski**, Tagebuch eines Schriftstellers, München 1972.

Johann Gustav Droysen, Briefwechsel, Bd. 2 (1851–1884), hrsg. von Rudolf Hübner, Osnabrück 1967 (= Neuauflage der Ausgabe von 1929).

Albert **Dumont**, Un mois dans les Ardennes au milieu des armées en aout 1870, in: Revue de deux mondes, Nr. 90/1878, S. 211–239.

Der **Eisenbahn-Aufmarsch** zum deutsch-französischen Kriege, bearbeitet in der Eisenbahnabteilung des Großen Generalstabes, Berlin 1897.

Léon **Faidherbe**, Campagne de l'armée du Nord en 1870–1871, Paris 1870.

Jules **Favre**, Gouvernement de la défense nationale, 3 Bde., Paris.

Charles **Fay**, Journal d'un officier de l'armée du Rhin, Paris 1871.

Gustave **Fischbach**, Le siège et le bombardement de Strasbourg, Strasbourg 1870.

Wolfgang **Foerster**, Prinz Friedrich Karl von Preußen. Denkwürdigkeiten aus seinem Leben, 2 Bde., Stuttgart/Leipzig 1910.

Theodor **Fontane**, Der Krieg gegen Frankreich 1870–1871, 4 Bde., Zürich 1985.

Theodor **Fontane**, Gefangen in Frankreich. Mein Erlebtes im Deutsch/Französischen Krieg, Berlin 1912.

Archibald **Forbes**, My Experiences of the War between France and Germany, 2 Bde., Leipzig 1871.

Charles de **Freycinet**, La guerre en province pendant la siège de Paris 1870–1871, Paris 1872.

Colmar von der **Goltz**, Léon Gambetta und seine Armeen, Berlin 1877.

Edmond de **Goncourt**, Tagebuch der Brüder Goncourt. Eindrücke und Gespräche bedeutender Franzosen aus der Kriegszeit 1870/71, München 1917.

Großer Generalstab (Hrsg.), Kriegsgeschichtliche Einzelschriften, Hft. 2, Der Überfall bei Fontenoy-sur-Moselle am 22. Januar 1871, Berlin 1883.

Großer Generalstab (Hrsg.), Zur Orientierung über die französische Armee, Berlin 1870.

Der Deutsch-Französische Krieg 1870–1871, redigiert von der Kriegsgeschichtlichen Abteilung des **Großen Generalstabes**, 5 Bde., Berlin 1872–1881.

Bernhard von **Hindenburg**, Feldmarschall Hindenburg. Ein Lebensbild, Berlin 1916.

Paul von **Hindenburg**, Aus meinem Leben, Leipzig 1927.

Hugo **Helvig**, Das I. Bayerische Armee-Corps von der Tann im Kriege 1870/71, München 1872.

Maurice Graf von **Hérisson**, Tagebuch eines Ordonanz-Offiziers, Leipzig 1885.

Julius **Heyderhoff** (Hrsg.), Die Sturmjahre der preußisch-deutschen Einigung. Politische Briefe aus dem Nachlaß liberaler Parteiführer, 2. Bde., Bonn/Leipzig 1925.

Aus meinem Leben. Aufzeichnungen des **Prinzen Kraft zu Hohenlohe-Ingelfingen** weiland Generals der Artillerie und Generaladjutanten Seiner Majestät des Kaisers und Königs Wilhelm I., Bd. 4, Berlin 1907.

Friedrich von **Holstein**, Die geheimen Papiere, hrsg. von Werner Frauendienst, Göttingen 1956.

Victor **Hugo**, Œuvres complètes, Bd. 4, Politique, Paris 1985.

Frédéric **Jacqmin**, Les chemins de fer pendant la guerre de 1870–1871, Paris 1872.

Curt **Jany**, Geschichte der Königlich Preußischen Armee, 4 Bde., Berlin 1928–1937.

Karl **Klein**, Fröschweiler Chronik, München 1914.

Florian **Kühnhauser**, 1870–1871. Kriegserinnerungen eines Soldaten des königlich-bayerischen Infanterie-Leibregiments, Neuauflage Waging a. See 2002.

Joseph **Kürschner** (Hrsg.), Der große Krieg 1870–71 in Zeitberichten, Berlin o. J.
Arthur **Krocker**, Die staatlich-militärische und die internationale Krankenpflege, in: Julius von Pflugk-Hartung (Hrsg.), Krieg und Sieg 1870–71, Bd. 1, Berlin o. J., S. 345–390.
Dietrich von **Laßberg**, Mein Kriegstagebuch aus dem deutsch-französischen Kriege 1870/71, München/Berlin 1906.
Barthélémy **Lebrun**, Des Generals Lebrun militärische Erinnerungen 1866–1870, Leipzig 1986.
E. **Lebrun**, Les Prussiens en France pendant la Campagne de 1870–1871, Nantes 1872.
Pierre **Lehautcourt**, La Campagne de l'Est en 1870/71, 2 Bde., Paris 1896.
Pierre **Lehautcourt**, La défense national en 1870–1871, 8 Bde., Paris et Nancy 1893–1898.
Pierre **Lehautcourt** (= Barthélémy-Edmond Palat), Histoire de la guerre de 1870–1871, 15 Bde., Paris 1901–1908.
Gustav **Lehmann**, Die Mobilmachung von 1870/71, Berlin 1905.
Max **Liebermann** von Sonnenberg, Aus der Glückszeit meines Lebens. Erinnerungen aus dem großen Deutschen Kriege 1870–1871, München 1911.
Torsten **Loch**/Markus **Vette** (Hrsg.), Friedrich Clauson von Kaas. »Potsdam ist geschlagen«. Briefe aus dem Deutsch-Französischen Krieg 1870/71, Freiburg 2016.
Josef **Loewe**, Die unmittelbare wirtschaftliche Einwirkung des Krieges 1870/71 in Deutschland, Breslau 1901.
Karl **Marx**, Friedrich **Engels**, Werke (=MEW), Bd. 17, Ostberlin 1987.
Jules **Michelet**, La France devant l'Europe, Florenz 1871.
Karl Anton von **Müller**, Bismarck und Ludwig II. im September 1870, in: Forschungen zur brandenburgischen und preußischen Geschichte 27 (1914), S. 572–592.
Émile **Ollivier**, L'Empire libéral, Bd. 13, Paris 1908.
Hermann **Oncken** (Hrsg.), Großherzog Friedrich I. von Baden und die deutsche Politik von 1854–1871. Briefwechsel, Denkschriften, Tagebücher, Osnabrück 1966 (= Neudruck der Ausgabe von 1927).
Léonce **Patry**, La Guerre tell qu'elle est. Metz, Armée du Nord, Commune, Paris 1897.
Richard Friedrich **von Pfeil**, Vor Vierzig Jahren. Persönliche Erlebnisse und Bilder aus großer Zeit, Schweidnitz 1910.
Ludwig **Pietsch**, Von Berlin bis Paris. Kriegsbilder 1870–1871, Berlin 1871.

Max **Reichard**, Aus den Tagen der Belagerung Straßburgs. August und September 1870, Bielefeld 1873.

Ludwig **Reiners**, Roman der Staatskunst. Leben und Leistung der Lords, München 1955.

Georg Heinrich **Rindfleisch**, Feldpostbriefe 1870/71, Göttingen 1905.

Justus **Scheibert**, Der Krieg zwischen Frankreich und Deutschland in den Jahren 1870/71 unter Zugrundelegung des Großen Generalstabswerkes, Berlin 1891.

Heinrich **Schneegans** (Hrsg.), August Schneegans. Memoiren – ein Beitrag zur Geschichte des Elsaßes in der Übergangszeit, Berlin 1904.

Philip Henry **Sheridan**, Personal Memoirs, 2 Bde., London 1888.

Hildegard von **Spitzemberg**, Das Tagebuch der Baronin von Spitzemberg, hrsg. von Rudolf Vierhaus, Göttingen 1976.

Germaine de **Staël**, Über Deutschland, Frankfurt/Main 1985.

Eugène Georges **Stoffel**, Militärische Berichte, erstattet aus Berlin 1866–1870, Berlin 1872.

Ulrich von **Stosch** (Hrsg.), Denkwürdigkeiten des Generals und Admirals Albrecht von Stosch. Briefe und Tagebuchblätter, Berlin 1904.

Carl von **Tanera**, Der Krieg von 1870/71 dargestellt von Mitkämpfern. Bd. 1, Weißenburg, Wörth, Spichern, Nördlingen 1888.

Carl von **Tanera**, Die Belagerung von Paris, München 1890.

Julius Verdy du **Vernois**, Im Großen Hauptquartier 1870/71. Persönliche Erinnerungen, Berlin 1896.

Alfred Graf von **Waldersee**, Denkwürdigkeiten, 3 Bde., Stuttgart 1922–25.

Elihu **Washburne**, The Diary and Letters of America's Minister to France During the Siege and Commune of Paris, hrsg. v. Michael Hill, New York 2012.

Ludwig von **Wittich**, Aus meinem Tagebuche 1870–71, Kassel 1872.

Forschungsliteratur

Johann Christoph **Allmayer-Beck**, Der stumme Reiter. Erzherzog Albrecht – Der Feldherr Gesamtösterreichs, Graz 1997.

Hans-Georg **Aschoff**, Welfische Bewegung und politischer Katholizismus. Die Deutschhannoverische Partei in der Provinz Hannover während des Kaiserreiches, Düsseldorf 1987.

Stéphane **Audoin-Rouzeau**, 1870. La France dans la guerre, Paris 1989.

Volker **Barth**, Mensch versus Welt. Die Pariser Weltausstellung von 1867, Darmstadt 2007.

Frank **Becker**, Bilder von Krieg und Nation. Die Einigungskriege in der bürgerlichen Öffentlichkeit Deutschlands 1864–1918, München 2001.

Frank **Becker**, 2. September 1870 / 18. Januar 1871. Selbstbestätigung einer labilen Nation?, in: Eckart Conze / Thomas Nicklas (Hrsg.), Tage deutscher Geschichte. Von der Reformation bis zur Wiedervereinigung, München 2004, S. 156–176.

Josef **Becker**, Zum Problem der Bismarckschen Politik in der spanischen Thronfrage 1870, in: Historische Zeitschrift 212, 1971, S. 529–607.

Heinz **Beike**, Die deutsche Arbeiterbewegung und der Krieg von 1870/71, Berlin-Ost 1957.

Geoffrey **Best**, Humanity in Warefare. The Modern History of the International Law of Armed Conflicts, London 1980.

Karl **Bosl**, Die Verhandlungen über den Eintritt der süddeutschen Staaten in den Norddeutschen Bund und die Entstehung der Reichsverfassung, in: Theodor Schieder / Ernst Deuerlein (Hrsg.), Reichsgründung 1870/71. Tatsachen, Kontroversen, Interpretationen, Stuttgart 1970, S. 148–163.

Klaus-Jürgen **Bremm**, 1866. Bismarcks Krieg gegen die Habsburger, Darmstadt 2016.

Klaus-Jürgen **Bremm**, Neuer Krieg gegen den alten Feind. Die Eisenbahnen im Deutsch-Französischen Krieg, in: Militärgeschichtliche Zeitschrift (MGZ), 65 (2006), Hft. 2, S. 389–415.

Klaus-Jürgen **Bremm**, Von der Chaussee zur Schiene. Militärstrategie und Eisenbahnen in Preußen von 1833–1866, München 2005.

J. P. T. **Bury**, Gambetta and the National Defence. A Republican Dictatorship in France, New York 1970.

Christopher **Clark**, Preußens Aufstieg und Niedergang 1600–1947, München 2007.

André **Corvisier**, Histoire militaire de la France, Bd. 2. De 1715 à 1871, Paris 1992.

Gordon **Craig**, Königgrätz, München 1987.

Martin von **Creveld**, Supplying War. Logistics from Wallenstein to Patton, Cambridge 1977.

Alain **Decaux**, Victor Hugo, Paris 1984.

Jochen **Dittrich**, Bismarck, Frankreich und die spanische Thronkandidatur der Hohenzollern, München 1962.

Ernst **Engelberg**, Bismarck. Urpreuße und Reichsgründer, Berlin 1986.

Hans **Fenske**, Die Deutschen und der Krieg von 1870/71, in: Philippe Levillain / Rainer Riemenschneider (Hrsg.), La guerre de 1870/71 et ses conséquences, Bonn 1990, S. 167–214.

Stig **Förster** (Hrsg.), Moltke. Vom Kabinettskrieg zum Volkskrieg, Bonn / Berlin 1992.

Stig **Förster** / Jörg **Nagler** (Hrsg.), On the Road to Total War. The American Civil War and the German Wars of Unification 1861–1871, Cambridge 1997.

Lothar **Gall**, Bismarck. Der weiße Revolutionär, Frankfurt/Main 1980.

Lothar **Gall**, Das Problem Elsass-Lothringen, in: Theodor Schieder / Ernst Deuerlein (Hrsg.), Reichsgründung 1870/71. Tatsachen, Kontroversen, Interpretationen, Stuttgart 1970, S. 365–385.

Wolfgang von **Groote** / Ursula von **Gersdorff** (Hrsg.), Entscheidung 1870. Der deutsch-französische Krieg, Stuttgart 1970.

Alain **Gouttman**, La grande défaite 1870/71, Paris 2015.

Wolf Dietrich **Gruner**, Die süddeutschen Staaten, das Ende des Deutschen Bundes und der steinige Weg in das deutsche Kaiserreich (1864–1871), in: Winfried Heinemann u. a. (Hrsg.), Der preußisch-österreichische Krieg 1866, Paderborn 2018, S. 241–301.

Klaus **Hildebrand**, Das vergangene Reich. Deutsche Außenpolitik von Bismarck bis Hitler 1871–1945, Stuttgart 1995.

Klaus **Hildebrand**, No Intervention. Die Pax Britannica und Preußen 1865/66–1869/70, München 1997.

Joachim **Hoffmann**, Der Volkskrieg in Frankreich in der Sicht von Karl Marx und Friedrich Engels, in: Wolfgang von Groote / Ursula von Gersdorff (Hrsg.), Entscheidung 1870. Der deutsch-französische Krieg, Stuttgart 1970, S. 204–255.

Richard **Holmes**, The Road to Sedan. The French Army 1866–1870, London 1984.

Micheal **Howard**, The Franco-Prussian War. The German Invasion of France, 1870–1871, London 1961.

Michael **Jeismann**, Vaterland der Feinde. Studien zum nationalen Feindbegriff und Selbstverständnis in Deutschland und Frankreich 1792–1918, Stuttgart 1992.

Eberhard **Kessel**, Moltke, Stuttgart 1957.

Eberhard **Kolb**, Der Weg aus dem Krieg. Bismarck Politik im Krieg und die Friedensanbahnung, München 1990.

Eberhard **Kolb** (Hrsg.), Europa vor dem Krieg von 1870. Mächtekonstellation – Konfliktfelder – Kriegsausbruch, München 1987.

Eberhard **Kolb**, Der Kriegsausbruch 1870. Politische Entscheidungsprozesse und Verantwortlichkeiten in der Julikrise 1870, Göttingen 1970.

Christine **Krüger**, »Sind wir nicht Brüder?« Deutsche Juden im nationalen Krieg 1870/71, Paderborn, München 2006.

Frank **Kühlich**, Die deutschen Soldaten im Krieg von 1870/71, Frankfurt/Main 1995.

Dieter **Langewische** / Nikolaus **Buschmann**, »Dem Vernichtungskrieg Grenzen setzen«. Kriegstypen des 19. Jahrhunderts und der deutsch-französische Krieg1870/71, in: Dietrich Beyrau u. a. (Hrsg.), Formen des Krieges. Von der Antike bis zur Gegenwart, Paderborn, München 2007, S. 163–195.

Philippe **Levillain** / Rainer **Riemenschneider** (Hrsg.), La guerre de 1870/71 et ses conséquences, Bonn 1990.

Heinrich **Lutz**, Österreich-Ungarn und die Gründung des Deutschen Reiches. Europäische Entscheidungen 1867–1871, Frankfurt/Main 1979.

Golo **Mann**, Deutsche Geschichte des 19. und 20. Jahrhunderts, Frankfurt/Main 1992.

Hans **Meier-Welcker**, Der Kampf mit der Republik, in: Wolfgang Groote / Ursula v. Gersdorff (Hrsg.), Entscheidung 1870. Der deutsch-französische Krieg, Stuttgart 1970, S. 105–164.

Wenke **Meteling**, Ehre, Einheit, Ordnung, Preußische und französische Städte und ihre Regimenter im Krieg, 1870/71 und 1914–19, Baden-Baden 2010.

Eckard **Michels**, Deutsche in der Fremdenlegion 1870–1965. Mythen und Realitäten, Paderborn, München 1999.

Wolfgang J. **Mommsen**, Das Ringen um den nationalen Staat. Die Gründung und der innere Ausbau des Deutschen Reiches durch Otto von Bismarck 1850–1890, Berlin 1993.

Thankmar von **Münchhausen**, 72 Tage. Die Pariser Kommune 1871 – Die erste Diktatur des Proletariats, Stuttgart 2015.

Johannes **Paulmann**, Pomp und Politik. Monarchenbegegnungen in Europa zwischen Ancien Règime und Erstem Weltkrieg, Paderborn, München 2000.

Otto **Pflanze**, Bismarck. Der Reichsgründer, München 2008.

Helmuth **Plessner**, Die verspätete Nation; Frankfurt/Main 1974.

Jean H. **Quataert**, German Patriotic Women's Work in War and Peace Time, 1864–90, in; Stig Förster / Jörg Nagler (Hrsg.), On the Road to Total War. The American Civil War and the German Wars of Unification 1861–1871, Cambridge 1997.

Gerhard A. **Ritter** (Hrsg.), Das Deutsche Kaiserreich 1871–1914. Ein historisches Lesebuch, Göttingen 1992.

Betsy **Röben**, Johann Caspar Bluntschli, Francis Lieber und das moderne Völkerrecht 1861–1881, Baden-Baden 2003.

Thomas **Rohkrämer**, Militarismus der ›Kleinen Leute‹. Die Kriegervereine im Deutschen Kaiserreich 1871–1914. München1990.

François **Roth**, La Guerre de 1870, Paris 1990.

Jacques **Rougerie**, Paris libre 1871, Paris 1971.

Wolfgang **Schivelbusch**, Die Kultur der Niederlage. Der amerikanische Süden 1865, Frankreich 1871, Deutschland 1918, Berlin 2001.

Erich **Schneider**, Die Reaktion der deutschen Öffentlichkeit auf den Kriegsbeginn. Das Beispiel der Rheinpfalz, in: Philippe Levillain / Rainer Riemenschneider (Hrsg.), La guerre de 1870/71 et ses conséquences, Bonn 1990, S. 110–157.

Hagen **Schulze**, Versailles, in: Hagen Schulze / Étienne François, Deutsche Erinnerungsorte, Bd. 1, München 2001, S. 407–421.

William **Serman**, La Commune de Paris, Paris 1986.

William **Serman**, French Mobilization in 1870, in: Stig Förster / Jörg Nagler (Hrsg.), On the Road to Total War. The American Civil War and the German Wars of Unification 1861–1871, Cambridge 1997, S. 286–294.

Alexander **Seyferth**, Die Heimatfront 1870/71. Wirtschaft und Gesellschaft im deutsch-französischen Krieg, Paderborn, München 2007.

Alexander **Seyferth**, Kollekten für den Krieg. Unterstützungsvereine im Deutsch-Französischen Krieg 1870/71, in: Militärgeschichtliche Zeitschrift 64 (2005), Hft. 1, S. 31–67.

Dennis **Showalter**, The Wars of German Unification, London 2004.

Rudolf **Stadelmann**, Moltke und der Staat, Krefeld 1950.

Matthias **Steinbach**, Abgrund Metz. Kriegserfahrung. Belagerungsalltag und nationale Erziehung im Schatten einer Festung 1870/71, München 2002.

Fritz **Stern**, Gold und Eisen. Bismarck und sein Bankier Bleichröder, München 2008.

Mark **Stoneman**, The Bavarian Army and the French Civilians in the War of 1870–71, in: War in History, Hft. 8/2001, S. 271–293.

Lothar **Sukstorf**, Die Problematik der Logistik im deutschen Heer während des deutsch-französischen Krieges 1870/71, Frankfurt/Main 1994.

Bertrand **Taithe**, Citizenship & War. France in Turmoil 1870–1871, London 2001.

Ferdinand Thiébaut **Schneider**, Der Krieg in französischer Sicht, in: Wolfgang v. Groote / Ursula v. Gersdorff (Hrsg.), Entscheidung 1870. Der deutsch-französische Krieg, Stuttgart 1970, S. 165–203.

Robert **Tombs**, The War against Paris 1871, Cambridge 1981.

Robert **Tombs**, The Wars against Paris, in: Stig Förster / Jörg Nagler (Hrsg.), On the Road to Total War. The American Civil-War and the German Wars of Unification, Cambridge 1997, S. 541–564.

Franz **Uhle-Wettler**, Vionville, Mars-la-Tour, St. Privat 1870 und das Heer der deutschen Einigungskriege, in: Franz Uhle-Wettler, Höhe- und Wendepunkte deutscher Militärgeschichte. Von Leuthen bis Stalingrad, Graz 2006, S. 123–166.

Veit **Valentin**, Bismarcks Reichsgründung im Urteil englischer Diplomaten, Amsterdam 1937.

Jakob **Vogel**, Nationen im Gleichschritt. Der Kult der Nation in Waffen in Deutschland und Frankreich 1871–1914, Göttingen 1997.

Dirk **Walter**, Preußische Heeresreformen 1807–1870. Militärische Innovation und der Mythos der »Roonschen« Reform, Paderborn, München 2003.

Hans Ulrich **Wehler**, Das »Reichsland« Elsaß-Lothringen 1870–1879, in: Helmut Böhme (Hrsg.), Probleme der Reichsgründungszeit 1848–1879, Köln 1972, S. 431–447.

David **Wetzel**, Duell der Giganten. Bismarck, Napoleon III. und die Ursachen des Deutsch-Französischen Krieges, Paderborn, München 2005.

Klaus Rudolf **Wenger**, Preußen in der öffentlichen Meinung Frankreichs 1815–1870, Göttingen 1979.

Johannes **Willms**, Napoleon III., München 2008.

Personenregister

C

D

E

R

S

T

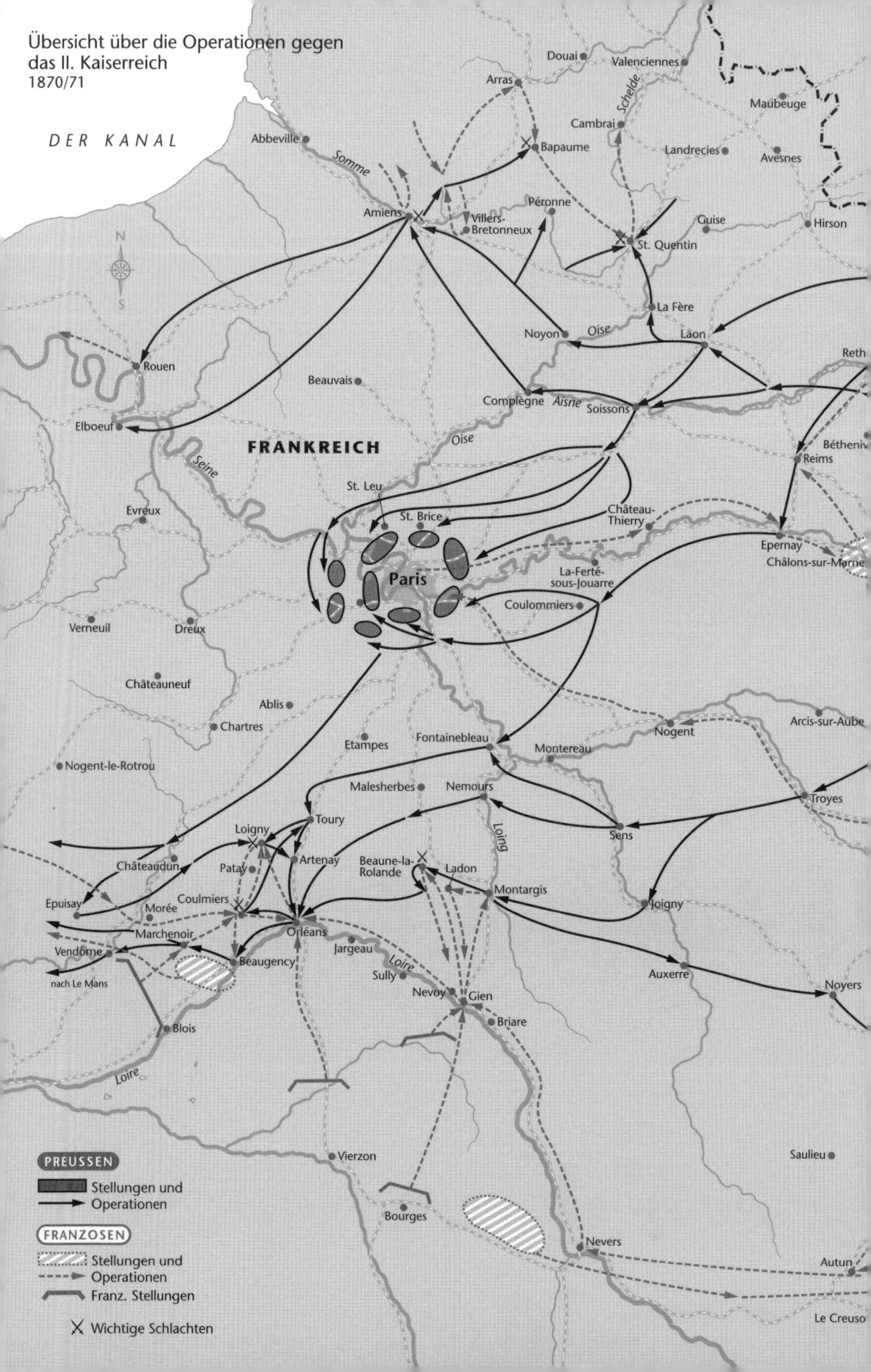

Übersicht über die Operationen gegen
das II. Kaiserreich
1870/71
DER KANAL
FRANKREICH
Douai
Valenciennes
Arras
Scheide
Maubeuge
Cambrai
Abbeville
Bapaume
Landrecies
Avesnes
Somme
Péronne
Amiens
Villers-
Bretonneux
Guise
Hirson
St. Quentin
La Fère
Noyon
Oise
Laon
Rouen
Reth
Beauvais
Compiègne
Aisne
Soissons
Elboeuf
Oise
Béthenív
Reims
Seine
St. Leu
St. Brice
Château-
Thierry
Evreux
Epernay
Châlons-sur-Marne
Paris
La-Ferté-
sous-Jouarre
Coulommiers
Verneuil
Dreux
Châteauneuf
Ablis
Chartres
Arcis-sur-Aube
Nogent
Etampes
Fontainebleau
Montereau
Nogent-le-Rotrou
Malesherbes
Nemours
Troyes
Toury
Loigny
Loing
Sens
Châteaudun
Patay
Artenay
Beaune-la-
Rolande
Ladon
Montargis
Coulmiers
Epuisay
Morée
Joigny
Marchenoir
Orléans
Vendôme
Jargeau
Beaugency
Loire
Auxerre
nach Le Mans
Sully
Noyers
Nevoy
Gien
Blois
Briare
Loire
Vierzon
Saulieu
Bourges
Nevers
Autun
Le Creuso
PREUSSEN
Stellungen und
Operationen
FRANZOSEN
Stellungen und
Operationen
Franz. Stellungen
Wichtige Schlachten